CB037006

pensamento feminista hoje
perspectivas decoloniais

Heloisa Buarque de Hollanda
Organização e introdução

©Bazar do Tempo, 2020

Todos os direitos reservados e protegidos pela Lei nº 9.610, de 12.2.1998.
É proibida a reprodução total ou parcial sem a expressa anuência da editora.

Este livro foi revisado segundo o Acordo Ortográfico
da Língua Portuguesa de 1990, em vigor no Brasil desde 2009.

EDIÇÃO
Ana Cecilia Impellizieri Martins
Maria de Andrade

ORGANIZAÇÃO
Heloisa Buarque de Hollanda

TRADUÇÃO
Pê Moreira
Bárbara Martins
Bruna Mendes
Cristine Carvalho
Igor Ojeda
Juliana Araújo
Juliana Luz

ASSISTENTE EDITORIAL
Catarina Lins

PROJETO GRÁFICO E CAPA
Elisa von Randow

COPIDESQUE
Elisa Menezes

REVISÃO
Silvia Massimini Felix

IMAGENS
Olympia, Édouard Manet, 1863, Musée D'Orsay;
Portrait (Futago), Yasumasa Morimura, 1988, cortesia
do artista e de Luhrin Augustine, Nova York, The San
Francisco Museum of Modern Art, por doação de
Vicki e Kent Logan, fotografia Ben Blackwell; Obras
de Adriana Varejão, acervo Ateliê Adriana Varejão,
fotografia Dirk Pauwels, Eduardo Ortega e Mario
Grisolli; Obras de Rosana Paulino, cortesia da artista
e da galeria Mendes Wood DM; Obras de Marcela
Cantuária, fotografia Vicente de Mello e Pedro Agilson.

AGRADECIMENTOS DA ORGANIZADORA
Faperj e CNPq

CIP-Brasil. Catalogação na Publicação
Sindicato Nacional dos Editores de Livros, RJ

Pensamento feminista hoje: perspectivas decoloniais /
organização e apresentação Heloisa Buarque de Hollanda; autoras
Adriana Varejão... [et al.]. Rio de Janeiro: Bazar do Tempo, 2020. 384 p.
ISBN 978-85-69924-78-4
1. Feminismo. 2. Descolonização – América Latina. 3. Negras –
Identidade racial. 4. Negras feministas. I. Hollanda, Heloisa Buarque
de. II. Varejão, Adriana.
20-62205   CDD 305.42   CDU 316.347-055.2

Meri Gleice Rodrigues de Souza, bibliotecária CRB-7/6439

5ª reimpressão, outubro 2024

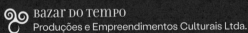

Bazar do Tempo
Produções e Empreendimentos Culturais Ltda.

rua General Dionísio, 53, Humaitá
22271-050 Rio de Janeiro RJ
contato@bazardotempo.com.br
bazardotempo.com.br

Adriana Varejão
Alba Margarita Aguinaga Barragán
Alejandra Santillana
Angela Figueiredo
Claudia de Lima Costa
Dunia Mokrani Chávez
Julieta Paredes Carvajal
Lélia Gonzalez
Luiza Bairros
Marcela Cantuária
Maria da Graça Costa
María Elvira Díaz-Benítez
María Lugones
Marnia Lazreg
Miriam Lang
Ochy Curiel
Oyèrónké Oyěwùmí
Rosana Paulino
Suely Aldir Messeder
Susana de Castro
Thula Rafaela de Oliveira Pires
Yuderkys Espinosa Miñoso

Para Mary Garcia Castro
e para as mulheres do Lab Feminismo nas Quebradas,
puro afeto e ensinamento.

Agradeço à Giulia, à Rachel, e à Pê parceiríssima, sempre.

Sumário

10 **Introdução**
Heloisa Buarque de Hollanda

DESAFIANDO MATRIZES

38 **Por um feminismo afro-latino-americano**
Lélia Gonzalez

52 **Colonialidade e gênero**
María Lugones

84 **Conceituando o gênero: os fundamentos eurocêntricos dos conceitos feministas e o desafio das epistemologias africanas**
Oyèrónké Oyěwùmí

96 **Fazendo uma genealogia da experiência: o método rumo a uma crítica da colonialidade da razão feminista a partir da experiência histórica na América Latina**
Yuderkys Espinosa Miñoso

120 **Construindo metodologias feministas a partir do feminismo decolonial**
Ochy Curiel

140 **Condescendência: estratégia pater-colonial de poder**
Susana de Castro

154 **A pesquisadora encarnada: uma trajetória decolonial na construção do saber científico blasfêmico**
Suely Aldir Messeder

172 **Decolonizando o feminismo (mulheres argelinas em questão)**
Marnia Lazreg

PRÁTICAS DECOLONIAIS

- 194 **Uma ruptura epistemológica com o feminismo ocidental**
Julieta Paredes Carvajal
- 206 **Nossos feminismos revisitados**
Luiza Bairros
- 216 **Pensar a partir do feminismo**
Alba Margarita Aguinaga Barragán, Miriam Lang, Dunia Mokrani Chávez e Alejandra Santillana
- 240 **Carta de uma ex-mulata a Judith Butler**
Angela Figueiredo
- 260 **Muros e pontes no horizonte da prática feminista: uma reflexão**
María Elvira Díaz-Benítez
- 284 **Agroecologia, ecofeminismos e bem viver: emergências decoloniais no movimento ambientalista brasileiro**
Maria da Graça Costa
- 298 **Por uma concepção amefricana de direitos humanos**
Thula Rafaela de Oliveira Pires
- 320 **Feminismos decoloniais e a política e a ética da tradução**
Claudia de Lima Costa

OUTRAS LÍNGUAS: TRÊS ARTISTAS BRASILEIRAS

- 345 Adriana Varejão
- 352 Rosana Paulino
- 364 Marcela Cantuária

- 373 **Sobre a organizadora**
- 375 **Sobre as autoras**

Introdução
Heloisa Buarque de Hollanda

AGORA SOMOS TODAS DECOLONIAIS?

"Foi assim que hoje chegamos a um momento de desencanto radical. Já não nos basta almejar por um espaço na comunidade feminista."

E assim prossegue este artigo sobre a necessidade presente de um feminismo decolonial:

> As linhas que se seguem nesse artigo podem ser interpretadas como uma espécie de suicídio. Preciso então, antes de mais nada, expressar a angústia que hoje me atravessa. Vocês compreenderão que, enquanto feminista, fui formada e passei a compartilhar os conceitos básicos que agora quero desfazer. Penso que minha angústia não deve ser menor que aquela sentida por qualquer mulher que se autonomeie feminista. Não é fácil enfrentar o monstro, sobretudo quando se descobre que você é parte dele.[1]

Este é um texto de Yuderkys Espinosa Miñoso. Como ela mesma acaba de sugerir, talvez seu texto exprima o sentimento de muitas de nós, acadêmicas feministas brasileiras e latino-americanas diante do giro decolonial e das teorias feministas decoloniais.

Mas vamos devagar. O panorama político desta segunda década do século XXI é tão inesperado quanto assustador. O momento é de profunda crise do capitalismo global, de falta de políticas efetivas de controle de uma crise ambiental sem precedentes, e é marcado pelo desgaste inédito das formas da democracia representativa.

Este contexto, que mostra as feministas tomadas pela urgência de enfrentamento do retrocesso político representado pela ascensão de uma direita conservadora, traz também a surpresa com as novas linguagens políticas marcadas pelo ativismo midiático, mais afeitas à lógica insurgente do que revolucionária, que explodem a partir de 2013. Tudo leva a repensar nossas práticas, sejam elas políticas ou teóricas. Na política, a dispensa de intermediários, bem como novas estratégias imaginadas, pessoais, localizadas, dão o tom. Tudo indica que o antigo sujeito político cede seu espaço para a emergência de um novo ator: o sujeito social luta, agora, por direitos fundamentais desvinculados de partidos ou ideologias. As mudanças são muitas, as interpelações a antigos paradigmas crescem, desestabilizando práticas e valores políticos.

O ponto de vista estratégico dos ativismos unifica o pessoal e o coletivo, parte do local e se veem mais como sujeitos sociais do que como sujeitos políticos. Muitas vezes manifestam-se por direitos de seus corpos exigindo serviços, igualdade social, direitos humanos. Saem do universal abstrato para o universal concreto. Essa é também a linguagem política da chamada quarta onda do feminismo. A marca mais forte deste momento é a potencialização política e estratégica das vozes dos diversos segmentos feministas interseccionais e das múltiplas configurações identitárias e da demanda por seus lugares de fala. Nesse quadro, o feminismo eurocentrado e civilizacional começa a ser visto como um modo de opressão alinhado ao que rejeita, uma branquitude patriarcal, e informado na autoridade e na colonialidade de poderes e saberes.

No campo da produção de conhecimento, a interpelação das epistemologias heteronormativas e coloniais entram como agenda feminista prioritária. Categorias e questões consolidadas pela comunidade acadêmica feminista tornam-se arenas de disputa e invenção. Como construir um feminismo sem levar em conta as epistemologias originárias? Sem absorver as gramáticas das lutas e dos levantes emancipatórios que acompanham nossas histórias? Como podemos reconsiderar as fontes e conceitos do feminismo ocidental? Uma nova história, novas solidariedades, novos territórios epistêmicos impõem urgência em ser sonhados.

Duas tendências se apresentam como fortes alternativas para o feminismo hoje: o feminismo decolonial e a crítica a um feminismo de acento individualista e neoliberal, expresso pelo manifesto *Feminismo para os 99%*.[2]

O primeiro, vindo sobretudo de intelectuais latino-americanas, investe em contraepistemologias situadas para enfrentar o império cognitivo europeu e norte-americano. O segundo, vindo dos Estados Unidos, enfatizando desigualdades sociais e preocupado com a colonialidade do poder, nos alerta sobre o limite do campo de atuação das políticas feministas neoliberais. E nasceu inspirado no movimento *Occupy Wall Street* que, em setembro de 2011, foi para o coração do distrito financeiro de Nova York reivindicando o fim da desigualdade na distribuição de renda e a ganância de 1% da população norte-americana.

Em 2019, Cinzia Arruzza, Tithi Bhattacharya e Nancy Fraser lançam um manifesto para promover um "outro" feminismo, associado aos ativismos antirracistas, ambientalistas, trabalhistas e em defesa dos imigrantes. Um feminismo que traz uma definição diferente de termos como "questão feminista", uma orientação de classe diferente, um novo *ethos* radical e transformador. As perguntas que o manifesto aponta são muitas. Com quais mulheres os feminismos dialogam? Que mulheres seguem marginalizadas dos feminismos? O feminismo é realmente popular?

Já há algum tempo Nancy Fraser vem chamando atenção para um feminismo neoliberal cuja luta é focada nas políticas identitárias, preocupado com a sub-representação de grupos sociais e em avanços individuais. Em tempos de crescente desigualdade social, o feminismo meritocrático estimula o "empoderamento" das mulheres para que ganhem visibilidade e cheguem ao topo do mercado, da mídia e da política. Segundo o manifesto, a resposta ao feminismo do "faça acontecer" é o feminismo "impeça que aconteça". E prossegue declarando: "não temos interesse em quebrar o telhado de vidro enquanto deixamos que a ampla maioria limpe os cacos."[3] Assim, a luta que propõe é a participação em movimentos a favor dos 99%, seja lutando pela justiça ambiental, educação, habitação, saúde ou pelo fim do racismo estrutural. O que se depreende desse manifesto é a revisão das políticas feministas centradas no Norte Global, que propõem uma noção de igualdade baseada no entusiasmo corporativo pela diversidade, e a proposição de uma ampliação da agenda do feminismo hoje, incluindo e liderando lutas sociais e ambientais contemporâneas.

O feminismo decolonial, privilegiando a contestação à colonialidade do saber, também aponta caminhos de avanço político agora na chave latino-americana. Propõe uma revisão epistemológica radical das teorias feministas eurocentradas, o que inclui o fim da divisão entre teoria e ativismo, característica de nossos feminismos desde sempre. Se nas décadas de 1960-1990 o feminismo branco norte-americano e europeu foi incorporado com facilidade no feminismo latino-americano e brasileiro, hoje essa aceitação acrítica traz problemas. A consciência da violência e opressão dos processos colonizadores faz surgir um campo de reflexão com o qual o feminismo passa a dialogar.

As questões relativas à crítica ao poder colonial vêm de longe, provavelmente desde a chegada do primeiro colonizador às nossas terras. Mas sua introdução como campo de conhecimento se dá somente nos anos 1970, ficando conhecido como estudos pós-coloniais. Essa escola de pensamento nasce da associação de trabalhos teóricos como os de Frantz Fanon, Aimé Césaire, Albert Memmi, Kwame Nkrumah, Gayatri Spivak, Edward Said, Stuart Hall, e do Grupo de Estudos Subalternos, criado na década de 1970 pelo indiano Ranajit Guha.

Focadas prioritariamente nas colônias asiáticas e africanas, as questões principais das pesquisas ligadas ao pós-colonialismo eram a crítica à modernidade eurocentrada, a análise da construção discursiva e representacional do Ocidente e do Oriente e suas consequências para a construção das identidades pós-independência.

Em tal contexto, chama atenção o artigo de Lélia Gonzalez, evidentemente precursor do feminismo decolonial, que abre esta edição. Já em 1988, Lélia propõe a categoria *amefricanidade*, incorporando um longo processo histórico afrocentrado. Segundo ela, o valor metodológico da *amefricanidade* está no fato de permitir a possibilidade de resgatar uma *unidade específica*, historicamente forjada no interior de diferentes sociedades que se formaram numa determinada parte do mundo. Portanto, diz ela: "a Améfrica, enquanto sistema etnográfico de referência, é uma criação nossa e de nossos antepassados no continente em que vivemos, inspirados em modelos africanos",[4] reforçando sua posição pioneira nos estudos pós-coloniais.

Em 1990, Adriana Varejão, uma das artistas que mais representa o pensamento decolonial no Brasil, dá início a um trabalho forte de narrativas contraoficiais da colonização portuguesa no Brasil. Adriana, dona de um amplo repertório histórico, antropológico e artístico, realizou uma extensa pesquisa da iconografia da época dos "grandes descobrimentos". Esse repertório é a base de seu trabalho explosivo sobre representações coloniais em louças, gravuras, mapas, documentos, textos e citações emblemáticas da história da arte. Dentre elas, o azulejo ganha a cena como uma de suas principais referências.

O azulejo português, elemento clássico na decoração dos grandes edifícios e palácios coloniais, é entendido aqui não apenas como um dado iconográfico, mas, sobretudo, como a retórica artística representativa, por excelência, da visão de mundo europeia na época colonial. O trabalho com azulejaria na obra de Adriana é radical. Além de deslizamentos de símbolos históricos magicamente desterritorializados geográfica e temporalmente, interpela o espectador com descolamentos semânticos perturbadores. Nessa narrativa a contrapelo, Adriana constrói uma outra história, nascida nas frestas dos discursos coloniais. Não há hipótese de se fazer uma leitura linear de sua obra. É necessário mergulhar em camadas de narrativas e versões que se sobrepõem sem definição temporal, sem conteúdos fixos, feita de descontinuidades; a história de um passado que intervém, com violência, no presente.

Segundo Adriana, "o maior sentido de seu trabalho é assumir na pintura o papel de agente da história".[5] Alguns elementos constituem sua obra. O primeiro é o estilo barroco.

> Meu trabalho habita o território do barroco, que tem na paródia um de seus principais estratagemas. Lezama Lima falava uma coisa interessante sobre o barroco – sobre a linguagem barroca latino-americana. Ele dizia que era como uma espécie de contraconquista, em que você absorve todos os signos europeus, reinterpreta e os devolve de outra maneira. Acredito na pintura como sendo o puro efeito ilusório de um artifício. Sempre foi uma estratégia também do jogo barroco, encantar e iludir. Fui muito influenciada pela leitura de Severo Sarduy em *Escrito sobre um corpo*. Ele associa a linguagem barroca ao artificialismo, ao teatro, ao travestimento, à maquiagem, à tatuagem, à anamorfose e ao *trompe l'oeil*, discorrendo livremente através de espaços heterogêneos e aparentemente desconexos. Assim como Sarduy, eu também recorro a um vasto inventário de elementos e modelos, e meu uso da técnica é detalhada o suficiente para sustentar o contramodelo que proponho.

Em várias entrevistas, Adriana refere ainda o barroco como seu princípio criativo, como "câmera de ecos", tal como formulada por Sarduy: espaço de ressonância não sequencial, onde o eco muitas vezes precede a voz. Em cada tela a espessura barroca encorpa vários planos de representação que interagem entre si. A arte de Adriana molda e nos oferece a história em temporalidades fragmentadas que ecoam múltiplas vezes, explicitando feridas coloniais ainda não cicatrizadas.

Outro recurso marcante em sua obra é o uso frequente de materiais (e sentidos) espessos, coagulados, que rompem a tela e sugerem vísceras, feridas, violência, dominação. As políticas visuais de Adriana incorporam também dois outros recursos: a teatralidade e a antropofagia. A teatralidade expande e ao mesmo tempo denuncia o caráter encenado de feitos históricos e também dessas próprias narrativas, passíveis de novas encenações. Já sobre a antropofagia, passo a palavra à própria artista: "A antropofagia está presente em toda a minha obra, uma vez que aí se encontram várias questões, como absorção cultural, desmembramento, desconstrução, transculturalismo, a força devoradora do erotismo."

É importante notar-se o pioneirismo de Adriana Varejão em termos de uma formulação fundamentada do que chamamos hoje de pensamento crítico decolonial. A urgência que hoje vivemos de recuperar narrativas ancestrais, de desconstruir e reconstruir o confronto pré e pós-colonial, recuperar epistemologias silenciadas, estão presentes nessa obra definitiva.

Introduzi o trabalho de quatro artistas e um coletivo cujas obras compõem a terceira parte desta coletânea para mostrar a potência epistemológica da arte, com agendas frequentemente pioneiras em relação aos nossos estudos, que são muito pouco trabalhadas pela academia como textos também teóricos.

No fim dos anos 1990, ou pouco tempo depois, surge a noção de *giro decolonial*, definido por Nelson Maldonado-Torres como um movimento de resistência política e epistemológica à lógica da modernidade/colonialidade.[6] Maldonado é um dos participantes do Grupo Modernidade/Colonialidade no final dos anos 1990. O grande diferencial desses estudos vem da construção dos conceitos colonialismo e colonialidade, o eixo da passagem dos estudos pós-coloniais para os decoloniais. Enquanto o colonialismo denota uma relação política e econômica de dominação colonial de um povo ou nação sobre outro, a colonialidade se refere a um *padrão de poder* que não se limita às relações formais de dominação colonial, mas envolve também as formas pelas quais as relações intersubjetivas se articulam a partir de posições de domínio e subalternidade de viés racial.

A distinção entre decolonial e descolonial segue a mesma lógica. A supressão da letra "s" marcaria a diferença entre a proposta de rompimento com a colonialidade em seus múltiplos aspectos e a ideia do processo histórico de descolonização.

Nesse caminho, em 2008, María Lugones publica o ensaio *Colonialidade e gênero*, inserindo a categoria gênero no pensamento decolonial. Para Lugones, o sistema de gênero surge quando o discurso moderno colonizador estabelece a dicotomia fundadora colonial: a classificação entre o humano e o não humano. Como humano, o colonizador. Como não humanos, os nativos indígenas e, um pouco mais tarde os africanos escravizados, todos vistos como animais e primitivos. Na categoria não humano, a atribuição de gêneros está ausente, o que não chamou atenção dos autores decoloniais. É esse o passo à frente que deu nome ao feminismo decolonial: o gênero como elemento estruturante da colonialidade, como categoria criada pelo vocabulário colonial, e que não faz propriamente parte das dinâmicas pré-coloniais. O feminismo decolonial denuncia a imbricação estrutural das noções de heteronormatividade, classificação racial e sistema capitalista.

Simultaneamente ao ensaio de Lugones, em 2008, Grada Kilomba publica *Memórias da plantação*,[7] referência decolonial hoje. Partindo de memórias familiares, Grada observa os cenários de suas vivências familiares e as marcas do projeto colonial em seu próprio cotidiano. O trabalho de Grada é particularmente forte por conta da sutileza e precisão com que identifica detalhes e códigos resilientes do racismo e entra em camadas profundas de significados silenciados, reprimidos e guardados até hoje como segredos. Diz ela: "Eu realmente gosto desta frase 'quieto como é mantido'. Essa é uma expressão oriunda da diáspora africana que anuncia o momento em que alguém está prestes a revelar o que se supõe ser um segredo. Segredos como a escravidão. Segredos como o colonialismo. Segredos como o racismo".[8]

Na área das artes, Grada tenta falar do indizível trauma causado pelo colonialismo. Em "Descolonizando o conhecimento: uma palestra-performance", ela mistura textos teóricos e narrativos, vídeo e performance para interrogar e transformar as formas reconhecidas de se produzir conhecimento. Da mesma forma, opera em suas videoinstalações recriando os cenários africanos tradicionais de contação de histórias para produzir versões decoloniais da mitologia grega. São inúmeras as performances, instalações, os textos e conferências de Grada. Em todas, que se desenvolvem entre a academia e a arte, sua preocupação é como demonstrar, com eficácia, o sistema dominante da produção de conhecimento e as formas de reconstruí-lo.

Grande parte da filosofia feminista africana hoje, aqui representada por Oyèrónké Oyěwùmí, rejeita, como Lugones, a ideia do patriarcado como categoria transcultural válida, não reconhecendo o gênero como princípio organizador na sociedade iorubá no período pré-colonial. Oyèrónké cita, como exemplo, os prefixos *obin* e *okun*, definidos apenas como uma variação anatômica e não enquanto categorias binárias e opostas – como sua tradução costuma assumir. O não reconhecimento do sistema patriarcal no período pré-colonial é o pressuposto inaugural e diferencial, portanto, do feminismo decolonial. Esse ponto que fazem María Lugones e Oyèrónké Oyěwùmí não é pacífico. É contraposto por Rita Segato e Yuderkys Miñoso, que defendem a ideia de que havia a presença de certas nomenclaturas de gênero nas sociedades tribais e afro-americanas, ou seja, reconhecem no período pré-colonial uma organização patriarcal, ainda que diferente da do sistema gênero ocidental. A essa ideia, Rita Segato chama de *patriarcado de baixa intensidade*.

Nessa perspectiva crítica, a posição relativa do poder masculino preexistente nas aldeias é ampliada a partir da colonização e novas normas de moralidade são impostas desestruturando os sentidos primários da sexualidade e das relações entre homens e mulheres. Para Rita, não basta apenas introduzir o fator gênero entre outros eixos da dominação no padrão da colonialidade, é necessário conferir-lhe um real estatuto teórico e epistêmico, capaz de iluminar as transformações impostas à vida das comunidades nativas.

Aprofundando o tema, Julieta Paredes, pensadora e ativista boliviana de origem indígena, propõe uma categoria cada vez mais presente nos estudos decoloniais que é a de um *feminismo comunitário*. Sua construção parte da identificação de um patriarcado ancestral cuja estrutura é a complementariedade da noção *chacha-warmi* (homem-mulher), que não pode e nem deve ser confundida com a natureza do casal heterossexual ocidental. O par complementar proposto pelo feminismo comunitário inverte a posição dos termos para *warmi-chacha* (mulher-homem) e representa a estrutura simbólica das comunidades originárias e sua figuração enquanto complementariedade horizontal, com alta reciprocidade existencial, representacional e decisional. Reconceitualizar o *warmi-chacha* não seria, portanto, construir um novo mito, não seria considerar que, na época pré-colonial, houve um equilíbrio fundante, nem que já tivemos algum dia o que se reivindica hoje. O que Julieta propõe é que recuperemos a organização social das comunidades originárias e tentemos uma adaptação para as diversas comunidades de nossas sociedades. Comunidades urbanas, rurais, religiosas, esportivas, políticas, culturais, de afeto, agrícolas, universitárias, numa proposta alternativa à sociedade individualista. Um modelo que não seja regido pela heterossexualidade normativa, porque não estaríamos mais falando de casal, mas de representação política, não estaríamos falando de família, mas de *comunidade*. Uma comunidade que possa conter em seus corpos sexuados todas as diferenças e diversidades, inclusive a possibilidade de não se reconhecer nem homem nem mulher. Nesse caminho seria possível recuperar o poder das redes de solidariedade e decisões comunitárias, perdido no espaço privado.

AS LUTAS RACIAIS E A PERSPECTIVA DECOLONIAL

O feminismo negro foi o movimento que concretamente introduziu os constructos raça e classe no debate feminista ou o que Patricia Hill Collins chamou de *matriz de dominação*.[9] No feminismo brasileiro, Luiza Bairros, Beatriz Nascimento e Sueli Carneiro já vinham insistindo nessa matriz alegando que o feminismo negro é fruto da experiência de ser negro – vivida através do gênero – e de ser mulher – vivida através da raça –, dimensões que se imbricam e que rejeitam qualquer priorização.

No sentido do aspecto estruturante da matriz de dominação racial, é notável a contribuição da artista Rosana Paulino. Assim como Adriana, Rosana recorre ao diálogo com a representação etnográfica que, se por um lado é fruto do olhar do colonizador, por outro, guarda rastros que permitem indagar pelo "outro" na história. (Uma digressão necessária: é inevitável registrar aqui que, excetuando-se o registro etnográfico, é rara a ocorrência de iconografia sobre negros em séculos de produção visual no Brasil). Rosana vem investigando desde os anos 1990 questões de gênero, sobretudo a identidade e a representação negra, quando essas questões ainda eram pouco discutidas no cenário artístico brasileiro.

A mais contundente pesquisa da artista é sobre o racismo científico do século XIX, e como a divisão da humanidade em raças se traduz em uma hierarquia biológica, na qual os brancos ocupam a posição superior. Rosana, em sua obra e pesquisa, procura inverter a função da estrutura classificatória colonial e dirige sua indagação à memória individual e coletiva como alternativa à racionalidade paradigmática colonial. Um dado importante é o de que a artista, ao interpelar o que chama de *pseudo-história natural*, o faz mantendo as marcas da opressão e da violência produzida e justificada por essa história.

Num depoimento sobre sua obra, a artista afirma: "Eu reconstruo essas imagens, faço suturas nas fotos, mas dá pra perceber que as partes não se encaixam perfeitamente: isso é a escravidão."[10]

As costuras da obra de Paulino não são bordados – o uso da linha negra, pesada, lembra uma sutura – e atingem pontos estratégicos, como a boca e a garganta, que transmitem a impossibilidade de gritar, e os olhos, denotando a incapacidade de se ver no mundo. Outro ponto a ser sublinhado é a ligação direta com a memória desse fazer artístico. As imagens com as quais trabalha na transferência para o tecido são de mulheres de sua família. A importância política do material com o qual trabalha em seus bordados é um imperativo. Diz ela:

> Utilizar-me de objetos do domínio quase exclusivo das mulheres. Utilizar-me de tecidos e linhas. Linhas que modificam o sentido, costurando novos significados, transformando um objeto banal, ridículo, alterando-o, tornando-o um elemento de violência, de repressão. O fio que torce, puxa, modifica o formato do rosto, produzindo bocas que não gritam, dando nós na garganta. Olhos costurados, fechados para o mundo e, principalmente, para sua condição de mundo.[11]

Reconhecendo a importância de promover uma historicização e registro do feminismo negro, Ochy Curiel investe num extenso trabalho de recuperação das vozes das feministas negras, indígenas e de cor, demonstrando como o encaminhamento desses estudos foram chaves para a vinculação indispensável entre racismo, sexismo e as formas contemporâneas do colonialismo desde a década de 1970.

Outro ponto importante de sua obra é que a questão racial na colonialidade será trabalhada no próprio mito fundador da identidade latino-americana e brasileira que é a democracia racial. O questionamento desse mito tem sua força inicial no feminismo latino-americano que introduziu a articulação sexo/gênero/raça nos estudos sobre os efeitos do sistema patriarcal na instalação dos Estados Nacionais, denunciando a ideologia da mestiçagem fundadora e sua ancoragem na violência e violação das mulheres nativas. Como afirma Lélia Gonzales, o mito da democracia racial se alimenta do mito da cordialidade erótica das relações sociossexuais entre o colonizador português e a negra escravizada.[12]

Nesse caminho, Thula Pires nos traz um dado novo. Uma abordagem da crítica decolonial à noção de direitos humanos e a defesa de sua universalidade, que se tornaram hegemônicas na segunda metade do século xx. Thula mostra como essa noção foi estruturada a partir de um modelo colonial, que hierarquizava em termos étnico-raciais os civilizados e racionais (europeus) em relação aos bárbaros e selvagens (indígenas e negros), baseada em correntes como racismo científico, darwinismo social, positivismo, e ainda pela apropriação da natureza a serviço do processo de acumulação capitalista, estabelecendo desigualdades entre "formas de humanidade", incluindo a área dos direitos na pauta decolonial.

Outro passo importante dos caminhos do feminismo decolonial é trazido por Marnia Lazreg, que introduz nesses estudos o fator religião, relativamente desconsiderado nos estudos de gênero, e examina o caso das mulheres do Oriente Médio, onde a leitura do feminismo europeu sobre a religião cria perigosas unidades identitárias naturalizadas – "mulheres muçulmanas" e "mulheres árabes" – e corrobora com formas estereotipadas de pensar a diferença. Marnia aprofunda uma busca da inscrição do feminismo no corpo das mulheres como trama social, como memória e legado para o enfrentamento da submissão desses corpos.

Essa modelagem de feminismo inscrita nos corpos lembra também o artigo de Suely Messeder na experimentação do que ela chama de *escrita encarnada*, articulada na perspectiva decolonial. Considerando a difícil perspectiva epistemológica do pesquisador decolonial, Suely sugere a construção de um conhecimento científico blasfêmico e decolonial, tomando como base tanto a corporeidade da "nativa" e da pesquisadora quanto a troca e articulação entre os saberes localizados que cada uma representa. Estratégias difíceis cujo próprio processo de construção pode trazer boas surpresas.

É imprescindível aqui registrar o papel disparador para a crítica decolonial do trabalho de Gloria Anzaldúa. Em 1981 ela publicava *This Bridge called may back*,[13] com Cherrie Moraga, um dos trabalhos mais citado nas bibliografias feministas dos anos 1980/90. O livro reuniu textos, depoimentos, poesia, ficção, ensaio, testemunhos e muito mais de mulheres racializadas desafiando a ideia de sororidade das mulheres brancas e articulando o que hoje chamamos interseccionalidade. No prefácio, as organizadoras afirmam seu desejo de que o livro seja um catalisador de vozes e uma definição que ofereça uma expansão no significado do feminismo no seio dos desequilíbrios históricos e exclusão múltiplas.

Já em seu segundo livro, *Borderlands/La Frontera*,[14] Anzaldúa trabalha com sua própria história de vida de uma mulher lésbica, mexicana, estadunidense, chicana e fronteiriça. E o faz com uma estupenda desestabilização da linguagem que se quer fragmentada, múltipla, situacional, e – por que não? – interseccional. *La Frontera* foi um marco político para o feminismo, por esse trabalho radical com a linguagem como *locus crucial* de poder e dominação.

Vou trazer um exemplo no ativismo e na arte, onde o impacto de Anzaldúa é explícito.

Os coletivos de feministas anarquistas bolivianas Mujeres Creando e sua dissidência Mujeres Creando Comunidad se apropriam da política da linguagem de Anzaldúa, enunciada na fronteira ao sul do Norte, e propõem um feminismo transnacional que rompe com as fronteiras.

O coletivo foi também pioneiro e data da volta de Julieta Paredes e Maria Galindo à Bolívia que, em 1990, diante do avanço neoliberal na América Latina, decidem criar, junto com Mónica Mendoza, um espaço para mulheres. Naquele momento a esquerda parecia não ser capaz de construir um discurso alternativo efetivo, e abraçando um marxismo ortodoxo, não reconhecia a mulher como sujeito político. As três criaram, então, um coletivo para abrigar uma comunidade de mulheres no intuito de fazer frente à ortodoxia patriarcal das esquerdas e ao discurso de empoderamento e autoestima neoliberal dos feminismos do Norte Global. Sugeriram que as mulheres se apropriassem de seus próprios discursos teóricos e ideológicos e que ocupassem o espaço público. Elas adotaram novas formas de comunicação criativas que fizeram a diferença. Começaram com uma série de grafite e pinturas denunciando a violência estatal, familiar, sexual e institucional. As ações artivistas do coletivo eram muitas, como shows de música, teatro de rua, saraus de poesia, intervenções comportamentais, moda, inclusive a publicação de um jornal quinzenal chamado *Mulher pública* aberto a todas as mulheres, vendido de mão em mão em grande tiragem. Criaram o restaurante de gestão coletiva Virgem dos Desejos, em La Paz, e a Rádio Desejo, onde divulgam sua construção do ideológico e da produção de justiça. Julieta, Maria e Mónica criaram um estilo transgressor e provocador e divulgaram para um público enorme em toda a América Latina suas ideias éticas, estéticas e sociais. O artivismo das Mujeres Creando é internacionalmente reconhecido e participou da exposição "Utopias" no Museu de Arte Contemporânea Rainha Sofia, de aulas performances no Parlamento do Corpo, projeto apátrida e itinerante de Paul Beatriz Preciado, e da 31ª Bienal de Arte Moderna de São Paulo, em setembro de 2014, com a instalação "Espaço para abortar", onde expuseram vários úteros gigantes para reivindicar o aborto livre e gratuito, enquanto era projetado em looping o filme *13 horas de rebelión*, dirigido por María Galindo.

E NO BRASIL?

A essa altura, temos perguntas insistentes. Os estudos decoloniais latino-americanos contemplariam uma colonialidade brasileira particular? Quais são nossas matrizes coloniais? Como foi metabolizada a violência contra indígenas e negros escravizados aqui? Com isso não estou sugerindo a recusa de nossa proximidade com as mulheres de fala/colonização hispânica que ecoam problemas tão nossos, nem reforçando a ideia resistente e improdutiva de uma realidade brasileira apartada da realidade latino-americana, e sim apontando a urgência de pensarmos as especificidades que podem fazer um feminismo decolonial brasileiro.

Que o processo colonial brasileiro traz particularidades diante dos demais países latino-americanos é um fato. Vou escolher apenas referir um pequeno ponto, entre tantos, que talvez possa ter influído em nosso imaginário colonizado. Em 1808, d. João VI, rei de Portugal, se transfere para a colônia em plena fuga dos exércitos de Napoleão. Ou seja, nosso opressor, acuado, veio se abrigar entre nós e foi acolhido em solo brasileiro. Essa proximidade entre colonizador-colonizado não pode ter deixado de trazer marcas profundas na lógica da construção de nossas relações de poder, na ambiguidade das figuras simbólicas nacionais e na percepção da violência que ganha vários tons de simulação. Ao contrário dos povos do resto do continente, não somos afeitos ao confronto, o que gera estratégias de luta singulares. É o que discute Susana Castro quando analisa as narrativas acerca da miscigenação no Brasil. Um dos pontos mais curiosos desse *ethos* é o apagamento político dos povos originários enquanto constituintes do povo brasileiro diante da reconhecida marca africana em nossa cultura. Mesmo aceitando a importância seminal da cultura e das tradições africanas entre nós, o Brasil não se reconhece como um país claramente afro-indígena.

Para operarmos na chave decolonial, essa complexidade deve vir à tona e é necessário trazer para o centro nossas noções de origem, de tradição, de pureza, de unicidade, binarismos etc., como sugere Claudia Lima Costa. Ela adverte para a necessidade de também confrontarmos radicalmente o racismo que insiste em emudecer as vozes malinches e mestiças, índias, negras, lésbicas e *queers* em seus vários lugares de enunciação. Um caminho possível em busca de uma perspectiva decolonial brasileira seria uma análise radical da especificidade da questão de nossa mestiçagem, priorizando suas implicações em termos dos processos constitutivos das desigualdades sociais. Uma mestiçagem marcadamente sexista na medida em que em nosso período colonial é o homem branco que se deita com a mulher negra, e não a mulher branca com o homem negro. É exatamente a partir da discussão da mestiçagem que Angela Figueiredo desenvolve uma interpelação irônica à pseudonovidade da fluidez de identidades, defendida por Judith Butler.

Além da questão racial – que implica a inclusão das mulheres indígenas e suas cosmogonias e tradições em nosso universo simbólico interseccional –, a questão dos feminismos comunitários contemporâneos deve ser pautada com urgência. Refiro-me às populações rurais e às populações periféricas que têm práticas bem diversas daquelas previstas no feminismo eurocêntrico. O primeiro caso, é trabalhado no âmbito do ecofeminismo e sua preocupação de redução do impacto socioambiental da produção agrícola a partir de conhecimentos tradicionais e formas de organização social do campesinato. No interior do movimento agroecológico, as mulheres do campo, indígenas, negras e de populações tradicionais começam a trazer suas pautas, demandas e a necessidade de reconhecimento no próprio movimento, partindo da ideia de que sem feminismo não há agroecologia, como podemos ver no texto de Maria da Graça Costa. Ela traz para o debate deste volume os importantes coletivos como a Marcha das Margaridas, o Movimento de Mulheres Camponesas (MMC) e o grupo de trabalho de mulheres da Articulação Nacional de

Agroecologia (ANA). Aqui, como no feminismo indígena latino-americano, ganham relevo conceitos como o *bem viver*, reivindicado por mulheres militantes quilombolas, da Rede Carioca de Agricultura Urbana (Rede CAU) e da Articulação Nacional de Agroecologia, como forma de construir uma alternativa à ideia de desenvolvimento capitalista antropocêntrico, constituído a partir da arbitrária divisão entre humanidade e natureza. Como afirma Maria da Graça, o "bem viver" se contrapõe ao "viver melhor" publicizado pela sociedade de consumo e restrito à minoria da população. O *bem viver* implica o reconhecimento do direito de todos à dignidade, à subsistência e a um meio ambiente equilibrado. *Bem viver* é um termo advindo da expressão quéchua *Suma Kawsay*. Inicialmente restrita à filosofia de povos andinos, ganha corpo político e visibilidade internacional a partir do novo constitucionalismo latino-americano. A expressão foi incorporada nas constituições do Equador em 2008 e da Bolívia em 2009, onde aparecem como um direito, um princípio ético e um modo de organização que se opõe ao paradigma do desenvolvimento firmado no Consenso de Washington de 1989.

Outra dimensão importante é encaminhada pelo debate sobre políticas de desenvolvimento como formas de continuação do colonialismo, como mostram Alejandra Santillana, Dunia Chávez, Alba Margarita Aguinaga e Miriam Lang. Aqui é questionada a centralidade da economia neoliberal nas estratégias para se alcançar o bem-estar. Elas explicitam como os feminismos comunitários e populares se organizam não apenas na luta pela descolonização, mas também pela superação do capitalismo e pela construção de uma nova relação com a natureza.

Quem expressa de maneira direta e reforçada o imaginário das feridas coloniais é Marcela Cantuária, artista brasileira da novíssima geração. Marcela, que também é ativista e pertence às brigadas populares, oferecendo oficinas de pintura em espaços de ocupação dos sem-teto, trabalha no sentido da produção do imaginário violento da colonização expandida, que inclui o período colonial latino-americano mas também as ditaduras do continente e as expressões políticas de dominação mais recentes, identificando-as "como lutas neocoloniais militarizadas e opressoras".[15] Sua obra reage ao momento trazendo elementos de caráter decolonial, ou seja, de desconstrução ou, pelo menos, de alteração significativa da história oficial – tudo a partir de representações críticas e utópicas da ancestralidade e de figuras emblemáticas das lutas latino-americanas. Marcela articula colagens de imagens de diferentes contextos históricos que se relacionam politicamente no tempo e experimenta seus possíveis sentidos na memória coletiva em obras de fortes traços alegóricos. Ela afirma: "O artista, o poeta, identifica a fratura na vértebra do tempo e a sutura produzindo um recorte de temporalidades."

A cor explode nessas alegorias que interpelam os imaginários históricos a partir de heroínas tradicionalmente ignoradas pelas narrativas oficiais. Na série *Mátria Livre* vemos os arquétipos femininos trabalhados alegoricamente em torno de heroínas, mães, ativistas, que lutam e lutaram por justiça e contra as várias formas de opressão. Marcela reforça a lógica do tarô no desenvolvimento de seu trabalho. A artista nos diz:

> Na série *Mátria Livre* trabalho com mulheres da América Latina, que lutaram contra a ditadura militar, ou contra o poder colonial português e espanhol. Vou pinçando figuras, pesquisando historiadores e bolivianas que contam suas histórias. Leio, absorvo e pinto como se eu estivesse contando a história através da pintura. Para mim, essa é uma forma de me colocar contra a hegemonia e o universalismo da arte europeia, e analisar como isso está presente em nosso vocabulário de pintura.

As obras de Marcela são menos as imagens do que os imaginários, ambiciosamente performados em suas alegorias. Sua força política e socialmente mágica é a de construir um imaginário que, ao possibilitar que uma coletividade interessada reconheça a si própria, institui uma espécie de comunidade semântica cujos laços sociais, políticos e estéticos são experimentados.

Por sua vez, María Elvira Díaz-Benítez propõe pensar estratégias de questionamento do elitismo de classe para reestabelecer a solidariedade entre mulheres que deveriam ser colocadas no centro do movimento feminista. Assim, "um feminismo interseccional precisaria pensar *a partir das margens*: sendo possível melhorar as condições daqueles que habitam as margens, é possível que esse bem-estar reverbere para toda a sociedade". Citando Patricia Hill Collins, María Elvira lança mão da noção importantíssima de *consciência* e *pontos de vista coletivos*, como caminho para o compartilhamento de saberes. A criação de um sentimento coletivo poderia ser o cerne das propostas das feministas, abrangendo assim todas as raças e classes. Seriam como as pontes de Gloria Anzaldúa que se constroem sobre as costas das mulheres, de todas as mulheres: as cis, as trans, as acadêmicas, as militantes, as brancas, as pobres, as indígenas, todas atuando como pontes onde se constroem as mediações.

Falta chegarmos a um momento em que possamos, a partir da militância, aprender a conversar com as lideranças femininas que nas periferias movimentam legiões de mulheres, como sugere María Elvira.

Nesses feminismos populares é frequente as mulheres não se definirem como feministas e muitas vezes rejeitarem esse termo, apesar de desenvolverem lutas importantes por seus direitos e autonomia. Coordeno, na Universidade Federal do Rio de Janeiro, o laboratório Feminismo na Quebrada, formado por mulheres das periferias do Rio de Janeiro. A pesquisa e a troca entre as mulheres no laboratório mostram como são inúmeros os grupos de mulheres em luta fora da rubrica feminismo, considerado pela maioria como prática de elite. São grupos de proteção contra a violência, um sem número de rodas de conversa de apoio e conscientização em praticamente todos os territórios dessas comunidades, grupos de capacitação como, por exemplo, o trabalho desenvolvido na Casa das Mulheres da Maré, grupos de mulheres evangélicas ou os grupos de mulheres católicas da Pastoral Afro-Brasileira da CNBB, que ressoam o ideário da Teologia da Libertação. Um desses movimentos chamou a atenção pela precisão crítica do nome: Movimento Mundial Mulheres Reais (MMMR). O que o termo "reais" contém de ironia e força crítica fica para cada uma de nós avaliarmos. O MMMR convida as mulheres a "agir na vivência da realidade cotidiana e descobrir a força de construção que existe dentro de si. Teça-se, alinhave-se, construa-se". É a chamada do movimento que aposta na arte, parceria, ancestralidade, poética, identidade, terapêutica, empreendedorismo, companheirismo, enaltecimento, memória, continuidade.[16] Esses são os valores que constroem o feminismo periférico de *mulheres reais*. Como se vê acima, o valor político da memória e da arte ganha a cena nas periferias.

E, no campo das artes, a poesia, com extraordinária potência política e conscientizadora, promove mesmo que não intencionalmente um forte questionamento dos saberes estabelecidos. Vários saraus e slams de minas que se multiplicam nas comunidades não podem e não devem passar desapercebidos pelo feminismo. A literatura como recurso político e transformador é cada vez mais avançada nos ativismos e espaços solidários periféricos. O MMMR, por exemplo, lançou uma série de livros na última Flip (Festa Literária de Paraty). Uma leitura mais atenta dessa produção literária torna-se importante para a construção de nossas reflexões e práticas decoloniais. Segundo Consuêlo Pereira dos Santos, ativista da Rocinha, no "feminismo de base comunitária, a ação é lembrada e o conceito é internalizado".[17] Aqui a produção de conhecimento é intimamente ligada à prática, produzida pela prática, formalizada pela prática.

Se quisermos construir um feminismo decolonial entre nós, o primeiro passo é que entendamos que significados e valores as mulheres periféricas e camponesas associam ao "feminismo de elite" e examinemos o que rejeitam em suas ações políticas, para mim claramente "feministas". Outra tarefa para nós é tomarmos em consideração o olhar crítico do feminismo periférico sobre suas experiências de vida na cidade e na política e sua formulação particular e importante no que diz respeito à exclusão e às desigualdades sociais. Não consigo nesse momento deixar de interromper esse texto para lembrar o manifesto *Feminismo para os 99%*, sua ênfase nas desigualdades sociais com acento nas relações de classe-e-raça-e-genero, propondo uma virada de perspectiva dos feminismos para a necessária inclusão de todas as mulheres em suas lutas.

Maria da Graça Costa nos dá um importante depoimento nesse sentido. Diz ela:

> Vi acontecer movimentos como o das margaridas na Paraíba, das sem--terra, das sem-teto; acompanhei as lutas de mulheres que foram às ruas para bater panelas contra a fome e a carestia, de mães que foram às praças gritar por seus filhos desaparecidos. Domésticas, donas de casa, negras, brancas, mestiças, *cholas*, indígenas, madres, guerrilheiras, margaridas, evitas, beneditas. A história do feminismo, por aqui, muitas vezes na contramão da pós-modernidade, se escreveu em sofridas lutas, em que a classe e a raça necessariamente se articulavam ao gênero, colocadas suas urgências todas na ordem do dia, antes mesmo de tal articulação imperar nas agendas dos feminismos metropolitanos.

Senti-me impelida a inserir essa longa citação porque traduz uma falta importante nos estudos acadêmicos: a vivência com as tantas lutas de mulheres, a vivência compartilhada de outros feminismos autonomeados ou não, da procura de uma zona de contato entre a história dos inúmeros e diferenciados movimentos e as teorias traduzidas dos grandes centros acadêmicos hegemônicos.

Voltando à minha vivência no laboratório Feminismo na Quebrada, fui realmente afetada pelo vasto material crítico produzido pela mescla de imaginários e ancestralidades indígenas, negras, mestiças, territoriais e religiosas, pela articulação de um feminismo fortemente ligado às reivindicações de classe e às possibilidades abertas pelas teias do ideário comunitário.

Ficou clara a forma de articulação das mulheres pela memória, através da qual se conectam, se identificam e produzem uma proposta de consciência diferencial que toma o lugar da consciência identitária. É nessa consciência diferencial que talvez tenhamos a chave para derrubar o muro entre as mulheres das periferias e a abstração conceitual do feminismo metropolitano e aprofundar uma política do comum e do bem viver.[18] Pelo menos para mim é bastante evidente a necessidade de pensar a relacionalidade em novos termos, estendendo laços horizontais e verticais, entrelaçando comunidades e histórias numa rede produtivamente conflituosa.

No início deste texto mostrei duas novas tendências do feminismo hoje, o feminismo decolonial e o feminismo para os 99%. Procurei também examinar sua possível e desejável complementaridade. Um olhar crítico sobre o feminismo decolonial poderia mostrar por parte deste um foco bastante definido em sujeitos de formações pré-capitalistas – os povos originários – para um enfrentamento da questão da exclusão racial e capitalista colonial. O problema desse caminho que, sem dúvida é um avanço epistemológico, é deixar de lado grande parte dos pobres, brancos e dos que não podem se definir facilmente como descendentes dos povos originários. Já o feminismo para as 99%, igualmente importante em especial no caso brasileiro, é profundamente vinculado a visões economicistas e investe na crítica à onipotência da razão, desumanizando o pensamento mágico recuperado pela corrente decolonial. Enfim, temos aqui uma tarefa trabalhosa e bela para construirmos, juntas, um pensamento decolonial com dupla atenção para a exclusões de classe, quase abandonada pelas novas políticas feministas representacionais.[19]

Dividi este livro em três partes. As duas primeiras, perspectivas decoloniais e práticas decoloniais, são claramente arbitrárias e reforçam a urgência da eliminação definitiva do binarismo entre teoria e prática, particularmente no campo feminista. A última aposta numa terceira margem. Para além da teoria e da prática, a expressão artística consegue antecipar, com vantagem, os mais sutis sinais de uma época. As artistas foram selecionadas com o mesmo critério epistemológico que as pensadoras deste volume.

Durante todo o tempo de elaboração desta coletânea, Mary Garcia Castro, amiga querida e guru há tantos anos, me acompanhou e teve poder de decisão na seleção, articulação entre os ensaios e na ideia indisciplinada de assumir a obra de arte enquanto produção teórica. Depois de muitos zaps e e-mails recebi, na época em que ainda estava pensando e discutindo a produção deste livro, essa carta de Mary com a qual fecho esta introdução:

Rio, 18 de julho de 2019

Querida Helô,

Você está em Búzios e pede diálogo. Segue carta, solidária com suas angústias na organização de um livro sobre tendências do pensamento feminista hoje e a potencialidade emancipatória da perspectiva decolonial. Perspectiva ainda sem muito investimento feminista brasileiro, ou seja, sem cumprir o princípio dessa perspectiva: decolar do local, de experiências coletivas de mulheres na contramão de modelagens normativas oficiais, o que pode ser um paradoxo considerando a fertilidade das novas tendências do feminismo por essas terras, como o feminismo negro e as elaborações sobre sexualidades não heteronormativas.

Como não se mobilizar com sua destemperança afetiva por jovens feministas, sua imersão por formação e acesso ao novo por estas, principalmente se das Quebradas, rompendo barreiras de mercado editorial, idioma e rituais cognitivos, como os da universidade e suas caixas disciplinares? Também sou avó, encarinhada por alunas e muito delas me encarinhando.

Mais um livro sobre pensamento feminismo, agora reunindo textos sobre o emergente, como o rico e ainda meio parado em alfândegas acadêmicas, tema da decolonialidade? Uau, haja fôlego. Um tema que está esperando visto de residência no Brasil porque, se desde os anos 1960 é tema que conta com literatura de renomados autores da América Latina de fala hispana e dos estudos culturais nos EE.UU., já por terras brasilis ainda são poucos. Que "treta", amiga. Contudo, esse rico potencial decolonial pode alargar marcos do feminismo, colocar em pauta sujeitos silenciados e construir outra história sobre a modernidade. São muitas as questões dessas plagas que precisam ser mais discutidas.

Ora, considerando o princípio de que a modernidade é inaugurada com a chegada dos "conquistadores" nessas terras, é comum no debate sobre decolonialidade apelar para o resgate de conhecimentos de povos originais, saberes semeados no cotidiano e vindo dos ancestrais, sem agressão à natureza. Destacam-se princípios ecológicos, e conhecimentos de resistência em que o mágico e o "racional" se misturam. Ótimo. Mas será que isso seria suficiente para enfrentar a barbárie neoliberal e para dar conta de que cerca de mais de 50 milhões de brasileiros estão abaixo do nível de pobreza e que muitos são brancos, pobres e querem estar no mercado? Será que é hora de marginalizar a importância de um Estado de bem-estar social e o debate sobre democracia e se ater a resistências comunitárias?

Não é novo por esses lados um feminismo sensível à ecologia, outra vertente do feminismo decolonial, mas há que considerar em que medida não se viria privilegiando um caminho que reforça essencialismos e marginaliza a importância de avanços tecnológicos que facilitam a vida das mulheres em trabalhos de reprodução do cotidiano, como, por exemplo, na maternagem.

De fato, devemos combater o medo com esperança, como sugere Terry Eagleton, enfrentando a crise do capitalismo enquanto a crise de visão e ordenação do mundo, considerando o aumento dos descartáveis a que se refere Giorgio Agamben, e a vigência da necropolítica, ou o direito de matar do Estado, e não ao azar, preferencialmente pobres e negros, em especial nos continentes africanos e latino-americanos. É a necropolítica que Achille Mbembe relaciona com os tempos pós-coloniais. Precisamos não de uma nova perspectiva no feminismo, mas de uma frente ampla de várias perspectivas que possam produzir críticas ao *status quo*.

Amiga Helô, maneire suas angústias, que sempre resultaram em maravilhas criativas. E, como nos volumes anteriores sobre pensamentos feministas, deixe-se levar por eleições afetivas, os textos que mais a tocaram e os apresente aos/às leitoras. Deles, a tarefa de continuar a construção desse campo cognitivo.

Decolonialidade é conceito que se afasta de universalismos, fórmulas eurocêntricas. Pede escuta a experiências comunitárias de autonomia que, se não recusam o Estado, pelo menos não se tornam dependente de suas políticas, além de sublinhar saberes femininos em cotidianidade de sobrevivência, inclusive emocional. Por isso é tão difícil demarcar um território teórico próprio no caso do Brasil, pois o paradoxo do feminismo nessas plagas foi conjugar crítica ao patriarcado e buscar inclusão no Estado, tendo o patriarca maior como o salvador.

Acho que você, Helô, está em um caminho fértil e criativo. Decolonialidade é um conceito com potencialidades de crítica à modernidade, ao desenvolvimentismo extrativista e atento a saberes em uso e a uma ecologia feminista. Assim, tem potencialidades emancipatórias, mas ainda não tem corpo que responda à diversidade de subversões nossas, pede investimento em pesquisas e muito estudo/ativismo.

Apresente às jovens o desafio dessa gestação e não modelagens teóricas prontas e sublinhe: "Use com cautela." Foi você quem me ensinou: "Sem angústia ninguém é autoral."

De fato, receio que no afã de se agarrar ao novo, buscar saídas epistemológicas para a barbárie do desenvolvimento capitalista/patriarcal, estejamos patinando em algumas falácias metodológicas, renomeando estilos, projetos, títulos, sem mais analisar ambiências e projetos. Será que todos os escritos por autoras negras, como aqueles no campo da literatura assim como as sociológicas formulações sobre interseccionalidade entre classe, raça e gênero, por exemplo, podem, ou melhor, devem ser enquadrados como pensamento feminista decolonial? Alguém já perguntou a Conceição Evaristo se ela se sente bem com o título de autora decolonial? Como feminista negra ela já se identificou, e de fato suas "escrivinhanças" são vozes antes silenciadas que dão estatura macro a micropolíticas, mas, repito, não é muita "forçação de barra" codificá-la como decolonial? Será que não é uma viagem um tanto voluntarista considerar que em *Quarto de despejo* pode se ler um manifesto decolonial, já que Carolina de Jesus foi uma grande mestra em detalhar formas de sobrevivência e de resistência à miséria imposta a tantas mulheres pobres por um sistema patriarcal, capitalista, neocolonial, mas não necessariamente discute insurgências coletivas, outro princípio do conhecimento decolonial?

E, provocação: ansiosas por novas balsas, deixando de lado outras, nossas, como os conceitos de Améfrica Ladina de Lélia Gonzales e de quilombismo de Beatriz Nascimento, bem como o investimento em contribuições de autoras da diáspora africana. Também é urgente nos centrarmos em um ativismo contra o massacre do povo indígena e de jovens negros e a repressão às casas de terreiro. E mais: insistir na visibilização das expressões artístico-culturais e políticas contra as normas do Estado patriarcal, capitalista, um dos vetores do livro que organiza.

Bom, Helô, seduzida e contaminada por seu entusiasmo, vão essas notas por carta, um tanto abagunçadas, para colaborar com sua tarefa de resgatar contribuições feministas para a construção de um pensamento decolonial feminista situado, considerando experiências, vivências, representações da diversidade de mulheres na América Latina, e em especial no Brasil. Mas acho que estou é mais contribuindo para aumentar suas angústias.

Despeço-me. Optei por carta em formato ensaio porque, como bem adverte Adorno, este permite mais endereçar o novo sem compromisso com enquadramentos e verdades, enveredando por diálogos consigo e um outro, uma outra, no caso você, com questões, problemas e dúvidas, mais do que com respostas. Bom, vá desculpando o eurocentrismo, eu lhe desejo: "merde", quebre a perna em seu processo de organizar o livro, beijos.

Mary Garcia Castro

PS. Assino com nome e sobrenome, amiga, porque há muito estou para lhe dizer que me sinto Mary Garcia Castro, nem Mary, nem Mary Castro, como me costumam anunciar. O Garcia é em homenagem à minha mãe, assim como o Castro, também na contramão do legal, vem da mãe de Pedro, meu ex-marido. Veja, era decolonial e antipatriarcal e não sabia. Insisto, muito bem-vinda sua iniciativa por apresentar a diversidade e complexidade do chamado feminismo decolonial. Mas e eu? estou fora de mais uma nomeação, sou apenas feminista e em ativismos por emancipação social, sem amarras de classe, raça e gênero.

NOTAS

1. Yuderkys Miñoso Espinosa, "De por qué es necesario un feminismo descolonial: diferenciación, dominación con-constitutida de la modernidad occidental y el fin de la política de la identidad", in *Solar*, ano 12, vol. 12, nº 1, Lima, p. 146.
2. Cinzia Arruza et al., *Feminismo para os 99%: um manifesto*. Rio de Janeiro: Boitempo, 2019.
3. Cinzia Arruza et al., op. cit., p. 39.
4. Lélia Gonzalez, "A categoria político-cultural de amefricanidade", in *Revista Tempo brasileiro*, nº 92/93, jan./jun. Rio de Janeiro, 1988, p. 76.
5. Todos as citações de Adriana são extratos de um texto enviado pela artista em 26/11/2019.
6. Nelson Maldonado-Torres, *La descolonización y el giro des-colonial*. Tábula Rasa, nº 9, vol. 2, 2008, p. 61-72.
7. Grada Kilomba, *Plantation Memories. Episodes of Everyday Racism*. Munique: Unrast Verlag, 2008 [*Memórias da plantação*. Rio de Janeiro: Cobogó, 2019].
8. Ibidem, p. 19.
9. Patricia Hill Collins, *Black Feminist Thought: Knowledge, Consciousness and the Politics of Empowerment*. Nova York: Routledge, 2000.
10. Matéria sobre a costura nas obras de Rosana Paulino. Disponível em: https://brasil.elpais.com/brasil/2018/12/04/politica/1543935616_350093.html. Acesso em: 18/12/2019.
11. Rosana Paulino, *A respeito dos trabalhos expostos*. Disponível em: http://www.rosanapaulino.com.br/blog/textos-de-minha-autoria/. Acesso em: 18/12/2019.
12. Lélia Gonzalez, "Racismo e sexismo na cultura brasileira", in Heloisa Buarque de Hollanda *Pensamento feminista brasileiro. Formação e contexto*. Rio de Janeiro: Bazar do Tempo, 2019. p. 237-256.
13. Cherríe Moraga, Gloria Anzaldúa (Ed.) *This bridge called my back. Writings by radical women of color*. Massachussets: Persephone Press, 1981.
14. Gloria Anzaldúa, *Boderlands/La Frontera*. São Francisco: Aunt Lute Books, 1987. O texto "La conciencia de la mestiza / Rumo a uma nova consciência" foi publicado na edição *Pensamento feminista: conceitos fundamentais*. Rio de Janeiro: Bazar do Tempo, 2019.
15. Todas as citações de Marcela Cantuária são da entrevista realizada com a artista em 25/11/2019.
16. https://www.mulheresreais.art.br/.
17. Conversas nos encontros do Laboratório Feminismo nas Quebradas.
18. A noção de consciência diferencial e a necessidade de uma articulação entre as lutas das mulheres periféricas e o feminismo acadêmico foi desenvolvida por María Elvira Díaz-Benítez em seu artigo publicado nesta coletânea.
19. Resultado de uma troca intensa por WhatsApp com Mary Garcia Castro.

desafiando matrizes

Nós mulheres e não brancas fomos "faladas", definidas e classificadas por um sistema ideológico de dominação que nos infantiliza. Ao nos impor um lugar inferior no interior da sua hierarquia (apoiadas nas nossas condições biológicas de sexo e raça), suprime nossa humanidade justamente porque nos nega o direito de sermos sujeitos não só do nosso próprio discurso, como da nossa própria história. É desnecessário dizer que, com todas essas características, estamos nos referindo ao sistema patriarcal-racista.

Lélia Gonzalez

Por um feminismo afro-latino-americano

Lélia Gonzalez

NESTE ANO DE 1988, O BRASIL, país com a maior população negra das Américas, comemora o centenário da lei que estabeleceu o fim da escravização. As celebrações se estendem por todo o território nacional, promovidas por inúmeras instituições de caráter público e privado, que festejam os "cem anos da abolição". Porém, para o Movimento Negro, o momento é muito mais de reflexão do que de celebração. Reflexão porque o texto da lei de 13 de maio de 1988 (conhecida como Lei Áurea) simplesmente declarou como abolida a escravização, revogando todas as disposições contrárias e... nada mais. Para nós, mulheres negras e homens negros, nossa luta pela liberdade começou muito antes desse ato de formalidade jurídica e se estende até hoje.

Nosso empenho, portanto, se dá no sentido de que a sociedade brasileira, ao refletir sobre a situação do seguimento negro que dela faz parte (daí a importância de ocupar todos os espaços possíveis para que isso suceda), possa voltar-se sobre si mesma e reconhecer nas suas contradições internas as profundas desigualdades raciais que a caracterizam. Nesse sentido, as outras sociedades que também compõem essa região, neste continente chamado América Latina, quase não diferem da sociedade brasileira. E este trabalho, como reflexão de uma das contradições internas do feminismo latino-americano, pretende ser, com suas evidentes limitações, uma modesta contribuição para o seu avanço (depois de tudo, sou feminista).

Ao evidenciar a ênfase direcionada à dimensão racial (quando se trata da percepção e do entendimento da situação das mulheres no continente), tentarei mostrar que, no interior do movimento, as negras e as indígenas são as testemunhas vivas dessa exclusão. Por outro lado, baseada nas minhas experiências de mulher negra, tratarei de evidenciar as iniciativas de aproximação, de solidariedade e respeito pelas diferenças por parte de companheiras brancas efetivamente comprometidas com a causa feminina. A essas mulheres-exceção eu chamo irmãs.

FEMINISMO E RACISMO

É inegável que o feminismo como teoria e prática vem desempenhando um papel fundamental nas nossas lutas e conquistas e que, ao apresentar novas perguntas, não somente estimulou a formação de grupos e redes, como também desenvolveu a busca de uma nova forma de ser mulher. Ao centralizar suas análises em torno do conceito do capitalismo patriarcal (ou patriarcado capitalista), evidenciou as bases materiais e simbólicas da opressão das mulheres, o que constitui uma contribuição de crucial importância para o encaminhamento das nossas lutas como movimento. Ao demonstrar, por exemplo, o caráter político do mundo privado, desencadeou todo um debate público em que surgiu a tematização de questões totalmente novas – sexualidade, violência, direitos reprodutivos etc. – que se revelaram articuladas às relações tradicionais de dominação/submissão. Ao propor a discussão sobre sexualidade, o feminismo estimulou a conquista de espaços por parte de homossexuais de ambos os sexos, discriminados pela sua orientação sexual.[1] O extremismo estabelecido pelo feminismo fez irreversível a busca de um modelo alternativo de sociedade. Graças a sua produção teórica e a sua ação como movimento, o mundo não foi mais o mesmo.

Mas, apesar das suas contribuições fundamentais para a discussão da discriminação pela orientação sexual, não aconteceu o mesmo com outros tipos de discriminação, tão graves como a sofrida pela mulher: as de caráter racial. Aqui, se nos reportarmos ao feminismo norte-americano, veremos que a relação foi inversa; ele foi consequência de importantes contribuições do movimento negro: "A Luta dos sessenta... Sem a Irmandade Negra, não haveria existido irmandade das Mulheres (Sister Hood); sem Poder Negro (Black Power) e Orgulho Negro (Black Pride), não haveria existido Poder Gay e Orgulho Gay."[2] E a feminista Leslie Cagan afirma: "O fato de que o movimento pelos direitos civis tenha quebrado os pressupostos sobre a liberdade e a igualdade na América nos abriu espaço para questionar a realidade da nossa liberdade como mulheres."[3]

Mas o que geralmente se constata, na leitura dos textos e da prática feminista, são referências formais que denotam uma espécie de esquecimento da questão racial. Tomo um exemplo de definição do feminismo: ele consiste na "resistência das mulheres em aceitar papéis, situações sociais, econômicas, políticas, ideológicas e características psicológicas que tenham como fundamento a existência de uma hierarquia entre homens e mulheres, a partir da qual a mulher é discriminada".[4] Bastaria substituir os termos homens e mulheres por brancos e negros (ou índios), respectivamente, para ter uma excelente definição de racismo.

Isso ocorre porque tanto o racismo como o feminismo partem das diferenças biológicas para estabelecerem-se como ideologias de dominação. Cabe, então, a pergunta: como se explica esse "esquecimento" por parte do feminismo? A resposta, na nossa opinião, está no que alguns cientistas sociais caracterizam como racismo por omissão e cujas raízes, dizemos nós, se encontram em uma visão de mundo eurocêntrica e neocolonialista da realidade.

Vale a pena retomar aqui duas categorias do pensamento lacaniano que ajudam em nossa reflexão. Intimamente articuladas, as categorias de infante e de sujeito-suposto-saber nos levam ao tema da alienação. A primeira designa aquele que não é sujeito do seu próprio discurso, na medida em que é falado pelos outros. O conceito de infante se constitui a partir de uma análise da formação psíquica da criança que, ao ser falada pelos adultos na terceira pessoa, é consequentemente excluída, ignorada, colocada como ausente apesar da sua presença; reproduz então esse discurso e fala sobre si em terceira pessoa (até o momento em que aprende a trocar os pronomes pessoais). Da mesma forma, nós mulheres e não brancas fomos "faladas", definidas e classificadas por um sistema ideológico de dominação que nos infantiliza. Ao nos impor um lugar inferior no interior da sua hierarquia (apoiadas nas nossas condições biológicas de sexo e raça), suprime nossa humanidade justamente porque nos nega o direito de sermos sujeitos não só do nosso próprio discurso, como da nossa própria história. É desnecessário dizer que, com todas essas características, estamos nos referindo ao sistema patriarcal-racista. Consequentemente, o feminismo coerente consigo mesmo não pode dar ênfase à dimensão racial. Se assim o fizesse, estaria contraditoriamente aceitando e reproduzindo a infantilização desse sistema, e isso é alienação.

A categoria de sujeito-suposto-saber, refere-se às identificações imaginárias com determinadas figuras, para as quais se atribui um saber que elas não possuem (mãe, pai, psicanalista, professor etc.). E aqui nos reportamos à análise de um Frantz Fanon e de um Alberto Memmi, que descrevem a psicologia do colonizado em relação a um colonizador. Na nossa opinião, a categoria de sujeito-suposto-saber enriquece ainda mais o entendimento dos mecanismos psíquicos inconscientes que se explicam na superioridade que o colonizado atribui ao colonizador. Nesse sentido, o eurocentrismo e seu efeito neocolonialista acima mencionados também são formas alienadas de uma teoria e de uma prática que se percebem como liberadoras.

Por tudo isso, o feminismo latino-americano perde muito da sua força ao abstrair um dado da realidade que é de grande importância: o caráter multirracial e pluricultural das sociedades dessa região. Tratar, por exemplo, da divisão sexual do trabalho sem articulá-la com seu correspondente em nível racial é recair numa espécie de racionalismo universal abstrato, típico de um discurso masculinizado e branco. Falar da opressão da mulher latino-americana é falar de uma generalidade que oculta, enfatiza, que tira de cena a dura realidade vivida por milhões de mulheres que pagam um preço muito caro pelo fato de não serem brancas. Concordamos plenamente com Jenny Bourne, quando afirma: "Eu vejo o antirracismo como algo que não está fora do Movimento de Mulheres mas sim como algo intrínseco aos melhores princípios feministas."[5] Mas esse olhar que não vê a dimensão racial, essa análise e essa prática que a "esquecem" não são características que se fazem evidentes apenas no feminismo latino-americano. Como veremos em seguida, a questão racial na região tem sido ocultada no interior das suas sociedades hierárquicas.

A QUESTÃO RACIAL NA AMÉRICA LATINA

Cabe aqui um mínimo de reflexão histórica para que se possa ter uma ideia desse processo na região. Principalmente nos países de colonização ibérica. Em primeiro lugar, não se pode esquecer que a formação histórica de Espanha e Portugal se fez a partir da luta de muitos séculos contra os mouros, que invadiram a Península Ibérica no ano de 711. Mais ainda, a guerra entre mouros e cristãos (ainda lembrada nas nossas festas populares) não teve a dimensão religiosa como sua única força propulsora. Constantemente silenciada, a dimensão racial teve um importante papel ideológico nas lutas da Reconquista. Na realidade, os mouros invasores eram predominantemente negros. Além disso, as duas últimas dinastias do seu império – a dos "almorávidas e a dos almoadas" – provinham da África Ocidental.[6] Pelo exposto, queremos dizer que os espanhóis e os portugueses adquiriram uma sólida experiência no que diz respeito à forma de articulação das relações raciais.

Em segundo lugar, as sociedades ibéricas se estruturaram de maneira altamente hierarquizada, com muitas castas sociais diferenciadas e complementárias. A força da hierarquia era tal que se explicitava até nas formas nominais de tratamento, transformadas em lei pelo rei de Portugal e de Espanha em 1597. Desnecessário dizer que, nesse tipo de estrutura, onde tudo e todos têm um lugar determinado, não há espaço para a igualdade, principalmente para grupos étnicos diferentes, como mouros e judeus, sujeitos a um violento controle social e político.[7]

Herdeiras históricas das ideologias de classificação social (racial e sexual), assim como das técnicas jurídicas e administrativas das metrópoles ibéricas, as sociedades latino-americanas não podiam deixar de se caracterizar como hierárquicas. Racialmente estratificadas, apresentam uma espécie de *continuum* de cor que se manifesta num verdadeiro arco-íris classificatório (no Brasil, por exemplo, existem mais de cem denominações para designar a cor das pessoas). Nesse quadro, torna-se desnecessária a segregação entres mestiços, indígenas e negros, pois as hierarquias garantem a superioridade dos brancos como grupo dominante.

Desse modo, a afirmação de que somos todos iguais perante a lei assume um caráter nitidamente formalista nas nossas sociedades. O racismo latino-americano é suficientemente sofisticado para manter negros e indígenas na condição de segmentos subordinados no interior das classes mais exploradas, graças a sua forma ideológica mais eficaz: a ideologia do branqueamento, tão bem analisada por cientistas brasileiros. Transmitida pelos meios de comunicação de massa e pelos sistemas ideológicos tradicionais, ela reproduz e perpetua a crença de que as classificações e os valores da cultura ocidental branca são os únicos verdadeiros e universais. Uma vez estabelecido, o mito da superioridade branca comprova sua eficácia e os efeitos de desintegração violenta, de fragmentação da identidade étnica por ele produzidos, o desejo de embranquecer (de "limpar o sangue", como se diz no Brasil) é internalizado com a consequente negação da própria raça e da própria cultura.

Não são poucos os países latino-americanos que desde sua independência aboliram o uso de indicadores raciais nos seus censos e em outros documentos. Alguns deles reabilitaram o indígena como símbolo místico da resistência contra a agressão colonial e neocolonial, apesar de, ao mesmo tempo, manter a subordinação da população indígena. Em relação aos negros, são abundantes os estudos sobre sua condição durante o regime escravocrata. Porém, historiadores e sociólogos silenciam sua situação desde a abolição da escravatura até os dias de hoje, estabelecendo uma prática que torna esse segmento social invisível. O argumento utilizado por alguns cientistas sociais consiste na afirmação de que a ausência da variável racial nas suas análises se deve ao fato de que os negros foram contidos no interior da sociedade abraçada em condições de relativa igualdade com outros grupos raciais.[8]

Essa postura tem muito mais a ver com estudos de língua espanhola, no momento em que o Brasil se coloca quase como exceção dentro desse quadro; sua literatura científica sobre o negro na sociedade atual é bastante significativa.

Pelo exposto, não é difícil concluir que existem grandes obstáculos para o estudo e encaminhamento das relações raciais na América Latina, com base nas suas configurações regionais e variações internas, em comparação com outras sociedades multirraciais, fora do continente. Na verdade, esse silêncio ruidoso sobre as contradições raciais se fundamenta, modernamente, num dos mais eficazes mitos de dominação ideológica: o mito da democracia racial.

Na sequência da suposta igualdade de todos perante a lei, ele afirma a existência de uma grande harmonia racial – sempre que se encontrem sob o escudo do grupo branco dominante; o que revela sua articulação com a ideologia do branqueamento. Na nossa opinião, quem melhor sintetizou esse tipo de dominação racial foi um humorista brasileiro ao afirmar: "No Brasil não existe racismo porque os negros reconhecem seu lugar." Vale notificar que mesmo as esquerdas absorveram a tese da "democracia racial", na medida em que nas suas análises sobre nossa realidade social jamais conseguiram vislumbrar qualquer coisa além das contradições de classe.

Metodologicamente mecanicistas (pois eurocêntricas), acabaram por se tornar cúmplices de uma dominação que pretendiam combater. No Brasil, esse tipo de perspectiva começou a sofrer uma reformulação com a volta dos exilados que haviam combatido a ditadura militar, no início dos anos 1980. Isso porque muitos deles (vistos como brancos no Brasil) foram objeto de discriminação racial no exterior. Apesar disso, somente em um país do continente encontramos a grande e única exceção em relação a uma ação concreta no sentido de abolir as desigualdades raciais, étnicas e culturais. Trata-se de um país geograficamente pequeno, mas gigantesco na busca do encontro consigo mesmo: Nicarágua.

Em setembro de 1987, a Assembleia Nacional aprovou e promulgou o Estatuto de Autonomia das Regiões da Costa Atlântica de Nicarágua. Nelas encontra-se uma população de 300 mil habitantes, divididos em seis etnias caracterizadas inclusive pelas suas diferenças linguísticas: 182 mil mestiços, 75 mil *misquitos*, 26 mil *creoles* (negros), 9 mil *sumus*, 1750 *garífunas* (negros) e 850 *ramas*. Composto de seis títulos e cinco artigos, o Estatuto de Autonomia implica um novo reordenamento político, econômico, social e cultural que responde às reivindicações de participação das comunidades costeiras. Mais do que garantir a eleição das autoridades locais e regionais, o Estatuto assegura a participação comunitária na definição dos projetos que beneficiam a região e reconhece o direito de propriedade sobre as terras comunais.

Por outro lado, não só garante a igualdade absoluta das etnias mas também reconhece seus direitos religiosos e linguísticos, repudiando todo tipo de discriminação. Um dos seus grandes efeitos foi o repatriamento de 19 mil indígenas que haviam abandonado o país. Coroação de um longo processo em que se acumularam erros e acertos, o Estatuto de Autonomia é uma das grandes conquistas de um povo que luta "por construir uma nação nova, multiétnica, pluricultural e multilíngue baseada na democracia, no pluralismo, no anti-imperialismo e na eliminação da exploração social e na opressão em todas as suas formas".[9]

É importante insistir que, no quadro das profundas desigualdades raciais existentes no continente, se inscreve, e muito bem articulada, a desigualdade sexual. Trata-se de uma discriminação em dobro para com as mulheres não brancas da região: as amefricanas e as ameríndias. O duplo caráter da sua condição biológica – racial e sexual – faz com que elas sejam as mulheres mais oprimidas e exploradas de uma região de capitalismo patriarcal-racista dependente. Justamente porque esse sistema transforma as diferenças em desigualdades, a discriminação que elas sofrem assume um caráter triplo: dada sua posição de classe, ameríndias e amefricanas fazem parte, na sua grande maioria, do proletariado afro-latino-americano.

POR UM FEMINISMO AFRO-LATINO-AMERICANO

É Virginia Vargas quem nos diz:

> a presença das mulheres no cenário social é um fato inquestionável nos últimos anos, buscando novas soluções diante dos problemas que lhes impõe uma ordem social, política e econômica que historicamente as marginalizou. Nessa presença, a crise econômica, política, social e cultural (...) tem sido um elemento desencadeante que acelerou processos que vinham sendo gerados. Com efeito, se por um lado a crise acentuou e evidenciou o esgotamento de um modelo de desenvolvimento do capitalismo dependente, por outro lado deixou explícito como seus efeitos são recebidos diferenciadamente em vastos setores sociais, de acordo com as contradições específicas nas quais se encontram imersos, alentando desse modo o surgimento de novos campos de conflito e novos atores sociais. Assim, no terreno das relações sociais, o efeito da crise foi o de devolver-nos uma visão muito mais complexa e heterogênea da dinâmica social, econômica e política. Nessa complexidade estão localizados o surgimento e o reconhecimento de novos movimentos sociais, entre eles o de mulheres, que avançaram desde suas contradições específicas a um profundo questionamento da lógica estrutural da sociedade (Castells) e contêm, potencialmente, uma visão alternativa da sociedade.[10]

Ao caracterizar distintas modalidades de participação, ela aponta três vertentes, diferenciadas por uma expressão, no interior do movimento:

popular, político-partidária e feminista. E é justamente na popular que vamos encontrar maior participação de amefricanas e ameríndias que, preocupadas com o problema da sobrevivência familiar, buscam organizar-se coletivamente; por outro lado, sua presença principalmente no mercado informal de trabalho as remete a novas reivindicações. Dada sua posição social, que se articula com sua discriminação racial e sexual, são elas que sofrem mais brutalmente os efeitos da crise. Se pensarmos no tipo de modelo econômico adotado e no tipo de modernização que dela flui – conservadora e excludente, pelos seus efeitos de concentração de renda e de benefícios sociais –, não é difícil concluir a situação dessas mulheres, como no caso do Brasil, no momento da crise.[11]

Nessa perspectiva, não podemos desconhecer o importante papel dos Movimentos Étnicos (ME) como movimentos sociais. Por um lado, o movimento indígena (MI), que se fortalece cada vez mais na América do Sul (Bolívia, Brasil, Peru, Colômbia, Equador) e Central (Guatemala, Panamá e Nicarágua, como já vimos), não só propõe novas discussões sobre as estruturas sociais tradicionais, como também busca a reconstrução da sua identidade ameríndia e o resgate da sua própria história. Por outro lado, o Movimento Negro (MN) – e falemos do caso brasileiro ao explicitar a articulação entre as categorias de raça, classe, sexo e poder – desmascara as estruturas de dominação de uma sociedade e de um estado que veem como natural o fato de que 4/5 da força de trabalho negra sejam mantidos aprisionados em uma espécie de cinturão socioeconômico que lhes "oferece a oportunidade" de trabalho manual e não qualificado. Não é necessário dizer que, para o mesmo trabalho exercido por brancos, os rendimentos são sempre menores para trabalhadores negros de qualquer categoria profissional (principalmente nas de maior qualificação). Enquanto isso, a apropriação lucrativa da produção cultural afro-brasileira também é vista como "natural".

Cabe aqui um dado importante da nossa realidade histórica: para nós, amefricanas do Brasil e de outros países da região – assim como para as ameríndias –, a conscientização da opressão ocorre, antes de qualquer coisa, pelo racial. Exploração de classe e discriminação racial constituem os elementos básicos da luta comum de homens e mulheres pertencentes a uma etnia subordinada. A experiência histórica da escravização negra, por exemplo, foi terrível e sofridamente vivida por homens e mulheres, fossem crianças, adultos ou velhos. E foi dentro da comunidade escravizada que se desenvolveram formas político-culturais de resistência que hoje nos permitem continuar uma luta plurissecular de liberação. A mesma reflexão é válida para as comunidades indígenas. Por isso, nossa presença nos ME é bastante visível; aí nós amefricanas e ameríndias temos participação ativa e em muitos casos somos protagonistas.

Mas é exatamente essa participação que nos leva à consciência da discriminação sexual. Nossos companheiros de movimentos reproduzem as práticas sexistas do patriarcado dominante e tratam de excluir-nos dos espaços de decisão do movimento. E é justamente por essa razão que buscamos o MM, a teoria e a prática feministas, acreditando aí encontrar uma solidariedade tão importante como a racial: a irmandade. Mas o que efetivamente encontramos são as práticas de exclusão e dominação racista que tratamos na primeira seção deste trabalho. Somos invisíveis nas três vertentes do MM; inclusive naquela em que nossa presença é maior, somos descoloridas ou desracializadas, e colocadas na categoria popular (os poucos textos que incluem a dimensão racial só confirmam a regra geral). Um exemplo ilustrativo: duas famílias pobres – uma negra e outra branca – cuja renda mensal é de 180 dólares (que correspondem, atualmente, a três salários mínimos no Brasil); a desigualdade se faz evidente no fato de que a taxa da atividade da família negra é maior que a da branca.[12] Por aí se explica nossa escassa presença nas outras duas vertentes.

Pelo exposto, não é difícil compreender que nossa alternativa em termos de MM foi a de organizar-nos como grupos étnicos. E, na medida em que lutamos em duas frentes, estamos contribuindo para o avanço tanto dos ME como do MM (vice-versa, evidentemente). No Brasil, já em 1975, com a ocasião do encontro histórico das latinas que marcaria o início do MM no Rio de Janeiro, as americanas se fizeram presentes e distribuíram um manifesto que evidenciava a exploração econômico-racial sexual e o consequente tratamento "degradante, sujo e sem respeito"[13] de que somos objeto. Seu conteúdo não é muito diferente do Manifesto da Mulher Negra Peruana no Dia Internacional da Mulher em 1987, assinado por duas organizações do MN deste país: Linha de Ação Feminina do Instituto Afro-peruano e Grupo de Mulheres do Movimento Negro "Francisco Congo". Denunciando sua situação de discriminadas entre os discriminados, elas afirmam: "(...) nos moldaram uma imagem perfeita em tudo que se refere a atividades domésticas, artísticas, servis, nos consideraram 'expertas no sexo'."[14]

É dessa forma que se alimentou o preconceito de que a mulher negra só serve para esses menestréis. Vale a pena notar que os doze anos de existência dos dois documentos nada significam diante de quase cinco séculos de exploração que ambos denunciam. Além disso, observa-se que a situação das amefricanas dos dois países é praticamente a mesma, e principalmente os pontos de vista. Um dito popular brasileiro sintetiza essa situação ao afirmar: "Branca para casar, mulata para fornicar, negra para trabalhar." Que se atenda aos papéis atribuídos às amefricanas (preta e mulata); abolida sua humanidade, elas são vistas como corpos animalizados: por um lado são os "burros de carga" (do qual as mulatas brasileiras são um modelo). Desse modo, constata-se como a exploração socioeconômica se faz aliada da superexploração sexual das mulheres amefricanas.

Nos dois grupos de amefricanas do Peru se confirma uma prática que também é comum a nós: é a partir do MN que nos organizamos, e não do MM. No caso da dissolução de algum grupo, a tendência é continuar a militância dentro do MN, onde, apesar dos pesares, nossa rebeldia e nosso espírito crítico se dão num clima de maior familiaridade histórica e cultural. Já no MM, essas nossas manifestações muitas vezes foram caracterizadas como antifeministas e "racistas às avessas" (o que pressupõe um "racismo às direitas", ou seja, legítimo); daí nosso desencontros e ressentimentos. De qualquer modo, os grupos amefricanos de mulheres foram se organizando pelo país, principalmente nos anos 1980. Realizamos também nossos encontros regionais, e neste ano teremos o Primeiro Encontro Nacional de Mulheres Negras. Enquanto isso, nossas irmãs ameríndias também se organizam dentro da união das nações indígenas, a expressão máxima do MI no nosso país. Nesse processo, é importante ressaltar que as relações dentro do MM não estão feitas só de desencontros e ressentimentos com as latinas. Já nos anos 1970, umas poucas se aproximaram de nós em um efetivo intercâmbio de experiências, consequente no seu igualitarismo.

O entendimento e a solidariedade se ampliaram nos anos 1980, graças às próprias modificações ideológicas e de conduta dentro do MM: um novo feminismo se delineava nos nossos horizontes, aumentando nossas esperanças pela ampliação das suas perspectivas. A criação de novas redes, como o Taller de Mulheres das Américas (que prioriza a luta contra o racismo e o patriarcalismo numa perspectiva anti-imperialista) e DAWN/ MUDAR, é um exemplo de uma nova forma de olhar feminista, luminoso e iluminado por ser inclusivo, aberto à participação de mulheres étnica e culturalmente diferentes. E Nairóbi foi o marco dessa mudança, desse aprofundamento, desse encontro do feminismo consigo mesmo.

Prova disso foram as experiências muito fortes que tivemos o privilégio de compartilhar. A primeira em novembro de 1987, no II Encontro do Taller de Mulheres das Américas na cidade do Panamá; ali as análises e discussões terminaram por derrubar barreiras – no reconhecimento do racismo pelas feministas – e preconceitos antifeministas por parte das ameríndias e amefricanas dos setores populares. A segunda foi no mês seguinte, em La Paz, no encontro regional de DAWN/MUDAR; presentes as mulheres mais representativas do feminismo latino-americano, tanto pela sua produção teórica como pela sua prática efetiva. E uma só presença amefricana argumentou durante todo o encontro sobre as contradições já sinalizadas neste trabalho. Foi realmente uma experiência extraordinária para mim, diante dos testemunhos francos e honestos por parte das latinas ali presentes, com relação à questão racial. Saí dali revivida, confiante de que uma nova era se abria para todas nós, mulheres da região. Mais do que nunca, meu feminismo se sentiu fortalecido. E o título deste trabalho foi inspirado nessa experiência. Por isso que eu o dedico a Neuma, Leo, Carmen, Virgínia, Irma (seu cartão de Natal me fez chorar), Tais, Margarita, Socorro, Magdalena, Stella, Rocío, Glória e às ameríndias Lucila e Marta.

Muita sorte, mulheres!

TEXTO ORIGINALMENTE PUBLICADO EM "MUJERES, CRISIS Y MOVIMIENTO: AMÉRICA LATINA Y EL CARIBE", IN *ISIS INTERNACIONAL – MUJERES POR UN DESAROLLO ALTERNATIVO*, VOL. 6, JUN 1988. P. 133-141.

NOTAS

1. Virgínia Vargas, "Feminismo y movimiento social de mujeres", mimeo, s/d.
2. David Edgar, "Reagan's bidden agenda", in *Race and Class*, nº 3, vol. 22, 1981.
3. Leslie Cagan, "Something New Emerges: The Growth of a Socialist Feminist", in Dick Cluster (ed.), *They Should Have Served That Cup of Coffee: 7 Radicals Remember the 60s*, Boston: South End Press, 1979, p. 225-260.
4. Judith Astelarra, "El feminismo como perspectiva y como práctica política" (texto reproduzido pelo Centro de la Mujer Peruana Flora Tristan).
5. Jenny Bourne, "Towards an anti-racist feminism", in *Race and Class*, nº 1, vol. 35, 1983.
6. Wayne B. Chandler, "The Moor: Light of Europe's Dark Age", in Ivan van Sertina (ed.), *African Presence in Early Europe*, New Brunswick-Oxford: Transaction Books, 1987.
7. Roberto Da Matta, *Relativizando: Uma introdução à antropologia*, Petrópolis: Vozes, 1981.
8. George Andrews, *The Afro-Argentines of Buenos Aires: 1800-1900*, Madison: The University of Wisconsin Press, 1980.
9. Estatuto de Autonomia.
10. Virginia Vargas, op. cit.
11. Lucia Oliveira, Rosa Porcaro e Teresa Araújo, "Efeitos da crise no mercado de trabalho urbano e a reprodução das desigualdades raciais", in *Estudos Afro-Asiáticos*, nº 14, 1987.
12. Lucia Oliveira et al., op. cit.
13. Informações sobre as americanas se fizeram presentes e distribuíram um manifesto que evidenciava a exploração econômico-racial sexual.
14. Manifesto da Mulher Negra Peruana no Dia Internacional da Mulher em 1987, assinado por duas organizações do MN deste país: Linha de Ação Feminina do Instituto Afro-peruano e Grupo de Mulheres do Movimento Negro "Francisco Congo".

"Colonialidade" não se refere apenas à classificação racial. Ela é um fenômeno mais amplo, um dos eixos do sistema de poder e, como tal, atravessa o controle do acesso ao sexo, a autoridade coletiva, o trabalho e a subjetividade/intersubjetividade, e atravessa também a produção de conhecimento a partir do próprio interior dessas relações intersubjetivas.

María Lugones

Colonialidade e gênero[1]

María Lugones

INVESTIGO A INTERSECÇÃO ENTRE RAÇA, classe, gênero e sexualidade na tentativa de entender a preocupante indiferença dos homens com relação às violências que, sistematicamente, as mulheres de cor[2] sofrem: mulheres não brancas; mulheres vítimas da colonialidade do poder e, inseparavelmente, da colonialidade do gênero; mulheres que criam análises críticas do feminismo hegemônico, precisamente por ele ignorar a interseccionalidade das relações de raça/classe/sexualidade/gênero. Principalmente, já que é importante para nossas lutas, quero falar de uma indiferença vinda dos homens que foram e continuam sendo vítimas da dominação racial, da colonialidade do poder, homens que são inferiorizados pelo capitalismo global. A partir da problematização dessa indiferença diante das violências que o Estado, o patriarcado branco e eles mesmos perpetuam contra as mulheres de nossas comunidades em todo o mundo, chego a esta investigação teórica. É interessante notar que essas comunidades, tanto as que estão em grandes centros urbanos do mundo (como Brooklyn, Los Angeles, Cidade do México, Londres) quanto as que estão nas comunidades rurais indígenas (do Novo México, do Arizona, da Mesoamérica, da região Andina, da Nova Zelândia, da Nigéria), nunca aceitaram a invasão colonial passivamente. Entendo a indiferença diante da violência sofrida pelas mulheres em nossas comunidades como uma indiferença diante das transformações sociais profundas em nossas estruturas comunais, e por isso totalmente relevantes à recusa da imposição colonial. Procuro entender a maneira como essa indiferença é construída para, então, convertê-la em algo cujo reconhecimento seja inevitável para aqueles que se dizem envolvidos em lutas libertadoras. Essa indiferença é traiçoeira porque coloca barreiras intransponíveis em nossas lutas, enquanto mulheres de cor, por integridade e autodeterminação – o próprio cerne das lutas pela libertação das nossas comunidades. Ela se faz na vida cotidiana e nos esforços teóricos sobre as ideias de opressão e libertação. É uma indiferença que não aparece apenas na separação categorial[3] de raça, gênero, classe e sexualidade – separação que não nos deixa perceber com clareza a violência. Não se trata somente de uma questão de cegueira epistemológica cuja origem reside nessa separação categorial.

As feministas de cor têm frisado aquilo que só é revelado, em termos de dominação e exploração violentas, quando a perspectiva epistemológica se concentra na intersecção dessas categorias.[4] Ainda assim, isso não tem sido suficiente para fazer os homens de cor, que também são vítimas de dominações e explorações violentas, perceberem que em certa medida são cúmplices ou colaboradores na efetivação da dominação violenta das mulheres de cor.[5] Em especial, a teorização sobre a dominação global continua sendo conduzida como se fosse irrelevante reconhecer e resistir às traições e colaborações como essas.

Neste projeto, conduzo uma investigação sobre marcos de análise que não têm sido suficientemente explorados de maneira conjunta. De um lado, temos o importante trabalho sobre gênero, raça e colonização que constitui os feminismos de mulheres de cor dos Estados Unidos, os feminismos das mulheres do Terceiro Mundo, e as versões feministas das escolas de jurisprudência Lat Crit e Critical Race Theory. Esses marcos analíticos enfatizam o conceito de *interseccionalidade* e demonstram a exclusão histórica e teórico-prática de mulheres não brancas nas lutas libertárias travadas em nome da mulher.[6] O outro marco é introduzido por Aníbal Quijano, e é central em sua análise do padrão de poder global capitalista. Falo do conceito de "colonialidade do poder",[7] que é central aos trabalhos sobre colonialidade do saber, colonialidade do ser e decolonialidade.[8] Fazer um cruzamento dessas duas linhas de análise me permite chegar ao que estou chamando, provisoriamente, de "sistema moderno-colonial de gênero". Acredito que esse entendimento de gênero é pressuposto nos dois marcos de análise de maneira geral, mas ele não se expressa de maneira explícita – ou não o faz na direção que considero necessária para revelar o alcance e as consequências de certa cumplicidade com ele, dois dados que motivam esta investigação. Caracterizar esse sistema de gênero como colonial/moderno, tanto de maneira geral como em sua concretude específica e vivida, nos permitirá ver a imposição colonial em sua real profundidade; nos permitirá estender e aprofundar historicamente seu alcance destrutivo. Minha tentativa é a de fazer visível a instrumentalidade do sistema de gênero colonial/moderno em nossa subjugação – tanto dos homens como das mulheres de cor – em todos os âmbitos da vida. Ao mesmo tempo, esse trabalho torna visível a dissolução forçada e crucial dos vínculos de solidariedade prática entre as vítimas da dominação e exploração que constituem a colonialidade. Também quero fornecer uma forma de entender, ler e perceber nossa lealdade para com esse sistema de gênero. Precisamos nos colocar em uma posição que nos permita rechaçar esse sistema, enquanto promovemos uma transformação das relações comunais.[9] Neste ensaio inicial, apresento e complico o modelo de Quijano, porque ele nos fornece, com a lógica dos eixos estruturais, uma boa base para entendermos os processos de entrelaçamento e produção de raça e gênero.

A COLONIALIDADE DO PODER

Aníbal Quijano percebe a intersecção de raça e gênero em termos estruturais amplos. Para entender essa intersecção através de seu olhar, precisamos compreender a análise que ele faz do padrão de poder capitalista eurocêntrico e global. Tanto "raça"[10] como gênero ganham significados a partir desse padrão. Quijano entende que o poder está estruturado em relações de dominação, exploração e conflito entre atores sociais que disputam o controle dos "quatro âmbitos básicos da vida humana: sexo, trabalho, autoridade coletiva e subjetividade/intersubjetividade, seus recursos e seus produtos".[11] O poder capitalista, eurocêntrico e global está organizado, precisamente, sobre dois eixos: a colonialidade do poder e a modernidade.[12] Esses eixos ordenam as disputas pelo controle de todas as áreas da vida de tal maneira que o significado e as formas da dominação em cada uma são inteiramente atravessados pela colonialidade do poder e pela modernidade. Assim, para Quijano, as lutas pelo controle do "acesso ao sexo, seus recursos e produtos" definem a esfera sexo/gênero e são organizadas a partir dos eixos da colonialidade e da modernidade. Essa análise da construção moderna/colonial do gênero e seu alcance são limitados. O olhar de Quijano pressupõe uma compreensão patriarcal e heterossexual das disputas pelo controle do sexo, seus recursos e produtos. Ele aceita o entendimento capitalista, eurocêntrico e global sobre o gênero. Seu quadro de análise – capitalista, eurocêntrico e global – mantém velado o entendimento de que as mulheres colonizadas, não brancas, foram subordinadas e destituídas de poder. Conseguimos perceber como é opressor o caráter heterossexual e patriarcal das relações sociais quando desmistificamos as pressuposições de tal quadro analítico.

Não é necessário que as relações sociais sejam organizadas em termos de gênero, nem mesmo as relações que se consideram sexuais. Mas, uma vez dada, uma organização social em termos de gênero não tem por que ser heterossexual ou patriarcal. E esse "não ter por que" é uma questão histórica. Entender os traços historicamente específicos da organização do gênero em seu sistema moderno/colonial (dimorfismo biológico, a organização patriarcal e heterossexual das relações sociais) é central para entendermos como essa organização acontece de maneira diferente quando acrescida de termos raciais. Tanto o dimorfismo biológico e a heterossexualidade quanto o patriarcado são características do que chamo o lado iluminado/visível da organização colonial/moderna do gênero. O dimorfismo biológico, a dicotomia homem/mulher, a heterossexualidade e o patriarcado estão inscritos – com letras maiúsculas e hegemonicamente – no próprio significado de gênero. Quijano não percebeu sua conformidade com o significado hegemônico de gênero. Ao incluir esses elementos na análise da colonialidade do poder, quero expandir e complicar suas ideias, que considero centrais ao que chamo de sistema de gênero moderno/colonial.

A colonialidade do poder introduz uma classificação universal e básica da população do planeta pautada na ideia de "raça".[13] A invenção da "raça" é uma guinada profunda, um giro, já que reorganiza as relações de superioridade e inferioridade estabelecidas por meio da dominação. A humanidade e as relações humanas são reconhecidas por uma ficção em termos biológicos. É importante notar que Quijano nos oferece uma teoria histórica da classificação social em substituição ao que ele denomina "teorias eurocêntricas sobre as classes sociais".[14] Sua análise nos permite entender a centralidade da classificação da população em raças no capitalismo global. Ela também abre um espaço de reflexão para entendermos as disputas históricas pelo controle do trabalho, do sexo, da autoridade coletiva e da intersubjetividade, como lutas que se desenrolam em processos de longa duração, em vez de entendermos cada um desses elementos como anteriores a essas relações de poder. Os elementos que constituem o modelo capitalista de poder eurocêntrico e global não estão separados uns dos outros, e nenhum deles preexiste aos processos que constituem o padrão de poder. Decerto, a apresentação mítica desses elementos como anteriores, em termos metafísicos, é uma importante faceta do modelo cognitivo desse capitalismo, eurocêntrico e global.

Ao produzir essa classificação social, a colonialidade permeia todos os aspectos da vida social e permite o surgimento de novas identidades geoculturais e sociais.[15] "América" e "Europa" estão entre essas novas identidades geoculturais; "europeu", "índio", "africano" estão entre as identidades "raciais". Essa classificação é "a expressão mais profunda e duradoura da dominação colonial".[16] Com a expansão do colonialismo europeu, a classificação foi imposta à população do mundo. Desde então, tem atravessado todas e cada uma das áreas da vida social, tornando-se, assim, a forma mais efetiva de dominação social, tanto material como intersubjetiva. Desse modo, "colonialidade" não se refere apenas à classificação racial. Ela é um fenômeno mais amplo, um dos eixos do sistema de poder e, como tal, atravessa o controle do acesso ao sexo, a autoridade coletiva, o trabalho e a subjetividade/intersubjetividade, e atravessa também a produção de conhecimento a partir do próprio interior dessas relações intersubjetivas. Ou seja, toda forma de controle do sexo, da subjetividade, da autoridade e do trabalho existe em conexão com a colonialidade. Entendo a lógica da "estrutura axiforme", no uso que Quijano faz dela, como expressão de uma inter-relação: todo elemento que serve como um eixo se move constituindo e sendo constituído por todas as formas assumidas pelas relações de poder, referentes ao controle sobre domínios particulares da vida humana. Por fim, Quijano também esclarece que a colonialidade e o colonialismo são duas coisas distintas, à medida que o colonialismo não inclui, necessariamente, relações racistas de poder. Ainda assim, o nascimento e extensão da colonialidade, enraizada e espalhada pelo planeta, se fazem estreitamente relacionados com o colonialismo.[17]

No padrão de poder capitalista eurocêntrico e global de Quijano, capitalismo se refere à articulação estrutural de todas as formas historicamente conhecidas de controle do trabalho ou exploração, a escravidão, a servidão, a pequena produção mercantil, o trabalho assalariado, e a reciprocidade, sob a hegemonia da relação capital-salário.[18]

Nesse sentido, a estrutura das disputas pelo controle da força de trabalho é descontínua: nem todas as relações de trabalho no capitalismo eurocêntrico e global se encaixam no modelo de relação capital/salário, ainda que esse seja o modelo hegemônico. Para começar a entender o alcance da colonialidade do poder é importante frisar que o trabalho assalariado sempre foi reservado, quase exclusivamente, para os europeus bancos. A divisão do trabalho é racializada e geograficamente diferenciada. Aqui, vemos a colonialidade do trabalho como um cuidadoso entrecruzamento de trabalho e raça.

Quijano entende a modernidade, outro eixo do capitalismo eurocêntrico e global, como "a fusão das experiências do colonialismo e da colonialidade com as necessidades do capitalismo, criando um universo específico de relações intersubjetivas de dominação sob uma hegemonia eurocentrada".[19] Para caracterizar a modernidade, ele se concentra na produção da forma de conhecimento que se diz racional e que emerge do interior de um universo subjetivo do século XVII, nos encontros hegemônicos mais importantes desse sistema-mundo de poder (Holanda e Inglaterra). Essa forma de conhecimento é eurocêntrica. Quijano entende que o eurocentrismo diz respeito à perspectiva cognitiva não só dos europeus, mas de todo o mundo eurocêntrico, daqueles que são educados sob a hegemonia do capitalismo mundial. "O eurocentrismo naturaliza a experiência das pessoas dentro do padrão de poder."[20]

As necessidades cognitivas do capitalismo e a naturalização das identidades, das relações de colonialidade e da distribuição geocultural do poder capitalista mundial guiam a produção dessa forma de conhecimento. As necessidades cognitivas do capitalismo incluem:

> a medição, a quantificação, a padronização (ou objetificação, tornar objeto) daquilo que pode ser conhecido, em relação ao sujeito conhecedor, para controlar tanto as relações entre as pessoas e a natureza, quanto, em especial, a propriedade dos meios de produção.[21]

Essa forma de conhecimento foi imposta, em todo o mundo capitalista, como a única racionalidade válida e como emblemática da modernidade.

De modo mitológico, a Europa, centro capitalista mundial que colonizou o resto do mundo, passou a figurar como peexistente ao padrão capitalista mundial de poder e, assim, estaria no ponto mais avançado da temporalidade contínua, unidirecional e linear das espécies. De acordo com uma concepção de humanidade que se consolidou com essa mitologia, a população mundial foi dividida em dicotomias: superior e inferior; racional e irracional; primitiva e civilizada; tradicional e moderna. Na lógica de um tempo evolutivo, primitivo se refere a uma época anterior na história das espécies. A Europa é concebida miticamente como preexistente ao capitalismo global e colonial, e como tendo alcançado um estado muito avançado nesse caminho unidirecional, linear e contínuo. Assim, a partir do interior desse ponto de partida mítico, outros habitantes do mundo, outros seres humanos, passaram a ser miticamente concebidos não como dominados através da conquista, nem como inferiores em termos de riqueza ou poder político, mas como uma etapa anterior na história das espécies nesse caminho unidirecional. Esse é o significado da qualificação "primitivo".[22]

Conseguimos ver, então, o encaixe estrutural dos elementos que formam o capitalismo global e eurocêntrico no padrão de Quijano. A modernidade e a colonialidade nos fornecem uma compreensão complexa da organização do trabalho. Deixam-nos ver o encaixe entre a racialização total da divisão do trabalho e a produção de conhecimento. A análise do padrão cria um lugar para pensarmos a heterogeneidade e a descontinuidade. Quijano argumenta que essa estrutura não é uma totalidade fechada.[23]

O que foi dito até agora nos permite abordar a pergunta da interseccionalidade entre raça e gênero[24] dentro do esquema de Quijano. Acredito que a lógica dos "eixos estruturais" nos dá algo a mais, mas também algo a menos que a interseccionalidade. A interseccionalidade revela o que não conseguimos ver quando categorias como gênero e raça são concebidas separadas uma da outra. A denominação categorial constrói o que nomeia. Enquanto feministas de cor, temos feito um esforço conceitual na direção de uma análise que enfatiza a intersecção das categorias raça e gênero, porque as categorias invisibilizam aquelas que são dominadas e vitimizadas sob a rubrica das categorias "mulher" e as categorias raciais "negra", "hispânica", "asiática", "nativo-americana", "chicana"; as categorias invisibilizam as mulheres de cor. Como já indiquei, a autodenominação mulheres de cor não é equivalente aos termos raciais impostos pelo Estado racista, e sim proposta em grande tensão com eles. Ainda que na modernidade eurocêntrica capitalista sejamos todos/as racializados/as e um gênero nos seja atribuído, nem todos/as somos dominados/as ou vitimizados/as por esse processo. O processo é binário, dicotômico e hierárquico. Kimberlé Crenshaw, eu e outras mulheres de cor feministas argumentamos que as categorias são entendidas como homogêneas e que elas selecionam um dominante, em seu grupo, como norma; dessa maneira, "mulher" seleciona como norma as fêmeas burguesas brancas heterossexuais, "homem" seleciona os machos burgueses brancos heterossexuais, "negro" seleciona os machos heterossexuais negros, e assim sucessivamente. Então, é evidente que a lógica de separação categorial distorce os seres e fenômenos sociais que existem na intersecção, como faz a violência contra as mulheres de cor. Devido à maneira como as categorias são construídas, a intersecção interpreta erroneamente as mulheres de cor. Na intersecção entre "mulher" e "negro" há uma ausência onde deveria estar a mulher negra, precisamente porque nem "mulher" nem "negro" a incluem. A intersecção nos mostra um vazio. Por isso, uma vez que a interseccionalidade nos mostra o que se perde, ficamos com a tarefa de reconceitualizar a lógica da intersecção, para, desse modo, evitar a separação das categorias existentes e o pensamento categorial.[25] Somente ao perceber gênero e raça como tramados ou fundidos indissoluvelmente, podemos realmente ver as mulheres de cor. Isso significa que o termo "mulher", em si, sem especificação dessa fusão, não tem sentido ou tem um sentido racista, já que a lógica categorial historicamente seleciona somente o grupo dominante – as mulheres burguesas brancas heterossexuais – e, portanto, esconde a brutalização, o abuso, a desumanização que a colonialidade de gênero implica.

A lógica dos eixos estruturais mostra o gênero como formado por e formando a colonialidade do poder. Nesse sentido, não existe uma separação de raça/gênero no padrão de Quijano. Acredito ser correta a lógica que ele apresenta. Mas o eixo da colonialidade não é suficiente para dar conta de todos os aspectos do gênero. Que aspectos se tornam visíveis depende do modo como o gênero se conceitualiza no modelo. No padrão de Quijano, o gênero parece estar contido dentro da organização daquele "âmbito básico da vida", que ele chama "sexo, seus recursos e produtos".[26] Dentro do quadro que ele elabora existe uma descrição de gênero que não é questionada, e que é demasiadamente estreita e hiperbiologizada – já que traz como pressupostos o dimorfismo sexual, a heterossexualidade, a distribuição patriarcal do poder e outras ideias desse tipo.

Não encontrei uma elaboração sobre gênero como conceito ou como fenômeno nas leituras que fiz de Quijano. Parece-me que, em seu trabalho, ele assume que as diferenças de gênero são formadas nas disputas pelo controle do sexo, seus recursos e produtos. As diferenças se configurariam de acordo com a maneira como esse controle está organizado. Quijano entende o sexo como atributos biológicos[27] que podem ser elaborados como categorias sociais. Diferente do sexo, o fenótipo não possui atributos biológicos de diferenciação. De um lado, "a cor da pele, a forma e a cor do cabelo, dos olhos, a forma e o tamanho do nariz etc. não têm nenhum impacto na estrutura biológica da pessoa".[28] Mas para Quijano o sexo parece ser inquestionavelmente biológico. Ele descreve a "colonialidade das relações de gênero",[29] ou melhor, descreve o ordenamento das relações de gênero no eixo da colonialidade do poder da seguinte maneira:

> **1.** Em todo o mundo colonial, as normas e os padrões formais-ideais de comportamento sexual dos gêneros e, consequentemente, os padrões de organização familiar dos "europeus" foram fundados sobre uma classificação "racial": a liberdade sexual dos homens e a fidelidade das mulheres foram, em todo o mundo eurocêntrico, a contrapartida do "livre" – sem sujeição a pagamentos, como na prostituição, mais antiga na história – acesso sexual dos homens "brancos" às mulheres "negras" e "índias", na América, "negras", na África, e de outras "cores" no resto do mundo em submissão.
> **2.** Na Europa, ao contrário, foi a prostituição das mulheres a contrapartida do padrão burguês de família.
> **3.** A unidade e a integração familiar, impostas como eixos do padrão burguês de família no mundo eurocêntrico, foram a contrapartida da contínua desintegração das unidades de parentescos pais-filhos nas "raças" "não brancas", apropriáveis e distribuíveis não apenas como mercadoria, mas como "animais". Isso principalmente entre os escravos "negros", já que sobre eles essa forma de dominação foi mais explícita, imediata e prolongada.
> **4.** A marcada hipocrisia subjacente às normas e valores formais-ideais da família burguesa não é, desde então, alheia à colonialidade do poder.

Como podemos ver nessa importante e complexa citação, o quadro que Quijano elabora reduz o gênero à organização do sexo, seus recursos e produtos, e parece cair em uma certa pressuposição sobre quem controla o acesso a ele e quem é entendido como "recursos". Quijano parece dar como certo que a disputa pelo controle do sexo é uma disputa entre homens, competindo entre si pelo controle de recursos que são entendidos como femininos. Parece que ele não entende os homens como "recursos" nos encontros sexuais. Assim como parece que as mulheres não disputam em nenhum nível o controle do acesso ao sexo. As diferenças são pensadas nos mesmo termos em que a sociedade entende a biologia reprodutiva.

INTERSEXUALIDADE

No livro *Dilemas de definición* [Dilemas de definição],[30] Julie Greenberg diz que as instituições legais têm o poder de designar a cada indivíduo uma categoria sexual ou racial em particular.[31]

> Assume-se que o sexo é binário e facilmente determinável através de uma análise de fatores biológicos. Ainda que estudos médicos e antropológicos sustentem o contrário, a sociedade é adepta de um paradigma sexual binário sem ambiguidades no qual todos os indivíduos podem ser classificados prolixamente como masculinos ou femininos.[32]

Greenberg diz que, em toda a história dos Estados Unidos, as leis do país não reconheceram a existência de pessoas intersexuais, ainda que de 1% a 4% da população mundial seja intersexual. Essa é uma população que não se encaixa prolixamente dentro de categorias sexuais onde não há espaço para ambiguidade;

> que conta com alguns indicadores biológicos tradicionalmente associados aos machos e alguns indicadores biológicos tradicionalmente associados com as fêmeas. A maneira como as leis definem os termos masculino, feminino e sexo sempre terá um impacto profundo nesses indivíduos.[33]

As designações revelam que o que se entende por sexo biológico é socialmente construído. Do final do século XIX até a Primeira Guerra Mundial, a função reprodutiva era considerada característica essencial de uma mulher. A presença ou ausência de ovários era o critério mais definidor do sexo.[34] Porém, existe um grande número de fatores que intervêm "na definição do sexo 'oficial' de uma pessoa": cromossomos, gônadas, morfologia externa, morfologia interna, padrões hormonais, fenótipo, sexo designado, e aquele que a própria pessoa designa a si mesma.[35] Atualmente, os cromossomos e as genitálias são parte dessa designação, mas de tal maneira que conseguimos ver como a biologia é uma interpretação e é, por ela mesma, cirurgicamente construída.

> Crianças XY com pênis "inadequados" devem ser convertidas em meninas, porque a sociedade acredita que a essência da virilidade é a habilidade de penetrar uma vagina ou urinar de pé. Porém, crianças XX com pênis "adequados" serão designadas ao sexo feminino, porque a sociedade, e muitos membros da comunidade médica, acreditam que para a essência da mulher é mais importante a capacidade de ter filhos que a de participar em uma troca sexual satisfatória.[36]

Com frequência, indivíduos intersexuais são convertidos, cirúrgica e hormonalmente, em machos ou fêmeas. Esses fatores são levados em consideração em casos legais envolvendo o direito de mudar a designação sexual em documentos oficiais, a capacidade de fazer uma denúncia de discriminação sexual dentro do ambiente de trabalho ou no mercado de trabalho, e o direito ao casamento.[37] Greenberg fala das complexidades e da variedade de decisões que são tomadas em cada um dos casos de designação sexual. A lei não reconhece a intersexualidade. Ainda que permitam que um indivíduo autoidentifique seu sexo em certos documentos,

> na maioria das situações, as instituições legais continuam baseando a designação sexual nas pressuposições tradicionais sobre o sexo como algo binário e que pode ser determinado, com facilidade, somente com uma análise de fatores biológicos.[38]

O trabalho de Julie Greenberg me permite sinalizar uma pressuposição importante presente no modelo que Quijano nos oferece. O dimorfismo sexual é uma característica importante para aquilo que chamo "o lado iluminado/visível" do sistema de gênero moderno/colonial. Aqueles localizados no "lado obscuro/oculto" não são necessariamente entendidos em termos dimórficos. Os medos sexuais dos colonizadores[39] os fizeram imaginar que os indígenas das Américas eram hermafroditas ou intersexuais, com pênis enormes e peitos imensos vertendo leite.[40] Mas como esclarece Paula Gunn Allen[41] e outros/as, indivíduos intersexuais eram reconhecidos em muitas sociedades tribais anteriores à colonização sem serem assimilados à classificação sexual binária. É importante levar em conta as mudanças que a colonização trouxe, para entendermos o alcance da organização do sexo e do gênero sob a força do colonialismo e no interior do capitalismo global eurocêntrico. Se o capitalismo global eurocêntrico só reconheceu o dimorfismo sexual entre homens e mulheres brancos/as burgueses/as, não pode ser verdade que a divisão sexual seja baseada na biologia. As correções substanciais e cosméticas sobre o biológico deixam claro que o "gênero" vem antes dos traços "biológicos" e os preenche de significado. A naturalização das diferenças sexuais é outro produto do uso moderno da ciência que Quijano sublinha quando fala de "raça". É importante perceber que as pessoas intersexuais não são corrigidas ou normalizadas em todas as tradições. Por isso, como fazemos com outras suposições, é importante se perguntar de que maneira o dimorfismo sexual serviu, e serve, à exploração/dominação capitalista global eurocêntrica.

IGUALITARISMO GINOCÊNTRICO OU NÃO ATRIBUÍDO DE GÊNERO

Como o capitalismo eurocêntrico global se constituiu por meio da colonização, diferenças de gênero foram introduzidas onde antes não havia nenhuma. Oyèrónké Oyěwùmí[42] mostra que o opressivo sistema de gênero imposto à sociedade iorubá fez bem mais que transformar a organização da reprodução. Seu argumento nos mostra que o alcance do sistema de gênero imposto por meio do colonialismo inclui a subordinação das fêmeas em todos os aspectos da vida. Conseguimos perceber, assim, como a análise de Quijano acerca do alcance do gênero no capitalismo global eurocêntrico é bem mais limitada do que parece, à primeira vista. Gunn Allen afirma que muitas comunidades tribais de nativo-americanos eram matriarcais, reconheciam positivamente tanto a homossexualidade como o "terceiro" gênero, e entendiam o gênero em termos igualitários – não nos termos de subordinação que foram, depois, impostos pelo capitalismo eurocêntrico. Seu trabalho nos permite ver que o alcance das diferenças de gênero era muito mais abrangente e não era baseado em fatores biológicos. A autora também fala de produção de conhecimento e uma aproximação a certo entendimento da "realidade" que são ginocêntricos. Dessa forma, ela aponta para o reconhecimento de uma construção "atribuída de gênero" do conhecimento e da modernidade, outro aspecto oculto na descrição que Quijano faz sobre o alcance do "gênero" nos processos que constituem a colonialidade do gênero.

IGUALITARISMO SEM GÊNERO

Em *The Invention of Women* [A invenção das mulheres], Oyèrónké Oyěwùmí se pergunta se patriarcado é uma categoria transcultural válida.[43] Ao colocar essa questão, ela não opõe o patriarcado ao matriarcado, mas propõe que "o gênero não era um princípio organizador na sociedade iorubá antes da colonização ocidental".[44] Não existia um sistema de gênero institucionalizado. Inclusive, Oyěwùmí diz que o gênero não ganhou importância nos estudos iorubás como um artefato da própria cultura, e sim porque a vida iorubá, passada e presente, passou a ser traduzida para o inglês para caber no padrão ocidental de separação do corpo e da razão.[45] Admitir que a sociedade iorubá tinha o gênero como um princípio de sua organização social é outro caso de "dominação ocidental sobre a documentação e interpretação do mundo; uma dominação que é facilitada pelo domínio material que o Ocidente exerce sobre o globo".[46] Oyěwùmí afirma que os/as investigadores/as sempre encontram o gênero quando o estão buscando.[47]

> Traduzir as categorias iorubás *obinrin* e *okunrin* como "fêmea/mulher" e "macho/homem", respectivamente, é um erro. Essas categorias não se opõem de forma binária nem se relacionam na forma de uma hierarquia.[48]

Os prefixos *obin* e *okun* fazem referência a uma variação anatômica. Oyěwùmí traduz os prefixos como referentes à anatomia da fêmea e do macho, podendo ser lidos como anafêmea e anamacho. É importante ressaltar que essas categorias não são entendidas como binariamente opostas.

Oyěwùmí entende o gênero, introduzido pelo Ocidente, como uma ferramenta de dominação que produz duas categorias sociais que se opõem de maneira binária e hierárquica. "Mulheres" (enquanto gênero) não é um termo definido pela biologia, ainda que seja designado a anafêmeas. A associação colonial entre anatomia e gênero é parte da oposição binária e hierárquica, central à dominação das anafêmeas introduzida pela colônia. As mulheres são definidas em relação aos homens, a norma. Mulheres são aquelas que não têm um pênis; não têm poder; não podem participar da arena pública.[49] Nada disso pertence às anafêmeas iorubás antes da colônia.

> A imposição do sistema de estado europeu, com seu aparato jurídico e burocrático, é o legado mais duradouro da dominação colonial europeia na África. A exclusão das mulheres da recentemente criada esfera pública colonial é uma tradição que foi exportada para a África durante esse período (...) O mesmo processo que categorizou e reduziu as fêmeas a "mulheres" as desqualificou para papéis de liderança (...) O surgimento de mulher como uma categoria reconhecível, definida anatomicamente e subordinada ao homem em todo tipo de situação, é resultado, em parte, da imposição de um estado colonial patriarcal. Para as mulheres, a colonização foi um processo duplo de inferiorização racial e subordinação de gênero. Uma das primeiras conquistas do estado colonial foi a criação da categoria "mulheres". Portanto, não é de todo surpreendente que o reconhecimento de fêmeas como líderes populares entre os colonizados, inclusive entre os iorubás, era impensável para o governo colonial (...) Em certa medida, a transformação do poder do estado em poder masculino se deu com a exclusão das mulheres das estruturas estatais. Essa dinâmica estava em profundo contraste com a organização do estado iorubá, na qual o poder não era determinado pelo gênero.[50]

Oyěwùmí trata dois processos como cruciais para a colonização: a imposição de raças, com a consequentemente inferiorização dos africanos, e a inferiorização das anafêmeas. Esta última estendeu-se amplamente, abarcando desde a exclusão dos papéis de liderança até a perda da propriedade sobre a terra e outros importantes espaços econômicos. A autora diz que a introdução do sistema de gênero ocidental foi aceita pelos machos iorubás, que assim foram cúmplices e colaboraram para a inferiorização das anafêmeas. Portanto, quando pensamos na indiferença dos homens não brancos diante da violência contra as mulheres não brancas, podemos começar a compreender parte do que acontece na colaboração entre anamachos e colonizadores ocidentais contra anafêmeas. Oyěwùmí deixa claro que tanto homens como mulheres resistiram, em diferentes níveis, às mudanças culturais. Então, enquanto

> no Ocidente o desafio do feminismo é encontrar uma via para passar da categoria "mulher", saturada-em-termos-de-gênero, para a plenitude de uma humanidade assexuada. Para as *Yorùbá obinrin* o desafio é obviamente diferente porque, em determinados níveis da sociedade e em algumas esferas, a noção de uma "humanidade assexuada" não é nem um sonho nem uma memória a ser recuperada. Essa ideia já existe, ainda que esteja concatenada com uma realidade de sexos hierárquicos e separados imposta durante o período colonial.[51]

Vemos que o alcance da colonialidade de gênero na análise feita por Quijano é limitado demais. Para definir o alcance do gênero, ele admite a maior parte dos termos do hegemônico lado visível/iluminado do sistema de gênero colonial/moderno. Assim, fiz um caminho por fora da colonialidade de gênero de Quijano, para revelar o que o modelo oculta, ou se nega a considerar, sobre o próprio alcance do sistema de gênero do capitalismo global eurocêntrico. Ainda que eu acredite que a colonialidade do gênero, como Quijano cuidadosamente a descreve, nos mostre aspectos muito importantes da intersecção de raça e gênero, seu quadro refaz o apagamento e a exclusão das mulheres colonizadas da maioria das áreas da vida social, em vez de trazê-las de volta à vista. Em vez de produzir um rompimento, ele se acomoda no reducionismo da dominação de gênero. Ao recusar a lente do gênero quando caracteriza a inferiorização das anafêmeas pela colonização moderna, Oyěwùmí deixa clara a extensão e o alcance de tal inferiorização. Sua análise do gênero como construção capitalista eurocêntrica e colonial é muito mais abrangente que a de Quijano. Ela nos deixa ver a inferiorização cognitiva, política e econômica, mas também a inferiorização das anafêmeas com respeito ao controle reprodutivo.

IGUALITARISMO GINOCÊNTRICO

Designar esse grande ser à posição de "deusa da fertilidade" é extremamente degradante: trivializa as tribos e o poder da mulher.[52]

Ao caracterizar muitas tribos de nativo-americanos como ginocêntricas, Paula Gunn Allen enfatiza a importância de uma dimensão espiritual em todos os aspectos da vida indígena e, portanto, uma intersubjetividade, com a qual se produz conhecimento, muito diferente daquela da colonialidade do saber moderna. Muitas tribos indígenas americanas "pensam que a primeira força do universo é feminina e esse entendimento autoriza todas as atividades tribais".[53] Velha Mulher Aranha, Mulher do Milho, Mulher Serpente, Mulher Pensamento são alguns dos nomes de criadoras poderosas. Para as tribos ginocêntricas, a Mulher está no centro e "nada é sagrado sem sua bênção, seu pensamento".[54]

Substituir essa pluralidade espiritual ginocêntrica por um ser supremo masculino, como fez o cristianismo, foi crucial para a submissão das tribos. Allen sustenta que é preciso realizar quatro objetivos para que haja a passagem das tribos indígenas de igualitárias e ginocêntricas a hierárquicas e patriarcais:

1. A primazia do feminino como criador é destituída e substituída por criadores masculinos.[55]
2. São destruídas as instituições de governo tribal e as filosofias sobre as quais eles estão organizados, como aconteceu com os iroqueses e cheroquis.[56]
3. As pessoas são "expulsas de suas terras, privadas de seu sustento econômico, e forçadas a diminuir ou abandonar por completo todo empreendimento do qual depende sua subsistência, filosofia e sistema ritual. Depois de transformados em dependentes das instituições brancas para sua sobrevivência, os sistemas tribais não conseguem manter o ginocentrismo, quando o patriarcado – na verdade, sua sobrevivência – exige uma dominação masculina".[57]
4. A estrutura do clã precisa ser substituída de vez, ao menos em teoria, pela família nuclear. Com esse esquema, as mulheres líderes

dos clãs são substituídas por oficiais machos eleitos e a rede psíquica formada e mantida pela ginocêntricidade não autoritária baseada no respeito e na diversidade de deuses e pessoas é destruída.[58]

Assim, para Allen, a inferiorização das mulheres indígenas está intimamente ligada à dominação e transformação da vida tribal. A destruição da ginocracia é crucial para a "dizimação de populações através da fome, de doenças e da quebra de todas as estruturas econômicas, espirituais e sociais".[59] O programa de desginocentrização requer um impressionante "controle de informação e imagem". Então,

> a readaptação de versões tribais arcaicas da história, dos costumes, das instituições tribais e da tradição oral aumenta a probabilidade de que revisões patriarcais da vida tribal sejam incorporadas dentro das tradições espirituais e populares das tribos, dissimuladas ou simplesmente inventadas por patriarcas que não são índios e índios que se "patriarcalizaram".[60]

Entre as características das sociedades indígenas condenadas à destruição encontravam-se: a estrutura social bilateral complementar; o entendimento do gênero; e a distribuição econômica que normalmente seguia um sistema de reciprocidade. Os dois lados da estrutura social complementar incluíam uma chefa interna e um chefe externo. A chefa interna presidia a tribo, a vila ou o grupo, ocupando-se de manter a harmonia e administrar assuntos internos. O chefe, macho, vermelho, presidia as mediações entre a tribo e aqueles que não pertenciam a ela.[61] O gênero não era entendido fundamentalmente em termos biológicos. A maioria dos indivíduos se encaixava nos papéis de gênero tribais

> baseados em sua propensão, inclinação e temperamento. Os yumas tinham uma tradição para designar o gênero que era baseada em sonhos; uma fêmea que sonhava com armas transformava-se em macho para todos os efeitos.[62]

Assim como Oyěwùmí, Allen está interessada na colaboração entre homens indígenas e homens brancos para minar o poder das mulheres. Para nós, é importante pensar nessas colaborações quando pensamos na indiferença diante das lutas das mulheres contra as múltiplas violências sofridas por elas e por suas comunidades – racializadas e subordinadas. O colonizador branco construía uma força interna nas tribos à medida que cooptava homens colonizados para ocupar papéis patriarcais. Allen descreve as transformações das ginocracias dos cheroquis e iroqueses e do papel dos homens índios na passagem para o patriarcado. Os britânicos levaram homens indígenas para a Inglaterra e os educaram à maneira britânica. Esses homens acabaram participando do Ato de Remoção.

> No começo dos anos 1800, em um esforço para garantir as remoções, sob a liderança de homens como Elias Boudinot, Major Ridge, John Ross e outros, os cheroquis redigiram uma constituição que eliminava os direitos políticos das mulheres e dos negros. Tendo como modelo a constituição dos Estados Unidos, a quem eles estavam agradando, e em sintonia com os cristãos que simpatizavam com a causa cheroqui, a nova constituição colocou as mulheres no lugar de coisas, objetos.[63]

As mulheres cheroquis tinham poder de declarar guerra, decidir o destino dos prisioneiros, falar ao conselho de homens, intervir em decisões e políticas públicas, escolher com quem (e se) queriam casar, e também tinham o direito de portar armas. O Conselho de Mulheres era poderoso política e espiritualmente.[64] À medida que os cheroquis foram expulsos e arranjos patriarcais foram introduzidos, as mulheres cheroquis perderam todos esses poderes e direitos. Quando foram subjugados, os iroqueses passaram de um povo centrado na Mãe e no direito materno, organizados politicamente sob a autoridade das Matriarcas, a uma sociedade patriarcal. Essa realidade se concretizou com a colaboração de Handsome Lake e seus seguidores.

Segundo Allen, muitas tribos eram ginocráticas, entre elas os susquehannas, hurões, iroqueses, cheroquis, pueblos, navajos, narragansettes, algonquinos da Costa, montagnais. Ela também diz que entre as 88 tribos que reconheciam a homossexualidade, dentre aquelas que a reconheciam de maneira positiva estavam os apaches, navajos, winnebagos, cheyennes, pimas, crows, shoshonis, paiutes, osages, acomas, zunis, siouxies, pawnees, choctaws, creeks, seminoles, illinois, mohaves, shastas, aleuts, sacs e foxies, iowas, kansas, yumas, astecas, tlingites, maias, naskapis, poncas, maricopas, lamaths, quinaults, yukis, chilulas e kamias. Vinte dessas tribos tinham referências específicas ao lesbianismo.[65]

Michael J. Horswell[66] comenta, de maneira útil, o uso da expressão terceiro gênero. Ele diz que um terceiro gênero não significa que existam três gêneros, e sim que se trata, mais especificamente, de uma forma de se desprender a bipolaridade do sexo e do gênero. O "terceiro" é emblemático para outras possíveis combinações para além do dimorfismo. O termo *berdache* é usado, por vezes, como "terceiro gênero". Horswell conta que o berdache homem foi registrado em quase 150 sociedades da América do Norte e a berdache mulher, na metade desse mesmo número.[67] Ele também fala que a sodomia, incluindo a ritual, foi registrada em sociedade andinas e em muitas outras sociedades nativas das Américas.[68] Os nahuas e maias também tinham um espaço para a sodomia ritual.[69] É interessante o que Sigal[70] revela em relação à concepção dos espanhóis sobre a sodomia. À medida que a entendia como pecado, a lei espanhola condenava, com punição penal, o participante ativo do ato sodomítico, mas o participante passivo não era punido. Na cultura popular espanhola, a sodomia foi racializada pela vinculação da prática com os mouros; nesse momento o participante passivo começa a ser punido já que era considerado como um mouro. Os soldados espanhóis eram vistos como os participantes ativos em relação aos mouros passivos.[71]

O trabalho de Allen não só nos permite reconhecer a limitação das ideias de Quijano sobre o gênero em relação à organização econômica e a organização da autoridade coletiva; ele também nos faz ver que tanto a produção do conhecimento quanto todos os níveis de concepção da realidade são "atribuídos de gênero". Allen também coloca um questionamento da biologia e sua incidência na construção das diferenças de gênero, e apresenta a importante ideia da possibilidade de se escolher e sonhar com papéis de gênero. Além disso, a autora também mostra que a heterossexualidade característica da construção colonial/moderna das relações de gênero é produzida, construída miticamente. Mas a heterossexualidade não está apenas biologizada de maneira fictícia, ela também é obrigatória e permeia toda a colonialidade do gênero – na concepção mais ampla que estamos dando a esse conceito. Nesse sentido, o capitalismo eurocêntrico global é heterossexual. Acredito que seja importante vermos, enquanto tentamos entender a profundidade e a força da violência na produção tanto do lado oculto/obscuro como do lado visível/iluminado do sistema de gênero moderno/colonial, que essa heterossexualidade tem sido coerente e duramente perversa, violenta, degradante, e sempre funcionou como ferramenta de conversão de pessoas "não brancas" em animais e de mulheres brancas em reprodutoras da Raça (branca) e da Classe (burguesa). Os trabalhos de Sigal e de Horswell complementam o de Allen, particularmente no que diz respeito à presença da sodomia e da homossexualidade masculina na América pré-colombiana e colonial.

O SISTEMA MODERNO/COLONIAL DE GÊNERO

Entender o lugar do gênero nas sociedades pré-colombianas a partir de um ponto de vista mais complexo, como sugiro neste trabalho, nos permite fazer um giro paradigmático em nosso entendimento da natureza e do alcance das mudanças na estrutura social dos povos colonizados, imposta pelos processos constitutivos do capitalismo eurocêntrico colonial/moderno. Essas mudanças foram introduzidas através de processos heterogêneos, descontínuos, lentos, totalmente permeados pela colonialidade do poder, que violentamente inferioriza as mulheres colonizadas. Entender o lugar do gênero nas sociedades pré-colombianas faz rotacionar nosso eixo de compreensão da importância e magnitude do gênero na desintegração das relações comunais e igualitárias, do pensamento ritual, da autoridade e do processo coletivos de tomada de decisões, e das economias. De um lado, o reconhecimento do gênero como uma imposição colonial – a colonialidade do gênero complexificada – afeta profundamente o estudo das sociedades pré-colombianas, questionando o uso do conceito "gênero" como parte da organização social. Por outro lado, uma compreensão da organização social pré-colonial feita a partir das cosmologias e práticas pré-coloniais é fundamental para entendermos a profundidade e o alcance da imposição colonial. Mas não podemos fazer um sem o outro. E, portanto, é importante entender o quanto a imposição desse sistema de gênero forma a colonialidade do poder, e o tanto que a colonialidade do poder forma esse sistema de gênero. A relação entre eles segue uma lógica de formação mútua[72]. Até agora, acredito estar claro que o sistema de gênero moderno/colonial não existe sem a colonialidade do poder, já que a classificação das populações em termos de raça é uma condição necessária de sua existência.

Conceber o alcance do sistema de gênero do capitalismo eurocêntrico global é entender até que ponto o processo de redução do conceito de gênero à função de controle do sexo, seus recursos e produtos, constitui a dominação de gênero. Para entender essa redução e a estrutura da racialização e o enegrecimento, precisamos pensar em que medida a organização social do "sexo" pré-colonial inscreveu a diferenciação sexual em todos os âmbitos da vida, inclusive no saber e nas práticas rituais, na economia, na cosmologia, nas decisões de governo interno e externo da comunidade. Isso nos permite ver se o controle sobre o trabalho, sobre a subjetividade/intersubjetividade, a autoridade coletiva e sobre o sexo – os "âmbitos da vida" no trabalho de Quijano – eram "atribuídos de gênero". Dada a colonialidade do poder, acredito que também podemos afirmar que a existência de um lado oculto/obscuro e um lado visível/iluminado é uma característica da coconstrução entre a colonialidade do poder e o sistema de gênero colonial/moderno. Problematizar o dimorfismo biológico e considerar a relação entre ele e a construção dicotômica de gênero é central para entender o alcance, a profundidade e as características desse sistema de gênero. A redução do gênero ao privado, ao controle do sexo, seus recursos e produtos, é uma questão ideológica, apresentada como biológica, e é parte da produção cognitiva da modernidade que conceitualizou a raça como "atribuída de gênero" e o gênero como racializado de maneiras particularmente diferenciadas para europeus/eias brancos/as e para colonizados/as não brancos/as. A raça não é nem mais mítica nem mais fictícia que o gênero – ambos são ficções poderosas.

Durante o desenvolvimento dos feminismos do século xx, não se fizeram explícitas as conexões entre o gênero, a classe e a heterossexualidade como racializados. Esse feminismo fez sua luta, e suas formas de conhecer e teorizar, com a imagem de uma mulher frágil, fraca, tanto corporal como intelectualmente, reduzida ao espaço privado e sexualmente passiva. Mas não explicitou a relação dessas características com a raça, já que elas são parte apenas da mulher branca e burguesa. Dado o caráter hegemônico que tal análise alcançou, ele não apenas não explicitou como ocultou essa relação. Começando o movimento de "liberação da mulher" com essa caracterização da mulher como o branco da luta, as feministas burguesas brancas se ocuparam de teorizar o sentido branco de ser mulher, como se todas as mulheres fossem brancas.

Também é parte dessa história o fato de que só as mulheres burguesas brancas são contadas como mulheres no Ocidente. As fêmeas excluídas por e nessa descrição não eram apenas subordinadas, elas também eram vistas e tratadas como animais, em um sentido mais profundo que o da identificação das mulheres brancas com a natureza, as crianças e os animais pequenos. As fêmeas não brancas eram consideradas animais no sentido de seres "sem gênero",[73] marcadas sexualmente como fêmeas, mas sem as características da feminilidade.[74] As fêmeas racializadas como seres inferiores foram transformadas de animais a diferentes versões de mulher – tantas quantas foram necessárias para os processos do capitalismo eurocêntrico global. Portanto, a violação heterossexual de mulheres índias ou de escravas africanas coexistiu com o concubinato, bem como com a imposição do entendimento heterossexual das relações de gênero entre os colonizados – quando isso foi conveniente e favorável ao capitalismo eurocêntrico global e à dominação heterossexual das mulheres brancas. Mas vale lembrar que os trabalhos de Oyěwùmí e de Allen deixaram claro que o status das mulheres brancas não foi estendido às mulheres colonizadas, nem quando estas últimas foram convertidas em versões alternativas de mulheres brancas burguesas. Quando "atribuídas de gênero" através da transformação nessas versões, as fêmeas colonizadas receberam o status de inferioridade que acompanha o gênero mulher, mas não receberam nenhum dos privilégios que esse status significava para as mulheres burguesas brancas. As histórias apresentadas por Oyěwùmí e Allen mostram às mulheres burguesas brancas que seu status no capitalismo eurocêntrico é muito inferior ao status das fêmeas indígenas na América pré-colonial e das fêmeas iorubás. As autoras também explicam que o entendimento igualitário das relações entre anafêmeas, anamachos e as pessoas do "terceiro gênero" segue presente na imaginação e nas práticas dos/das nativo-americanos/as e do povo iorubá. Isso é parte da história de resistência à dominação.

Apagando toda história, inclusive a oral, da relação entre as mulheres brancas e não brancas, o feminismo hegemônico branco igualou mulher branca e mulher. Mas é evidente que as mulheres burguesas brancas, em todas as épocas da história, inclusive a contemporânea, sempre souberam orientar-se lucidamente em uma organização da vida que as colocou em posições muito diferentes daquelas das mulheres trabalhadoras ou de cor.[75] A luta das feministas brancas e da "segunda liberação da mulher" nos anos 1970 em diante passou a ser uma luta contra as posições, os papéis, os estereótipos, traços e desejos impostos na subordinação das mulheres burguesas brancas. Elas não se ocuparam da opressão de gênero de mais ninguém. Conceberam "a mulher" como um ser corpóreo e evidentemente branco, mas sem explicitar essa qualificação racial. Ou seja, não entenderam a si mesmas em termos interseccionais, na intersecção de raça, gênero e outras potentes marcas de sujeição ou dominação. Como não perceberam essas diferenças profundas, não viram nenhuma necessidade de criar coalizões. Assumiram que existia uma irmandade, uma sororidade, um vínculo já existente forjado pela sujeição do gênero.

Historicamente, a caracterização das mulheres europeias brancas como sexualmente passivas e física e intelectualmente frágeis as colocou em oposição às mulheres colonizadas, não brancas, inclusive as mulheres escravizadas, que, ao contrário, foram caracterizadas ao longo de uma vasta gama de perversão e agressão sexuais e, também, consideradas suficientemente fortes para aguentar qualquer tipo de trabalho. A seguinte descrição das escravas e seu trabalho no regime escravocrata do sul dos Estados Unidos deixa muito claro que as fêmeas escravizadas não eram vistas nem como frágeis nem como fracas:

> Primeiro vieram, pelas mãos de um condutor velho que carregava um chicote, quarenta das mulheres mais fortes e grandes que já vi; todas estavam vestidas com um uniforme feito de um material azulado, as saias só cobriam até pouco abaixo do joelho, suas pernas e pés descobertos; avançavam com altivez, cada uma com uma enxada no ombro, caminhando com uma cadência marcada e livre, como *chasseurs* em marcha. Atrás vinha a cavalaria, composta por trinta pessoas fortes, a maioria homens, mas também algumas mulheres, que vinham montadas em mulas de arado. Um capataz branco, magro e observador cuidava da retaguarda, montado em um pônei não domesticado (...) Os trabalhadores devem estar nas plantações de algodão assim que o dia amanhece e, com exceção de dez ou quinze minutos que lhes são dados por volta de meio-dia para que comam sua ração de bacon frio, não lhes é permitido nem um minuto de descanso até que já não seja mais possível ver nada; e quando é lua cheia, muitas vezes trabalham até meia-noite.[76]

Patricia Hill Collins nos oferece uma descrição clara da percepção dominante estereotipada das mulheres negras como sexualmente agressivas e da origem desse estereótipo durante a escravidão:

A imagem de Jezebel surgiu nos tempos da escravidão, quando as mulheres negras eram retratadas, nas palavras de Jewelle Gomez, como "cuidadoras sexualmente agressivas". A função que o estereótipo da Jezebel cumpria era o de relegar todas as negras à categoria de mulheres sexualmente agressivas, provendo assim uma justificativa poderosa para a proliferação da violência sexual, perpetrada por homens brancos, relatada pelas negras escravizadas. Mas Jezebel também serviu a outra função. Se era possível retratar as negras escravizadas como possuidoras de apetites sexuais excessivos, um aumento da fertilidade deveria ser esperado. Ao impedir que as mulheres afro-americanas cuidassem de seus próprios filhos, o que fortaleceria as redes da família negra, e ao forçar as negras escravizadas ao trabalho em plantações, a serem cuidadoras dos filhos dos brancos, a nutrir emocionalmente seus donos brancos, os proprietários dos escravos eficazmente conectaram as imagens predominantes da Jezebel e da *mammy* à exploração econômica inerente à instituição da escravidão.[77]

Mas as negras escravizadas não são as únicas que foram colocadas fora do raio da feminilidade burguesa branca. Em *Imperial Leather* [Couro imperial], ao relatar a forma como Colombo retratava a terra como se fosse um peito de mulher, Ann McClintock[78] fala da "longa tradição da travessia masculina como uma erótica de violação".[79]

> Por séculos, os continentes desconhecidos – África, as Américas, Ásia – foram imaginados eroticamente pela erudição europeia como libidinosamente eróticos. As histórias de viajantes estavam repletas de visões da sexualidade monstruosa das terras distantes onde, como contavam as lendas, os homens tinham pênis gigantes e as mulheres se casavam com macacos, os peitos dos rapazes afeminados vertiam leite e os das mulheres militarizadas eram cortados por elas mesmas (...) Nessa tradição pornô-tropical, as mulheres apareciam como a epítome da aberração e dos excessos sexuais. O folclore as concebeu, ainda mais que aos homens, como entregues a uma venérea lascividade, tão promíscua que beirava o bestial.[80]

McClintock descreve a cena colonial retratada em um desenho que data do século XVI, no qual Jan Van der Straet "retrata 'o descobrimento' da América como um encontro erotizado entre um homem e uma mulher".[81]

> Roubada de sua languidez sensual pelo épico recém-chegado, a mulher indígena estende uma mão atraente e insinua sexo e submissão... Vespúcio, em uma missão quase divina, tem como destino inseminá-la com suas sementes masculinas da civilização, fecundar o terreno sem uso e reprimir as cenas rituais de canibalismo que foram pintadas como plano de fundo... Os canibais parecem mulheres e estão assando uma perna humana, fazendo-a girar enquanto está suspensa em um artefato que a atravessa.[82]

Segundo McClintock, no século XIX, "a pureza sexual surgiu como uma metáfora controladora do poder político, econômico e racial".[83] Com o desenvolvimento da teoria evolutiva, "começou-se a buscar critérios anatômicos que determinassem a posição relativa das raças na série humana"[84] e

> o homem inglês de classe média foi colocado no pináculo da hierarquia evolutiva. Depois dele vinham as inglesas brancas de classe média. As trabalhadoras domésticas, as trabalhadoras das minas e as prostitutas da classe trabalhadora estavam no umbral entre a raça branca e a negra.[85]

Yen Le Espíritu[86] nos conta que

> as representações de gênero e sexualidade estão muito presentes na articulação do racismo. As normas de gênero nos Estados Unidos são pensadas a partir das e baseadas nas experiências de homens e mulheres de classe média e origem europeia. Essas normas produzidas a partir do eurocentrismo formam um conjunto de expectativas para homens e mulheres de cor na América do Norte – expectativas que o racismo não os permite cumprir. Em geral, os homens de cor não são vistos como protetores, e sim como agressores – uma ameaça para as mulheres brancas. E as mulheres de cor são vistas como hipersexuais e, portanto, como alguém que não precisa da proteção sexual e social outorgada às mulheres brancas de classe média. Mulheres e homens asiáticos-americanos também foram excluídos das noções culturais do masculino e do feminino – que se baseiam e se aplicam somente

às pessoas brancas. Mas essa exclusão assume, aparentemente, uma forma diferente: os homens asiáticos são representados, por um lado, como hipermasculinos (o perigo amarelo) e, por outro, como afeminados (a "minoria modelo"); enquanto que as mulheres asiáticas foram convertidas tanto em hiperfemininas (a "boneca chinesa") quanto em castradoras (a "dragoa").[87]

Esse sistema de gênero se consolidou com o avanço do(s) projeto(s) colonial(ais) da Europa. Ele começa a tomar forma durante o período das aventuras coloniais da Espanha e de Portugal e se consolida na modernidade tardia. O sistema de gênero tem um lado visível/iluminado e um oculto/obscuro. O lado visível/iluminado constrói hegemonicamente o gênero e as relações de gênero. Ele organiza apenas as vidas de homens e mulheres brancos e burgueses, mas dá forma ao significado colonial/moderno de "homem" e "mulher". A pureza e a passividade sexual são características cruciais das fêmeas burguesas brancas, que são reprodutoras da classe e da posição racial e colonial dos homens brancos burgueses. Mas tão importante quanto sua função reprodutora da propriedade e da raça é a exclusão das mulheres burguesas brancas da esfera da autoridade coletiva, da produção do conhecimento e de quase toda possibilidade de controle dos meios de produção. A fictícia e socialmente construída fraqueza de seus corpos e mentes cumpre um papel importante na redução da participação e retirada dessas mulheres da maioria dos domínios da vida, da existência humana. O sistema de gênero é heterossexualista, já que a heterossexualidade permeia o controle patriarcal e racializado da produção – inclusive de conhecimento – e da autoridade coletiva. Entre os homens e as mulheres burgueses brancos, a heterossexualidade é compulsória e perversa, provocando uma violação significativa dos poderes e dos direitos dessas mulheres e servindo para a reprodução do controle sobre a produção. As mulheres burguesas brancas são circunscritas nessa redução de suas personalidades e poderes através do acesso sexual obrigatório.

O lado oculto/obscuro do sistema de gênero foi e é totalmente violento. Começamos a entender a redução profunda dos anamachos, as anafêmeas e as pessoas do "terceiro gênero". De sua participação ubíqua em rituais, processos de tomada de decisão e na economia pré-colonial, foram reduzidos à animalidade, ao sexo forçado com os colonizadores brancos e a uma exploração laboral tão profunda que, no mínimo, os levou a trabalhar até a morte. Quijano nos diz que

> o vasto genocídio de índios durante as primeiras décadas da colonização não foi causado, a princípio, pela violência da conquista nem pelas doenças que os conquistadores trouxeram. O que aconteceu, na verdade, é que os índios foram usados como força de trabalho descartável, e forçados a trabalhar até a morte.[88]

Quero destacar a conexão que existe entre o trabalho das feministas que estou citando aqui ao apresentar o lado oculto/obscuro do sistema de gênero moderno/colonial e o trabalho de Quijano sobre a colonialidade do poder. Diferentemente das feministas brancas que não focaram no colonialismo, essas/es teóricas/os vêem a construção diferencial do gênero em termos raciais. Até certo ponto, eles entendem o gênero de maneira mais ampla que Quijano; por isso, não pensam apenas no controle do sexo, seus recursos e produtos, mas também no controle do trabalho, enquanto simultaneamente racializado e atribuído de gênero. Ou seja, reconhecem uma articulação entre trabalho, sexo e a colonialidade do poder. Oyěwùmí e Allen, por exemplo, nos ajudam a perceber a extensão alcançada pelo sistema de gênero colonial/moderno na construção da autoridade coletiva, em todos os aspectos da relação entre capital e trabalho e na construção do conhecimento.

Temos trabalho feito e por fazer no detalhamento dos lados visível/iluminado e oculto/obscuro do que chamo sistema de gênero colonial/moderno.[89] Apresento essa organização social de maneira aberta para dar início a uma conversa e um projeto de investigação e educação popular coletiva e participativa, a partir dos quais talvez possamos começar a ver, em todos os seus detalhes, os processos do sistema de gênero colonial/moderno em sua longa duração, enredados à colonialidade do poder até hoje. Esse trabalho nos permite desmascarar essa cumplicidade e nos chama a recusá-la em suas múltiplas formas de expressão, ao mesmo tempo que retomamos nosso compromisso com a integridade comunal em uma direção libertária. Precisamos entender a organização do aspecto social para conseguirmos tornar visível nossa colaboração com uma violência de gênero sistematicamente racializada, e assim chegarmos a um inescapável reconhecimento dessa colaboração em nossos mapas da realidade.

ORIGINALMENTE PUBLICADO NA REVISTA *WORLDS AND KNOWLEDGE OTHERWISE*, VOL. 2, DOSSIÊ 2, ABR 2008, DURHAM: DUKE UNIVERSITY, P. 1-17. POSTERIORMENTE PUBLICADO EM VERSÃO MODIFICADA E TRADUZIDA PARA O ESPANHOL POR PEDRO DI PIETRO, EM COLABORAÇÃO COM MARÍA LUGONES, EM *TABULA RASA, N° 9, JUL-DEZ 2008, BOGOTÁ: UNIVERSIDADE COLEGIO MAYOR DE CUNDINAMARCA,* P. 73-101. TRADUÇÃO DO ESPANHOL DE PÊ MOREIRA.

NOTAS

1. Este artigo é produto de uma investigação realizada sobre a interseccionalidade de raça-classe-gênero-sexualidade, conduzida pela autora na Universidade do Estado de Nova York, em Binghamton.
2. Ao longo deste trabalho, uso o termo "mulheres de cor", cunhado nos Estados Unidos por mulheres vítimas da dominação racial, como um termo de coalizão contras múltiplas opressões. Não se trata apenas de um marcador racial ou de uma reação à dominação racial, ele é também um movimento solidário horizontal. "Mulheres de cor" é uma frase que foi adotada pelas mulheres subalternas, vítimas de diferentes dominações nos Estados Unidos. "Mulheres de cor" não propõe uma identidade que separa, e sim aponta para uma coalizão orgânica entre mulheres indígenas, mestiças, mulatas, negras, cheroquis, porto-riquenhas, siouxies, chicanas, mexicanas, pueblo – toda a trama complexa de vítimas da colonialidade do gênero, articulando-se não enquanto vítimas, mas como protagonistas de um feminismo decolonial. A coalizão é uma coalizão aberta, com uma intensa interação intercultural.
3. Introduzo o neologismo "categorial" para marcar as relações entre categorias. Não quero dizer "categórico". Por exemplo, podemos pensar na velhice como uma etapa da vida. Mas também podemos pensá-la como uma categoria relacionada ao desemprego, e podemos nos perguntar se o desemprego e a velhice podem ser compreendidos separadamente. Temos pensado gênero, raça, classe como categorias. Como tais, as temos pensado binariamente: homem/mulher, branco/negro, burguês/proletário. As análises em categorias têm escondido a relação de intersecção entre elas, e, assim, invisibilizado a situação violenta da mulher de cor – pensada apenas como uma parte do que passam as mulheres (brancas) e os negros (homens). A separação categorial é a separação de categorias que são inseparáveis.
4. Existe uma literatura extensa e influente sobre interseccionalidade, como: Elizabeth Spelman, *Inessential Woman*. Boston: Beacon Press, 1998; Elsa Barkley Brown, "Polyrhythms and Improvisations", in *History Workshop 31*, 1991; Kimberlé Crenshaw, "Mapping the Margins: Intersectionality, Identity Politics, and Violence Against Women of Color", in Kimberlé Crenshaw, Neil Gotanda, Gary Peller, and Kendall Thomas (eds.), *Critical Race Theory*, New York: The New Press, 1995; Yen Le Espiritu, "Race, class, and gender in Asian America", in Elaine H. Kim, Lilia V. Villanueva y Asian Women United of California (eds.), *Making More Waves*. Boston: Beacon Press, 1997; Patricia Hill Collins, *Black Feminist Thought*. Nova York: Routledge, 2000; e María Lugones, *Pilgrimages/Peregrinajes: Theorizing Coalitions Against Multiple Oppressions*. Lanham: Rowman & Littlefield, 2003.
5. Historicamente, não se trata simplesmente de uma traição dos homens colonizados, mas de uma resposta a uma situação de coerção que tomou todas as dimensões de uma organização social. A investigação histórica de por que e de como se deram as alterações das relações comunais a partir da introdução da subordinação da mulher colonizada em relação ao homem colonizado, e de por que e como esse homem responde a essa introdução, formam uma parte imprescindível da base do feminismo decolonial. A questão aqui é por que essa cumplicidade forçada continua existindo na análise contemporânea do poder.
6. Aos trabalhos já mencionados, quero adicionar: Valerie Amos e Pratibha Parmar, "Challenging Imperial Feminism", in Kum-Kum Bhavnani (ed.), *Feminism and "Race"*. Oxford: Oxford University Press, 1984; Audre Lorde, "The Master's Tools Will Never Dismantle the Master's

House", in Sister Outsider. Trumansburg: The Crossing Press, 1984; Paula Gunn Allen, *The Sacred Hoop. Recovering the Feminine in American Indian Traditions*. Boston: Beacon Press, 1986; Gloria Anzaldúa, *Borderlands/la Frontera: The New Mestiza*. São Francisco: Aunt Lute, 1987; Anne McClintock, *Imperial Leather. Race, Gender and Sexuality in the Colonial Contest*. New York: Routledge, 1995; Oyèrónké Oyěwùmí, *The Invention of Women. Making an African Sense of Western Gender Discourses*. Minneapolis: University of Minnesota Press,1997; e o de M. Jacqui Alexander e Chandra Mohanty (eds.), *Feminist Genealogies, Colonial Legacies, Democratic Futures*. New York: Routledge, 1997.
7. Aníbal Quijano, "Colonialidad del poder, globalización y democracia", in *Revista de Ciencias Sociales de la Universidad Autónoma de Nuevo León*, Año 4, Números 7 e 8, Septiembre-Abril, 2001-2002; Aníbal Quijano, "Colonialidad del Poder y Clasificacion Social", Festschrift for Immanuel Wallerstein, part I, *Journal of World Systems Research*, v. xi:2, summer/fall, 2000b; Aníbal Quijano, "Colonialidad del poder, eurocentrismo y America latina", in *Colonialidad del Saber, Eurocentrismo y Ciencias Sociales*. 201-246. CLACSO-UNESCO, Buenos Aires, 2000a.
8. Aníbal Quijano escreveu prolificamente sobre a temática. A interpretação que apresento vem dos já citados trabalhos em 2000a; 2000b, 2002, e também de "Colonialidad, modernidad/ racionalidad", in *Perú Indígena*, vol. 13, 29: p. 11-29, 1991.
9. A educação popular é um método coletivo possível para explorarmos criticamente esse sistema de gênero em seus grandes traços e, o que é mais importante, entendê-lo em sua detalhada concretude espaçotemporal, para assim nos movermos rumo a uma transformação das relações comunais.
10. Quijano entende a raça como uma ficção. Para marcar esse caráter fictício, sempre coloca o termo entre aspas. Quando escreve "europeu" e "índio" também entre aspas é porque fala de uma classificação racial.
11. Aníbal Quijano, op. cit., 2001-2002, p. 1.
12. Aníbal Quijano, op. cit., 2000b, p. 342.
13. Aníbal Quijano, op. cit., 2001-2002, p. 1.
14. Aníbal Quijano, op. cit., 2000b, p. 367.
15. Aníbal Quijano, ibid., p. 342.
16. Aníbal Quijano, op. cit., 2001-2002, p. 1.
17. Aníbal Quijano, op. cit., 2000b, p. 381.
18. Aníbal Quijano, ibid., p. 349.
19. Aníbal Quijano, ibid., p. 343.
20. Idem.
21. Idem.
22. Aníbal Quijano, ibid., p. 343-344.
23. Aníbal Quijano, ibid., p. 355.
24. Ao abandonar o uso das aspas em "raça", minha intenção não é marcar um desacordo com Quijano a respeito de sua qualidade fictícia. O que quero é começar a enfatizar a qualidade fictícia do gênero, incluindo a "natureza" biológica do sexo e da heterossexualidade.
25. Ver meu livro *Pilgrimages/Peregrinajes* (2003) e "Radical Multiculturalism and Women of Color Feminisms" (sf) para uma abordagem dessa lógica.
26. Aníbal Quijano, op. cit., 2000b, p. 378.
27. Não encontrei um resumo desses atributos no trabalho de Quijano. Assim, não sei se ele fala de combinações cromossômicas ou das genitálias e das características sexuais secundárias, como os seios.
28. Aníbal Quijano, op. cit., 2000b, p. 373.
29. Quero destacar que Quijano, em seu artigo "Colonialidad del poder y clasificación social" (2000b), não chama essa sessão de a colonialidade do sexo, mas de a colonialidade do gênero.
30. Julie Greenberg, "Definitional Dilemmas: Male or Female? Black or White? The Law's Failure to Recognize Intersexuals and Multiracials", in Toni Lester (ed.) *Gender Nonconformity, Race, and Sexuality. Charting the Connections*. Madison: University of Wisconsin Press, 2002.
31. A relevância das disputas legais contemporâneas sobre a designação de um gênero a indivíduos intersexuais deveria ser clara, já que o padrão de Quijano inclui a contemporaneidade.

32. Julie Greenberg, op. cit., p. 112; Anne Fausto Sterling (2000), teórica feminista e bióloga, investiga essa questão a fundo. Ver *Sexing the Body: Gender Politics and the Construction of Sexuality*. Nova York: Basic Books, 2000, p. 112.
33. Julie Greenberg, op. cit., p. 112.
34. Julie Greenberg, ibid., p. 113.
35. Julie Greenberg, ibid., p. 112.
36. Julie Greenberg, ibid., p. 114.
37. Julie Greenberg, ibid., p. 115.
38. Julie Greenberg, ibid., p. 119.
39. Anne McClintock sugere que o colonizador sofre de ansiedades e temores diante do desconhecido que tomam uma forma sexual, um medo de ser devorado sexualmente.
40. Ver Anne McClintock, op. cit.
41. Paula Gunn Allen, op. cit.
42. Oyèrónké Oyěwùmí, op. cit.
43. Oyèrónké Oyěwùmí, ibid., p. 20.
44. Oyèrónké Oyěwùmí, ibid., p. 31.
45. Oyèrónké Oyěwùmí, ibid., p. 30.
46. Oyèrónké Oyěwùmí, ibid., p. 32.
47. Oyèrónké Oyěwùmí, ibid., p. 31.
48. Oyèrónké Oyěwùmí, ibid., p. 32-33.
49. Oyèrónké Oyěwùmí, ibid., p. 34.
50. Oyèrónké Oyěwùmí, ibid., p. 123-25.
51. Oyèrónké Oyěwùmí, ibid., p. 156.
52. Paula Gunn Allen, op. cit., p. 14.
53. Paula Gunn Allen, ibid., p. 26.
54. Paula Gunn Allen, ibid., p. 13.
55. Paula Gunn Allen, ibid., p. 41.
56. Idem.
57. Paula Gunn Allen, op. cit., p. 42.
58. Idem.
59. Idem.
60. Idem.
61. Paula Gunn Allen, op. cit., p. 18.
62. Paula Gunn Allen, ibid., p. 196.
63. Paula Gunn Allen, ibid., p. 37.
64. Paula Gunn Allen, ibid., p. 36-37.
65. Allen usa a palavra "lesbianismo", um termo problemático por sua ascendência europeia e que em sua acepção e usos contemporâneos pressupõe uma distinção dimórfica e uma dicotomia de gênero não pressupostas na organização social e cosmologia indígenas a que a autora se refere.
66. Michael Horswell, "Toward and Andean Theory of Ritual Same-Sex Sexuality and Third-Gender Subjectivity", in Pete Sigal (ed.), *Infamous Desire. Male Homosexuality in Colonial Latin America*. Chicago and London: University of Chicago Press, 2003, p. 25-69.
67. Michael Horswell, op. cit., p. 27.
68. Idem.
69. Pete Sigal, "Gendered Power, the Hybrid Self, and Homosexual Desire in Late Colonial Yucatan", in Pete Sigal (ed.), *Infamous Desire. Male Homosexuality in Colonial Latin America*. Chicago and London: The University of Chicago Press, 2003, p. 104.
70. Pete Sigal, op. cit.
71. Pete Sigal, ibid., p. 102-104.
72. Estou convencida de que as pessoas que lerem este trabalho reconhecerão o que estou dizendo e que algumas talvez pensem que tudo isso já foi colocado. Não tenho nenhum problema com isso, pelo contrário, desde que essa afirmação venha acompanhada de um reconhecimento teórico e prático dessa constituição mútua, um reconhecimento que se mostre em todo o trabalho teórico, prático e teórico-prático propostos. Ainda assim, acredito que o novo em meu trabalho seja minha abordagem da lógica da interseccionalidade e meu entendimento

sobre a construção mútua da colonialidade do poder e do sistema de gênero colonial/moderno. Ambos os modelos epistêmicos são necessários, mas somente a lógica da construção mútua é a que abre espaço para a raça e o gênero serem entendidos de maneira inseparável.
73. É importante diferenciar o que significa ser pensado como se não tivesse gênero por ser um animal e o que significa não ter, nem mesmo conceitualmente, nenhuma distinção de gênero. Ou seja, ter um gênero não é uma característica humana que existe para todo mundo.
74. O que me fez pensar nesse argumento foi a interpretação que Elizabeth Spelman, op. cit., faz da diferença aristotélica entre os homens e mulheres livres na pólis grega e os homens e mulheres escravizados. É importante notar que reduzir as mulheres à natureza ou ao natural é colaborar, confabular, com uma redução racista das mulheres colonizadas. Mais de um dos pensadores latino-americanos que denunciam o eurocentrismo relacionam as mulheres com o sexual e o reprodutivo.
75. Na série evolutiva a que se refere Anne McClintock, op. cit., p. 4, é possível ver uma distinção muito bem marcada entre as mulheres brancas e as não brancas da classe trabalhadora devido aos lugares muito diferentes que ocupam na série.
76. Ronald Takaki, *A Different Mirror*. Boston: Little, Brown, and Company, 1993, p. 111.
77. Patricia Hill Collins, op. cit., p. 82.
78. Anne McClintock, op. cit.
79. Anne McClintock, ibid., p. 22.
80. Idem.
81. Anne McClintock, op. cit., p. 25.
82. Anne McClintock, ibid., p. 26.
83. Anne McClintock, ibid., p. 47.
84. Anne McClintock, ibid., p. 50.
85. Anne McClintock, ibid., p. 56.
86. Yen Le Espiritu, op. cit.
87. Yen Le Espiritu, ibid., p. 135.
88. Aníbal Quijano, op. cit., 2000a.
89. Agora começo a ver uma zona intermediária e ambígua entre o lado visível/iluminado e oculto/obscuro que concebe/imagina/constrói as mulheres brancas serventes, mineiras, lavadeiras, prostitutas – trabalhadoras que não produzem mais-valia – como seres que não podem ser captados pelas lentes do binário sexual ou de gênero e que, assim, são racializadas de forma ambígua, já não como brancas ou negras. Ver Anne McClintock, op. cit. Estou trabalhando para incluir essa complexidade crucial no atual momento de meu trabalho.

A dualidade opositiva macho/fêmea, homem/mulher e o privilégio masculino que a acompanha nas categorias de gênero ocidentais é especialmente alienígena para muitas culturas africanas. Quando realidades africanas são interpretadas com base nessas alegações ocidentais, o que encontramos são distorções, mistificações linguísticas e muitas vezes uma total falta de compreensão, devido à incomensurabilidade das categorias e instituições sociais.

Oyèrónké Oyěwùmí

Conceituando o gênero: os fundamentos eurocêntricos dos conceitos feministas e o desafio das epistemologias africanas

Oyèrónké Oyěwùmí

OS ÚLTIMOS CINCO SÉCULOS, que conhecemos como a Modernidade, foram definidos por uma série de processos históricos, incluindo o tráfico atlântico de escravos e instituições que acompanharam a escravidão e a colonização europeia de África, Ásia e América Latina. A ideia de modernidade evoca o desenvolvimento do capitalismo e da industrialização, bem como o estabelecimento de estados-nação e o crescimento das disparidades regionais no sistema-mundo. O período testemunhou uma série de transformações sociais e culturais. Significativamente, gênero e categorias raciais surgiram durante essa época como dois eixos fundamentais a partir dos quais as pessoas foram exploradas e as sociedades foram estratificadas.

Uma característica marcante da era moderna é a expansão da Europa e o estabelecimento de uma hegemonia cultural euro-estadunidense em todo o mundo. Em nenhuma área essa hegemonia é mais profunda que na produção de conhecimento sobre o comportamento humano, sua história, sociedades e culturas. Como resultado, os interesses, preocupações, predileções, neuroses, preconceitos, instituições sociais e categorias sociais de euro-estadunidenses têm dominado a escrita da história humana.

Um dos efeitos desse eurocentrismo é a racialização do conhecimento: a Europa é representada como fonte de conhecimento e os europeus, como conhecedores. Na verdade, o privilégio de gênero masculino como parte essencial do *ethos* europeu está consagrado na cultura da modernidade. Esse contexto global para a produção de conhecimento deve ser levado em conta em nossa busca para compreender as realidades africanas e a própria condição humana.

Neste artigo, meu objetivo é interrogar o conceito de gênero e outros a ele relacionados com base em experiências e epistemologias culturais africanas. O foco aqui é questionar o sistema da família nuclear, uma forma especificamente europeia e ainda assim ponto de partida para muitos dos conceitos que são usados universalmente na pesquisa de gênero. O objetivo é encontrar maneiras pelas quais a pesquisa africana possa ser melhor fomentada por preocupações e interpretações locais e, ao mesmo tempo, caminhos para que experiências africanas sejam levadas em conta nas construções teóricas gerais, apesar do racismo estrutural do sistema global.

GÊNERO E A POLÍTICA DO CONHECIMENTO FEMINISTA

Quaisquer estudos sérios sobre o lugar do "gênero" em realidades africanas devem necessariamente levantar questões sobre os conceitos e abordagens teóricas vigentes. Isso se deve ao fato de que a arquitetura e o mobiliário da pesquisa de gênero derivaram majoritariamente das experiências europeias e estadunidenses. Hoje, as estudiosas feministas são as mais importantes na pesquisa sobre gênero e são fonte de vasto conhecimento sobre mulheres e hierarquias de gênero. Como resultado de seus esforços, o gênero tornou-se uma das categorias analíticas mais importantes na empreitada acadêmica de descrever o mundo e na tarefa política de prescrever soluções. Assim, embora nossa busca por conhecimento não possa ignorar o papel das feministas ocidentais, devemos questionar a identidade social, os interesses e preocupações das fornecedoras de tais conhecimentos. De acordo com essa abordagem da "sociologia do conhecimento", Karl Mannheim afirma:

> As pessoas, quando são parte de um grupo, agem de acordo com o caráter e a posição dos grupos a que pertencem, seja para mudar a natu-

reza e a sociedade ao seu redor ou tentar mantê-las em determinada condição. É a direção dessa vontade de mudar ou de manter, dessa atividade coletiva, que produz o fio condutor para a emergência de seus problemas, seus conceitos e suas formas de pensamento.[1]

As feministas, enquanto grupo, usaram seu poder recém-adquirido nas sociedades ocidentais para transformar o que antes era visto como problemas particulares das mulheres em questões públicas. Elas mostraram que os problemas pessoais das mulheres na esfera privada são, na verdade, questões públicas constituídas pela desigualdade de gênero da estrutura social. É evidente que as experiências das mulheres euro-estadunidenses e seu desejo por transformação forneceram as bases para as perguntas, conceitos, teorias e preocupações que produziram a pesquisa de gênero. Pesquisadoras feministas usam gênero como o modelo explicativo para que se compreenda a subordinação e a opressão das mulheres em todo o mundo. De uma só vez, elas assumem a categoria "mulher" e sua subordinação como universais. Entretanto, gênero é antes de tudo uma construção sociocultural. Como ponto de partida da investigação, não podemos considerar como dado o que de fato precisamos investigar.

Se o problema do gênero torna-se central na vida das mulheres brancas a ponto de outras dimensões serem excluídas, temos de nos perguntar: por que o gênero? Por que não alguma outra categoria, como raça, por exemplo, que é vista como fundamental pelos afro-estadunidenses? O gênero é socialmente construído, a categoria social "mulher" não é universal. Ainda, como outras formas de opressão e desigualdade estão presentes na sociedade, indagações adicionais devem ser feitas: por que gênero? Em que medida uma análise de gênero revela ou oculta outras formas de opressão? Quais são as condições femininas bem teorizadas pelos estudos feministas? Especificamente que grupo de mulheres é bem teorizado? Até que ponto a colocação do gênero em primeiro plano contribui com os desejos das mulheres e sua vontade de entender-se mais claramente?

Muitos estudiosos têm criticado o gênero como um conceito universal. Muitos têm também mostrado como ele é particular das políticas de mulheres anglófonas/estadunidenses e brancas, especialmente nos próprios Estados Unidos. Talvez a crítica mais importante sobre as articulações feministas em relação ao gênero seja aquela feita por uma série de estudiosas afro-estadunidenses que apontam que, pelo menos nos Estados Unidos, gênero não pode, de forma alguma, ser pensado à parte de raça e classe. Essa posição levou a ênfases sobre as diferenças entre as mulheres e à necessidade de teorizar múltiplas formas de opressão, especialmente quando desigualdades de raça, gênero e classe são evidentes. Fora dos Estados Unidos, as discussões centraram-se sobre a necessidade de se atentar ao imperialismo, à colonização e outras formas locais e globais de estratificação. Esses outros pontos de vista emprestam peso à afirmação de que o gênero não pode ser abstraído do contexto social e de outros sistemas de hierarquia.

Neste artigo, gostaria de acrescentar outra dimensão às razões pelas quais o gênero não deve ser tomado por seu valor nominal e, especificamente, articular uma crítica africana. Em primeiro lugar, explorarei as fontes originais dos conceitos feministas que são o esteio da pesquisa de gênero. Estou inclinada a crer que os conceitos feministas estão enraizados na família nuclear. Essa instituição social constitui a base da teoria feminista e representa o meio através do qual os valores feministas se articulam. E isso apesar da crença generalizada entre as feministas de que seu objetivo é subverter essa instituição dominada pelos homens e a crença entre os detratores do feminismo de que o movimento é anti família. Ainda que o feminismo tenha se tornado global, é a família nuclear ocidental que fornece o fundamento para grande parte da teoria feminista. Assim, os três conceitos centrais que têm sido os pilares do feminismo, mulher, gênero e sororidade, só podem ser compreendidos se analisarmos cautelosamente a família nuclear da qual eles emergem.

Além disso, algumas das questões e dos debates mais importantes que instigaram a pesquisa de gênero nas últimas três décadas fazem mais sentido quando reparamos no tanto que elas estão entranhadas na família nuclear (tanto em sua configuração institucional quanto espacial). O que é a família nuclear? A família nuclear é uma família generificada por excelência. Cada casa, ocupada apenas por uma família, é centrada em uma mulher subordinada, um marido patriarcal e seus filhos. Essa estrutura, centrada na unidade conjugal, presta-se à promoção do gênero como categoria natural e inevitável. Não existem categorias transversais desprovidas de gênero nessa família. Em uma casa generificada, encabeçada pelo homem e com dois genitores, o homem-chefe é concebido como provedor e a mulher está associada ao doméstico e ao cuidado.

A socióloga feminista Nancy Chodorow nos oferece um relato de como a divisão sexual do trabalho na família desenha diferentes trajetórias psicológicas e de desenvolvimento para filhos e filhas e, por fim, produz seres e sociedades generificadas. De acordo com Chodorow:

> A divisão do trabalho familiar em que as mulheres exercem a maternagem dá sentido social e histórico específico para o gênero em si. O engendramento de homens e mulheres com determinadas personalidades, necessidades, defesas e capacidades cria condições e contribui para a reprodução dessa mesma divisão do trabalho. Assim, o fato de as mulheres serem mães inadvertida e inevitavelmente se reproduz.[2]

Distinções de gênero são a base do estabelecimento e do funcionamento desse tipo de família, bem como a base da hierarquia e opressão que se articulam em seu interior. Da mesma forma, a uniformidade do gênero é uma importante fonte de identificação e solidariedade. Assim, as filhas se auto identificam, como mulheres, com sua mãe e irmãs, e os filhos se auto identificam com seus pais e irmãos. Donna Haraway escreve: "O casamento encapsulou e reproduziu a relação antagônica de dois grupos sociais coerentes, homens e mulheres."[3]

A configuração espacial da casa da família nuclear como um espaço isolado é fundamental para a compreensão das categorias conceituais feministas. Em grande parte da teoria feminista branca, a sociedade é representada como uma família nuclear, composta por um casal e seus filhos. Não há espaço para outros adultos. Não é de se surpreender que a noção de feminilidade que emerge do feminismo euro-estadunidense, enraizada na família nuclear, é o conceito de esposa. Como diz Miriam Johnson, [nas sociedades ocidentais] "o matrimônio tende a ser o âmago das relações de troca adultas e, como tal, faz com que a própria definição de mulher se torne a definição de esposa".[4] Como a categoria "esposa" está enraizada na família nuclear, essa identidade é absolutamente determinante; outros relacionamentos são, na melhor das hipóteses, secundários. Além disso, como raça e classe normalmente não variam na família, faz sentido que o feminismo branco, preso no interior dessa família, não enxergue raça e classe.

Assim, a categoria fundamental da diferença, que aparece como universal a partir dos limites da família nuclear, é o gênero. A mulher no centro da teoria feminista, a esposa, nunca sai do espaço domiciliar. Como um caracol, ela carrega a casa em torno de si mesma. Consequentemente, onde houver uma mulher, esse lugar torna-se a esfera privada da subordinação das mulheres. Sua presença define-o como tal. O problema não é que a conceituação feminista comece com a família, mas que ela nunca transcenda os estreitos limites da família nuclear.

Quando se teoriza a partir do espaço limitado da família nuclear, questões de sexualidade são automaticamente acentuadas na discussão de gênero. Mesmo a categoria "mãe" só é inteligível para o pensamento feminista branco, se essa mãe é primeiramente entendida como esposa do patriarca. Como mães são, antes de tudo, esposas, parece não haver uma "mãe" desassociada de seus laços sexuais com um "pai". Essa é a única explicação para a popularidade do seguinte oxímoro: mãe solteira. Ainda que, na maioria das culturas, a maternidade seja definida como uma relação com seus descendentes, não como uma relação sexual com um homem, na literatura feminista a "mãe", identidade dominante das mulheres, é subordinada à "esposa". Como mulher é um sinônimo de esposa, a procriação e a lactação na literatura de gênero (tradicional e feminista) são geralmente apresentadas como parte da divisão sexual do trabalho. A formação de casais pelo casamento é, assim, colocada como a base da divisão social do trabalho.

Isso também aparece no trabalho de Nancy Chodorow. Ela argumenta que mesmo uma criança percebe sua mãe como um ser generificado – esposa do pai –, o que tem implicações profundas no desenvolvimento psicossocial diferenciado de filhos e filhas. A socióloga universaliza a experiência da maternidade nuclear e a torna um dado humano, estendendo assim os limites dessa forma euro-estadunidense muito limitada para outras culturas que têm diferentes organizações familiares.

A FAMÍLIA IORUBÁ NÃO GENERIFICADA

Até este ponto, mostrei que os conceitos feministas emergiram da lógica da família nuclear patriarcal, um modelo de família indevidamente universalizado. Mais especificamente, a família nuclear ainda é um modelo alienígena na África, apesar de sua promoção por governos coloniais e neo coloniais, agências internacionais de (sub)desenvolvimento, organizações feministas, organizações não governamentais (ONG) contemporâneas e outros.

Nesta seção, a partir de minha própria pesquisa sobre a sociedade iorubá do sudoeste da Nigéria, apresento um tipo diferente de organização familiar – a família iorubá tradicional. Ela pode ser descrita como uma família não generificada porque seus papéis de parentesco e suas categorias não são diferenciados por gênero. Os centros de poder dentro da família são difusos e não especificados pelo gênero. O princípio organizador fundamental no seio dessa família é a ancianidade baseada na idade relativa, e não no gênero. Consequentemente, as categorias de parentesco codificam ancianidade, não gênero. A ancianidade classifica socialmente as pessoas com base em suas idades cronológicas. Por exemplo, *egbon* se refere ao irmão mais velho, e *aburo*, ao irmão mais novo de quem fala, independentemente do gênero desses irmãos. Diferente do gênero, que é rígido ou estático, o princípio da ancianidade é dinâmico e fluido.

Dentro da família iorubá, *omo*, a nomenclatura para "criança", é melhor traduzida como prole. Em primeira instância, não há palavras que denotem individualmente menina ou menino. No que diz respeito às categorias "marido" e "esposa", a categoria *oko*, que normalmente é registrada como "marido" em inglês, não tem uma especificação de gênero, pois abrange ambos, macho e fêmea. *Iyawo*, registrada como "esposa" em inglês, refere-se a fêmeas que entram na família pelo casamento. A distinção entre *oko* e *iyawo* não é de gênero, mas uma distinção entre aqueles que são membros de nascimento da família e os que entram pelo casamento. A diferenciação expressa uma hierarquia em que a posição *oko* é superior a *iyawo*. Essa hierarquia não é uma hierarquia de gênero, porque mesmo a fêmea *oko* é superior à fêmea *iyawo*. Da mesma forma, a categoria *iyawo* inclui homens e mulheres. Os devotos de orixás (divindades) são chamados de *iyawo* do orixá, independentemente de seu sexo biológico. Assim, os relacionamentos são fluidos e os papéis sociais são situacionais, continuamente situando indivíduos em determinados papéis, hierárquicos ou não, de acordo com o contexto em que estão inseridos.

O trabalho da antropóloga social Niara Sudarkasa sobre as características contrastantes dos sistemas familiares na África e na Europa é especialmente elucidativo. Ela ressalta que a família nuclear é uma família que tem bases conjugais, por ser construída em torno de um casal – o núcleo conjugal. Na África Ocidental (da qual os iorubás são uma parte), é a linhagem entendida como família. A linhagem é um sistema familiar baseado nas relações consanguíneas, construído em torno de um núcleo de irmãos e irmãs, ligados por sangue. Ela explica:

> Após o casamento, não era normal que os casais estabelecessem casas separadas, eles se juntavam ao composto familiar da noiva ou do noivo, dependendo das regras vigentes de descendência. Em uma sociedade em que a descendência é patrilinear, o grupo principal do composto consistia de um grupo de irmãos, algumas irmãs, seus filhos adultos e netos. O núcleo da unidade corresidencial era composto de parentes de sangue. Os cônjuges são considerados pessoas de fora e, portanto, não são parte da família.[5]

No caso iorubá, todos os membros da linhagem são chamados *omo-ile* e classificados individualmente por ordem de nascimento. Todas as fêmeas que entram na família pelo casamento são conhecidas como *iyawo-ile* e classificadas por ordem de casamento. Individualmente, cada *omo-ile* ocupa a posição de *oko* em relação à *iyawo* que chega. Essa relação nativo-estrangeiro é ranqueada, com o nativo sendo o mais velho privilegiado. O modo de integração à linhagem é onde está a diferença crucial: nascimento para *oko* e casamento para *iyawo*.

Se havia um papel/identidade que definia fêmeas, era a posição de mãe. Dentro da casa, seus membros são agrupados em torno de diferentes unidades mãe-filha/o descritos como *omoya*, literalmente "filhos de uma mesma mãe" ou irmãos de ventre. Por causa da matrifocalidade de muitos sistemas familiares africanos, a mãe é o eixo em torno do qual as relações familiares são delineadas e organizadas. Consequentemente, *omoya* é, na cultura iorubá, a categoria comparável à irmã nuclear na cultura estadunidense branca. A relação entre irmãos de ventre, como aquela das irmãs da família nuclear, é baseada em uma compreensão de interesses comuns e nasce de uma experiência compartilhada. A experiência partilhada definidora, que une os *omoya* com lealdade e amor incondicional, é o ventre da mãe. A categoria *omoya*, diferentemente de "irmã", transcende o gênero.

Omoya também transcende a casa, porque primos matrilaterais são considerados irmãos de ventre e são mais próximos uns dos outros do que irmãos que compartilham o mesmo pai e que podem até viver na mesma casa. *Omoya* localiza as pessoas dentro de um agrupamento reconhecido socialmente, e ressalta a importância dos laços entre mãe e filha/o ao delinear e ancorar o lugar da criança na família. Assim, essas relações são primárias, privilegiadas, e devem ser protegidas acima de todas as outras. Além disso, *omoya* ressalta a importância da maternidade como instituição e como experiência na cultura.

O DESAFIO DE CONCEITUAÇÕES AFRICANAS

Entender a aplicabilidade de conceitos feministas para expressar e analisar as realidades africanas é o desafio central dos estudos de gênero africanos. A dualidade opositiva macho/fêmea, homem/mulher e o privilégio masculino que a acompanha nas categorias de gênero ocidentais é especialmente alienígena para muitas culturas africanas. Quando realidades africanas são interpretadas com base nessas alegações ocidentais, o que encontramos são distorções, mistificações linguísticas e muitas vezes uma total falta de compreensão, devido à incomensurabilidade das categorias e instituições sociais. Na verdade, as duas categorias básicas "mulher" e "gênero" precisam ser repensadas, dado o caso iorubá apresentado acima e como argumentei em meu livro *The Invention of Women: Making an African Sense of Western Gender Discourses*.[6]

Escritos de outras sociedades africanas sugerem problemas semelhantes. Em seu livro de 1987,[7] a antropóloga social Ifi Amadiume escreve sobre filhas machos, maridos fêmeas, e a instituição do casamento de mulheres na sociedade igbo – concepções que confundem a mente ocidental aprisionada pela moldura interpretativa feminista. No romance *Nervous Conditions*, Tsitsi Dangarembga, escrevendo em um contexto shona, discute os privilégios do que ela chama de "status patriarcal" da Tia Tete, uma personagem da história: "Agora, este tipo de trabalho era trabalho de mulheres, e das treze mulheres lá, minha mãe e Lucia eram um pouco incapacitadas – com Tete tendo status patriarcal, não se esperava que fizesse muita coisa."[8] Compreendemos que Tia Tete é uma mulher, mas ela tem um "status patriarcal" e isso a isenta do trabalho de mulher. Emerge então uma questão: como a categoria "mulher" é constituída na sociedade shona? Quem, então, é a mulher que faz o trabalho das mulheres? O que significa tudo isso dentro da organização dessa sociedade? Da mesma forma, e escritora Sekai Nzenza Shand, escrevendo sobre sua família shona no livro de memórias *Songs from an African Sunset*, descreve a relação superior de sua mãe para com seu *varoora*:

> Em sua aldeia de solteira, minha mãe era vista como a grande tia, ou um homem honorário; os *varoora* deram-lhe o respeito devido a um pai, e minha mãe podia comandá-los como desejasse. Eles, portanto, vieram à aldeia de seu "marido" para apoiá-la em seu luto.[9]

A mãe de Nzenza Shand é um homem (ainda que um homem honorário)? O que isso significa?

Em sua monografia sobre os *okyeames* (porta-voz de chefes akan na África Ocidental), o linguista ganês Kwesi Yankah fez a seguinte observação: "Um okyeame é tradicionalmente referido como o *ohene yere*, esposa do chefe – o termo é geralmente aplicado a todos os okyeames, seja em posições de nomeação governamental ou hereditárias... até em casos em que um chefe é fêmea e seu okyeame é macho, o *okyeame* ainda é esposa, e a chefe, marido."[10] Esse entendimento evidentemente confunde a compreensão ocidental generificada de que o papel social "esposa" é inerente ao corpo feminino. Finalmente, a historiadora Edna Bay, escrevendo sobre o reino de Dahomey, afirma:

> O rei também se casava com homens. Artesãos proeminentes e líderes talentosos de áreas recém-conquistadas eram integrados aos dahomeys através de laços baseados no idioma do casamento. Junto a eunucos e mulheres do palácio, tais homens eram chamados de *ahosi*. *Ahosi* machos traziam famílias consigo ou ganhavam mulheres e escravos para estabelecer uma linhagem.[11]

A categoria "mulheres do palácio" mencionada na citação não inclui as filhas da linhagem. As fêmeas nascidas na linhagem ficam com seus irmãos na categoria de membros da linhagem, um agrupamento que deriva do local de nascimento. Esses fatos reforçam a necessidade de submeter a categoria "mulher" a uma análise mais aprofundada, e de privilegiar as categorias e interpretações dessas sociedades africanas.

Esses exemplos africanos apresentam vários desafios aos universalismos injustificados dos discursos de gênero feministas. Os casos apresentados mostram que as categorias sociais africanas são fluidas, extremamente situacionais e não são determinadas por tipos corporais. Além disso, a linguagem do casamento, que é utilizada para classificação social, não é baseada em gênero, como interpretações feministas da ideologia e organização familiar poderiam sugerir. Em outro trabalho,[12] argumentei que o vocabulário do casamento/família em muitas culturas africanas é usado em relações mercador/cliente, que pouco têm a ver com a natureza dos corpos humanos. Análises e interpretações sobre a África devem começar na África. Elas precisam refletir e se basear em contextos culturais e locais específicos, e não em ideias e conceitos importados, normalmente coloniais.

TEXTO ORIGINALMENTE PUBLICADO SOB O TÍTULO "CONCEPTUALIZING GENDER: THE EUROCENTRIC FOUNDATIONS OF FEMINIST CONCEPTS AND THE CHALLENGE OF AFRICAN EPISTEMOLOGIES", IN *AFRICAN GENDER SCHOLARSHIP: CONCEPTS, METHODOLOGIES AND PARADIGMS*. CODESRIA GENDER SERIES. VOL. 1, DAKAR, CODESRIA, 2004, P. 1-8. TRADUÇÃO DE JULIANA ARAÚJO LOPES. REVISÃO DA TRADUÇÃO: PÊ MOREIRA.

NOTAS

1. Karl Mannheim, *Ideology or Utopia?* Londres: Routledge & Kegan and Paul, 1936, p. 4.
2. Nancy Chodorow, *The Reproduction of Mothering: Psychoanalysis and the Sociology of Gender*. Berkeley: University of California Press, 1978, p. 12.
3. Donna Haraway, *Simians, Cyborgs and Women: The Reinvention of Nature*. Nova York: Routledge, 1991, p. 13.
4. Miriam Johnson.
5. Niara Sudarkasa, *The Strength of Our Mothers: African and African American Women and Families: Essays and Speeches*. Trenton e Asmara: Africa World Press, 1996, p. 81.
6. Oyèrónké Oyěwùmí, *The Invention of Women: Making an African Sense of Western Gender Discourses*. Minneapolis: University of Minnesota Press, 1997.
7. Ifi Amadiume, *Male Daughters, Female Husbands: Gender and Sex in an African Society*. Londres: Zed Press, 1987.
8. Tsitsi Dangarembga, *Nervous Conditions: A Novel*. Seattle: Seal Press, 1989, p. 133.
9. Sekai Nzenza Shand, *Songs to an African Sunset: A Zimbabwean Story*. Melbourne e Londres: Lonely Planet Publications, 1997, p. 19.
10. Kwesi Yankah, *Speaking for the Chief: Okyeame and the Politics of Akan Royal Oratory*. Bloomington e Indianapolis: Indiana University Press, p. 89.
11. Edna Bay, *Wives of the Leopard: Gender, Politics, and Culture in the Kingdom of Dahomey*. Charlottesville: University of Virginia Press, 1998, p. 20.
12. Oyèrónké Oyěwùmí, op. cit.

A crítica do feminismo negro, de cor e, mais recentemente, decolonial, acabou fazendo, dentro do próprio feminismo, a mesma denúncia que a epistemologia feminista fizera à produção científica ocidental do conhecimento: de que ele é, na verdade, um ponto de vista parcial, encoberto de objetividade e universalidade, já que surge de certa experiência histórica e certos interesses concretos.

Yuderkys Espinosa Miñoso

Fazendo uma genealogia da experiência: o método rumo a uma crítica da colonialidade da razão feminista a partir da experiência histórica na América Latina

Yuderkys Espinosa Miñoso

COMO NOS TORNAMOS AS FEMINISTAS QUE SOMOS?

Neste artigo, proponho uma nova abordagem do feminismo, tal como o tenho vivido e experimentado a partir da América Latina. Embora para isso faça uso da produção filosófica contemporânea e especificamente das contribuições da crítica decolonial, o que me motiva não são objetivos puramente teóricos – se é que algo assim existe –, e sim objetivos urgentemente práticos. Faço isso convicta de que toda ação é fundamentada em interpretações do mundo, que por sua vez prescrevem o mundo. Sendo assim, estou interessada em desvendar o que sustenta nossas práticas feministas e com o que contribuímos através de nossas práticas políticas. O mundo que, com nossas ações, tornamos possível.

Trata-se de responder à pergunta-chave que nos é colocada pelo método genealógico e que, aplicada ao campo feminista, pode ser traduzida da seguinte maneira: como nos tornamos as feministas que somos? Que condições permitiram o feminismo crer naquilo que crê, dizer o que diz, fazer o que faz, mesmo em um espaço geopoliticamente determinado por sua condição de "Terceiro Mundo", de região que é como é por conta de sua herança colonial? A partir dessas perguntas, é possível reconstruir algumas chaves para pensar o feminismo na América Latina e sua história de dependência. Nem feminismo latino-americano, talvez nem feminismo na América Latina, já que o feminismo regional acolheu tenazmente certa razão feminista com pretensões de universalidade. Se parece que não há surpresa diante da afirmação de que o feminismo responde à modernidade, precisamos nos perguntar como nos dispusemos a segui-lo nas regiões do mundo onde a modernidade se revela como é: racista, eurocêntrica, capitalista, imperialista, colonial.

Talvez, enquanto mulheres, gêneros e sexualidades depreciadas, tenhamos sucumbido à ideia-base da teoria e pensamento feministas – de que o passado sempre foi pior para nós. Talvez o feminismo devesse admitir, como fez o feminismo da igualdade,[1] que sua luta é moderna e proclama a modernidade como o tempo histórico que permite a libertação das mulheres. Esse argumento revela(ria), por fim, os diferentes interesses entre o feminismo e as lutas antirracistas, anti e decoloniais na região. Ele permite desvelar a trama oculta das lutas feministas e seu compromisso com a colonialidade.

Assim, neste trabalho trago a proposta metodológica de uma genealogia da experiência para abordá-la e desenvolver uma crítica ao que estou chamando de colonialidade da razão feminista. O quadro da América Latina, onde se desenvolveu esse projeto e a partir de onde escrevo, é apenas o caso do qual me aproximo para demonstrá-la.

O PROJETO DE UMA CRÍTICA À RAZÃO FEMINISTA MODERNA EUROCÊNTRICA

O projeto começa na pergunta sobre o feminismo latino-americano: como documentar as disputas de sentido e a construção de hegemonias e contra-hegemonias que derivam dali? De que maneira é possível contribuir com a construção de uma contra memória que nos permita evidenciar os jogos de poder, as relações hierárquicas que ocultam e colaboram com a produção local de subalternidade no "Sul global" e o rompimento interno do "sujeito colonial"? Se foi Mohanty[2] quem nos advertiu sobre o colonialismo discursivo dos feminismos do Norte, é a prática feminista subalterna que nos mostra o colonialismo internalizado, os dispositivos de controle e as estratégicas de produção e conservação do poder de uma minoria dentro do campo feminista na América Latina. A ferida colonial sangra mais em umas que em outras. Os feminismos hegemônicos do Norte precisam da cumplicidade dos feminismos hegemônicos do Sul para dar continuidade à história de colonização e dependência. É por isso que uma análise dos feminismos do Sul e de sua relação de dependência com os feminismos do Norte precisa ser complexa a ponto de desfazer o mito de uma suposta unidade interna do sujeito "mulher" e nos permitir observar um campo vivo de disputa de sentidos na América Latina pós-independências, que acaba sendo resolvida com a imposição e a violência simbólica e material sobre aquelas cujos corpos estão marcados por processos de racialização e contínua exploração, o que chamo de "a outra da outra".[3]

A partir daí vem a consciência da necessidade de se fazer uma genealogia crítica da atual política e do pensamento feministas na América Latina, uma que mostre aquilo que é duplamente ocultado pela trama colonial e pós-colonial, que mostre a colonialidade da razão feminista. Esse projeto quer denunciar e contribuir com o desmantelamento do compromisso do feminismo com os pressupostos da modernidade e a maneira que ele colabora com sua expansão. Ou seja, quero a descolonização do feminismo. Para isso, desenvolvo uma proposta metodológica que se apoia, de um lado, no método genealógico desenvolvido por uma tradição importante do próprio pensamento filosófico, dentro da modernidade. Se o método genealógico serve às apostas anti-iluministas no interior da própria modernidade ocidental, pode ele servir a uma proposta de demonstrar os compromissos do feminismo com a ontologia moderna eurocêntrica mesmo em regiões como a América Latina? Quais são as implicações que isso teria em termos de uma crítica radical antirracista e decolonial? Partindo de um quadro crítico produzido pela teoria negra, de cor, indígena, anti e decolonial na América Latina, essa demonstração está ligada a um olhar que desafia a modernidade ocidental enquanto projeto máximo da evolução do ser humano, desvelando-a como aquilo que realmente é: um projeto imperialista, racista, de domínio e morte.

Por outro lado, estou alinhada com o desenvolvimento da epistemologia feminista e feminista negra e de cor, e sua proposta de um conhecimento situado que parte da experiência. Por isso, concentro-me na revisão das contribuições daquilo que se chamou "a teoria do ponto de vista" como a teoria que busca superar a pretensão do conhecimento científico de "falar a partir de lugar nenhum"[4] e reviso as críticas colocadas por Joan Scott[5] aos usos da experiência como a base de nossas explicações de uma maneira que se evite cair nos mesmos erros que temos registrado.

SOBRE O MÉTODO GENEALÓGICO E A IDEIA DE ARQUIVO

Tradicionalmente a aproximação da filosofia latino-americana da construção de uma historiografia do próprio pensamento aconteceu sempre pelo método da História das Ideias, usado por vários dos mais renomados filósofos latino-americanos, como Cerutti, Alberdi, Zea, Rodó, Bello.[6] Seguindo esse legado, a filósofa feminista Francesca Gargallo[7] se pôs a elaborar uma história das ideias feministas latino-americanas em várias publicações de seu projeto *Las ideas feministas latinoamericanas*. Ainda que durante um tempo eu tenha estado motivada a dar continuidade a esse trabalho, à medida que aprofundava meu olhar e minhas perguntas sobre a trajetória do feminismo – que então nomeei latino-americano –, fui encontrando claras diferenças entre o que esses autores faziam a partir da filosofia, e em particular o que fazia Francesca Gargallo a partir de uma filosofia feminista latino-americana, e aquilo que eu queria fazer. Não demorou muito até que, felizmente, durante minha incursão na literatura que pensadores comprometidos com o giro decolonial estavam produzindo, me vi lendo a *Crítica de la razón latinoamericana*, do filósofo Santiago Castro-Gómez.[8] Foi ali que encontrei as pistas daquilo que me interessava fazer e que, na verdade, já estava fazendo de maneira desarticulada. Em seu texto, Castro-Gómez fala do chamado feito por outro grande filósofo colombiano, Roberto Salazar Ramos, membro do "Grupo de Bogotá", ao desenvolvimento de uma arqueologia do "latino-americano", para tentar encontrar os dispositivos através dos quais foi construída uma série de discursos que dotaram a América Latina de certa especificidade e exterioridade diante da razão moderna ocidental. Como o próprio Castro-Goméz evidencia, seu interesse com essa investigação era promover uma revisão

> crítica daquela família de discursos que tornaram possível a criação de uma entidade chamada "Latinoamérica", dotada de um *ethos* e uma identidade cultural que, supostamente, a diferencia da racionalidade moderna europeia.[9]

A pergunta fundamental em seu trabalho não é sobre o que caracteriza uma identidade latino-americana previamente dada, mas sobre o que a torna possível, quais são suas condições de existência. De que maneira a identidade latino-americana foi produzida como uma forma de ser e de pensar? Qual foi o papel da filosofia nesse processo? Para responder a essas perguntas, Castro-Goméz propõe observar a produção do pensamento filosófico na América Latina, não com o objetivo de construir uma "história das ideias" à maneira da própria filosofia latino-americana, mas com a intenção de desenvolver uma "genealogia localizada das práticas",[10] que permita desvendar criticamente a forma como a filosofia na América Latina contribuiu com a produção da própria ideia de "latino-americano".

Para Castro-Goméz, a tarefa genealógica está menos ligada à tentativa de encontrar uma unidade do que à tarefa de mostrar os antagonismos, os dilemas, os jogos de poder, "as rupturas, os vazios, as fissuras e as linhas de fuga...".[11] Em seu estudo rigoroso da obra de Michel Foucault, Castro-Goméz observa como a tarefa genealógica pode ser útil para examinarmos nosso presente, para determinarmos as contingências históricas e as estratégias de poder que o tornam possível. Assim, o filósofo colombiano nos mostra a genealogia nos moldes da apropriação foucaultiana do projeto de Nietzsche, como *ontologia crítica do presente*. Ele encontra e nos revela a genealogia desenvolvida por Foucault como um método efetivo que permite uma nova

> forma de se aproximar filosoficamente do problema da modernidade, onde em vez de descobrir a "verdade" de suas promessas inerentes (liberdade, igualdade, fraternidade), o que se busca é mostrar as tecnologias de domínio que foram coadjuvantes em sua formação, assim como as diversas formas pelas quais tal verdade forma nossa subjetividade contemporânea.[12]

Dessa forma, o autor se dispõe a nos mostrar a utilidade do método genealógico para desvendar a colonialidade na América Latina. Seu estudo rigoroso permite observar as bases ontológicas iluministas sobre as quais se assentaram os ideais de progresso e modernização sustentados pelas elites branco-mestiças nos países latino-americanos, a partir da experiência concreta da Colômbia.[13] Seu projeto retoma, assim, a aposta foucaultiana na medida em que ela nos ajuda a "levantar uma cartografia das forças que constituem o que somos"[14] e desvendar, desse modo, a colonialidade.

Considerando que o método genealógico coloca em questão os feitos do presente de modo a identificar os interesses e os condicionamentos históricos e culturais que o determinam e a vontade de poder que o produz, ele pode ser eficaz na produção de um pensamento crítico atento a desvendar a economia política da verdade que legitima a rede de significações e práticas do presente. É por isso que se faz necessário questionar as práticas e sua eficácia: o que realmente fazemos quando falamos ou quando atuamos? Mudar a pergunta sobre a identidade para uma pergunta sobre o que fazemos, as práticas que nos fazem ser o que somos. A investigação sobre as práticas faz com que nos perguntemos o que é uma prática, como funciona, quais são as regras que a estabelecem. Fazer uma genealogia permite que nos afastemos do presente para observar as condições de possibilidade que nos constituem. Observar esses *a priori* para problematizá-los e desnaturalizá-los. Traçar a história das práticas para desnaturalizá-las, para observar como e em que momento surgiram e por quê.[15]

Inspirada por essas premissas e pelas indagações colocadas pelo método genealógico, consegui formular corretamente as perguntas para observar e analisar o feminismo na América Latina: como nos tornamos as feministas – "mulheres progressistas do nosso tempo" – que pretendemos ser? O que estamos fazendo, nós feministas na América Latina, quando convocamos uma marcha pelo "direito ao aborto", quando gritamos "meu corpo, minhas regras" ou "liberdade em casa e na rua"? O que estamos fazendo quando pressionamos as instituições e o Estado pela aprovação de uma lei pela "igualdade de gênero", quando abrimos espaços na universidade e pedimos que as mulheres a ocupem massivamente, quando montamos um programa de estudo de gênero e sexualidade, quando falamos de direitos reprodutivos, quando fazemos um discurso nas/para as Nações Unidas, ou formulamos e desenvolvemos projetos para "mulheres populares", ou fazemos campanhas contra o assédio nas ruas? O que estamos fazendo ao dizer o que dizemos, ao fazer o que fazemos? O que estamos fazendo, enquanto feministas da América Latina, com o nosso fazer e o nosso dizer? Foi a partir daí que formulei a ideia de uma "razão feminista" universal e eurocêntrica. Ao construir análises a partir dessas perguntas, pude perceber que não existe um histórico de especificidade no feminismo que desenvolvemos, em vez disso temos uma vontade histórica de não nos diferenciarmos, não nos separarmos das teorias, apostas e slogans do feminismo produzido nos países centrais. Fazemos um esforço para nos ajustarmos às teorias produzidas nos Estados Unidos e na Europa, numa tentativa de fazer caber nelas as mulheres de diferentes contextos atravessados pela colonialidade.

Tentar explicar o presente feminista na América Latina – seus dilemas, contradições, disputas, eixos de preocupação, estratégias políticas, discursos e práticas – me permitiu perceber uma espécie de razão feminista compartilhada, uma série de princípios sob os quais temos sido regidas, feministas de todos os tempos e das mais diversas correntes contemporâneas, tanto nos Estados Unidos e na Europa quanto na América Latina, Ásia ou África. Uma série de princípios que contribuem para a produção da história: nós, as mulheres; nós, as que sempre foram dominadas. E seu reflexo: nós, as que superaram; nós, as mulheres livres donas de nosso destino graças ao feminismo (e, junto dele, graças à modernidade).

Eu me propus, então, a revisar os dilemas e os limites das práticas teórico-políticas produzidas, sustentadas e alimentadas pelo feminismo e os movimentos sociossexuais contemporâneos, vistos a partir do contexto particular latino-americano e sua história de colonialidade. O projeto genealógico busca questionar os discursos sobre sexualidade, gênero e o sujeito sexo-genérico aos quais aderimos, e também as formas como temos usado esses discursos para pensar o "latino-americano" como sendo um espaço globalizado em busca de sua integração ao (verdadeiramente) humano. Estou propondo um exercício crítico que nos permita tomar consciência de como nos tornamos as feministas e/ou o sujeito sexo/genérico "livre, transgressor e progressista do nosso tempo" que acreditamos ser. Um exercício que mostre essa "economia política da verdade"[16] que está evidente nas práticas políticas e discursivas acerca do gênero e da sexualidade (patriarcado e regime heterossexual), cuja produção ajudamos a tornar possível com nossa fé cega e nossas contribuições com certos postulados feministas que se apresentam como universais. Quero me deter nesses postulados para denunciar as regulações, hierarquizações e legitimações de determinadas formas de compreensão em detrimento de outras.

Para conseguir fazer essa crítica do presente de nosso feminismo é necessário também recorrer à arqueologia. Ser arquivista, cartógrafa

> (...) de nossa memória, mostrando antigos testamentos como sintomas do presente. Construir um "arquivo audiovisual", lidar com a

mais ampla variedade de documentos disponíveis, assim como com as "práticas silenciosas, comportamentos laterais, discursos heterogêneos" e estar disposta a "escavar e rastrear nas profundezas, jogar luz sobre o que está escondido".[17]

Por fim, como assinala o próprio Foucault, trata-se de buscar o conjunto de regras que funciona para determinado grupo de pessoas em certo período, para que possamos determinar (1) "os limites e as formas do dizível": o que se pode ou não dizer; (2) "os limites e as formas de conversação": quais discursos são levados em conta e figuram como parte importante da memória e quais passam despercebidos, sem "deixar pegadas"; (3) "os limites e as formas da memória tal como aparecem em diferentes formas discursivas": quais discursos são reconhecidos como válidos e quais são discutíveis ou inúteis; (4) "os limites e as formas de reativação": quais são os discursos que propõem uma reconstrução?; (5) "os limites e as formas da apropriação": quais indivíduos, grupos, classes têm acesso a cada tipo de discurso?[18]

Se é verdade que a genealogia é sobre

> (...) perceber a singularidade dos sucessos, fora de toda finalidade monótona; encontrá-los onde menos se espera e naquilo que passa despercebido por não ser história – os sentimentos, o amor, a consciência, os instintos –, registrar sua volta, não para traçar a curva lenta de uma evolução, mas para reencontrar as diferentes cenas em que diferentes papéis estavam sendo assumidos (...)[19]

então eu já estava me preparando para este trabalho, na verdade, já estava, desde cedo, fazendo-o. Já o havia iniciado, sem saber, há muito tempo, quando, por algum motivo, comecei a construir meticulosa e obsessivamente um arquivo das práticas discursivas do feminismo que vivi e experimentei. Movida por essa obsessão arquivista, comecei a escrever há um bom tempo, e a prática da escrita serviu para gravar em minha memória e na memória coletiva cada momento dentro da política feminista que vivi, primeiro local e, na medida em que fui entrando para um movimento mais internacional, regionalmente. Foi um exercício compartilhado com aquelas com quem caminho.[20] Comecei um arquivo digital e outro em papel, onde fui guardando textos iniciais publicados aqui e ali em espaços virtuais, blogs, panfletos, revistas não especializadas; assim como fotografias e imagens de nossas atividades e rascunhos nunca publicados. Mas existe uma coisa que escapa a esse arquivo físico: o exercício sistemático de conscientemente fixar nas lembranças uma memória de afetos, de imagens, de sentimentos, mas também de palavras ditas e silêncios, de análises compartilhadas em jornadas de reflexão política ou tardes de (re)encontros com as amigas, e de discussões acaloradas com meus antagonistas de então e de agora.

Para isso, me empenhei em um exercício de interpelação da prática feminista que experimentava. Adotei a ideia de *experiência* e de *testemunho ativo* para a construção de meu arquivo. Enquanto uma ativista empenhada no fazer e nos debates do feminismo na América Latina, vinha me perguntando se era possível acolher minha memória histórica, os trinta anos de viagem e observação no interior de momentos cruciais da história a médio prazo do feminismo regional. Construí meu arquivo com as notas das reuniões de que participei, as atividades que ajudei a organizar, as discussões de que fiz parte, as reflexões que surgiram ali e que se acumulam em ensaios, notas, artigos publicados e inéditos. Com as mil e uma histórias que guardo na memória e que testemunhei em presença ou não, mas que escutei em diferentes versões por parte de quem participou. Existe também uma memória corporal e visual que acompanha os discursos, sensações de alegria, de dor, de vitória ou derrota, de expectativas, incredulidades ou certezas. Em síntese, dispus-me a construir e propor a possibilidade de fazer uma genealogia da experiência do feminismo na América Latina. Usar a própria experiência como documento substancial e fundamental de meu arquivo e acolher, em caráter de colaboração, outras fontes: artigos, ensaios, gravações em vídeo e em áudio, fotografias produzidas por outras ativistas e pensadoras que também foram parte desse apelo e trânsito pelo feminismo na América Latina durante o tempo que vivo essa dinâmica e que me proponho a documentá-la.

Para dar base a essa escolha metodológica, decidi revisar a crítica que foi produzida, dentro e fora do feminismo, sobre a pretensão de objetividade do método científico. E quero pontuar a maneira como a teoria feminista do ponto de vista pode me ajudar a encontrar os argumentos que validam meu uso da experiência como arquivo, a partir de onde posso fazer esta genealogia crítica do presente feminista e expor sua colonialidade.

SOBRE O USO DA EXPERIÊNCIA PARA CONSTRUIR O ARQUIVO DE UMA GENEALOGIA DA RAZÃO FEMINISTA NA AMÉRICA LATINA

Como sabemos, a epistemologia feminista como um todo – mas especialmente a tradição produzida pelo feminismo negro e de cor –, em sua crítica ao método científico, propôs e tematizou a "experiência" das mulheres e das mulheres negras e de cor como base válida para a produção de conhecimento.[21] Foi, no fim das contas, a chamada perspectiva do "ponto de vista", desenvolvida pela epistemologia feminista branca e recuperada pela teoria feminista negra e de cor, que se ocupou de produzir uma crítica aos métodos de produção de conhecimento pela ciência moderna, propondo, em seu lugar, que usássemos a experiência como forma efetiva de construção do saber. Enquanto as primeiras se concentraram na crítica ao androcentrismo e à pretensão de objetividade do método científico, as segundas – as feministas negras e de cor – desenvolveram uma crítica implacável ao universalismo da categoria mulher da teoria feminista clássica, apontando que o que é tomado como teoria feminista é apenas um "ponto de vista" produzido pelas mulheres brancas que acessaram uma formação universitária graças aos seus privilégios de classe e raça.[22] Algumas teóricas do feminismo negro se propuseram, então, a produzir uma teoria própria, como um ponto de vista particular que parte da experiência das mulheres negras.[23] Algo parecido acontece na América Latina, nas últimas duas décadas, quando o ressurgimento de um forte movimento continental anticolonialista e decolonial coloca em cheque a versão da história e os conhecimentos produzidos pelas ciências sociais – que são conduzidas por intelectuais e pesquisadores de origem branco-mestiça. A partir disso, a produção de uma voz e interpretação próprias aparecem como uma das tarefas mais importantes para esses movimentos e para o feminismo decolonial.[24]

A crítica do feminismo negro, de cor e, mais recentemente, decolonial, acabou fazendo, dentro do próprio feminismo, a mesma denúncia que a epistemologia feminista fizera à produção científica ocidental do conhecimento: de que ele é, na verdade, um ponto de vista parcial, encoberto de objetividade e universalidade, já que surge de certa experiência histórica e certos interesses concretos.[25] A verdade é que a teoria do ponto de vista não conseguiu por si só superar a trava nem do essencialismo universalista da categoria mulher, nem, portanto, a trava do racismo, do eurocentrismo e da colonialidade presentes na teoria feminista mais difundida. Tal como assinala Harding,[26] lembrando várias das críticas que pensadoras como Haraway fizeram a ela: "A epistemologia do ponto de vista feminista, como outros tipos de teorias feministas socialistas, é culpada desse erro teórico e político."

Porém, apesar desses problemas, precisamos reconhecer as contribuições dessa teoria para a construção de um método de análise que toma a experiência como fonte de conhecimento. Inicialmente proposta por Nancy Harstsock[27] e Dorothy Smith,[28] essa teoria argumenta que o ponto de vista das mulheres oferece explicações sobre a vida social como um todo muito mais amplas do que as que apenas homens podem oferecer, dado o maior campo de visão que as mulheres ganham com as atividades designadas a elas dentro da divisão sexual do trabalho. Enquanto o olhar masculino não observa ou repara em uma parte importante das atividades sociais por elas serem vistas como tarefas de ordem "natural", da reprodução da vida e do cuidado, as mulheres, responsáveis por essas atividades, conseguem vê-las e, a partir daí, ver também aquelas que são realizadas pelos homens – atividades consideradas abstratas e que gozam de valor social. É o que Harding[29] chama de "consciência bifurcada", e que as pesquisadoras feministas põem em prática através de seus estudos e análises. Assim, as epistemologias do ponto de vista feminista afirmam que os estudos que começam se peguntando sobre o mundo e as atividades das mulheres são mais adequados, porque nos permitem um olhar de baixo para cima e essa perspectiva nos permite ter um olhar mais amplo, completo e menos distorcido do social.

Assim, se a ordem social é uma matriz de poder onde raça, classe e gênero se sobrepõem e se codeterminam, a perspectiva do ponto de vista feminista na pesquisa permitiria tornar mais visível a forma como tal matriz opera, a partir de um questionamento da experiência de quem está mais baixo na escala do privilégio. De tal maneira, "o que é uma desvantagem do ponto de vista da operação, pode se converter em uma vantagem do ponto de vista da ciência".[30] Essa ideia lembra e me parece similar à ideia de "consciência dupla" proposta por Du Bois: a perspectiva privilegiada do mundo que o sujeito racializado teria por coabitar o mundo subalterno, submetido à opressão, e sua incursão como tal no mundo das classes dominantes, o mundo dos brancos. Esse habitar possibilita o surgimento de um olhar duplo, um olhar alternativo (*second-sight*) que lhe permite ser consciente de seu lugar de subalterno.[31]

> É uma sensação peculiar, essa dupla consciência, essa sensação de olhar a si mesmo sempre através dos olhos dos outros, de medir a própria alma com a régua de um mundo que te vê com uma mistura curiosa de desprezo e piedade. Uma dualidade sempre sentida: estadunidense, negro; duas almas, dois pensamentos, duas lutas não conciliadas.[32]

Enquanto Du Bois se queixa dessa consciência dupla, bifurcada, que nos faz "perder o foco",[33] se considerarmos a teoria do ponto de vista, esse obstáculo se torna mais uma possibilidade de olhar o mundo de maneira mais completa e heterogênea. Daí pode surgir uma crítica mais radical e comprometida com a transformação social, à medida que se evidencia aquilo que é ocultado pelos esquemas de poder e, no caso dos países do Sul global, o colonialismo internalizado. Agora já sabemos que explicar o mundo e os acontecimentos a partir somente do ponto de vista de quem é privilegiado nos dá um entendimento parcial e distorcido, o que pode ser resolvido graças ao olhar e à experiência dupla de quem ocupa um lugar subalterno.

Alguém poderia chegar à lógica conclusão de que o olhar subalterno é um olhar dúbio, contraditório, conflitivo, paradoxal, impuro – e que justamente por isso nos dá uma fonte maior de conhecimentos. Imagino, então, por que o olhar produzido pelo feminismo branco e branco-mestiço sempre foi incompleto, iluminando apenas uma parte da história de como a opressão funciona. Esse olhar incompleto não apenas nos impede de dar conta da opressão de uma série de sujeitxs em posição desprivilegiada, ele também nos cega para a complexidade da matriz de opressão em seu conjunto, não nos deixa ver as relações intrínsecas entre os projetos de dominação. Nesse sentido, quero introduzir na perspectiva do ponto de vista feminista uma pequena grande distorção. Se Mohanty celebra o privilégio epistêmico daquelas que estão na parcela mais inferior da estrutura social e que a partir dali nos dão pistas sobre seu funcionamento, e entendemos, pelas críticas do feminismo negro e de cor, que na base da pirâmide do poder estão as mulheres racializadas, então a sujeita desse ponto de vista privilegiado não é qualquer mulher, e sim uma mulher subalterna, que na América Latina é indígena e afrodescendente, camponesa, desterritorializada ou pobre.

Assim, o ponto de vista que quero produzir a partir de minha experiência no feminismo na América Latina é um ponto de vista produzido quando somos/habitamos um corpo submetido ao empobrecimento, ao despejo e à negação sistemática de sua capacidade de desenvolver saberes, críticas e projetos de futuro. É partindo dessa experiência de ser descendente de um povo desumanizado, submetido à servidão e à negação de si mesmo, que tentarei responder às perguntas que coloco ao feminismo regional. A ideia de uma genealogia da experiência quer reconhecer o lugar de enunciação a partir do qual é escrita. A pergunta sobre como nos tornarmos as feministas que somos e o que feministas na América Latina estão fazendo ao fazer o que fazem será respondida por uma sujeita produzida entre mundos: essa que sempre será habitada pelo bairro de gente negra e empobrecida de onde veio; essa que viu o mundo dos brancos ricos na televisão, no cinema, no padrão, no grupo de meninas brancas-mestiças de classe alta que zombavam dela na escola; essa que, ao chegar à universidade e ao feminismo – lugares privilegiados definidos em termos de raça e classe –, pôde terminar de conhecer essa *sensação peculiar*, citada por Du Bois, "de olhar a si mesmo sempre através dos olhos dos outros".

Mas não se confunda: quem faz genealogia usando sua experiência como arquivo deve evitar o erro de usá-la como fundamento ou como prova, como aquilo que fundamenta a explicação. Lembrando as advertências de Scott[34] sobre seus "maus usos", a experiência como arquivo deve se converter naquilo que precisa de explicação: "como nos tornamos as feministas que somos, as mulheres progressistas que queremos ser?" é a pergunta que faço ao feminismo que experienciei. Mas também tenho perguntas ocultas e pessoais: como aprendi a ler a mim mesma fundamentalmente como mulher parte de uma comunidade global de mulheres? Como foi que construí uma história de mim mesma a partir dessa categoria fundamental para o feminismo? Como foi que não pude, durante muito tempo, dar significado a todo o resto de minha experiência, essa que o discurso feminista não dava conta? No caso da genealogia do feminismo na América Latina e da maneira como ele (re)produz uma razão eurocêntrica, acolher a experiência de três décadas de ativismo me permite questioná-la, interrogá-la, criticá-la. Como se estabelece a diferença entre a "sujeita feminista progressista" e a que permanece apagada na ideia de alguém preso à ignorância, à falta de consciência de sua própria opressão; quais são as verdades que aceitamos e que definem nossas práticas, como elas operam, como e de que maneiras o feminismo forma sujeitos que veem o mundo de determinada maneira e que atuam nele.

COMO E A PARTIR DE ONDE ARGUMENTO QUE EXISTE UMA RAZÃO FEMINISTA MODERNA OCIDENTAL E QUE ELA TEM UM COMPROMISSO COM A COLONIALIDADE

As principais ideias que quero propor como conclusão de minhas indagações e, ao mesmo tempo, como hipótese a ser confirmada ou desmentida mais à frente são: (1) existe uma razão feminista universal e (2) essa razão é caracterizada por seu compromisso com a modernidade e, por conseguinte, com sua face oculta, a colonialidade e o racismo que a definem. Assim, por colonialidade da razão feminista entendo, a princípio, uma série de práticas e práticas discursivas – em sentido foucaultiano – que foram combinadas e desenvolvidas por feministas de qualquer tendência e por meio das quais elas contribuíram para a produção de um sujeito universal "mulher/mulheres". Trata-se de uma série de discursos sobre esse sujeito, que, para além do debate e da aceitação ou não de suas diferenças internas, mantém certos acordos básicos de interpretação sobre seu lugar no interior do âmbito social, assim como uma série de prescrições acerca das práticas necessárias para conquistar sua liberação. A teoria feminista produziu e implantou uma representação e uma imagem da "mulher" – para além de qualquer diferença, espaço e tempo – como aquela que está sempre em um estado de sujeição, de menor poder e em uma hierarquia com o "homem" – também universal. Assumindo o dispositivo da sexualidade e contribuindo de forma paradigmática com a produção de uma tecnologia de "gênero", sem questionar as bases ontológicas que possibilitam a aparição de ambos, as feministas vêm dando continuidade ao mito moderno e sua razão eurocêntrica.

Aqui, é importante saber como estou entendendo o conceito de "razão". Por razão, estou fazendo alusão a quatro questões fundamentais à filosofia e à modernidade, e, consequentemente, à colonialidade:
1. A pretensão de chegar a um conhecimento verdadeiro do mundo através de explicações confiáveis que permitam encontrar uma saída do estado de tutela. Nessa concepção, a "razão" – a verdadeira, aquela em estado de maturidade – é aquela que está ligada irremediavelmente ao surgimento do Iluminismo. "A modernidade e a racionalidade foram imaginadas como experiências e produtos exclusivamente europeus", lembra-nos Quijano.[35] Usar da razão significa que "o homem", pela primeira vez, foi capaz de produzir seu próprio entendimento do mundo "sem a direção de outro".[36] Assim, para Kant

o Iluminismo é a liberação do homem de sua culpável incapacidade. A incapacidade significa a impossibilidade de se servir de sua inteligência sem o direcionamento de um outro. Essa incapacidade é culpável porque sua causa não está na falta de inteligência, mas na falta de decisão e coragem para usá-la por conta própria, sem a tutela de alguém. *Sapere aude*! Tenha a coragem de usar de sua própria razão!: esse é o lema do Iluminismo.[37]

Se para Kant o Iluminismo é um tempo de chegada à maturidade, essa "maturidade" demanda que "o homem" se oponha à autoridade da tradição e em seu lugar inaugure um regime que submeta toda crença ao "tribunal da razão" para que ela seja julgada de acordo com princípios universais, princípios que, através do estudo e domínio da natureza, levaram ao progresso inevitável e à saída da ignorância.[38]

Apesar da teoria e da pesquisa feminista terem sido construídas em contraposição ao método positivista cartesiano que se apresenta como neutro, não contaminado, capaz de descobrir as leis verdadeiras que regem a ordem natural e social do mundo, a verdade é que, para ganhar um lugar no interior da produção de uma verdade sobre "as mulheres", o gênero e a sexualidade, o feminismo teve que recorrer a certas formas de validação de conhecimentos, aceitando e sendo parte do dispositivo saber/poder através do qual se estabelece uma fronteira entre o que é um saber legítimo e o que não é.

Independentemente disso, a verdade é que o feminismo e as feministas se colocaram como possuidoras de um conjunto de verdades que desafia o saber comum acerca da realidade social e do sujeito "mulheres", sujeito que as ajuda a definir e a partir do qual estabelecem seu diagnóstico sobre o mundo. As feministas estão convencidas de que – por serem possuidoras dessa verdade sobre as mulheres – elas, mais do que ninguém, são capazes de definir um programa libertário que permitirá que as mulheres escapem de seu estado de sujeição histórica. Em seu convencimento, as feministas desenvolveram uma agenda global para a liberação e igualdade das mulheres que pregam e impõem ao resto do mundo e, em particular, às mulheres dos países que consideram menos avançados, através de diferentes meios. É isso que tem sido denunciado pelas mulheres do Terceiro Mundo como um "desejo salvacionista" que não é nada além de imperialista.

2. Quando falo em razão, uso-a também no sentido dado por Hegel em seu *Primer programa de un sistema del idealismo alemán*, quando ele fala da "mitologia da razão" como "um sistema orgânico de crenças firmemente assentado no *ethos* da comunidade, capaz de conectar os indivíduos e dar sentido à ação coletiva".[39] Como em dado momento aceitamos a necessidade de desfazer o laço comunal orgânico que dava sentido à comunidade originária, vista como a fonte do atraso pela modernidade, as feministas têm convocado a construção de novas comunidades de mulheres livres da carga da tradição. Inventamos a "comunidade das mulheres" a fim de darmos sentido a uma luta e vida comuns.

3. Também estou pensando nela como racionalização no sentido weberiano, ou seja, nas palavras de Santiago Castro-Gómez: "A organização metódica da vida e a submissão da conduta humana a um conjunto específico de regras com o objetivo de obter certos resultados esperados."[40] Assim, enquanto feministas no interior das comunidades que desenvolvemos e que queremos ser, prescrevemos uma séria de práticas, somos uma série de práticas regidas por uma série de prescrições do que seria "a mulher livre", o sujeito da liberação do gênero e da sexualidade. As ideias e as verdades feministas não são apenas criadoras de uma ideia de mundo e produtoras de sujeitos. Como qualquer outro discurso, elas contêm prescrições implícitas sobre o que significa ser uma mulher contemporânea, ou seja, uma mulher em busca de autodeterminação.

4. Por fim, quando falo em "razão feminista" estou propondo uma crítica. A razão do feminismo corresponde a um gesto prepotente e imperialista da razão moderna, sendo aquela que se autoproclama a única verdadeira razão existente, aquela desenvolvida ao máximo em uma linha evolutiva, ou seja, ela se desenvolve no interior de seu próprio tempo histórico e dentro de um espaço específico: a Europa. Na denúncia feita por autores como Dussel[41] e Quijano[42] a essa operação, o que o Ocidente chamou de razão é, na verdade, um efeito do eurocentrismo, um programa que pretende anular e impedir que todas as outras formas de pensamento sejam tomadas como formas válidas de produção de conhecimento e raciocínio.

Ainda que para Dussel a modernidade seja um fenômeno possível em todas as culturas e em todas as épocas históricas, é graças ao empreendimento colonial que a Europa conseguiu impô-la aos povos e civilizações conquistadas e, assim, definir a si mesma como o novo e o mais avançado da espécie.[43] De acordo com esse mito, a humanidade tem uma evolução linear e unidirecional, de um estado de natureza a um estado máximo de desenvolvimento cultural, cujo ápice é a civilização europeia ou ocidental. A ideia de raça é a pedra angular que sustenta todo o andaime que retrata a Europa como superior e exemplo a ser seguido. O êxito da Europa Ocidental em se impor como o centro do mundo moderno consistiu em desenvolver ao mesmo tempo o eurocentrismo como traço compartilhado entre o empreendimento colonialista e imperialista e a proposição da raça como forma de classificação mundial (colonialidade), o que permitiu aos europeus desenvolverem "uma nova perspectiva temporal da história e reposicionarem os povos colonizados, e suas respectivas histórias e culturas, no passado de uma trajetória histórica cujo ápice era a Europa".[44]

Nesse mesmo sentido, Mario Blaser[45] propõe pensarmos a modernidade como o estado do ser que é conquistado quando se coloca em cena o mito moderno composto de três linhas básicas: a) a grande separação entre natureza e cultura, b) a diferenciação colonial entre modernos e não modernos, e c) uma temporalidade linear e unidirecional que vai do passado ao futuro. Existem vários exemplos de como a razão feminista se apega a esses preceitos em sua interpretação do mundo. Expor a razão feminista como razão moderna eurocêntrica significa que precisamos nos deter a observar como esses preceitos são reproduzidos em nossas práticas teórico-discursivas, em nossas práticas políticas e em nossos projetos de futuro.

Quando falo da razão feminista como uma razão moderna eurocêntrica, estou considerando as revisões realizadas por esses autores no sentido aqui exposto. O feminismo como projeto global que universaliza uma interpretação sobre a sociedade e a condição das mulheres – mulheres como sujeito também universal – se revela em seu compromisso com a colonialidade e a modernidade. A etapa neoliberal iniciada no final dos anos 1980 – vale dizer, momento em que inicio minha incursão no feminismo latino-americano e, portanto, a partir do qual desenvolvo meu projeto de uma genealogia crítica do feminismo na América Latina – é fundamental para que a expansão dessas ideias e ideais dos feminismos se realize. A pesquisa em curso dará conta disso.

REFLEXÕES FINAIS

No começo do caminho que propus, eu me perguntava se o método genealógico poderia servir ao projeto de expor os compromissos do feminismo com a ontologia moderna eurocêntrica e quais seriam as implicações que essa crítica teria em termos de uma crítica radical antirracista e decolonial. Acredito que nos parágrafos anteriores forneci elementos gerais para sustentar sua eficácia para esse fim. Resta, porém, o necessário trabalho de aplicar o método a diferentes elementos e aspectos concretos da prática feminista contemporânea, de maneira a desvelar paulatinamente, e sem deixar sobrar dúvidas, a maneira como a razão feminista eurocêntrica determina e molda a política feminista na América Latina e em nível global.

Em alguns trabalhos já publicados, avancei por esse caminho usando o método genealógico da experiência para pensar os movimentos de liberação sexo-genéricas e de identidades queer,[46] e especificamente o movimento de lésbicas na América Latina.[47] Da mesma maneira, apliquei esse modelo na tentativa de oferecer respostas, explicitações e questionamentos acerca das dificuldades de encontro entre o feminismo e os movimentos antirracistas no continente.[48] Em meus cursos sobre metodologia de pesquisa feminista decolonial tenho falado e promovido a genealogia como um método não apenas para desvendar os compromissos do feminismo contemporâneo com a modernidade e sua face oculta – a colonialidade –, mas também para produzir novas formulações para os problemas clássicos levantados pelo feminismo. O método tem mostrado sua eficácia para complexificarmos a abordagem de temáticas muito amplas e variadas. Esses exercícios nos permitem intervir na rede de significações e consensos mais preciosos da razão feminista eurocêntrica, mostrando a parcialidade e a sobredeterminação de muitas das verdades validadas e universalizadas pela teoria e política feministas.

O trabalho de perguntar como chegamos a ser o que somos, acreditar no que acreditamos, dizer o que dizemos, fazer o que fazemos vai abrindo a porta para pensamos os pilares sobre os quais se sustentam as práticas feministas de que fazemos parte. Alunas, ex-alunas e colegas estão questionando a história e o presente glorioso do feminismo hegemônico mostrando como muitos de seus marcos dizem respeito a uma história das lutas, desejos e triunfos de um número reduzido de mulheres privilegiadas graças aos grupos de onde vêm. Por exemplo, a data de celebração da conquista do voto feminino em âmbito mundial tem como referência o momento que um grupo de mulheres letradas e das elites brancas e branco-mestiças conseguiram votar; a grande maioria das mulheres pertencentes a grupos depreciados da nação só conseguiu o direito ao voto quando seus grupos conseguiram.

Trabalhos acadêmicos recentemente publicados, inéditos ou em produção, assim como manifestos e publicações que circulam através das redes sociais, além de se proporem a abertamente fazer uma genealogia, ajudam sua construção ao se questionarem sobre as condições de possibilidade da situação política que vivemos: como a luta pela legalização do aborto se tornou o centro da política feminista na América Latina e em âmbito global? Como a violência interpessoal entre homens e mulheres transformou-se no foco da interpretação feminista acerca da violência contra as mulheres? No que resulta essa interpretação ser feita apenas na chave do gênero? Como se produz, conforma-se e se universaliza a ideia de uma greve de mulheres como estratégia de mobilização no Dia Internacional da Mulher? Quem a convocou, através de que mecanismos, que grupos sentem-se convocados e quais ficam de fora?[49] Quais são os vínculos entre as agendas e os enfoques das políticas públicas para as mulheres de nossos países e as políticas de apoio ao desenvolvimento e a cooperação internacional? Que grupo se beneficia dessa dinâmica? Com que ideal de mulher e que modelo de mundo ela contribui?[50]

Aos poucos, vamos costurando novas narrativas e interpretações que permitem descentralizar o sujeito normativo clássico do feminismo, enquanto rompemos o quadro teórico-conceitual e argumentativo produzido por ele. Através desses rompimentos, a imagem das condenadas do mundo vai se formando, essas cujas vidas e histórias foram ocultadas pela estrutura feminista eurocêntrica.

ORIGINALMENTE PUBLICADO NA REVISTA *DIREITO E PRÁXIS*, VOL. 10, N° 3, RIO DE JANEIRO, 2019, P. 2007-2032. TRADUÇÃO DE PÊ MOREIRA.

NOTAS

1. Celia Amorós, *Tiempo de feminismo sobre feminismo, proyecto ilustrado y postmodernidad.* Madrid: Cátedra, 1997; Celia Amorós, *El feminismo: Senda no transitada de la Ilustración.* Isegoría (1), 1990, p. 139-150. Disponível em <https://e-mujeres.net/wp-content/uploads/2016/08/el_feminismo_senda_no_transitada_de_la_ilustracion.pdf>. Acesso em 13/03/2019; Celia Amorós, "El feminismo: Senda no transitada de la Ilustración.", *Isegoría* (1), 1990, p. 139-150. Disponível em <https://e-mujeres.net/wp-content/uploads/2016/08/el_feminismo_senda_no_transitada_de_la_ilustracion.pdf>. Acesso em 13/03/2019.
2. Chandra T. Mohanty, "Bajo los ojos de Occidente. Academia feminista y discurso colonia en Rosalva Aída Hernández Castillo y Liliana Suárez Navaz" (coord.), *Descolonizar el Feminismo: Teorías y Prácticas desde los Márgenes.* Madrid: Cátedra, 2008a [1986], p. 112-163; Chandra T. Mohanty, "De vuelta a 'Bajo los ojos de Occidente': La solidaridad feminista a través de las luchas anticapitalistas en Rosalva Aída Hernández Castillo y Liliana Suárez Navaz" (coord.), *Descolonizar el Feminismo: Teorías y Prácticas desde los Márgenes.* Madrid: Cátedra, 2008b [2003], p. 404-468.
3. Yuderkys Espinosa Miñoso, "Etnocentrismo y colonialidad en los feminismos latinoamericanos: Complicidades y consolidación de las hegemonías feministas en el espacio transnacional", *Revista Venezolana de Estudios de la Mujer,* vol. 14, n° 33, 2010, p. 37-54.
4. Sandra Harding, "¿Una filosofía de la ciencia socialmente relevante? Argumentos en torno a la controversia sobre el Punto de vista feminista", in Blazquez Graf, Norma; Flores Palacios, Fátima; Ríos Everardo, Maribel (coord.), *Investigación feminista: epistemología, metodología y representaciones sociales.* México: UNAM, Centro de Investigaciones Interdisciplinarias en Ciencias y Humanidades: Centro Regional de Investigaciones Multidisciplinarias: Facultad de Psicología, 2012, p. 39-66.
5. Joan W. Scott, "Experiencia", *Revista La Ventana,* n° 13, 2001, p. 42-73.
6. Conferir Santiago Castro-Gómez, *Crítica de la razón latinoamericana,* 2ª ed., Bogotá: Editorial Pontificia Universidad Javeriana, Instituto Pensar, COLCIENCIAS, 2011, p. 245-247.
7. Francesca Gargallo, *Ideas feministas latinoamericanas.* México, DF: Universidad Autónoma de la Ciudad de México, 2004.
8. Santiago Castro-Gómez, op. cit.
9. Ibid., p. 12.
10. Idem, p. 245-247.
11. Idem, p. 117.
12. Idem, "Michel Foucault: El oficio del genealogista", palestra realizada no lançamento da *Revista La Cicuta,* revista de estudantes do Departamento de Filosofía de la Universidad de los Andes, n° 4, outubro, 2013. Disponível em
    <www.youtube.com/watch?v=033YTK-t0z0>. Acesso em 9/03/2019.
13. Idem, *La hybris del punto cero ciencia, raza e ilustración en la nueva granada (1750-1816).* Bogotá: Editorial Pontificia Universidad Javeriana, 2005; Santiago Castro-Gómez, *Tejidos oníricos: movilidad, capitalismo y biopolítica en Bogotá (1910-1930).* Bogotá: Editorial Pontificia Universidad Javeriana, 2009.
14. Idem, *Crítica de la razón latinoamericana,* 2ª ed., Bogotá: Editorial Pontificia Universidad Javeriana, Instituto Pensar, COLCIENCIAS, 2011, p. 256.
15. Ibid., 2013.
16. Idem, *Crítica de la razón latinoamericana,* 2ª ed., Bogotá: Editorial Pontificia Universidad Javeriana, Instituto Pensar, COLCIENCIAS, 2011, p. 12.
17. Luis Gonçalvez, *La metodología genealógica y arqueológica de Michel Foucault en la investigación en psicología social.* Montevideo: Ficha CEUP, 2000, p. 1-2. Disponível em <www.fadu.edu.uy/estetica-diseno-ii/files/2015/06/transitos-de-una-psicologia-social-genealogi%CC%81a-y-arqueologi%CC%81a.pdf>. Acesso em 3/03/2019.
18. Michel Foucault, "¿Qué es la ilustración?", in *Saber y Verdad.* Buenos Aires: ediciones La Piqueta, 1991, apud Luis Gonçalvez, op. cit., p. 3.
19. Idem, *Nietzsche, la genealogía, la historia en Microfísica del poder.* Madrid: De La Piqueta, 1992, p. 2.

20. Muitas são as companheiras e irmãs com quem compartilho o papel de testemunha crítica dos veredítos da política feminista na América Latina e no Norte global. É impossível mencionar todas, mas sem dúvida ativistas e pensadoras do feminismo autônomo, do movimento lesbofeminista e de mulheres negras e indígenas na América Latina são parte dessa história.
21. Dorothy E. Smith, "El punto de vista (standpoint) de las mujeres: conocimiento encarnado versus relaciones de dominación", *Temas de Mujeres, Revista del* CEHIM, ano 8, nº 8, 2012, p. 5-27; Sandra Harding, "¿Existe un método feminista?", versão traduzida ao espanhol por Gloria Elena Bernal de "Is There a Feminist Method?", in Sandra Harding (ed.) *Feminism and Methodology*. Bloomington/ Indianapolis: Indiana University Press, 1987; Nancy Harstsock, "The Feminist standpoint: developing the ground for a specifically feminist historical materialism", in Sandra Harding and Merrill B. Hintikka (eds.), *Discovering Reality: Feminist Perspectives on Epistemology, Metaphysics, Methodology and Philosophy of Science*. Dordrecht, The Netherlands: Reider Publishers, 1983, p. 283-310; Patricia Hill Collins, "La política del pensamiento feminista negro", in Marysa Navarro (comp.), *¿Qué son los estudios de mujeres?*, México: Fondo de Cultura Económica, 1999, p. 253-312.
22. bell hooks, "Mujeres Negras. Dar forma a la teoría feminista", in *Otras Inapropiables. Feminismos desde la Frontera*. España: Traficantes de Sueños, 2004, p. 33-50.
23. Patricia Hill Collins, op. cit.
24. Sueli Carneiro, "Enegrecer o feminismo: a situação da mulher negra na América Latina a partir de uma perspectiva de gênero", in *Pensamento feminista: conceitos fundamentais*, Heloisa Buarque de Hollanda (org). Rio de Janeiro: Bazar do Tempo, 2019; Breny Mendoza, "La epistemología del sur, la colonialidad del género y el feminismo latinoamericano", in Yuderkys Espinosa Miñoso (coord.), *Aproximaciones críticas a las prácticas teórico-políticas del feminismo latinoamericano*. Buenos Aires: en la frontera, 2010, p. 19-38; Aura Cumes, "Multiculturalismo, género y feminismos: Mujeres diversas, luchas complejas", in Andrea Pequeño (comp.), *Participación y políticas de mujeres indígenas en América Latina*. Quito: FLACSO sede Ecuador/ Ministerio de Cultura, 2009, p. 29-52; Zulma Palermo, "Conocimiento 'otro' y conocimiento del otro en américa latina", *Revista Estudios*, nº 21, outono 2009, 2008, p. 79-90. Disponível em <https://revistas.unc.edu.ar/index.php/restudios/article/viewFile/13310/13506>. Acesso em 6/12/2019.
25. Yuderkys Espinosa, "Una crítica descolonial a la epistemología feminista crítica", *Revista El Cotidiano*, ano 29, nº 184, março-abril, 2014, p. 7-12. Disponível em <http://www.redalyc.org/pdf/325/32530724004.pdf>. Acesso em 4/03/2019.
26. Sandra Harding, "El feminismo, la ciencia y las críticas anti-iluministas", in Marysa Navarro e Catharine R. Stimpson (comp.), *Un nuevo saber. Los Estudios de Mujeres. Nuevas direcciones*. Argentina: Fondo de Cultura Económica, 2001, p. 111-112.
27. Nancy Harstsock, op. cit.
28. Dorothy E. Smith, *Women's perspective as a radical critique of sociology, Sociological inquiry*, 44(1), 1974, p. 7-13; Dorothy E. Smith, *The everyday world as problematic: A sociology for women*. Boston: Northeastern University Press, 1987.
29. Sandra Harding, op. cit., p. 128.
30. Ibid., p. 132.
31. William Edward Burghardt Du Bois, *The Souls of Black Folk*. New York: Bantam, 1989 [1903], p. 2-3.
32. Ibid., apud Doris Sommer, "Una reivindicación de la doble conciencia, Estudios", *Revista de Investigaciones Literarias y Culturales*, ano 9, nº 17, jan-jun, Caracas, 2001, p. 85.
33. Doris Sommer, op. cit., p. 87.
34. Joan Scott, op. cit.
35. Aníbal Quijano, "Colonialidad del poder, eurocentrismo y América Latina", in Edgardo Lander (comp.), *La colonialidad del saber: eurocentrismo y ciencias sociales. Perspectivas Latinoamericanas*. Buenos Aires, Argentina: Consejo Latinoamericano de Ciencias Sociales (CLACSO), 2000a, p. 6.
36. Immanuel Kant, *Qué es la Ilustración en Filosofía de la Historia*, tradução de Eugenio Imaz. México: Fondo de Cultura Económica, [1784] 1994, p. 53.
37. Immanuel Kant, op. cit., p. 1.
38. Idem, *La hybris del punto cero ciencia, raza e ilustración en la nueva granada (1750-1816)*, Bogotá: Editorial Pontificia Universidad Javeriana, 2005, p. 22.

39. Idem, "Crítica de la razón latinoamericana", 2ª ed., Bogotá: Editorial Pontificia Universidad Javeriana, Instituto Pensar, COLCIENCIAS, 2011, p. 132.
40. Ibid., p. 53.
41. Enrique Dussel, "Europa, modernidad y eurocentrismo", in Edgardo Lander (comp.), *La colonialidad del saber: eurocentrismo y ciencias sociales. Perspectivas latinoamericanas*. Buenos Aires: CLACSO, p. 41-53, 2000.
42. Aníbal Quijano, op. cit.
43. Idem, "Colonialidad y Clasificación Social", *Journal of World Systems Research*, vol. VI, nº 2, outuno/inverno, Special Issue, Festschrift For Immanuel Wallerstein, Giovanni Arrighi and Walter L. Goldfrank (eds.), Colorado, USA, 2000b, p. 342-388.
44. Ibid., p. 210.
45. Mario Blaser, *Un relato de globalización desde el Chaco*. Popayán: Universidad del Cauca, 2013.
46. Yuderkys Espinosa Miñoso, "La política sexual radical autónoma, sus debates internos y su crítica a la ideología de la diversidad sexual", in *Pensando los feminismos en Bolivia*. Conexión Fondo de Emancipación, Serie Foros 2, La Paz, 2012, p. 113-126; "El futuro ya fue: una crítica a la idea del progreso en las narrativas de liberación sexo-genéricas y queer identitarias en Abya Yala", in Raúl Moarquech Ferrera-Balanquet (comp.), *Andar erótico decolonial, Ediciones el Signo*, colección El desprendimiento. Buenos Aires: Ediciones el Siglo, 2015, p. 21-39.
47. Idem, "Historizar las disputas, indagar las fuentes: hipótesis para pensar el movimiento de lesbianas en América Latina", *Atlánticas - Revista Internacional de Estudios Feministas*, vol. 1, nº 1, 2016, p. 236-255.
48. Idem, "Hacia la construcción de la historia de un (des)encuentro: la razón feminista y la agencia antiracista y decolonial en abya yala", *Praxis. Revista de filosofía*, nº 75, julho-dezembro, 2017, p. 25-39. Disponível em <www.revistas.una.ac.cr/index.php/praxis/article/view/9966/12023>. Acesso em 10/03/2019.
49. Em 8 de março de 2017, depois do primeiro chamado a uma greve de mulheres, um grupo de organizações e de pensadoras ativistas – eu, inclusive – redigiu, assinou e publicou nas redes sociais: "Algunas reflexiones sobre metodologías feministas: A propósito del llamado a un paro internacional de mujeres el 8Marzo". Disponível em <www.facebook.com/notes/yuderkys-espinosa-mi%C3%B1oso/algunas-reflexiones-sobre-metodolog%C3%ADas-feministas-a-prop%C3%B3sito-del-llamado-a-un-p/619692941557176/>. Acesso em 10/01/2019.
50. Sobre isso, ver Celenis Rodriguez Moreno, "Mujer y desarrollo: un discurso colonial", *El Cotidiano*, nº 184, 2014, p. 31-37. Disponível em <www.redalyc.org/articulo.oa?id=32530724002>. Acesso em 10/01/2019; e "Las políticas públicas de mujer y género: radiografía de una tecnología de género moderno colonial", in Santiago Gómez Obando, Catherine Torres y Leopoldo Múnera Ruiz (eds.). *Los saberes múltiples y las ciencias sociales y políticas*, tomo II, Universidad Nacional de Colombia, 2018, p. 321-338.

As colonialidades do poder, do ser e do saber constituem o lado obscuro da modernidade, dessa modernidade ocidental onde também surge o feminismo como proposta emancipadora para "todas" as mulheres. Essas são interpretações-chave para o feminismo decolonial, mas uma de suas fontes principais são os pensamentos que surgem das práticas políticas coletivas, nas quais muitas de nós participam e que se relacionam com feminismos críticos e contra-hegemônicos.

Ochy Curiel

Construindo metodologias feministas a partir do feminismo decolonial[1]

Ochy Curiel

AS PROPOSTAS DECOLONIAIS, em suas diferentes expressões, oferecem um pensamento crítico para entendermos a especificidade histórica e política de nossas sociedades. Partindo de paradigmas não dominantes que mostram a relação entre modernidade ocidental, colonialismo e capitalismo, elas questionam as narrativas da historiografia oficial e mostram como se configuraram as hierarquias sociais.

O feminismo decolonial, retomando boa parte dos postulados do giro decolonial e dos feminismos críticos, nos oferece uma nova perspectiva de análise para entendermos de forma mais complexa as relações e entrelaçamentos de "raça", sexo, sexualidade, classe e geopolítica. Essas propostas, feitas principalmente por feministas indígenas e de origem indígena, afrodescendentes, populares, feministas lésbicas, entre outras, têm questionado as formas como o feminismo hegemônico, branco, branco-mestiço e com privilégios de classe entende a subordinação das mulheres, a partir de suas próprias experiências situadas, reproduzindo o racismo, o classismo e o heterossexismo em suas teorias e práticas políticas.

Esses feminismos críticos balançaram a teoria e prática feministas, mas ainda falta pensar mais profundamente o que devemos fazer em relação a práticas políticas, metodologias e pedagogias, para não limitarmos a proposta decolonial à análise epistemológica.

Neste artigo, proponho uma investida sobre esse aspecto. Primeiro quero esclarecer e problematizar o que entendo por pós-colonial e por feminismo decolonial, considerando que existem confusões e interpretações divergentes sobre ambos.

Em segundo lugar, caracterizo o feminismo decolonial, suas fontes e propostas principais; e em terceiro, abordo algumas questões que acredito serem centrais para a problematização da(s) metodologia(s) feminista(s) e construção de metodologias feministas decoloniais.

A seguir, desenvolvo cada ponto.

SOBRE O PÓS-COLONIAL

Tanto nas ciências sociais, como também no ativismo, muitas vezes assumimos que os chamados feminismo pós-colonial e feminismo decolonial, enquanto perspectivas epistemológicas e políticas, são a mesma coisa. Porém, existem diferenças cujo esclarecimento é importante.

Poderíamos dizer que muitas sociedades, em algum momento, foram colonizadas, ou seja, experimentaram o feito colonial. Inclusive países que hoje são centros imperiais, como por exemplo os Estados Unidos, foram colonizados em dado momento. Não obstante, nem todas as sociedades foram colonizadas da mesma maneira, assim, não são pós-coloniais no mesmo sentido. Não são de mesmo tipo as colonizações experimentadas pelos Estados Unidos e a Índia, ou a maioria dos países latino-americanos e caribenhos.

O pós-colonialismo, em sua acepção temporal, começa em 1947, com a independência da Índia do império britânico e com o fim da Segunda Guerra Mundial. Ele também está ligado aos processos emancipatórios na Ásia e na África, com o surgimento dos nacionalismos do "Terceiro Mundo" e sua inscrição ambígua nas zonas de influência definidas pela Guerra Fria, e com o êxodo massivo de imigrantes para os países industrializados.

O pós-colonial, como categoria, conceito e perspectiva – em sua concepção epistemológica –, surge das "teorias pós-coloniais", nos anos 1980, na Inglaterra e nos Estados Unidos. O palestino Edward Said, com seu livro *Orientalismo*,[2] de certa maneira apresenta as pautas dessas teorias, onde se cria um vínculo entre as ciências humanas europeias e o imperialismo, através da construção do outro-Oriente que produz o Ocidente.

Posteriormente, destacam-se várixs acadêmicxs indianos, como Gayatri Spivak, Homi K. Bhabha, Ranahid Guha, Chandra Mohanty, entre otrxs.

O conceito de pós-colonial tem diversos posicionamentos, usos históricos, inclusive muitas ambiguidades teóricas e políticas.

Ella Shohat Iraqui, de origem judia, fala de algumas dessas ambiguidades teóricas e políticas enfatizando como muitas dessas posições não deixam claro se essa periodização é epistemológica ou histórica, além de muitas posições acerca do pós-colonial terem pretensões universalizantes e despolitizadoras, e dissolverem políticas de resistência.

Devido as suas múltiplas interpretações, Shohat argumenta que o pós do pós-colonial não deveria fazer referência a algo que vem depois, ou a algo do colonialismo que já foi superado, e sim que seria mais interessante se referir a uma teoria relacionada aos pós-Primeiro Mundo/Terceiro Mundo, uma que vá além das relações binárias, fixas e estáveis entre colonizador/colonizados, centro/periferia.[3]

Anne MacClintok, do Zimbábue, também critica o conceito por sua linearidade, como se o colonialismo e seus efeitos tivessem terminado.[4]

O turco Arlik Dirlik aponta, por outro lado, como o pós-colonial constitui um discurso pós-estruturalista e pós-fundacionista, usado por intelectuais saídos do Terceiro Mundo que triunfam em universidades de prestígio dos Estados Unidos e da Grã-Bretanha, e que trazem para sua linguagem um giro linguístico e cultural da moda e com pretensões universais. Para Dirlik, a noção de identidade admitida a partir dessa postura é discursiva, não estrutural. Em outras palavras, trata-se de um culturalismo que diminui a importância de como o capitalismo estrutura o mundo moderno.[5]

Para o porto-riquenho Ramón Grosfoguel,[6] aquilo que entendemos como estudos pós-coloniais carrega um problema teórico e político, além de tomar o colonialismo como um evento dos séculos XVIII e XIX, visto a partir das experiências britânica, na Índia, e francesa e britânica, no Oriente Médio. Para Grosfoguel, como para outrxs pensadorxs latino-americanxs decoloniais, a experiência colonial começa em 1492, trezentos anos antes – um ponto de partida fundamental, porque é a partir desse momento que se concretiza a relação modernidade/colonialidade que produz a superioridade epistêmica e política do Ocidente sobre o resto do mundo. Segundo o autor, os estudos pós-coloniais ocultam essas experiências. Voltarei a esse ponto mais adiante.

O afro-jamaicano Stuart Hall,[7] apesar de ter acolhido algumas das críticas de Shohat, MacClintok e Dirlik, aponta que o conceito de pós-colonial pode ajudar a descrever ou caracterizar o deslocamento nas relações globais que marca a transição (fundamentalmente desigual) da época dos impérios para o momento das pós-independências ou pós-colonizações. Ele serviria também para identificarmos quais são as novas relações e ordenamentos de poder que surgem na nova conjuntura.

Para Hall, o pós-colonial é um processo de desengajamento da síndrome colonial por todos que foram marcados pelo colonialismo. Nesse sentido, não se trata apenas de descrever "esta" sociedade em vez "daquela", ou o "passado" e o "agora", mas sim reinterpretar a colonização como parte de um processo global transnacional e transcultural, o que produz uma reescritura descentralizada, diaspórica ou global das grandes narrativas imperiais, antes centradas na nação.

Volto à proposta do "desengajamento" de Hall porque, embora ela se refira ao pós-colonial, acredito que essa ideia sirva para construirmos novas propostas em torno das metodologias decoloniais – questão que desenvolverei mais adiante.

Existem poucos trabalhos que estabeleçam diferenças claras entre o que se entende por feminismo pós-colonial e feminismo decolonial. Entretanto, podemos nos arriscar a dizer que o feminismo pós-colonial propõe uma outra narrativa, em detrimento à do feminismo hegemônico – geralmente branco e ocidental de mulheres do "Terceiro Mundo" – e introduz a importância de levarmos em conta a raça, a classe e a própria geopolítica para entendermos as relações geopolíticas.

Entre as questões que acredito serem contribuições dos feminismos pós-coloniais estão as análises da *colonização discursiva*, conceito de Chandra Mohanty,[8] e da *violência epistêmica*, da qual fala Gayatri Spivak[9] – ambas de origem indiana. O argumento central dessas duas categorias refere-se às críticas ao conhecimento produzido sobre mulheres do Terceiro Mundo, geralmente por intelectuais brancxs e do Norte global, que tomam essas mulheres como desprovidas de agência e somente vítimas, criando uma relação saber-poder estabelecida a partir de lugares de privilégios de sexo, raça, sexualidade e geopolítica.

Ainda que os contextos em que esses conceitos foram aplicados pelas autoras sejam diferentes da América Latina e do Caribe, eles se aplicam perfeitamente a nós. Teorias, categorias e conceitos europeus e norte-americanos são transportados para a nossa região sem uma recontextualização, com a finalidade de analisar as realidades de muitas mulheres que se convertem em objetos de estudo de feministas com privilégios institucionais e acadêmicos, além de privilégios de raça, classe e sexualidade.

A maioria das feministas pós-coloniais, tanto na região como fora, estão inseridas em espaços acadêmicos que, embora sejam espaços de disputas políticas, pouco se envolvem em movimentos sociais. Isso limita as possibilidades de descolonização do saber, já que não há o reconhecimento de categorias, conceitos e epistemes que surgem nas práticas políticas produzidas por muitas mulheres – sem privilégios de raça, classe, sexualidade e geopolítica – em suas comunidades. E, sobretudo, não é possível ancorar as análises produzidas nas realidades materiais e nas lutas concretas que são travadas em diferentes lugares. Assim como aconteceu com a proposta pós-colonial como um todo, muitas vezes as análises feministas pós-coloniais permanecem em um giro linguístico pós-estruturalista, que, ainda que abra portas para "outras" interpretações, reproduz a colonialidade discursiva do saber.

SOBRE O FEMINISMO DECOLONIAL

Acredito, como muitxs outrxs, que em Abya Yala aconteceram processos de descolonização com lutas que libertaram povos indígenas e negros do feito colonial e que, desde então, surgiram epistemologias importantes que precisam ser mais investigadas. Assim, as práticas descolonizadas antecedem tudo que se chamou decolonial. Um primeiro ponto de partida do feminismo decolonial.

O que chamamos de feminismo decolonial, conceito proposto pela feminista argentina María Lugones,[10] tem duas fontes importantes. De um lado, as críticas feministas feitas pelo Black Feminism, mulheres de cor, chicanas, mulheres pobres, o feminismo autônomo latino-americano, feministas indígenas e o feminismo materialista francês ao feminismo hegemônico em sua universalização do conceito mulheres e seu viés racista, classista e heterocêntrico;[11] de outro lado, as propostas da chamada Teoria Decolonial, o projeto decolonial desenvolvido por diferentes pensadorxs latino-americanxs e caribenhxs.

A seguir, desenvolvo esses dois pontos. Começo pelo último, porque ele me oferece um quadro de análise mais geral e me dá a possibilidade de incluir aqui algumas das críticas que feministas decoloniais fizeram a alguns dos pensadores decoloniais latino-americanos e caribenhos.

O projeto decolonial ou grupo modernidade/colonialidade, como também é chamado, surge de um grupo de intelectuais e ativistas latino-americanos, situadxs, em sua maioria, em universidades dos Estados Unidos, como a Universidade do Estado de Nova York (SUNY) e a Universidade de Duke, assim como em universidades latino-americanas, especificamente no doutorado em Estudos Culturais da Universidade Andina Simón Bolívar, no Quito, no mestrado em Estudos Culturais da Universidade Javeriana, em Bogotá, no mestrado em Pesquisa sobre Problemas Sociais Contemporâneos da IESCO, também em Bogotá, no seminário-oficina "Fábrica de Ideias", em Salvador, Bahia, no Brasil, e na Universidade Central da Venezuela, entre outros. Alguns de seus membrxs encontram-se vinculadxs ao movimento indígena na Bolívia e no Equador, ao movimento afrodescendente colombiano, e outrxs organizam atividades no âmbito do Fórum Social Mundial. Esse grupo é uma expressão da teoria crítica contemporânea estreitamente relacionada com as tradições das ciências sociais e humanidades da América Latina e do Caribe.[12]

O feminismo decolonial recupera várias questões importantes do projeto decolonial. A primeira é o conceito de *decolonialidade*. Esse conceito pode ser explicado a partir do entendimento de que com o fim do colonialismo como constituição geo política e geo-histórica da modernidade ocidental europeia, a divisão internacional do trabalho entre centros e periferias, assim como a hierarquização étnico-racial das populações e a formação dos estados-nação na periferia, não se transformou significativamente. O que acontece, ao contrário, é uma transição do colonialismo moderno à colonialidade global.

O pensamento decolonial traz uma nova compreensão acerca das relações globais e locais, uma que essencialmente entende, como propõe Enrique Dussel, que a modernidade ocidental eurocêntrica, o capitalismo mundial e o colonialismo são uma trilogia inseparável. A América é um produto da modernidade na construção de um sistema-mundo; a Europa, para constituir-se como centro do mundo, a produziu como sua periferia desde 1492, quando o capitalismo se faz mundial, através do colonialismo.[13]

Com essa visão eurocêntrica, a modernidade ocidental promove-se como emancipadora, como uma utopia, como o mito que definiu a superioridade dos europeus sobre os outros, que ela considera bárbaros, imaturos e necessitados de ajuda para se desenvolver, inclusive através da guerra e da violência, e colocando-os como culpados de sua própria vitimização.[14]

É assim que essa relação entre modernidade-colonialismo e capitalismo mundial cria um padrão mundial de poder, que o peruano Aníbal Quijano[15] chamou de *colonialidade do poder*, outro conceito importante resgatado pelo feminismo decolonial.

A colonialidade do poder implica relações sociais de exploração/dominação/conflito em torno da disputa pelo controle e domínio do trabalho e seus produtos, da natureza e seus recursos de produção, pelo controle do sexo e seus produtos, da reprodução da espécie, da subjetividade e seus produtos, materiais e intersubjetivos, inclusive o conhecimento e a autoridade, e seus instrumentos de coerção.

Para Quijano, esse padrão mundial sustenta-se na ideia de raça, com a imposição de uma classificação racial/étnica: índios, negros, marrons, amarelos, brancos, mestiços; e uma classificação geocultural: América, África, Oriente Distante, Oriente Próximo, Ásia Ocidental ou Europa.

María Lugones,[16] apesar de acolher a proposta de Quijano sobre colonialidade, diz que a raça não determina sozinha a configuração da colonialidade do poder; ela é acompanhada pelo gênero e, com ele, pela heterossexualidade.

Por outro lado, Lugones aponta que Quijano admite uma noção de sexo hiperbiologizado. O gênero do qual ele fala, segundo ela, está ligado a um tipo de relação humana reservada ao homem branco europeu possuidor de direitos e sua companheira mulher que serve à reprodução da espécie.

Para essa feminista decolonial, o tipo de diferenciação aplicada aos povos colonizados e escravizados é pelo *dimorfismo sexual* – macho e fêmea –, o que dá conta da capacidade reprodutiva e da sexualidade animal. Para Lugones, as fêmeas escravizadas não eram mulheres. Em outras palavras, o gênero é uma categoria moderna e colonial.

Isso está ligado à noção de humanidade imposta pela modernidade ocidental, iniciada nos debates sobre os índios e negros serem ou não humanos. As fêmeas e machos colonizados não eram mulheres nem homens, nem eram consideradxs humanxs. Sobre esse aspecto, o porto-riquenho Nelson Maldonado Torres[17] propõe o conceito de *colonialidade do ser*, outro conceito importante retomado pelo feminismo decolonial, em que a humanidade de certas populações (sobretudo indígenas e afrodescendentes) é negada por ser considerada um obstáculo para a cristianização e para a modernização. Essa negociação do ser (Dasein) foi a justificativa para escravizar essas populações, tomar suas terras, promover guerras contra elas ou simplesmente assassiná-las. Elas são, como diria Frantz Fannon, as condenadas da terra.[18]

A modernidade ocidental eurocêntrica também produziu uma *colonialidade do saber* – outro conceito que o feminismo decolonial retoma –,[19] um tipo de racionalidade técnico-científica, epistemológica, que se coloca como o modelo válido de produção do conhecimento. O conhecimento, nessa visão, deve ser neutro, objetivo, universal e positivo. Como aponta o colombiano Santiago Castro-Gómez, ele pretende estar em um ponto zero de observação, capaz de traduzir e documentar com fidelidade as características de uma natureza e uma cultura exóticas. Trata-se de um imaginário proposto de uma plataforma neutra, um ponto único, a partir do qual se observa o mundo social, que não poderia ser observado a partir de nenhum ponto, assim como fazem os deuses.[20] A partir daí, cria-se uma grande narrativa universal na qual a Europa e os Estados Unidos são, simultaneamente, o centro geográfico e a culminação do movimento temporal do saber, onde se subvaloriza, ignora, exclui, silencia e invisibiliza conhecimentos de populações subalternizadas. A subalternidade aqui é a do outro, portanto, não é o homem heterossexual, pai, católico, letrado, com privilégios de raça e classe, nem muitas mulheres com esses privilégios. É essa outridade que é estudada, investigada, é tornada exótica, é explorada, desenvolvida e precisa de intervenção.

As colonialidades do poder, do ser e do saber, portanto, constituem o lado obscuro da modernidade, dessa modernidade ocidental onde também surge o feminismo como proposta emancipadora para "todas" as mulheres.

Essas são interpretações-chave para o feminismo decolonial, mas uma de suas fontes principais são os pensamentos que surgem das práticas políticas coletivas, nas quais muitas de nós participam e que se relacionam com feminismos críticos e contra-hegemônicos.

Yuderkys Espinosa, afro-dominicana, lésbica, feminista autônoma e decolonial, em um trabalho recente, começou a sistematizar o que chamamos de feminismo decolonial na América Latina e no Caribe. Para a autora, "trata-se de um movimento em pleno crescimento e maturação, que se proclama revisionista da teoria e da proposta política do feminismo – ocidental branco e burguês".[21]

Para Espinosa, o feminismo decolonial se propõe a revisar e problematizar as bases fundamentais do feminismo, bem como ampliar conceitos e teorias-chave do que conhecemos como teoria decolonial, proposta por muitos dos pensadores latino-americanos citados acima.

Nas palavras da autora:

> Por um lado, se diz herdeiro do feminismo negro, de cor e terceiro-mundista dos Estados Unidos, de suas contribuições para pensarmos a imbricação de opressões (de classe, raça, gênero, sexualidade), da proposta de recuperação do legado crítico das mulheres e feministas afrodescendentes e indígenas que, na América Latina e no Caribe, colocaram o problema de sua invisibilidade dentro de seus movimentos e dentro do próprio feminismo, dando início a um trabalho de revisão do papel e da importância que tiveram na formação e resistência de suas comunidades. Em segundo lugar, o grupo retoma algumas contribuições da teoria feminista produzida na Europa e nos Estados Unidos que servem aos seus fins. Assim, várias das que compõem o grupo retomam o feminismo materialista francês com seu questionamento da ideia de natureza, sua compreensão da categoria mulheres como "classe do sexo" e a análise da heterossexualidade como regime político. Também se alimenta da revisão crítica do essencialismo, do sujeito do feminismo e da política de identidade desenvolvida no feminismo pós-moderno. Nesse mesmo teor, recuperam o legado de autoras-chave do feminismo pós-colonial, com sua crítica à violência epistêmica, a possibilidade de um essencialismo estratégico, o chamado a uma solidariedade feminista Norte-Sul e a crítica ao colonialismo da produção de conhecimentos da academia feminista estabelecida no Norte.
>
> Como terceira linha genealógica, este feminismo reúne algumas críticas da corrente feminista autônoma latino-americana – da qual algumas participaram –, incorporando uma denúncia da dependência ideológica e econômica introduzida pelas políticas desenvolvimentistas nos países considerados de "Terceiro Mundo", e do processo de institucionalização e tecnocratização dos movimentos sociais que impõe uma agenda global de direitos úteis aos interesses neocoloniais e que se relacionam com as lógicas de cooperação internacional do Norte.[22]

A partir dessas contribuições, categorias-chave do feminismo foram problematizadas por partirem de uma universalização e da subordinação das mulheres ao considerarem apenas os problemas de gênero (em uma visão binária e heterocêntrica). Elas foram problematizadas pela generalização existente em conceitos como patriarcado, mulheres e divisão sexual do trabalho, que desconsideram experiências de mulheres afetadas pelo racismo, o classismo, a heterossexualidade e a geopolítica. O *sistema de gênero moderno/colonial*, segundo Lugones,[23] afeta as interpretações, teorizações, investigações, metodologias e muitas das práticas políticas do feminismo, reproduzindo assim o racismo e a colonização.

A seguir, concentro-me em algumas questões que acredito serem importantes: propostas de feministas decoloniais que apresentam e problematizam o que seria "a" (?) metodologia feminista. São necessários, além da criação de outras categorias, conceitos e teorias que deem conta da complexidade das relações sociais, conquistando assim um desengajamento epistemológico e político na maneira como produzimos conhecimento.

UMA METODOLOGIA FEMINISTA? O PONTO DE VISTA E A INTERSECCIONALIDADE

Acredito que muitas de nós sejamos capazes de reconhecer as contribuições de Sandra Harding[24] ao pensar uma epistemologia e uma metodologia feministas que questionam a lógica masculina da ciência, bem como suas colocações sobre uma reflexividade que evitaria a posição "objetivista" que pretende ocultar as crenças e práticas culturais do/da pesquisador/a e seu convite para que ele/a expusesse seu gênero, raça, classe e traços culturais. Não obstante, Harding, no fim das contas, reproduziu a universalização do gênero, assim como seu binarismo. Sua proposta é bastante essencialista quando diz que a metodologia feminista é sobre uma perspectiva das experiências femininas, que se contrapõem às experiências masculinas. Essa visão dualista assume que "as mulheres" e "os homens" são todxs iguais, descontextualizados e universais. Ainda que Harding tenha proposto que considerássemos a "raça", o gênero e a classe de quem pesquisa, ela se limita a entender a metodologia feminista olhando apenas para o gênero.

Donna Haraway,[25] igualmente reconhecida por suas contribuições a respeito da reflexividade e do ponto de vista, também propõe a historicização do/a pesquisador/a. Ou seja, propõe que se evidencie o lugar de enunciação, que definitivamente afeta as interpretações sobre as pesquisas realizadas. Esse é um ponto de partida ético fundamental. Entretanto, a reflexividade da visão decolonial não é apenas sobre nos autodefinir na produção de conhecimento, mas também sobre produzir um conhecimento que leve em conta a geopolítica, a "raça", a classe, a sexualidade, o capital social e outros posicionamentos. Precisamos, também, pensar em perguntas-chave como: conhecimentos para quê? Como produzimos conhecimentos? Essa produção é feita de acordo com que projeto político? Em que quadros institucionais e políticos os estamos produzindo?

A afro-americana Patrícia Hill Collins[26] aprofundou-se na questão do ponto de vista, a partir da reconstrução do pensamento feminista negro.

Para Hill Collins, esse ponto de vista tem dois componentes:

1. Experiências político-econômicas: que geram um conjunto de experiências diversas e uma perspectiva diferente sobre a realidade material em que vivem as afro-americanas.
2. Uma consciência feminista negra sobre a realidade material: que significa entender como essa consciência é criada desde a experimentação de determinada realidade, que pode ser melhor interpretada por quem a vive.

Tanto a experiência quanto a consciência sobre ela, no caso das afro-americanas, para Hill Collins, estão presentes na maneira como se experiencia, problematiza e atua sobre o que a autora chama de *matriz de dominação*. Seu trabalho tenta entender como o racismo, a heterossexualidade, o colonialismo e o classismo interagem e integram quatro características dessa matriz: elementos estruturais, como leis e políticas institucionais; aspectos disciplinares, como hierarquias, burocracias e técnicas de vigilância; elementos hegemônicos, como ideias e ideologias; e aspectos interpessoais, como práticas discriminatórias usuais e cotidianas.

A análise de Hill Collins nos convida a pensar sobre duas coisas:
• Se a consciência feminista negra surge da experiência, se são as feministas de origem africana (e não apenas, podemos expandir para outras e outros sujeitxs subalternizadxs) que melhor podem interpretar as próprias realidades é porque a experiência vivida é uma fonte de conhecimento e elas mesmas deveriam investigar sua vida.

- Se a interpretação dessa realidade envolve entendermos como a matriz de opressão atua em nossa própria vida, como somos afetadas por opressões como o racismo, a heterossexualidade, o colonialismo e o classismo, com suas expressões estruturais, ideologias e aspectos interpessoais, então esse trabalho não é sobre categorias analíticas, e sim sobre realidades vividas[27] que precisam de uma compreensão profunda acerca de como foram produzidas. Portanto, não é necessário dizer que somos negras, pobres, mulheres, trata-se de entendermos por que somos racializadas, empobrecidas e sexualizadas. É isso que nos interessa, enquanto feministas decoloniais, porque assim conseguimos mostrar que essas condições foram produzidas pela colonialidade.

Não estou dizendo que apenas quem sofre certas opressões é capaz de entender e investigar as realidades que afetam outras pessoas, mas digo que existe um *privilégio epistêmico*[28] importante de ser considerado na produção do conhecimento. Isso significa que a subalternidade precisa deixar de ser objeto e passar a sujeito do conhecimento.

Levar em conta a matriz de dominação de Hill Collins ou, como diria María Lugones, a consubstancialidade das opressões, é diferente de assumir a interseccionalidade como perspectiva, conceito proposto por Kimberlé Crenshaw.[29]

O conceito de interseccionalidade tem tido maior êxito nas investigações e propostas feministas que buscam entender as opressões. E não por acaso, afinal ele é uma proposta liberal e moderna, ainda que tenha sido elaborado por uma afro-americana.

A interseccionalidade refere-se ao reconhecimento da diferença entre categorias cruzadas, onde raça e gênero, por exemplo, apresentam-se como eixos de subordinação que em algum momento se separam, com algum nível de autonomia, mas que estão interseccionados. A metáfora das estradas que se cruzam, usada pela autora, é um indicador do problema político e teórico dessa proposta.

Além disso, o conceito pouco questiona sobre a produção dessas diferenças presentes nas experiências de muitas mulheres, principalmente mulheres racializadas e empobrecidas. Assim, ele tende a um multiculturalismo liberal que deseja reconhecer as diferenças, incluindo-as em um modelo diferente, mas que não questiona as razões para a necessidade dessa inclusão. Em outras palavras, ele é definido a partir do paradigma moderno ocidental eurocêntrico.

Uma posição decolonial feminista significa entender que tanto a raça quanto o gênero, a classe, a heterossexualidade etc. são constitutivos da episteme moderna colonial; elas não são simples eixos de diferenças, são diferenciações produzidas pelas opressões, de maneira imbricada, que produzem o sistema colonial moderno.

Com base no exposto anteriormente, uma metodologia feminista decolonial deve se fazer várias perguntas: quais são os pontos de vista nas investigações feministas? Quanto estamos impondo de gênero nas pesquisas e nos processos epistemológicos, quando estudamos mulheres racializadas, principalmente mulheres negras e indígenas? Quanto estamos reproduzindo de colonialidade do poder, do saber e do ser, quando transformamos a raça, a classe, a sexualidade em meras categorias analíticas ou descritivas, de modo que não conseguimos estabelecer uma relação entre essas realidades e a ordem mundial capitalista moderno-colonial?

A RELAÇÃO SUJEITO-OBJETO

Outra questão que quero destacar é a da relação sujeito-objeto.

Nas metodologias feministas, quem são os sujeitos e quem são os objetos de nossas pesquisas?

Uma das características da colonialidade do saber, como já dito, é assumir que quem foi definido como outrx, aqueles que representam a diferença colonial, são geralmente os objetos das pesquisas: mulheres, negras, empobrecidas, pobres, indígenas, migrantes do Terceiro Mundo – como se só fosse possível realizar uma pesquisa feminista crítica e decolonial quando os transformamos em matéria-prima. Normalmente, os privilégios de quem produz conhecimento sobre esses "outros" e essas "outras" parecem inquestionáveis.

Por que feministas brancas do Norte estudam as mulheres do Terceiro Mundo? Por que feministas acadêmicas do Sul estudam as "outras" de seus próprios países? Sob que tipo de relações esses exercícios investigativos são realizados?

Para além de entender que a pesquisa é importante, o que geralmente se faz é uma colonização discursiva[30] e uma violência epistêmica,[31] levadas a cabo através da interpretação produzida sobre as práticas sociais e culturais de um grupo. Muitas vezes, ainda se contribui para que créditos acadêmicos só sejam gerados quando esses e essas outras "diferentes" são estudados a partir de posições hegemônicas.

O DESENGAJAMENTO EPISTEMOLÓGICO

Voltando ao desengajamento, de Stuart Hall, a proposta decolonial propõe um abandono da colonialidade do poder, do saber e do ser, justificativa da retórica da modernidade, do progresso e da gestão democrática "imperial". Esse abandono/desengajamento traz várias questões para os conhecimentos que produzimos, como são produzidos e para que o são:

A) O RECONHECIMENTO E A LEGITIMAÇÃO DE "OUTROS" SABERES SUBALTERNIZADOS

Esse aspecto começa com o reconhecimento dos pontos de vista produzidos a partir das experiências vividas e que contribuem com a proposição de mundos mais justos e humanos, fora da matriz liberal/colonial. Eles não podem ser insumos para limpar culpas epistemológicas, menos ainda apenas uma questão de citar feministas negras, indígenas, empobrecidas para dar um toque crítico às pesquisas e aos conhecimentos e pensamentos produzidos. Trata-se de identificar conceitos, categorias, teorias, que emergem das experiências subalternizadas, que geralmente são produzidos coletivamente, que têm a possibilidade de generalizar sem universalizar, de explicar realidades diferentes contribuindo com o rompimento da ideia de que esses conhecimentos são locais, individuais e incomunicáveis.

Isso é o que Zulma Palermo define como uma ética libertária com uma genealogia própria, que se coloca fora das categorias criadas e impostas pela epistemologia ocidental e rompe com a diferença epistêmica colonial entre o sujeito cognoscente e os sujeitos a ser conhecidos, diferença que leva à exclusão e à invisibilização do saber de sujeitos subalternos.[32]

Um exemplo desse desprendimento a partir de um ponto de vista particular é o do *ch'ixi*, proposto por Silvia Rivera Cusicanqui,[33] boliviana de origem aymara. O *ch'ixi* fala de uma noção de mestiçagem não ligada à uma política de embranquecimento e hierarquização, como aconteceu na formação dos estados nacionais latino-americanos e caribenhos, e a partir da qual se fundamentou o racismo institucional e estrutural. Segundo Rivera Cusicanqui, *ch'ixi*, na língua aymara, significa um tecido justaposto, algo que é e não é ao mesmo tempo, um cinza heterogêneo, uma mescla, concomitantemente oposto e complementar, o que caracteriza boa parte de nossos povos latino-americanos e caribenhos.

A guatemalteca maia-kaqchikel Aura Cumes[34] propõe uma retomada da categoria *winaq*, oriunda do Popol Wuh, que questiona a noção de gênero moderna para explicar as formas como, antes da colonização, as "pessoas" eram identificadas sem nenhuma atribuição de gênero.

A também guatemalteca maia-kaqchikel Gladys Tzul Tzul[35] fala da *tensão transformação/conservação* como maneira de entendermos a política de mulheres indígenas na Guatemala, cuja luta pela conservação da terra comunal, para evitar a exploração do Estado, garante a elas o acesso a essas terras.

Outro esforço de desengajamento epistemológico, sem entrar no mérito de estarmos ou não de acordo com seus conteúdos, é o que o feminismo comunitário chama de *cruzamentos de patriarcados*, a partir do qual explicam como antes da colonização existiam patriarcados em diferentes povos indígenas e que eles se modificaram após o feito colonial, entroncando-se com as novas formas de patriarcados modernos.[36]

O desengajamento epistemológico exige que façamos o que chamo de *antropologia da dominação*: desvendar as formas, maneiras, estratégias, discursos que definem certos grupos sociais como "outros" e "outras", a partir de certos lugares de poder e dominação.[37]

Fazer uma antropologia da dominação significa fazer uma etnografia do Norte e do Norte que existe no Sul; fazer etnografias das práticas acadêmicas, metodológicas e pedagógicas que carregam a ideia de desenvolvimento, de uma solidariedade transnacional baseada em privilégios, significa fazer uma etnografia das lógicas de cooperação internacional, da intervenção social, dos próprios lugares de produção do conhecimento, das teorias que usamos e legitimamos, e dos propósitos pelos quais o fazemos. Em outras palavras, é necessária uma etnografia dos sujeitos e das práticas sociais considerando-se os lugares e as posições da produção dos privilégios.

Todos esses são esforços de desengajamentos epistemológicos feitos a partir das práticas políticas de ativistas e pensadoras com pontos de vista particulares, enquanto indígenas, ou de origem indígena, e afrodescendentes em Abya Yala, que propõem novas categorias não ocidentais ou elaboram, a partir de categorias ocidentais, novos conceitos não hegemônicos que expandem as possibilidades de interpretação sobre as "outras".

Esse desengajamento precisa de "outros" processos pedagógicos. Para Yuderkys Espinosa, Diana Gómez, Karina Ochoa e María Lugones,[38] isso implica uma "relação entre o fazer e o pensar, e também o caminho de volta: o pensar a partir do fazer. Dessa maneira, conjuga-se uma experiência de aprender fazendo, de produzir um conhecimento que articula teoria e prática".[39] As autoras propõem uma co investigação e teorização feitas, a partir dos processos comunitários em andamento, pelas próprias intelectuais orgânicas das comunidades e organizações, por ativistas comprometidas com processos de luta, resistência e ação.[40]

B) PROBLEMATIZAR AS CONDIÇÕES DE PRODUÇÃO DE CONHECIMENTOS

Por último, acredito ser importante problematizar as condições para a produção de conhecimentos, pensando no que Cusicanqui[41] chama de *economia do conhecimento*. A autora questiona a geopolítica do conhecimento, já que mesmo em muitas propostas decoloniais e anticoloniais existe uma recolonização dos imaginários e das mentes de boa parte da intelectualidade. Com essa proposta, Cusicanqui aponta para a necessidade de sairmos das esferas da superestrutura e dos mecanismos materiais que operam por trás dos discursos anticoloniais, como são os altos salários, confortos, privilégios e oportunidades de publicação, para que realmente façamos uma descolonização da própria prática.

Mas uma proposta feminista decolonial não se limita à análise dessa economia do conhecimento. É preciso fazermos pesquisas, propostas metodológicas e pedagógicas a partir de processos coletivos, de organizações e comunidades, para fortalecermos nossos próprios quadros analíticos, permitindo-nos, assim, buscar as melhores vias para a transformação social.

ORIGINALMENTE APRESENTADO NA *JORNADA DE METODOLOGIA DE PESQUISA FEMINISTA E SUA APLICAÇÃO NO ÂMBITO DOS DIREITOS HUMANOS, DA VIOLÊNCIA E DA PAZ*, REALIZADA ENTRE 19 E 20 DE JUNHO DE 2014, NA CIDADE DE SAN SEBASTIÁN-DONOSTIA, PAÍS BASCO (ESPANHA). TRADUÇÃO DE PÊ MOREIRA.

NOTAS

1. Modifiquei algumas partes da versão inicial deste texto para a presente publicação, com o propósito de continuar problematizando aquilo que entendo por metodologias decoloniais.
2. Edward Said, *Orientalismo: o Oriente como uma invenção do Ocidente*. São Paulo: Companhia das Letras, 1990.
3. Ella Shohat, "Notas sobre lo postcolonial", in *Estudios Postcoloniales. Ensayos fundamentales*. Madrid: Traficantes de Sueños, 2008.
4. Anne MacClintok, *Sin Garantias, Trayectorias y problemáticas en estudios culturales* apud Stuart Hall, "¿Cuando fue lo postcolonial?", in Sandro Mazzadra e Federico Rahola: "La condición postcolonial", in *Estudios Postcoloniales. Ensayos fundamentales*. Traficantes de Sueños. Madrid: 2008, p. 121-144.
5. Arlik Dirlik apud Sandro Mazzadra e Federico Rahola, op. cit., p. 261-278.
6. Ramón Grosfoguel, "La Descolonización de la Economia Política", in Avila Pacheco e Wilson Libardo Peña Melendez (coord), *La Descolonización de la Economia Política* (documento inédito), Bogotá: Universidad Libre, 2010.
7. Stuart Hall, op. cit.
8. Chandra Mohanty, "Bajo los ojos de occidente. Academia feminista y discursos coloniales", in L. Suárez e A. Hernández (eds.), *Descolonizando el Feminismo: teorías y prácticas desde los márgenes*. Madrid: Cátedra, primeira edição em inglês *Under Western Eyes: Feminist Scolarship and Colonial Discourses*, [1984], 2008.
9. Gayatri Spivak, *¿Pueden hablar los subalternos?* Barcelona: Museu D'art Contemporani de Barcelona. Primeira edição em inglês, *Can the Subaltern Speak?* [1988], 2009.
10. María Lugones, "Colonialidad y Género: Hacia un feminismo descolonial", in W. Mignolo (comp.), *Género y Descolonialidad*. Buenos Aires: Del signo, 2008.
11. Yuderkys Espinosa, "Una crítica descolonial a la epistemología feminista crítica", apresentação feita em *Os desafios da arte, a educação, a tecnologia e a criatividade del Fazendo Gênero*, Fazendo Gênero, Brasília, realizada no dia 10 de novembro de 2013. Disponível em http://www.elcotidianoenlinea.com.mx/pdf/18402.pdf. Acessado em 05/05/2014.
12. Santiago Castro-Gómez e Ramón Grosfoguel, "Giro decolonial, teoría crítica y pensamiento heterárquico", in *El giro decolonial. Reflexiones para una diversidad epistémica más allá del capitalismo global*. Bogotá: Siglo del Hombre, 2007.
13. Henrique Dussel, "Más allá del eurocentrismo: el sistema-mundo y los límites de la modernidad", in S. Castro-Gómez; O. Guardiola-Rivera e C. Millan (eds.), *Pensar (en) los intersticios. Teoría y práctica de la crítica poscolonial*. Bogotá: Instituto de Estudios Pensar. Universidad Javeriana, 1999.
14. Henrique Dussel, "Europa, modernidad y eurocentrismo", in Edgardo Lander (comp.), *La colonialidad del saber: eurocentrismo y ciencias sociales. Perspectivas latinoamericanas*. Buenos Aires: CLACSO/UNESCO, 2003.
15. Aníbal Quijano, "Colonialidad del poder, eurocentrismo y América Latina", in *La colonialidad del saber: eurocentrismo y ciencias sociales. Perspectivas Latinoamericanas*. Buenos Aires e Caracas: CLACSO y UNESCO, 2000.
16. María Lugones, op. cit.
17. Nelson Maldonado-Torres, "Sobre la colonialidad del ser: contribuciones al desarrollo de un concepto", in Santiago Castro-Gómez e Ramón Grosfoguel (eds.), *El giro decolonial. Reflexiones para una diversidad epistémica más allá del capitalismo global*. Bogotá: Iesco/Pensar/Siglo del Hombre Editores, Bogotá, 2007.
18. Frantz Fanon, *Los condenados de la Tierra*. México: Fondo de Cultura Económica, 1963.
19. Edgardo Lander, *La colonialidad del saber. Eurocentrismo y Ciencias Sociales. Perspectivas latinoamericanas*. Buenos Aires/Caracas: CLACSO/UNESCO, 2000.
20. Santiago Castro-Gómez, "Decolonizar la universidad. La hybris del punto cero y el diálogo de saberes", in Santiago Castro-Gómez y Ramón Grosfoguel (eds.), *El giro decolonial. Reflexiones para una diversidad epistémica más allá del capitalismo global*. Bogotá: Iesco/Pensar/Siglo del Hombre Editores, 2007.
21. Yuderkys Espinosa, op. cit., p. 8.

22. Idem.
23. María Lugones, op. cit.
24. Sandra Harding, *Whose Science? Whose Knowledge?: Thinking from Women's Lives*. Nova York: Cornell Univertity Press, 1992.
25. Donna Haraway, *Ciencia, Cybors y Mujeres. la reinvención de la naturaleza*. Madrid: Feminismos,1995. Primeira edição em inglês, *Simians, Cybords ans Women. The reinvention of nature*, 1991.
26. Patricia Hill Collins, "La política del pensamiento feminista negro", in Maryssa Navarro e Catharine R. Stimpson (comps.), *¿Qué son los estudios de Mujeres?* México: Fondo de Cultura económica, 1998. Primeira edição em inglês, *Black Feminist Thought: Knowledge, Conciencusness and the polítics of Empowerment*, 1990.
27. María Lugones, op. cit.
28. Patricia Hill Collins, op. cit.
29. Kimberlé Crenshaw, "Demarginalizing the Intersection of Race and Sex: A Black Feminist Critique of Antidiscrimination Doctrine, Feminist Theory, and Antiracist Politics", in D. Kelley Weisberg (ed.), *Feminist Legal Theory: Foundations*. Philadelphia: Temple University Press, 1993.
30. Chandra Mohanty, op. cit.
31. Gayatri Spivak, op. cit.
32. Zulma Palermo, *La opción decolonial*. Centro de Ciencia Educaciòn y Sociedad; Universidad de Salta, 2010. Disponível em <http://www.cecies.org/articulo.asp?id=227>. Acessado em 03/10/2013.
33. Silvia Rivera Cusicanqui, *Ch'ixinakax utxiwa. Una reflexión sobre prácticas y discursos descoloniales*. Buenos Aires: Tinta y Limón/Retazos, 2010.
34. Aura Cumes, *Cosmovisión maya y patriarcado: una aproximación en clave crítica*, conferência apresentada no Centro Interdiciplinario de Estudios de Género da Universidade do Chile. Santiago, Chile, 6 de novembro de 2014. Documento em Word.
35. Gladys Tzul Tzul, *Sistemas de gobierno comunal indígena: Mujeres y tramas de parentesco en Chuimeq'ena'*, Guatemala, Guatemala: SOCEE/Maya´Wuj Editorial, 2016.
36. Julieta Paredes, *Una sociedad en estado y con estado despatriarcalizador*. Vice-ministério de Asuntos de Genero y Generacionales, Plan de Igualdad de oportunidades. La Paz-Bolivia: Ministerio de Justicia, 2008.
37. Ochy Curiel, *La Nación Heterosexual. Análisis del discurso jurídico y el régimen heterosexual desde la antropología de la dominación*. Bogotá: Brecha Lésbica en la frontera, 2013, p. 28.
38. Yuderkys Espinosa, Diana Gómez, Karina Ochoa e María Lugones, "Reflexiones pedagógicas en torno al feminismo descolonial. Una conversa en cuatro voces", in Catherine Walsh (ed.), *Pedagogías decoloniales. Prácticas insurgentes de resistir, (re)vivir y (re)vivir*. Quito: Ediciones Abya Yala.
39. Ibid., p. 409.
40. Ibid., p. 411.
41. Silvia Rivera Cusicanqui, op. cit.

Desde a perspectiva decolonial, o racismo das sociedades contemporâneas não é biológico, mas sim epistêmico, sua raiz está no poder de quem controla a produção de conhecimento, o poder de classificar e hierarquizar os seres humanos a partir de um ideal supostamente neutro de humanidade, mas na verdade eurocêntrico.

Susana de Castro

Condescendência: estratégia pater-colonial de poder

Susana de Castro

> "(...) é tempo de aprendermos a nos libertar do espelho eurocêntrico onde nossa imagem é sempre, necessariamente, distorcida. É tempo, enfim, de deixar de ser o que não somos."
> *Aníbal Quijano*

NAS ESCOLAS, APRENDEMOS que o Brasil foi descoberto em 1500 por Pedro Álvares Cabral. Essa afirmação é um símbolo bastante evidente da colonização do nosso pensamento. Nós nos descrevemos a partir do olhar do colonizador e essa é a marca da nossa heteronomia. Isso que hoje se chama "Brasil" foi construído em cima do apagamento de memórias de povos originários que aqui habitavam, representantes de etnias e nações diversas, distribuídas de acordo com territorializações próprias, que nada têm a ver com as fronteiras atuais do país. Apesar de detentores de distintos hábitos e línguas, todos foram reduzidos a um só nome, "índios"– assim chamados porque os navegadores europeus supostamente chegaram à América por acaso, desviados do caminho para a Índia.

Sabemos que o poder não é apenas caracterizado por superioridade de força e capacidade de violência e intimidação, mas também possui um aspecto não material, marcado pela primazia de alguns em se colocarem como porta-vozes da narrativa a partir da qual a história de todos será contada. Estudamos nossa história a partir da narrativa edulcorada do colonizador, segundo a qual os portugueses trouxeram civilização e modernidade para o Novo Mundo. Visto desse ponto de vista, os colonizadores teriam sido, na verdade, *condescendentes*, pois vieram "salvar" da barbárie povos que viviam de modo primitivo e que não conheciam o sistema capitalista do mercado mundial – que dava seus primeiros passos. A perspectiva eurocêntrica com a qual narramos a história do Brasil apaga da nossa memória a contribuição cultural, política e histórica de negros da diáspora africana e de índios das diversas etnias indígenas na construção deste país. Isso se dá porque não houve na empresa colonial nenhum entendimento de que outras formas de sociabilidade e cultura pudessem ser igualmente válidas e incorporadas em um projeto de coabitação pacífica. Mas como o poder colonial se caracterizou justamente pela perspectiva de submeter todos ao mesmo modelo de economia de mercado – inicialmente extrativista (ciclo do pau-brasil), depois monocultura para exportação (cana-de-açúcar), depois novamente extrativista (mineração) e assim sucessivamente –, não seria permitido aceitar outras formas de economia, como o escambo, ou de relações de trabalho, como as voltadas exclusivamente para suprir as necessidades do grupo, como a caça e a coleta indígenas. Além disso, para o modelo capitalista global em curso era preciso apropriar-se da força de trabalho de índios e negros. A colonização das Américas foi vista principalmente como um empreendimento econômico.

Evidentemente, a exploração da mão de obra indígena e negra não combinava com o discurso triunfalista e salvacionista da colonização. Afinal, se a conquista do território das Américas foi feita por meio dos genocídios das populações indígenas e negras, como manter a versão de que portugueses e espanhóis trouxeram cultura e civilização para as populações autóctones? Aqui entra em cena a chamada fundamentação filosófica e científica. Os povos encontrados são descritos a partir de um olhar que os enquadra como objetos de curiosidade e estudo, nunca como pessoas com as quais se deveria aprender algo. Dessa forma, a Europa Ocidental criou categorias de pensamento dicotômicas a partir das quais outros povos, como os ameríndios e os africanos, eram julgados: por um lado, como mais próximos da natureza e do corpo, menos racionais, mais primitivos, em contraponto ao europeu civilizado, mais racional, menos corpóreo. A feminista negra caribenha Audre Lorde[1] chama a atenção para a maneira como o capitalismo global categoriza as pessoas a partir de um padrão ocidental de pensamento dicotômico. Todos os não europeus, não ocidentais, são "diferentes". Estaríamos melhor situados se essa diferença fosse considerada parte da riqueza dos povos e suas diversas manifestações culturais, mas não é esse o caso. Assim como, por ser o "outro" do homem, o "segundo" sexo, como diz Simone de Beauvoir, a mulher não recebe um tratamento de reciprocidade e igualdade nas relações de gênero, os povos ameríndios, considerados o "outro" dos europeus, são paternalisticamente tratados como se estivessem na menoridade.

Tanto em um caso como no outro, o que se percebe é que o tratamento dado às diferenças não é de reciprocidade e de respeito à diversidade e à multiplicidade de manifestações de modos de vida, mas sim de dominação. A ideologia da percepção da diferença como marca de inferioridade é a forma de justificação da expropriação do trabalho da mão de obra escrava, necessária ao acúmulo do capital. Essa estrutura de hierarquia entre o branco e o não branco se origina no processo de colonização das Américas, em que a escravidão foi imposta aos povos não europeus, enquanto ao mesmo tempo na Europa se dava o processo de modernização política e construção de um ideário de igualdade, fraternidade e liberdade. O processo de ampliação dos direitos foi acompanhado pela expropriação das terras nas Américas e pela escravidão de negros e índios. Ninguém escraviza ou domina o outro sem impor um processo de inferiorização que justifique o tratamento sub-humano dado a uma pessoa que do ponto de vista biológico também é um ser humano. O processo de modernidade europeia foi construído com o capital retirado das Américas (os minerais preciosos, as matérias-primas). Uma vez que o capital mercantil crescia, graças à exploração da mão de obra estrangeira e dos recursos naturais estrangeiros, foi possível ao capitalista europeu "tirar" os homens europeus da servidão, "alforriar-lhes" transformando-os em "cidadãos", sujeitos de direitos e deveres, e trabalhadores assalariados. Só havia um jeito de efetuar essa separação, trabalhadores assalariados e cidadãos de um lado e, do outro, escravos, inferiorizando a raça e a cultura dos povos explorados, tornando-os semi-humanos, quase animais. Esse processo de hierarquização e inferiorização impediu, consequentemente, toda a troca de conhecimento e toda a comunicação entre os povos europeus e não europeus. As altas culturas das Américas foram convertidas em subculturas camponesas iletradas.[2]

Podemos dizer que o fim da colonização e a independência mudaram substancialmente esse quadro dicotômico entre europeus civilizados e não europeus bárbaros? O sociólogo peruano Aníbal Quijano criou a expressão "colonialidade do poder" para mostrar que a organização social e as instituições das ex-colônias reproduzem padrões culturais e sociais hierárquicos da época da colônia. A "colonialidade" ultrapassa o colonialismo, pois não representa apenas uma época e um modo de relacionamento de dominação entre países europeus e países não europeus, mas também configura uma forma de dominação cultural que perdura até os dias atuais. Até hoje nas ex-colônias ibéricas da América Latina há uma prevalência dos valores ocidentais europeus em detrimento das culturas indígenas ou de matriz africana. O predomínio dos valores e signos da cultura europeia tem sua origem no próprio processo de colonização.

Desde a perspectiva decolonial, o racismo das sociedades contemporâneas não é biológico, mas sim epistêmico, sua raiz está no poder de quem controla a produção de conhecimento, o poder de classificar e hierarquizar os seres humanos a partir de um ideal supostamente neutro de humanidade, mas na verdade eurocêntrico. O padrão de conhecimento científico inaugurado na modernidade a partir da noção de "sujeito" como fundamento do conhecimento estipula uma noção de humanidade baseada em um modelo de sociedade, pensamento e religião eurocêntricos. O sujeito do conhecimento é um indivíduo que conhece sem se relacionar com outros indivíduos e o objeto está separado de outros objetos. Sujeito e objeto são duas entidades separadas.

Esse modelo de conhecimento baseado em uma mente que "descobre" o objeto esbarra em uma série de problemas, tais como a negação da intersubjetividade e da totalidade social como participantes diretos da produção do conhecimento, e também a noção de um objeto idêntico a si mesmo. Dificilmente um objeto se mantém idêntico a si mesmo o tempo todo, já que, na medida em que está em um campo de relações com o meio, suas propriedades se modificam ao longo do tempo. Por fim, ao assumir que sujeito e objeto são de naturezas distintas, o sujeito da modernidade estava autorizando a apropriação do segundo pelo primeiro de modo violento e arbitrário.

A filosofia a partir do século xx adotou outro modelo de pensamento, o pensamento "antiessencialista". Não é possível separar sujeito de objeto visto que um impacta e modifica o outro constantemente. Além disso, a física atual mostra que há muito mais interconexão entre todas as coisas e fenômenos do que supunha a ciência e filosofia modernas.[3]

Não haveria modernidade, entendida aqui simplificadamente como o momento em que surge o sujeito/indivíduo do conhecimento que descobre dentro de si (e não mais em Deus) os fundamentos necessários para o conhecimento do mundo, dos objetos naturais, se não tivesse ocorrido a descoberta das Américas, afirmam os intelectuais latino-americanos decolonialistas. A teoria do sujeito que se basta a si mesmo, fundamento do conhecimento, carrega em si a ideia do individualismo, ou a imagem da existência social atomista, sem o "outro". O individualismo atomista nega a ideia de totalidade social, a ideia de que estamos sempre profundamente dependentes uns dos outros, tanto na vida social quanto na busca por conhecimento. A prática colonial europeia apoia-se nesse modelo atomista de vida social que nega a interdependência entre sujeitos, pois ao longo do processo de colonização foi omitida a existência de qualquer outro "sujeito" do conhecimento fora do contexto europeu. Para dar sustentação à total exclusão da produção de conhecimento não europeia foi preciso desqualificar essa produção e seus sujeitos por meio da racialização dos corpos dos sujeitos não europeus.

> Na América, a ideia de raça foi uma maneira de outorgar legitimidade às relações. A posterior constituição da Europa como nova identidade depois da América e a expansão do colonialismo europeu ao resto do mundo conduziram à elaboração teórica da ideia de raça como naturalização dessas relações coloniais de dominação entre europeus e não europeus.[4]

O europeu forja sua identidade, enquanto europeu civilizado, superior, desenvolvido, a partir do encontro com as populações não europeias, às quais atribui atraso, baixo desenvolvimento, baixa cultura etc. Falta-lhes a racionalidade moderno-científica e também a configuração territorial em Estado-nação.

A descoberta das Américas fez surgir um novo olhar sobre o mundo, um olhar global. Antes, na era pré-global, chamada por Carl Schmitt de "era da tomada da terra", os países da Europa buscavam demarcar seu espaço territorial a partir da definição das fronteiras internas e da consolidação do entendimento de não beligerância do direito internacional europeu (o *jus publicum europaeum*), que impedia que os Estados continuassem a ser invadidos por seus vizinhos. Como mostra Carl Schmitt,[5] os colonizadores europeus não levaram para suas colônias o mesmo respeito à soberania dos povos nacionais que haviam obtido na Europa. Na era global dos mares, segundo Schmitt, toda conquista via mar era livre de qualquer impedimento jurídico ou moral, de qualquer regra de direito internacional estrita. Quem chegasse primeiro tinha o direito de explorar as riquezas das terras descobertas sem constrangimento. Junto com os descobrimentos, surgiu na Europa o entendimento de que o mecanismo para consolidação de um Estado Nacional seria a noção de igualdade cidadã, isto é, o entendimento de que de alguma forma todos eram igualmente representados pelo Estado e tinham seus direitos garantidos. Suplantavam-se assim as diferenças étnicas internas a partir da compreensão de igualdade natural. Os Estados-nação eram na perspectiva dos colonizadores um sinal de evolução, de saída de "estado natural" desodernado. A noção de "estado natural" pré-civil serve justamente nessa época para justificar a criação de alianças baseadas em contratos entre iguais, pois racionalmente capazes de escolha deliberada (lê-se, na verdade, "homens brancos europeus").

Não foi mera coincidência o uso da metáfora do "estado natural" pelos filósofos modernos justamente no momento em que novos territórios estavam sendo descobertos. Os habitantes do novo mundo viviam, na concepção da modernidade, no "estado de natureza", estado da falta de lei, da barbárie, da luta de todos contra todos, como definiu Hobbes. A filosofia política moderna, por um lado, sustenta através da metáfora do contrato a noção de uma igualdade entre cidadãos e, por outro lado, a concepção de sujeito, isto é, a ideia de que o sujeito é a base e o fundamento do conhecimento. Em contato com outros povos, os habitantes dos Estados nacionais forjaram para si a noção de que eram a medida da evolução do ser humano. O modo de se organizar dos povos não europeus passou a ser considerado não civilizado, pois não era marcado pelas mesmas características de sociabilidade cidadã. A partir dessa perspectiva, eurocêntrica, o outro, o diferente, estava ainda em "estado de natureza", por isso justificava-se sua exploração e domínio.

A aproximação do colonizado à natureza terá efeitos perversos nas relações entre o homem colonizador e a mulher colonizada. A narrativa oficial, presente até hoje em escritos antropológicos, como a obra de Gilberto Freyre, descreve as mulheres indígenas e negras como sexualmente afoitas, visto que mais próximas da natureza ou do natural. A narrativa serve, portanto, para justificar as relações inter-raciais, mas sabemos que, dada a assimetria entre colonizado e colonizador, as relações sexuais, na verdade, não eram consentidas.

A feminista argentina María Lugones propõe que nos engajemos em um feminismo decolonial, que descolonize nossa forma de pensar. Parte, em sua análise, da noção de "colonialidade do poder", do sociólogo peruano Aníbal Quijano. Como dito anteriormente, para Quijano, a classificação universal e social da população do planeta a partir da noção de raça é um efeito da colonialidade do poder, central para o capitalismo global, tanto na sua primeira fase, a dos descobrimentos, quanto na atual, da globalização. Essa perspectiva de poder racializante nasce com a empresa colonial europeia. Surge para justificar o sistema de dominação no qual uns detêm o capital e outros a força de trabalho. Segundo Lugones, Quijano falha, porém, ao aceitar a compreensão capitalista, eurocêntrica e global de gênero sexual, e incorporar em sua análise o âmbito sexo/gênero como o da luta pela imposição do desejo do colonizador à mulher racializada-colonizada. Na sua visão, ele reproduz uma compreensão patriarcal e heterossexual do gênero/sexo. Entendo que Lugones esteja dizendo que para Quijano o colonizador almejava se apropriar do poder sexual que o nativo possuía sobre as mulheres nativas. Mas dessa forma estaria aceitando uma série de pressupostos problemáticos para uma perspectiva feminista, tais como o dimorfismo sexual, a heterossexualidade compulsória e a pressuposição de que nas comunidades originárias eram também somente os homens que possuíam o domínio das relações de poder.

Lugones amplia a noção da colonialidade do poder para incorporar a questão da interseccionalidade entre raça e gênero. Cria a expressão "sistema colonial de gênero". Esse sistema está presente na relação do colonizador com as mulheres das raças "inferiorizadas". O olhar europeu sobre as sociedades locais, seu modo de organização e estilo de vida, foi sempre valorativo, no sentido de que esses hábitos e costumes nunca foram aceitos e respeitados na sua diferença. Antes o contrário: as diferenças eram julgadas e avaliadas como sinais da deficiência e inferioridade dos nativos em relação aos colonizadores. Dessa forma, fêmeas e machos colonizados cujo comportamento não se enquadrava no modelo "natural" eram considerados "homens" e "mulheres" deficientes. As "mulheres nativas" eram consideradas sexualmente hiperativas, portanto, masculinas, e os "homens nativos" eram considerados passivos, portanto, femininos. Para Lugones, entretanto, nas sociedades ameríndias e africanas não havia um sistema de gênero no qual as mulheres deveriam ocupar papéis subalternos e passivos, e os homens papéis de dominação e governo. Esse fato, a fluidez entre os padrões de comportamento locais, foi interpretado como falta de desenvolvimento social e civilizatório pelos europeus.

Da perspectiva do feminismo decolonial, que almeja resgatar a riqueza cultural, cosmológica, ecológica, sexual de organizações não modernas, não haveria verdadeiramente "mulheres" nem "homens" nessas sociedades "primitivas", uma vez que por "homens" e "mulheres" estaríamos compreendendo a divisão sexual de tarefas típicas das sociedades modernas europeias. Quando isolamos as categorias de "mulher" e "raça", invisibilizamos as vítimas da dominação que ocupam as duas categorias, como *é o caso* das mulheres negras e das mulheres latinas. Toda categorização envolve o pressuposto do modelo a partir do qual essa categoria é utilizada. A categoria "mulher" possui como modelo exemplar que lhe dá base de sustentação, ainda que não explicitamente, a mulher branca, europeia, burguesa e heterossexual e, quando aplicada às mulheres de cor, como as hispânicas, as negras e as asiáticas, invisibiliza suas especificidades e tipos de opressão, pois são discriminadas tanto por serem mulheres quanto por serem racializadas. Toda categorização estanque, "mulher", "negro", "índio", pressupõe, ainda que de forma subliminar, o grupo dominante ao qual essa categoria pertence. Assim, a categoria "mulher" possui como referente implícito a mulher branca, burguesa, heterossexual, e a categoria "negro" pressupõe o homem negro heterossexual. Se a categoria "mulher" não inclui a mulher negra como referência, e a categoria "negro" também não inclui a mulher negra como referência, quem é essa figura, a "mulher negra"? A intersecção das duas categorias, diz Lugones, mostra um vazio. Por um lado, a categoria "mulher" representa, como referencial implícito, o perfil de uma pessoa frágil, contida sexualmente, casta, restrita à esfera doméstica, com baixa capacidade racional e sem papel público. Por outro, a classificação racializada, e, portanto, racista, do "negro", o representa como um ser primitivo, capaz de grande violência, com enorme capacidade de resistência ao trabalho físico, descontrolado sexualmente. Se juntarmos as duas categorias ideologicamente forjadas no bojo da empresa colonial e moderna, chegaremos então à conclusão de que "mulher negra" forma uma contradição e, portanto, inexiste – a mesma linha de raciocínio pode ser aplicada *à* explicação da figura da "mulher indígena".

Para tornar a mulher de cor, a mulher negra, hispânica, latina visível é preciso sair da lógica categorial dicotômica e exclusivista. Essa construção categorial da mulher na verdade é uma expressão socialmente construída do sexo biológico, baseada na incomensurabilidade dos sexos e na inferiorização do sexo feminino em relação ao sexo masculino. Na concepção colonial e moderna só há um tipo de mulher. A mulher é essencialmente definida como subordinada ao homem porque mais emocional do que racional e mais próxima da natureza, mais humana, pois reproduz com o homem a próxima geração de homens e mulheres.

> A mulher burguesa é mulher e inseparavelmente humana por sua ligação reprodutiva com o homem moderno, precisamente porque reproduz capital e raça. Para assegurar esse legado, foi necessário que a mulher burguesa fosse concebida como heterossexual, casta, sexualmente pura e passiva, relegada ao espaço doméstico.[6]

O uso das categorias "natural" e "natureza" é fundamental para a empresa moderna-colonial-capitalista-global. "Natureza" tem um duplo sentido. Por um lado, o ser humano racional, isto é, o homem europeu, possui a superioridade intelectual que lhe autoriza o domínio do âmbito natural, seja ele representado pelas mulheres europeias, naturalmente inferiores aos homens europeus, seja representado pelas comunidades e sociedades não europeias. Classificar algo como "natural" equivale nesse contexto histórico a autorizar sua exploração.

Para Lugones, a distinção moderna/capitalista/colonial entre os sexos, é, na verdade, política e não biológica. Nesse sentido, como já mostraram outras teóricas feministas contemporâneas, a distinção sexual, biológica, isto é, o dimorfismo sexual, está baseada na dicotomia cultural/social dos gêneros. Descolonizar nosso pensamento significa justamente abandonar as categorias de análise dicotômicas típicas de um modelo de pensamento eurocêntrico, tais como "civilizado/não civilizado", "natural/racional", "homem/mulher", "hetero/homo", "superio/inferior". Pode ser que assim, diz Lugones, a categoria "mulher" inclua a mulher negra e a mulher indígena, entretanto, como ela mesma salienta, o feminismo decolonial torna impossível a repetição de categorias tão marcadas por significados racistas.

Diz-se que o racismo brasileiro, diferente do norte-americano, baseia-se na cor da pele e não na origem, no fenótipo e não no genótipo, mas, como Abdias do Nascimento[7] e Martiniano Silva[8] nos mostram, a marca é signo da origem, ou seja, o alvo do preconceito é a origem, e não o fenótipo em si. As marcas, os fenótipos, a cor da pele negra ou indígena, são discriminadas porque simbolizam um ser cultural, espiritual e ontológico considerado inferior. O racismo individual, aquele que na vida cotidiana dos indivíduos negros ou indígenas os levam a sofrer discriminação (no trabalho, na rua, no ônibus), possui como base o racismo cultural e institucional. Os afro-descendentes e indígenas sofrem preconceito institucional, que se configura na ausência de assistência educacional, política de saúde e moradia satisfatórias. Por outro lado, as culturas negras e indígenas não são colocadas em pé de igualdade como fontes formadoras da sociedade brasileira, o que ocasiona a reprodução e não problematização de preconceitos que se expressam nas falas, nos meios de comunicação, nas escolas (uso de palavras como "denegrir" ou expressões como "programa de índio"). Talvez o racismo luso-tropical seja o mais perverso de todos, pois escamoteia o preconceito utilizando-se de formas de tratamento condescendentes e paternalistas.

A tradição construída por Gilberto Freyre de pensar a sociedade brasileira como um milagre da tolerância graças à miscigenação representa uma das formas mais perversas de dominação e subalternização cultural e social das populações afro-descendentes e indígenas. Sua narrativa edulcorante acerca da miscigenação das raças no Brasil, promovida por uma empresa luso-tropical indolente e lúdica, dá a entender de maneira perversa que essa troca sexual se deu de forma livre e espontânea. Isto é, dá a entender que negros e índios, submetidos a uma condição de subalternidade absoluta, vítimas de um modelo de escravidão dos mais violentos da América do Sul, viviam, na verdade, em um paraíso tropical. O mito da democracia racial baseado na miscigenação dos povos acoberta a violência sexual que lhe sustenta. Sua narrativa espelha o modelo de pensamento e comportamento próprios do patriarcado. A condescendência com a qual o patriarcado europeu trata as mulheres, considerando-as hábeis para as tarefas domésticas, presenças agradáveis nos lares, feitas para entreter o marido e cuidar dos filhos, mas não para tratar dos negócios chatos e difíceis do estado e da economia, é a mesma com a qual intelectuais subalternizados da ex-colônia procuram explicar o racismo tupiniquim. Negros e índios são alegres, interessantes, festivos, mas, no fundo, não afeitos a trabalhos complexos e difíceis. O que se procura fazer através deste tipo de narrativa é, na verdade, justificar o genocídio dessas populações, seja eliminando-as simplesmente ou embranquecendo-as pelo processo de miscigenação. A sociedade racista espera cinicamente que os negros sejam gratos aos brancos, que os considerem seus benfeitores e que não questionem o fato de os valores culturais europeus preponderarem na história da formação da identidade brasileira, quando, na verdade, a identidade brasileira é construída também com o suor e sacrifício das populações negras e indígenas.

O giro decolonial impactou profundamente o feminismo latino-americano, de tal forma que hoje se questiona a validade da adesão identitária do feminismo latino-americano ao feminismo de maneira geral. Se a luta feminista contra a opressão masculina surge inegavelmente no bojo da modernidade europeia com a busca da ampliação dos direitos, é justo desconfiarmos das suas intenções. Afinal, de que categoria universal "mulher" estamos falando quando afirmamos que as mulheres devem se unir contra a opressão patriarcal? Para Yuderkys Espinosa Miñoso,[9] o feminismo latino-americano *não pode depois do giro* decolonial aderir automaticamente a uma bandeira universal contra a opressão patriarcal sem fazer todas as pontuações e distinções que marcam a permanência das relações de poder coloniais, caracterizadas pela racialização dos corpos não brancos, nos países latino-americanos atuais. Seja admitindo, como Lugones, que as comunidades pré-coloniais nas Américas não possuíam relações de gênero que se constituíssem necessariamente da mesma forma que as relações de gênero hierárquicas da Europa, seja levando em consideração a postura mais branda de Rita Segato,[10] segundo a qual teria havido, sim, relações hierárquicas entre os gêneros nas Américas – porém com um patriarcado de "baixa intensidade" –, o fato inconteste, a meu ver, é que não havia aqui uma divisão tão absoluta entre os sexos que justificasse a admissão de dois gêneros opostos, ou seja, duas manifestações de comportamentos e capacidades diametralmente opostas, como no caso dos gêneros masculino e feminino.

Como afirma Lugones,[11] mulheres e homens nativos eram vistos como seres sem gênero, sem cultura, bestas-feras que apenas cuidavam da satisfação dos seus impulsos sexuais instintivos. Era preciso civilizá-los, ensiná-los a se comportar como homens e mulheres. No levantamento que Yuderkys Espinosa Miñoso faz sobre as contribuições das feministas latino-americanas à discussão sobre o decolonialismo não encontramos a citação de nenhuma brasileira. Isso mostra um problema de raiz, a saber, a ausência de uma interlocução direta dos intelectuais brasileiros com as formulações e o debate do grupo colonialidade/modernidade. Na minha opinião, essa ausência se deve a dois fatores. Primeiro, o Brasil historicamente virou suas costas para a América Latina, uma prova de que aqui o racismo criou raízes muito mais profundas do que no resto do continente. Segundo, há especificidades da nossa mescla cultural que talvez mudem um pouco esse cenário. Nossas diversas etnias indígenas são muito mais silenciadas que nos outros países. Pouco ou quase nada sabemos sobre elas. Isso nos impede um reconhecimento cultural mais denso das nossas raízes não europeias. Nesse sentido, *nós, feministas decoloniais brasileiras, precisamos fazer nosso dever de casa primeiro e nos aproximarmos dessa rica memória dos nossos povos indígenas. Certamente a ideologia eurocêntrica dominante colonizou de tal forma nossa mente que ainda há o pensamento predominante acerca da infantilização dos índios, do seu primitivismo. O branco tentou de toda forma eliminá-los, seja absorvendo-os, "somos todos descendentes dos índios", seja expulsando-os das suas terras. Mas eles resistiram. Cabe a nós agora fazer com que essa voz inaudita ganhe força e seja ouvida.*

VERSÃO ATUALIZADA DO ARTIGO ORIGINALMENTE PUBLICADO NA *REVISTA FUNDAMENTO*S, VOL. 1, Nº 1. TERESINA, 2018, P. 51-59.

NOTAS

1. Audre Lorde, "Age, Race, Class, and Sex: Women Redefining Difference", in *Sister Outsider Essays and Speeches*. Freedom, CA: Crossing Press, 1984, p. 117.
2. Aníbal Quijano, "Colonialidad y Modernidad/Racionalidad", in *Perú Indíge*na, Lima, v. 13, nº 29, 1992, p. 13-16.
3. Ibid., p. 15.
4. Ibid., p. 11-20.
5. Carl Schimitt, *O nomos da Terra no direito das gentes do jus publicum europaeum*, tradução de Alexandre Franco de Sá et alli. Rio de Janeiro: Contraponto e Editora PUC-Rio, 2016.
6. María Lugones, "Colonialidad y Género: Hacia um feminismo descolonial", in Walter Mignolo (org.), *Género y decolonialidad*. Buenos Aires: Del Signo, 2008, p. 47.
7. Abdias Nascimento, *O genocídio do negro brasileiro*. Rio de Janeiro: Paz e Terra, 1978.
8. Martiniano J. Silva, *Racismo à brasileira: raízes históricas*. Brasília: Thesaurus, 1987.
9. Yuderkys Espinosa Miñoso, "De por qué es necessário um feminismo descolonial: diferenciación, dominación co-constitutiva de la modernidad occidental y el fin de la política de identidade", in *Solar*, ano 12, vol. 12, nº 1. Lima, 2016. p. 141-171.
10. Rita Segato, "Colonialidad y patriarcado moderno: expnasión del frente estatal, modernización, y la vida de las mujeres", in: Miñoso, Y. Espinosa, Correal, D. Gómez & Muñoz, Ochoa. *Tejiendo de otro modo: feminismo, epistemología y apuestas descoloniales en Abya Yala*. Popayán, Colômbia: Editorial Universidad del Cauca, 2014, p. 75-91.
11. María Lugones, op. cit.

Para sairmos desta cilada da episteme do conhecimento eurocêntrico-colonial, devemos implodir o mapa epistêmico, questionar os espaços privilegiados, as fronteiras, os fluxos e as direções que o estruturam dessa forma, cuja aparência é de uma lei natural.

Suely Aldir Messeder

A pesquisadora encarnada: uma trajetória decolonial na construção do saber científico blasfêmico

Suely Aldir Messeder

> – Você fica conversando sobre isso, querendo saber mais, mas vou te contar algo e escuta bem: o juízo é um dedal, você está aí, mas poderá vir pra cá!
> (*mulher, negra, filha de santo, 50 anos, considerada nervosa, no bairro de setores populares na cidade de Salvador*).

ESTA CONVERSA é uma anotação de meu primeiro diário de campo, nos idos da década de 1990, quando estava envolvida na pesquisa intitulada "*Social and Cultural Landmarks for Community Mental Health. Phase I: Signs, Meanings and Practices related to Mental Health in Bahia, Brazil*", e trabalhava como bolsista de iniciação científica, sob a orientação de Miriam Rabelo.[1] Esse diálogo desmantela qualquer pretensão de um trabalho científico cuja orientação seria a de que nós cientistas não deveríamos ser afetados pelos nossos "objetos de pesquisa", mesmo sob a prescrição do tipo teórico-metodológica mais revolucionária na perspectiva dialógica defendida na Antropologia. A citação da sujeita[2] de pesquisa me deslocou/desloca e me provocou/provoca questionamentos sobre quais os princípios de que devemos nos apropriar como subalternizados/a em nossa produção do conhecimento intercambiada com outros saberes, portanto, como atuaríamos com nossos atos cognitivos encarnados, longe da razão pura até mesmo criticada por Kant.

Portanto, coloca-se em questão os saberes das sujeitas (o saber local) com a produção do conhecimento científico por mim representada nessa interação, mais especificamente, neste caso, no campo disciplinar da Antropologia sobre o significado de doença e sua suposta cura simbólica. Reconstituir a fala da sujeita é perceber o movimento da produção do conhecimento local no âmbito de um oráculo. Afinal, os estudos sobre loucura/"nervoso", sem estarem devidamente apoiados por uma equipe interdisciplinar, nos põem em alto risco quanto à nossa própria saúde mental. Lembro-me de uma breve conversa com uma professora de sociologia na cantina: – *Você está estudando saúde mental? Eu não tive estrutura para dar continuidade a tal tema!* Nesse sentido, o saber da sujeita entrevistada me alertava para o quanto é tênue a linha de fronteira entre o juízo e a loucura.

Na experimentação da escrita encarnada, buscarei identificar como a modelagem da pesquisadora-encarnada articulada na perspectiva decolonial me faz acionar minhas memórias ancestrais no campo de minha aprendizagem e de minhas utopias do/no mundo científico. Com isso, enveredo na construção de um conhecimento científico blasfêmico e decolonial, perseguindo: 1) a corporeidade do "nativo" e da pesquisadora cujas marcas de gênero, raça, classe, colonialidade e desejo sexual são consideradas; 2) o saber das sujeitas/sujeitos que não pode ser reduzido às representações e práticas; 3) as trocas com os saberes localizados; e 4) geopolíticas e descolonização do conhecimento. Discorrerei sobre essas quatro preposições dialogando com os seguintes autores: Suely Aldir Messeder,[3] Donna Haraway;[4] bell hooks;[5] Aníbal Quijano;[6] Rita Segato;[7] María Lugones;[8] Cláudia Costa;[9] Ramón Grosfoguel;[10] e Mãe Stella de Oxóssi.[11]

Antes de adentrar nesse debate, reporto-me à citação inicial para esclarecer que, antes de iniciar meu trabalho de campo como etnógrafa, passei por um ritual como bolsista de iniciação científica. Todos/as nós éramos munidos/as de uma literatura de perspectiva estruturalista, com grande interesse nos textos "A eficácia simbólica" e "O feiticeiro e sua magia", de Lévi-Strauss. Entretanto, como a perspectiva teórica do grupo de pesquisa era fenomenológica, esses textos nos impunham um limite, uma vez que a resposta provinha da doença, que era considerada como o caos. Com efeito, a inserção da pessoa na nova comunidade linguística colaborava para a formação de um repertório linguístico fortalecido por essa comunidade e pelo feiticeiro. Para nós, era necessário compreender a significação da cura pela sujeita doente para, assim, reconstituirmos seu cotidiano e suas significações em sua trajetória terapêutica no candomblé, no espiritismo e nas igrejas pentecostais.

Em certa medida, em nossa formação inicial, já questionávamos as famosas e velhas dicotomias no reino das Ciências Humanas, tais como: sociedade e indivíduo, cultura e natureza, sujeito e objeto, experiência e linguagem. Entretanto, tais questionamentos não nos levavam à valorização dos saberes produzidos pelas sujeitas; interessavam-nos, apenas, seus discursos, suas metáforas vivas para serem submetidas às teorias importadas, mesmo considerando a possibilidade de caminharmos por uma etnometodologia, pelo paradigma da corporeidade em Thomas Csordas, perspectivas largamente trabalhadas no grupo de pesquisa, ao qual pertenci até o mestrado e ao qual ainda me sinto visceral/ancestralmente ligada.

Naquela época, no investimento da produção de conhecimento sobre/com essas mulheres, incomodava-me a invisibilidade das marcas corpóreas, quer das pesquisadoras de campo, quer dessas sujeitas, pois, além do fato de essas marcas (classe, raça, gênero, prática sexual, regionalidade, nacionalidade) não serem sopesadas havia a sensação de que o conhecimento dessas mulheres não era reconhecido devidamente. Assim, acredito que se delineava, de forma intuitiva, o primeiro princípio para se reinventar a trilha do/a sujeito/a encarnado/a para o/a pesquisador/a encarnado/a no encontro com a perspectiva decolonial feminista.

Em minha experiência inicial no campo etnográfico, os marcadores sociais não tinham grande relevância teórica metodológica, seja nos corpos/mentes das nativas seja nos corpos/mentes dos/as pesquisadores/as, embora, de forma contrastante, o corpo fosse o alicerce de nossas pesquisas, como nos assinala Csordas:

> É verdade que eu me preocupo em promover o *embodiment* (novamente, não "o corpo") e a experiência por meio de uma Antropologia fenomenológica. Isso, obviamente, não implica que eu exclua a linguagem. Apenas me posiciono contra a posição em que a linguagem exclui a experiência. A linguagem pode mascarar a experiência, moldar a experiência ou expressar a experiência, mas não pode excluir ou tomar o lugar da experiência. Isso fica mais evidente nas músicas e em suas letras. Linguagem e significado não se opõem ao *embodiment*

e à fenomenologia. Uma colocação para a qual voltei repetidas vezes, mas que ainda não elaborei o suficiente, é que podemos elaborar uma fenomenologia da linguagem e que, ao mesmo tempo, nossos corpos já carregam significados inerentes. A partir da perspectiva do *embodiment*, como disse Merleau-Ponty, a linguagem está tão relacionada como nossos sons de seres-no-mundo quanto com os sentidos e significados.[12]

Nessa trajetória inicial, a memória ancestral não me traíra. A busca pelo sentido do corpo ou da ausência dele nas teorias incomodava-me sobremaneira, possivelmente por identificar, empiricamente, que, em minha cultura, o corpo é completamente inquirido e perscrutado. Nessa senda, na pesquisa feita ao longo do mestrado, investi na alquimia dos marcadores sociais (classe, raça, gênero, prática sexual) através do ato performativo dos jovens negros da cidade de Salvador, imaginando que, efetivamente, teríamos um caminho pela teoria feminista para descolonizar a produção do conhecimento desencarnado. Isso era algo muito próximo do que Clarice Lispector nos narra:

> Com esta história eu vou me sensibilizar, e bem sei que cada dia é um dia roubado da morte. Eu não sou um intelectual, escrevo com o corpo. E o que escrevo é uma névoa úmida. As palavras são sons transfundidos de sombras que se entrecruzam desiguais, estalactites, renda, música transfigurada de órgão. Mal ouso clamar palavras a essa rede vibrante e rica, mórbida e obscura tendo como contratom o baixo grosso da dor. Alegro com brio. Tentarei tirar ouro do carvão. Sei que estou adiando a história e que brinco de bola sem a bola. O fato é um ato? Juro que este livro é feito sem palavras. É uma fotografia muda. Este livro é um silêncio. Este livro é uma pergunta.[13]

No investimento para eleger um caminho sobre/pelo corpo, passei por discussões teóricas diversas que atravessam propostas que parecem inconciliáveis e que foram tão bem traduzidas por Arleen Dallery[14] em seu texto "A política da escrita do corpo: écriture *féminine*", bem como por Roy Porter[15] em sua análise sobre a história do corpo. Dallery, ao avaliar a teoria feminista, nos conta que a diferença entre o feminismo acadêmico americano e o feminismo pós-modernista francês consiste em que, para o primeiro, a ênfase é no empírico, na realidade irredutível da experiência da mulher, enquanto Porter enfatiza a primazia do discurso, o discurso da mulher, sem o qual não há experiência. Essa avaliação da teoria feminista é bastante similar ao relato de Porter,[16] em sua investigação sobre a natureza e os conteúdos da história do corpo, bem como os métodos pelos quais ela deve ser pesquisada.

Segundo o autor, uma dessas discussões corresponde à explicação de representações no discurso sobre o corpo em que se utilizam técnicas estruturalistas, pós-estruturalistas e desconstrutivistas da análise textual. Essa análise de discurso e essa desconstrução textual desprezam as representações alteradas do ego incorporado e abandonam o empirismo em prol da teorização hermenêutica e das extrapolações descontextualizadas. Nesse sentido, o corpo é encarado não como objeto de carne e osso, mas como construção simbólica que significa flutuar na estratosfera da análise do discurso e desconsiderar os materiais disponíveis mais cotidianos e tangíveis.

Essa minha incursão sobre o/pelo corpo, seja no campo teórico, seja no campo empírico, conduziu-me ao questionamento dos resultados da pesquisa de Elza Berquó[17] sobre a ideia da homossexualidade como uma das preocupações das mães dos setores populares em relação aos seus filhos homens. Na pesquisa mencionada com as sujeitas, comecei a entender que a categoria da homossexualidade não era claramente entendida por elas, tampouco pelos jovens, posto que se tratava de uma categoria da classe média intelectualizada. A preocupação residia no ato performativo de gênero: era o jeito do corpo performado do menino como mulher, e nossa categoria nativa para designar esse sujeito era a "bicha", o "viado". Com isso, vejo que o conhecimento produzido no espaço acadêmico, o conhecimento produzido sobre os saberes e os saberes propriamente ditos precisam criar novos horizontes de aberturas, de encontros para além das moralidades que os cercam e, por isso, é necessário que possamos não desprezá-los, mas sim pensar num processo alquímico que desmantele os tentáculos dos enclausuramentos.

Dessa forma, como pesquisadora das/sobre masculinidades vivenciadas pelos varões, restrita ao binário pênis e vagina – bem como muito atenta aos saberes produzidos sobre masculinidades pelas sujeitas, pelos sujeitos e não somente apreendendo no trabalho de campo as representações e as práticas para daí articular teoria e dados empíricos –, ao meu ver era preciso identificar a teoria sobre masculinidades para além dos debates teóricos da academia centrados basicamente na teoria da masculinidade hegemônica desenvolvida por Connell.[18] Com efeito, era preciso aceitar que eles e elas possuem saberes, não somente as práticas e representações sociais empregadas como material de pesquisa, pois, com isso, apenas traduzimos para a linguagem acadêmica aquilo que nos interessa para atender às teorias normalmente estrangeiras; com efeito, furtamo-nos arrogantemente a entabular diálogos horizontais com as sujeitas e os sujeitos. O efeito me parece dominó, uma vez que, quanto mais os/as investigadores/as sentem-se em instituições com seus processos de internacionalização consolidados, com seus textos escritos em inglês, com seus artigos publicados em qualis A, mais se distanciam desses saberes. Se, por um lado, a comunidade epistêmica sobre determinado tema situado em estâncias de poderes cria cinturões entre eles/elas e privilegia suas linhagens, portanto, não considera outros territórios como produtores de conhecimento, mas sim, satisfaz-se e goza em obter o material de pesquisa empírico de outrem. Por outro lado, sujeitos e sujeitas não são acolhidos como produtores de saberes por nós, subalternizados que se arvoram a construir uma produção de conhecimento obediente a tais regras competitivas e arrogantes. Daí, cria-se um abismo para se construir uma política de coalizão tão necessária para romper com a colonialidade. Em verdade, criamos castas, nas quais alocamos os grupos de pesquisas, pesquisadores/as mais autorizados/as para produzir conhecimento.

Nesse caminho forjamos, no campo científico, a ideia de um sistema meritocrático, completamente semelhante à ideologia meritocrática estadunidense: de um lado, os vencedores; do outro, os perdedores.[19] Essa ciência traz a narrativa de um sujeito descorporificado ou, quando se diz com a carne, são os/as sujeitos/as que saíram de seu território de origem e se ligaram a tais grupos e, por vezes, como denuncia bell hooks,[20] os desmemoriados. Aqui, evoco a tese de doutorado de meu orientando Adilson da Paz,[21] *Pedrinha miudinha em Aruanda ê, lajedo: o modo de vida da umbanda*, recentemente defendida, para que possamos atentar que o livramento, o merecimento e a graça se entrecruzam, e possamos mensurar em que medida o/a sujeito/a merece o livramento, seja por suas ações individuais, seja pela graça divina. Nessa comparação blasfêmica entre o modo de vida da umbanda e o modo de vida do sistema meritocrático, arrisco dizer que, em nosso fazer acadêmico, somos muito mais agraciados pela posição ocupada nos ditos grandes centros do que propriamente por nossas ações individuais pautadas por nosso compromisso com uma produção de conhecimento.

Em 2006, fui selecionada como estudante de doutorado para cursar a nona edição do Curso Internacional Fábrica de Ideias, cujo tema era "O Atlântico Negro – A circulação Transatlântica das Ideias de Raça, Racismo e Antirracismo". Assim, tive oportunidade de conhecer, como nos narra Angela Figueiredo, uma das coordenadoras:

> (...) professores proeminentes, no tema das Relações Raciais e Diáspora, (...). famosos mundialmente por suas performances acadêmicas de excelência. Paul Gilroy é um ícone dentro do pensamento negro no que concerne à Diáspora Africana. Walter Mignolo é uma das vozes mais poderosas na América Latina no que tange ao tema da Geopolítica do Conhecimento e sua Epistemologia. De África tivemos a participação de Elisio Macamo: um reconhecido filósofo e sociólogo de temas africanos na contemporaneidade. Vron Ware introduziu aos estudantes brasileiros o conceito de branquidade, algo extremamente distinto à abordagem das relações raciais no Brasil. E finalmente, Mark Sawyer deu um curso sobre a história das ações afirmativas nos EUA. É a necessidade de internacionalizar o debate racial que nos estimula a convidar, todos os anos, professores estrangeiros.[22]

Nesse curso fui testemunha de um rico debate entre Paul Gilroy, Walter Mignolo e Ramón Grosfoguel sobre o significado de nos apropriarmos da produção do conhecimento com a possibilidade de garantirmos que estamos nos fortalecendo cientificamente, embora Paul Gilroy fosse refratário ao campo científico e os dois últimos apostassem na apropriação da ciência pela valorização do conhecimento local. Nessa senda, reconheço que a produção teórica estrangeira deve ser consumida com parcimônia e dedico-me a uma grande parte do debate com o conceito de conhecimento situado elaborado por Donna Haraway, investindo na coalizão política, no diálogo aberto horizontal e, por vezes, sinto os abismos e as distâncias nas inteirações sociais, sobretudo quando nós pesquisadores/as não seguimos a práxis feminista, não acolhemos os conselhos tão bem expressos em bell hooks[23] no capítulo "De mãos dadas com minha irmã: solidariedade feminista". Nesta trilha, defendo que nosso ponto de contato deverá ser desenvolvido considerando nossa gestão da raiva.

No texto "A construção do conhecimento científico blasfêmico, ou para além disso, nos estudos de sexualidades e gênero", escrito em 2014,[24] busco mostrar como os atos cognitivos apresentados no texto "O trabalho do antropólogo: olhar, ouvir e escrever", de Roberto Cardoso de Oliveira,[25] deverão sofrer o giro epistemológico para que possamos, de fato, encarná-los em nossas corporeidades, inclusive com o intuito de devolver nossa humanidade no ato de construir conhecimento.[26] No início dessa escrita encarnada, fizemos uso dele sem o ter mencionado, uma vez que ampliamos nosso horizonte no que diz respeito a incluir não somente a corporeidade do/a pesquisador/a, mas também a corporeidade do nativo, bem como os saberes das/os sujeitas/os e não somente suas práticas e representações.

Ao me reportar ao texto escrito em 2014, não pretendo ser repetitiva, mas não posso ignorar o quanto reaprendo com ele, sobretudo com as possíveis interpretações implícitas e/ou explícitas. Nesse sentido, sigo a mesma modelagem proposta, muito embora com a intenção evidenciada de encarnar os atos cognitivos do "olhar, ouvir e escrever", amplio o debate que versa sobre o/a pesquisador/a encarnado/a e a prática feminista decolonial na produção do conhecimento científico blasfêmico e encarnado, e daí lembro de Gloria Anzaldúa e me situo na oposição de todo e qualquer centrismo; com isso, estabeleço a conexão com a teoria de existência nas fronteiras:

> Comecei a pensar: "Sim, sou chicana, mas isso não define quem eu sou. Sim, sou mulher, mas isso também não me define. Sim, sou lésbica, mas isso não define tudo que sou. Sim, venho da classe proletária, mas não sou mais da classe proletária. Sim, venho de uma mestiçagem, mas quais são as partes dessa mestiçagem que se tornam privilegiadas? Só a parte espanhola, não a indígena ou negra." Comecei a pensar em termos de consciência mestiça. O que acontece com gente como eu que está ali no entre lugar de todas essas categorias diferentes? O que é que isso faz com nossos conceitos de nacionalismo, de raça, de etnia, e mesmo de gênero? Eu estava tentando articular e criar uma teoria de existência nas fronteiras. (...) Eu precisava, por conta própria, achar algum outro termo que pudesse descrever um nacionalismo mais poroso, aberto a outras categorias de identidade.[27]

Doravante, sigo o caminho didático em deslindar "o olhar, o ouvir e o escrever" no processo de encarná-los. Declaro que, quando nos detemos no olhar, somos levados ao sentido da modernidade cujo processo esquadrinhou e esquadrejou o conhecimento nas famosas caixinhas disciplinares; com efeito, quando nos deparamos com o refratar da realidade a enxergamos na ótica disciplinar. Entretanto, quando abrimos nossos horizontes na perspectiva das relações de gênero e sexualidades, somos atravessados pela interdisciplinaridade, multidisciplinaridade ou a transdisciplinaridade.

Nessa linha, situo quatro fatos contingentes que aconteceram em territórios acadêmicos que me devolveram, ou melhor, me afetaram, provocando uma reflexão profunda tanto negativa quanto positivamente. Creio que destacar, primeiramente, os dois acontecimentos positivos nos devolva a fé nos/as estudiosos/as, uma vez que, na trilha dos estudos de gênero, vemos lampejos de uma política de coalizão e descolonização. Nesse sentido, refiro-me aos encontros organizados pela Associação Brasileira de Estudos Populacionais (Abep) e a como o gênero se inclui propositalmente, numa estratégia política, ao ocupar o debate em todos os grupos de trabalhos, mesmo que neles sejamos capazes de escutar do homem branco e velho: "Só mesmo uma mulher para pensar sobre o mito da virilidade dos homens negros na migração." O segundo acontecimento positivo foi o lançamento coletivo de livros, no Fazendo Gênero,[28] em 2009, quando estava apresentando meu livro *Ser ou não ser: uma questão para pegar a masculinidade*[29] e uma jovem feminista mexicana se aproximou e apenas me disse: *"Compraré su libro, lo leeré, lo apropiaré y lo citaré con mucho gusto."*

Na primeira experiência citada, percebemos como as teóricas feministas brasileiras levam a cabo a força transversal, interdisciplinar e transdisciplinar do debate das relações de gênero no campo duro das ciências demográficas e, após a fala do homem branco, vimos o quanto a colonialidade do poder estava sendo atravessada com nossa presença: mexíamos com o patriarcado moderno nas instâncias de produção e difusão do conhecimento científico. Nosso corpo e nossa escrita encarnada incomodavam: pelo menos essa era minha impressão.

Arrisco-me a pensar, no interior do campo científico, a pergunta elaborada por Rita Segato[30] em seu texto "Género y colonialidad: en busca de claves de lectura y un vocabulário estratégico decolonial": "onde estão sendo abertas as fissuras que avançam, hoje, desarticulando a colonialidade do poder, e como podemos falar delas?". Dessa forma, filio-me ao legado de Bruno Latour e caminho para uma nova construção do objeto híbrido que se deslinda na/sobre a ciência, a indústria, a técnica.[31] A Antropologia de outrora se dedicava aos estudos em sociedades remotas, costumes exóticos, relações familiares e cultos extremamente complexos e distantes e, assim, apostávamos em um único texto sobre coletivo natureza-cultura; quando nos voltamos para a sociedade moderna, optamos por analisar seus costumes populares, as representações simbólicas, os marginais – tudo aquilo que não pertence ao "mundo moderno". Com efeito, antes desse legado, olhávamos para a parte "não moderna" de nossa cultura. Entretanto, tal escolha não pode ser entendida como arbitrária: ela reflete exatamente a premissa teórica de que o mundo moderno não poderia ser objeto da Antropologia, visto que ele rompeu os laços entre cultura e natureza.

Em contraste com a segunda ilustração, na primeira edição do seminário Enlaçando Sexualidades, em 2009, o livro comprado pela jovem feminista mexicana fora lançado em território baiano e teve a tiragem esgotada. Em 2011, na segunda edição do evento, aproximou-se de mim um estudante de mestrado da cidade do Rio de Janeiro, contumaz frequentador desses encontros, e declarou que havia lido meu livro "de cabo a rabo", mas que, infelizmente, não o colocara em sua referência bibliográfica, porque sua orientadora comentara que a autora não teria autoridade acadêmica. No segundo episódio, ocorrido nesse mesmo espaço, uma pesquisadora paulista comentou que deveríamos repassar as "experiências" de trabalho de campo para ela e para outro pesquisador, uma vez que eles "poderiam" teorizar sobre tais experiências.

Nessa ótica, a alteridade apresentada nos arrebata e somos tentados a jogar os holofotes nas trilhas da colonialidade do poder em uma das dimensões sublinhadas por Aníbal Quijano,[32] "subjetividade, a subjetividade/intersubjetividade, seus recursos e seus produtos", considerando que, desde os primórdios da produção do conhecimento, consumimos um elenco de autores quase todos homens, brancos e estrangeiros e, mais atualmente, quando há uma geopolítica do conhecimento Sul-Sul, arregimentamos os/as autores/as consagrados/as por estarem nos grandes centros e, bem provavelmente, serem a elite em seus territórios de origem, assim como, colonialmente, desprezamos o aprendido pela produção do conhecimento local.

Esse modelo de poder se estrutura tendo como pressuposto a pretensa superioridade étnica e cognitiva do colonizador com relação ao colonizado. Ao longo de nossa história, observa-se que essa suposta superioridade alicerça a missão civilizatória do Ocidente pela qual negros, índios e mestiços foram construídos como "outros", inferiorizados e passíveis de exploração e opressão. Claudia Costa Lima[33] assinala a crítica proposta por María Lugones concernente ao conceito de colonialidade do poder introduzido por Quijano, mediante o conceito de colonialidade de gênero, e nos esclarece:

> (...) uma noção biológica (e binária) de sexo e em uma concepção heterossexual/patriarcal do poder para explicar a forma pela qual o gênero figura nas disputas de poder para o *"control of sex, its resources, and products"* (p. 190). (...) Assim sendo, tanto a raça quanto o gênero são ficções poderosas e interdependentes. Ao trazer a colonialidade do gênero como elemento recalcitrante na teorização sobre a colonialidade do poder, abre-se um importante espaço para a articulação entre feminismo e pós-colonialismo cujas metas são, entre outras, lutar por um projeto de descolonização do saber eurocêntrico-colonial através do poder interpretativo das teorias feministas (...).[34]

Para sairmos dessa cilada da episteme do conhecimento eurocêntrico-colonial, devemos implodir o mapa epistêmico, questionar os espaços privilegiados, as fronteiras, os fluxos e as direções que o estruturam dessa forma, cuja aparência é de uma lei natural. Por um lado, a lei intocável institui a percepção da existência da "região Norte" do planeta como produtora de conhecimento universalmente válido e, com efeito, legitimam-se as culturas de investigação do Norte. Por outro lado, existem as culturas do Sul, receptivas à teoria produzida pelo Norte, a serem investigadas. Infelizmente, somos conscientes de que essas hierarquias se instituem nos contornos de um só país, demarcando regiões, lugares sociais e institucionais que atuam como fontes privilegiadas de análise e enunciação, atraindo mais recursos e apoios. Já em nosso país, sabemos que a produção do conhecimento das regiões Norte, Nordeste e Centro-Oeste é sistematicamente negligenciada pelas regiões Sul e Sudeste.

Através do diálogo com o pensamento decolonizador latino-americano, acalanto a continuidade com a noção de saberes localizados advogada por Donna Haraway. Vejamos a citação abaixo:

> Havia um problema imediato: sou anglófona, com algum conhecimento útil, mas complicado, do alemão, do francês e do espanhol. Esse conhecimento linguístico distorcido reflete minha alocação política num mundo social distorcido pelos projetos hegemônicos dos Estados Unidos e a ignorância culposa dos cidadãos, particularmente os brancos, norte-americanos.[35]

Aqui, Haraway se situa como pesquisadora e dá conta do que podemos entender como saberes localizados sem se deslocar da dimensão política que contém essa noção, sobretudo ao se interpelar como cidadã branca e anglófona. Tais marcas de suposta superioridade bailam em sua corporeidade, mas ela não as torna invisíveis. No excelente texto produzido por Mãe Stella de Oxóssi,[36] na ocasião de sua posse na cadeira de número 33 da Academia de Letras da Bahia, vejamos como a sacerdotisa se posiciona:

> Não sou uma literata "de cathedra" [sic], não conheço com profundidade as nuanças da língua portuguesa. O que conheço da nobre língua vem dos estudos escolares e do hábito prazeroso de ler. Sou uma literata por necessidade. Tenho uma mente formada pela língua portuguesa e pela língua iorubá. Sou bisneta do povo lusitano e do povo africano. Não sou branca, não sou negra. Sou marrom. Carrego em mim todas as cores. Sou brasileira. Sou baiana. A sabedoria ancestral do povo africano, que a mim foi transmitida pelos "meus mais velhos'" de maneira oral, não pode ser perdida, precisa ser registrada. Não me canso de repetir: o que não se registra o tempo leva. É por isso e para isso que escrevo. Compromisso continua sendo a palavra de ordem. Ela foi sentenciada por Mãe Aninha e eu a acato com devoção. Em um dos artigos que escrevi, eu digo: comprometer-se é obrigar-se a cumprir um pacto feito, tenha sido ele escrito ou não. O verbo obrigar, que tem origem no latim *obligare*, significa unir.

Em ambos os discursos, temos a possibilidade de escrita através de um/a sujeito/a encarnado/a em seu espaço e tempo. Ainda desse/a sujeito/a, evoca-se a ancestralidade e a ideia de compromisso que se deve ter quando nos debruçamos, aceitamos produzir, criar, imaginar um novo conhecimento comprometido que nos possibilite, talvez, oferecer uma resposta transmoderna decolonial do subalternizado perante a modernidade eurocêntrica.

Nesse sentido, para sairmos da episteme colonizada, possivelmente teremos que investir em nossos olhares epistêmicos eurocêntricos e nos compreendermos como seres no mundo marcados, em nossa pele e sangue, por uma política do conhecimento racializada, classista e heterossexista que nos invade com seus tentáculos tirando-nos a possibilidade de nos situarmos em saberes localizados, também comprometidos com a dignidade humana.

Nessa primeira empreitada sobre o *olhar*, no sentido proposto por Roberto Cardoso de Oliveira, investiu-se na urgência de fissurar o conjunto da episteme do conhecimento buscando outras referências que não sejam hegemônicas nem mesmo no âmbito do nosso país. Com isso, não afirmamos que não devemos ler a bibliografia hegemônica. Infelizmente, as instituições representadas pelos/as nossos/as pesquisadores/as não aceitam, tampouco incentivam, os saberes locais quando estes são produzidos fora das "regiões do Norte". Para isso, devemos vasculhar o banco de dados das dissertações e teses das universidades locais e buscar autores locais que investigaram sobre sua temática específica. Nesse sentido, evoca-se a corporeidade dos/as novos/as sujeitos/as pesquisadores/as, bem como o compromisso consigo e sua ancestralidade.

Articular a dimensão educativa prática no processo de descolonização nos permite seguir um percurso de aprendizagem que nos reporta às ideias expressas em Paulo Freire sobre a relação entre opressor/a e oprimido/a e perceber que a teoria feminista não deverá estar divorciada da nossa práxis. Com isso, reporto-me ao ato cognitivo "ouvir" e, consequentemente, verificamos como passamos a ser afetados tão drasticamente pelas/os nossas/os sujeitas/os em nosso trabalho de campo. Certamente, a memória ancestral encantada com seus feixes me encaixa e desencaixa em momentos em que nos revela todas as dimensões que nos constituem como gente com corporeidade afetada e afetando em nossas relações interpessoais no "estando lá".[37]

Chama a atenção como a relação espaço e tempo, o contexto das interações do trabalho de campo pode parecer hierárquico na relação pesquisador/a e pesquisado/a, ou vice-versa, e como a ideia da perspectiva dialógica, considerando apenas o horizonte semântico, é deveras redutora daquilo que se intercambia na produção de sentidos dessa experiência. Reporto-me a três episódios diferentes em minhas andanças no trabalho de campo, interessando-me o exercício de relativizar os conhecimentos do outrem sobre nós em nossos diálogos entabulados com as sujeitas e os sujeitos.

Em 1998, enquanto fazia meu trabalho de campo, "estando lá" na praia do Buracão, presenciei o seguinte episódio: durante uma conversa entre um pesquisador francês, um jovem morador do nordeste da Amaralina e eu, debateu-se a origem do nome desse jovem, Adônis. O pesquisador afirmou que Adônis era um deus grego de extrema beleza. O jovem, por sua vez, disse que sua mãe o havia batizado em homenagem a um santo católico. O quiproquó se inicia, até que, finalmente, nosso jovem conclui o papo: "Olha, fica aí com seu Adônis, que eu fico com o meu e não brigamos por isso!" A lição estava dada: não existe a verdade monolítica, uma metanarrativa no viver do aqui-agora, e se a Antropologia nos ajudou, como nos assinala Clifford Geertz,[38] a vislumbrar as verdades contextualizadas, apreciamos que o exercício com o jogo das verdades é bastante árduo.

Os outros episódios têm a ver com minha representação social no "estando lá" nos espaços de lazer frequentados pelos jovens negros dos bairros populares de Salvador, bem como no centro da cidade de Vigo, em uma ONG para a população de migrantes pobres. Se, na cidade de Salvador, circulava com os jovens como antropóloga, estudante universitária, na cidade de Vigo era entendida, como nos revela um dos galegos que entrevistei, como "mulher puta". Nesse sentido, no processo decolonial, asseguro que somos sempre uma subjetividade corpórea produzindo conhecimento. Portanto, quando entabulamos diálogos, falas, nosso horizonte nunca pode ser considerado como meramente semântico.

Interessante é o vigor da presença do antropólogo desencarnado na apreensão do sentido do modelo nativo mediante a entrevista, uma vez que o peso da relação se estabelece no horizonte semântico que supõe uma igualdade entre os dois interlocutores. Nesse sentido, é preciso recuperar tanto a corporeidade do nativo como a corporeidade do/a pesquisador/a e, sobretudo, saber os limites e os potenciais que os marcadores sociais incrustados em nossa pele impõem ao nosso trabalho de campo.

A escrita encarnada é o momento do encontro entre a sujeita marcada por sua classe, raça, ato performativo de gênero, regionalidade, nacionalidade e a pesquisadora encarnada modulada cujas regras prescritas no fazer científico devem ser consideradas, mas também insurgidas, como nos ensina Mãe Stella de Oxóssi:

> Gostaria muito de iniciar meu discurso de posse nesta venerável Academia de Letras, dirigindo-me a todos, indistintamente, chamando-os

de amigos. Entretanto, fui educada por uma religião que tem na hierarquia sua base de resistência, o que coincide com a tradicionalidade desta Academia. Sendo assim, inicio este discurso saudando as autoridades presentes ou representadas, sentindo que estou saudando a todos que aqui vieram para engrandecer esta cerimônia.[39]

Dessa forma, imagino que nossa insurgência não é destruidora do mundo, mas sim destruidora de nossa colonialidade, posicionando-nos em novos horizontes com a possibilidade de nos reencantarmos em nossas inventividades. Assim, aplaudiremos e celebraremos a política entre o nós e o outrem e, com efeito, não seremos temerosos de nossas potências e das potências alheias. Afinal, como nos dizem, o mundo é grande e a política de coalizão em tempo de bruxas incineradas é imprescindível: através dela e por ela aprenderemos a dar as mãos e, logo depois, aprenderemos a sustentar nossas mãos na produção do conhecimento encarnada na práxis utópica das/os feministas.

ESTE TEXTO É UMA VERSÃO REFORMULADA DO ARTIGO "A CONSTRUÇÃO DO CONHECIMENTO CIENTÍFICO BLASFÊMICO OU PARA ALÉM DISTO NOS ESTUDOS DE SEXUALIDADES E GÊNERO", ORIGINALMENTE PUBLICADO IN BRUNA ANDRADE IRINEU (ORG.), *DIVERSIDADES E POLÍTICAS DA DIFERENÇA: INTERVENÇÕES, EXPERIÊNCIAS E APRENDIZAGENS EM SEXUALIDADE, GÊNERO E RAÇA*. TOCANTINS: EDUFT, 2016, P. 6-17.

NOTAS

1. Este estudo fazia parte do programa de pesquisa de uma rede internacional, a *Internacional Network for Cultural Epidemiology and Community Mental Health* (Inecom), organizada pelo dr. Gilíes Bibeau, da Université du Montreal, e pela dra. Ellen Corin, da McGill University, Canadá.
2. Propositalmente, tratei nossas mulheres entrevistadas e acompanhadas em suas trajetórias cotidianamente como "sujeitas", posto que o termo é empregado de forma pejorativa para designar a mulher indeterminada ou que não se nomeia – fulana. Na verdade, são mulheres atrevidas, mas, como na linguagem ordinária não temos o termo sujeito no feminino, permito-me, assim como Kristeva, transgredir a linguagem.
3. Suely Aldir Messeder, *Ser ou não ser – uma questão para "pegar" a masculinidade: um estudo sobre a performatividade pública da masculinidade de rapazes negros na cidade do Salvador*. Salvador: EDUNEB, 2009; Suely Aldir Messeder, "A construção do conhecimento científico blasfêmico ou para além disso nos estudos de sexualidades e gênero", in Bruna Andrade Irineu (org.), *Diversidades e políticas da diferença: intervenções, experiências e aprendizagens em sexualidade, gênero e raça*, 1ª edição, vol. 1. Tocantins: EDUFT, 2016, p. 6-17; Suely Aldir Messeder, "O processo alquímico entre o conhecimento localizado, a subjetividade corpórea e o compromisso: um movimento do poder direcionado às justiças", in Fernando Seffner e Marcio Caetano (orgs.), *Cenas latino-americanas da diversidade sexual e de gênero: práticas, pedagogias e políticas públicas*, 1ª edição, vol. 1. Rio Grande do Sul: Editora da FURG, 2015, p. 257-280.

4. Donna Haraway, "Um manifesto para os cyborgs: ciência, tecnologia e feminismo socialista na década de 80", in Heloisa Buarque de Hollanda (org.), *Tendências e impasses: o feminismo como crítica da cultura*. Rio de Janeiro: Rocco, 1994, p. 243-287; Donna Haraway, "Saberes localizados: a questão da ciência para o feminismo e o privilégio da perspectiva parcial", tradução de Mariza Corrêa, in *Cadernos Pagu*, nº 5, 1995, p. 7-42. Disponível em <www.pagu.unicamp.br/sites/www.ifch.unicamp.br.pagu/files/pagu05.02.pdf>. Acesso em 03/09/2014; Donna Haraway, "'Gênero'" para um dicionário marxista: a política sexual da palavra", in *Cadernos Pagu*, nº 22, 2004, p. 201-246. Disponível em <http://www.scielo.br/pdf/cpa/n22/n22a09.pdf>. Acesso em 09/12/2019.
5. bell hooks, *Ensinando a transgredir: a educação como prática de liberdade*, tradução de Marcelo Brandão Cipolla. São Paulo: WMF Martins Fontes, 2013.
6. Aníbal Quijano, "Colonialidade, poder, globalização e democracia", in *Novos Rumos*, vol. 17, nº 37, 2002, p. 4-28. Disponível em <www.educadores.diaadia.pr.gov.br/arquivos/File/2010/veiculos_de_comunicacao/NO R/NOR0237/NOR0237_02.PDF>. Acesso em 09/12/2019.
7. Rita Laura Segato, "Género y colonialidad: en busca de claves de lectura y de un vocabulario estratégico decolonial", in Karina Bidaseca e Vanesa Vazquez Laba (comp.), *Feminismos y poscolonialidad: descolonizando el feminismo desde y en América Latina*. Buenos Aires: Godot, 2011. p. 16-47. (Colección Crítica).
8. María Lugones, "Colonialidad y género", in *Tabula Rasa* [online], nº 9, 2008, p. 73-102. Bogotá. Disponível em <www.scielo.org.co/pdf/tara/n9/n9a06.pdf>. Acesso em 09/12/2019.
9. Cláudia Costa, "Feminismo e tradução cultural: sobre a colonialidade do gênero e a descolonização do saber", in *Portuguese Cultural Studies*, nº 4, outono de 2012.
10. Ramón Grosfoguel, "Para descolonizar os estudos de economia política e os estudos pós-coloniais: transmodernidade, pensamento de fronteira e colonialidade global", in *Revista Crítica de Ciências Sociais*, nº 80, mar 2008, p. 115-147.
11. Mãe Stella de Oxóssi, *Discurso de posse de Mãe Stella de Oxóssi na Cadeira nº 33 da Academia de Letras da Bahia*, 12 de setembro de 2013. Disponível em https://www.geledes.org.br/discurso-de-posse-de-mae-stella-de-oxossi-na-cadeira-n-33-da-academia-de-letras-da-bahia/. Acesso em 09/12/2019.
12. Thomas Csordas, Entrevistas, *Interface 22*, vol. 66, jul-set 2018, p. 964.
13. Clarice Lispector, *A hora da estrela*, Rio de Janeiro: Rocco, 1977, p. 6.
14. Arleen B. Dallery, "The politics of writing (the) body: écriture *féminine*", in Alison M. Jagar e Susan R. Bordo (eds.), *Gender, Body, Knowledge: Femininist Reconstructions of Being and Knowing*. New Brunswick e Londres: Rutgers University Press, 1989, p. 52-67.
15. Roy Porter, "História do corpo" in Peter Burke (org.), *A escrita da História: novas perspectivas*, tradução de Magda Lopes. São Paulo: Editora Universidade Estadual Paulista, 1992, p. 291-326.
16. Roy Porter, op. cit.
17. Elza Barquó na pesquisa "Jovens acontecendo na trilha das políticas públicas". Ministério do Planejamento e Orçamento. Comissão Nacional de População e Desenvolvimento, Brasília: CNPD, 1998.
18. Robert W. Connel, "Políticas da masculinidade", in *Educação e Realidade*, vol. 20, nº 2, jul-dez 1995, p. 185-206.
19. L. Barbosa, *Igualdade e meritocracia*, 2ª edição. Rio de Janeiro: FGV, 1999; V. Stolcke, "Sexo está para gênero assim como raça para etnicidade?", in *Estudos Afro-Asiáticos*. Rio de Janeiro, vol. 20, 1991, p. 101-119.
20. bell hooks, op. cit.
21. Adilson. M. da Paz; Suely Messeder, *Pedrinha mudinha em Aruanda ê, lajedo: o modo de vida da Umbanda*, in 68ª Reunião Anual da Sociedade Brasileira para o progresso da Ciência, 2016, Porto Seguro. Sustentabilidade, Tecnologias, Integração Social. São Paulo: Sociedade Brasileira para o Progresso da Ciência, 2016.
22. Angela Figueiredo, *Relatório de dez anos de atividades do Programa Fábrica de Ideias 1998-2007*. Salvador, março de 2007. Disponível em <https://fabricadeideias.ufba.br/relatorio-de-dez-anos-de-atividades-do-programa-fabrica-de-ideias-1998-2007>. Acesso em 19/07/2019.
23. bell hooks, op. cit.
24. O texto foi escrito para compor a coletânea *Diversidades e políticas da diferença: intervenções*,

experiências e aprendizagens em sexualidade, gênero e raça, livro gestado nos encontros organizados pela jovem pesquisadora e professora Bruna Irineu, da Universidade Federal de Tocantins, que reunia autores/as possivelmente considerados/as mais periféricos para ministrar palestras e formar seus estudantes de graduação e mestrado.

25. Roberto Cardoso de Oliveira, "O trabalho do antropólogo: olhar, ouvir e escrever", in *O trabalho antropológico*, 3ª edição. Brasília: Paralelo Quinze; São Paulo: UNESP, 2006.
26. Suely Aldir Messeder, "A construção do conhecimento científico blasfêmico ou para além disto nos estudos de sexualidades e gênero", in Bruna Andrade Irineu (Org.), *Diversidades e políticas da diferença: intervenções, experiências e aprendizagens em sexualidade, gênero e raça*. Tocantins: EDUFT, 2016, p. 6-17.
27. Claudia Costa Lima e Eliana Ávila, "Gloria Anzaldúa, a consciência mestiça e o 'feminismo da diferença'", in *Revista Estudos Feministas*. Florianópolis: UFSC, vol. 13(3): 691-703, set-dez 2005, p. 692.
28. O Fazendo gênero, para bem ou o para mal, evidenciou o *guetizar* dos estudos de gênero.
29. Suely Aldir Messeder, *Ser ou não ser – uma questão para "pegar" a masculinidade: um estudo sobre a performatividade pública da masculinidade de rapazes negros na cidade do Salvador.* Salvador: EDUNEB, 2009.
30. Rita Segato, op. cit.
31. Bruno Latour e Steve Woolgar, *A vida de laboratório: a produção dos fatos científicos*, tradução de Angela R. Vianna. Rio de Janeiro: Relume Dumará, 1997 [1988].
32. Aníbal Quijano, op. cit., p. 4.
33. Cláudia Costa, op. cit.
34. Ibid., p. 48.
35. Donna Haraway, "'Gênero' para um dicionário marxista: a política sexual da palavra", in *Cadernos Pagu*, nº 22, 2004, p. 204.
36. Mãe Stella de Oxóssi, op. cit.
37. Ver Roberto Cardoso de Oliveira, *O trabalho do antropólogo*, 2ª edição. Brasília: Paralelo 15, 2000. Na obra, ela nos alerta: "ao tentar penetrar em formas de vida que lhe são estranhas, a vivência que delas passa a ter cumpre uma função estratégica no ato de elaboração do texto, uma vez que essa vivência – só assegurada pela observação participante 'estando lá' – passa a ser evocada durante toda a interpretação do material etnográfico no processo de sua inscrição no discurso da disciplina", p 34.
38. Clifford Geertz, *A interpretação das culturas*, Rio de Janeiro: LTC Editora, 1989.
39. Mãe Stella de Oxóssi, op. cit.

A escassez de informações sobre mulheres no século XIX e na primeira metade do século XX traz à tona a questão do silêncio de forma múltipla. Silêncio como ausência de voz pública não é sinônimo de ausência de conversa ou ação. De fato, as mulheres argelinas agiram ao longo de sua história de tais maneiras que tornaram seu silêncio bastante eloquente.

Marnia Lazreg

Decolonizando o feminismo
(Mulheres argelinas em questão)

Marnia Lazreg

> Já formou seus conceitos; já está certo de sua verdade;
> irá atribuir a eles o papel de esquemas constitutivos.
> Seu propósito único é forçar os eventos, as pessoas ou os atos
> considerados em moldes pré-fabricados.
> *Jean-Paul Sartre sobre o marxismo institucional*[1]

ESCREVER SOBRE MULHERES na Argélia tem sido a tarefa mais desafiadora realizada até agora. Para mim, não somente concretizou a dificuldade de fazer pesquisa interdisciplinar e levantar questões teóricas/metodológicas, como também me levou a questionar a viabilidade de escrever e comunicar o tema das mulheres entre as culturas. Meu projeto não é entreter leitores com mais uma história exótica ou chocá-los com outra revelação surpreendente sobre a feminilidade em um lugar distante. Tudo o que desejo é comunicar de maneira inteligível sobre outro modo de ser mulher.

Lidar com um assunto com o qual as pessoas da Argélia não estão familiarizadas ameaça me transformar em uma tradutora social de tipos, uma antropóloga nativa de boa-fé, escrevendo para outros sobre outros. Eu sempre resisti à postura quase heroica assumida por especialistas em outras culturas, e tenho bastante dúvida sobre a validade desse conhecimento que diz estar a vontade imitando a eles mesmos. Minha situação se torna ainda mais complexa pelo fato de não estar escrevendo "apenas" sobre outra cultura, mas sobre mulheres de uma cultura com histórico de distorção. De fato, as mulheres argelinas e sua cultura vêm sendo mistificadas por cientistas sociais mais ou menos bem-intencionados e por feministas movidas por algo semelhante ao zelo missionário.

A diferença, se cultural, étnica ou racial, tem sido uma pedra no caminho para a ciência social ocidental desde sua origem. A etnologia e a antropologia europeias do século XIX foram estabelecidas precisamente para estudar diferentes povos e suas instituições. No entanto, independentemente das inadequações e incertezas conceituais, teóricas e metodológicas nos trabalhos de muitos antropólogos e etnólogos clássicos, o interesse deles na "diferença" se dava em função de seu desejo em entender melhor suas próprias instituições. Esse foi o caso do trabalho de Durkheim sobre religião, Mauss sobre as trocas e Malinowski sobre o complexo de Édipo, para citar apenas alguns. Embora eu não deseje absolver a antropologia ocidental de seu eurocentrismo, isso mostrou, pelo menos em seu auge, alguma consciência de um denominador comum entre pessoas de diferentes culturas, um vínculo *humano*. A noção de "universos culturais" ou da "mente humana", por mais problemática que seja, são expressões de uma ligação muito comum entre vários povos.

O feminismo acadêmico americano contemporâneo rejeitou, se não esqueceu, essa parte de sua herança intelectual. E ainda fracassou em eliminar o viés evolutivo que, de uma forma ou de outra, caracteriza as ciências sociais. Nas pesquisas acadêmicas feministas (com algumas exceções), esse viés está embutido na objetificação das mulheres "diferentes" como a "outra" sem mediação – as incorporações de culturas presumidas como inferiores e classificadas como "tradicionais" ou "patriarcais". Isso normalmente seria visto como um acidente teórico, não fosse pelo fato de que as feministas acadêmicas geralmente denunciam as ciências sociais convencionais como sendo tendenciosas contra as mulheres, tanto em sua teoria quanto em sua prática. Elas demonstraram, especificamente, que as ciências sociais reduziram as mulheres a uma dimensão de sua vida (por exemplo, reprodução e trabalho doméstico) e fracassaram em conceituar seu status na sociedade como um fenômeno em evolução histórica. Assim, o feminismo acadêmico arejou o discurso sobre as mulheres nas ciências sociais e manteve a promessa de uma abordagem mais imparcial, de uma prática mais holística. É surpreendente quando vemos que as mulheres na Argélia (ou em outras partes do Oriente Médio) ainda são tratadas de uma forma que as feministas acadêmicas não desejariam para si.[2]

As mulheres na Argélia são incluídas nos rótulos nada neutros de "mulheres muçulmanas", "mulheres árabes" ou "mulheres do Oriente

Médio", dando a elas uma identidade que talvez não lhes pertença. Se as chamadas mulheres muçulmanas são devotas, ou se suas sociedades são teocráticas, tais questões são encobertas por esses rótulos.

A unilateralidade do discurso predominante sobre a diferença entre as mulheres pareceria intolerável se fosse sugerido, por exemplo, que mulheres na Europa e na América do Norte fossem estudadas como mulheres cristãs. Da mesma forma, o rótulo "mulheres do Oriente Médio", quando contraposto ao rótulo "mulheres europeias", revela sua injustificada generalidade. O Oriente Médio é uma área geográfica que abrange cerca de 21 países (contando os membros da Liga Árabe) que apresentam algumas semelhanças e muitas diferenças. Por isso, parece injustificável, por exemplo, que um livro sobre mulheres marroquinas e outro sobre mulheres egípcias tenham o mesmo subtítulo: "Mulheres no mundo árabe".[3]

Essa tendência redutora de apresentar as mulheres como um exemplo de religião, nação, etnia ou raça é herdada das relações desconfortáveis das feministas americanas com mulheres minoritárias. Mulheres afro-americanas, chino-americanas e mexicana-americanas, assim como mulheres porto-riquenhas, vêm denunciando sua exclusão de pesquisas feministas produzidas por feministas "brancas", de classe média, e/ou distorções de sua realidade vivida. Elas também observaram que o feminismo acadêmico reproduz as categorizações sociais e preconceitos prevalecentes na sociedade em geral.

Contestando as definições que reduzem as mulheres à sua cor da pele, Rosario Morales enfatiza que quer "ser inteira" e lembra a seus leitores que "estamos todos no mesmo barco".[4] Indo além, Mitzuye Yamada investe contra o ônus imposto às mulheres asiáticas-americanas em "representar" seu grupo racial e falar "de maneiras que não ameacem nosso público". Nesse sentido, essas maneiras são produzidas para reforçar o estereótipo da mulher asiática.[5]

Essas vozes relativamente novas expressam o lado mais subterrâneo da diferença entre mulheres, e são um lembrete bem-vindo de que o feminismo como prática intelectual não pode simplesmente apoiar-se na consciência dos erros cometidos por homens sobre *algumas* mulheres. Elas apontam para a necessidade de desenvolver uma forma de consciência entre feministas na América do Norte (e na Europa) que transcenda seu senso de regalia e se envolva no que é humano no coração da feminilidade através de culturas e raças. Descentralizar e desracializar a si mesmo é uma condição prévia para esse empreendimento. No entanto, é complexo e difícil, pois requer, para algumas, a renúncia a um senso de direito e, para outras, a superação de deficiência, que é, sem dúvida, fundamentada na racialização de si mesma. É notável que as feministas acadêmicas não se cansem de se referir a si mesmas como "brancas" ou "negras". Condenando a revolução argelina com uma canetada (exatamente em mais de catorze páginas), Sheila Rowbotham, que se refere a si mesma como uma "mulher branca de classe média", resume uma história complexa como uma batalha entre brancos e não brancos. Embora escreva sobre elas, Rowbotham surpreendentemente afirma que "não sei como é ser vietnamita, ou cubana ou argelina" – todas as mulheres que ela classifica como "negras, amarelas e pardas".[6] Se sua cor é uma barreira para entender as circunstâncias especiais dessas mulheres, de onde vem sua autoridade para definir suas vidas e caracterizar seus papéis na história? O que dá legitimidade ao seu trabalho sobre mulheres que ela própria admite não entender? Seria a mesma cor usada por ela como escudo, empoderando-se tanto para escrever como para se proteger da crítica?

As mulheres do Terceiro Mundo nos Estados Unidos que expressaram sua raiva e decepção por serem objetivadas como o outro irrevogavelmente não mediado também assumiram sua própria alteridade. Elas se referem a si mesmas como "*mulheres de cor*", outro truque linguístico ostensivamente destinado a suplantar a antiga expressão "*mulheres coloridas*", mas que de fato apenas recicla tais conotações racistas que não precisam de elaboração. Essa expressão se tornou comum e é usada por feministas acadêmicas aparentemente como uma maneira de reconhecer a existência de diferença entre as mulheres. A incapacidade de examinar a linguagem na qual a diferença é expressa torna ineficazes as objeções às falhas das feministas acadêmicas em resolver a diferença sob os termos adequados. A linguagem da raça pertence à história da segregação social. Argumentar que a minoria das mulheres do Terceiro Mundo adotou o termo "mulheres de cor" como uma liberação significa afirmar sua diferença e escapar do discurso homogeneizador das feministas anglo-americanas. Essa é a questão. Usando esse rótulo, elas aceitam seu referencial e se curvam ao grupo social que o coloca em circulação. Como Pierre Bourdieu afirmou, "o poder constitutivo que é concedido à linguagem comum não reside na própria língua, mas no grupo que a autoriza e investe nela com autoridade".⁷ Não são as "mulheres de cor" que têm autoridade para impor a linguagem da raça, mas as mulheres que implicitamente afirmam não terem cor e precisam ser o padrão para medir a diferença. "Cor" não determina sexo, mas, assim como o sexo, torna-se uma oportunidade de discriminação. Como o sexo, a cor deve ser questionada como uma categoria significativa na compreensão dos seres humanos. Por que selecionar cor e não a textura do cabelo, o formato dos olhos ou o comprimento das unhas para definir as mulheres? Quem está inscrito na gramática desajeitada e marginalmente expressa do termo "mulheres de cor"? Inclui mulheres de pele rosada, em tom pastel ou de pele pálida?

Esse termo pesado fundamenta a diferença entre as mulheres na biologia, à medida que apresenta ao feminismo acadêmico uma de suas contradições mais reveladoras. As feministas estão travando uma batalha contra a sociobiologia, mas elas estão raciocinando de maneira semelhante quando são confrontadas com "diferentes" mulheres! O termo se espalhou até mesmo entre as feministas que reivindicam seguir uma tradição marxista ou socialista e que deveriam estar atentas quanto às armadilhas do uso de raça ou cor como critério definidor dos seres humanos. O poder cativante do rótulo "mulheres de cor" *reinscreve*, com a cumplicidade de suas vítimas, a racialização das relações sociais que pretende combater.

A afirmação de Michel Foucault de que "o conhecimento não é feito para a compreensão; é feito para reduzir" ilustra o efeito do conhecimento dessa linguagem biológica.⁸ Se houver um pouco de conhecimento a ser obtido na identificação de diferenças pela cor, é facilitado o processo de "redução" ou de estabelecimento de divisões entre mulheres individualmente, de medição da distância que as separa de outras. O conhecimento como reducionista é politicamente fundamentado e permeia a pesquisa feminista. A expressão "o pessoal é político" deve ser alterada pela substituição de raça, etnia ou nacionalidade pelo pessoal.

Existe, em grande parte, entre as feministas americanas, a continuidade no tratamento da diferença entre as mulheres, seja ele originário na sociedade americana ou fora dela. Há, no entanto, um recurso adicional aos modos de representação feministas das mulheres do Terceiro Mundo: elas refletem a dinâmica da política global. As atitudes políticas dos Estados poderosos são refletidas em atitudes das feministas em relação às mulheres de Estados economicamente marginais em um mundo dividido pelo colapso do comunismo.

O viés político nas representações da diferença é melhor ilustrado pela busca das feministas pelo que é sensacionalista e grosseiro. Mary Daly selecionou a *infibulação* como a característica mais importante das mulheres africanas a partir do que Audre Lorde a relatou.[9] Costumes locais, como poligamia e/ou o uso do véu, onde quer que ocorram, aparecem descontextualizados e são postulados como normativos absolutos.

A busca pelo descrédito, o que reforça a noção de diferença como alteridade objetivada, é frequentemente realizada com a ajuda das próprias mulheres do Terceiro Mundo. O feminismo acadêmico disponibilizou um fórum para as mulheres do Terceiro Mundo se expressarem e descarregarem sua raiva em suas próprias sociedades. Mas o modo ocidental de prática feminista não é um presente gratuito, nada além da raiva é conduzido à um inquérito lúcido. As mulheres do Terceiro Mundo são individualmente feitas para aparecer no palco do feminismo como representantes das milhões de mulheres de suas próprias sociedades.

A voz dissidente que se opõe à linguagem ginocêntrica da diferença involuntariamente reforça a representação predominante sobre ela mesma, mesmo porque concorda com a noção de diferença como oposição, como polaridade. O caráter totalitário da representação da diferença existente se apropria de itens diferenciais ao acaso e os incorpora a uma estrutura que se torna autônoma e representa a realidade vivida pelas mulheres do Terceiro Mundo. Um sujeito antropológico abstrato considerado "oprimido" é, então, criado. Estudar esse sujeito construído não tem o propósito de compreendê-lo como tal, reunindo evidências documentais de sua "opressão". Ironicamente, a linguagem da libertação reinscreve relações de dominação.

Ao avaliar a questão de escrever sobre as mulheres do Terceiro Mundo, Gayatri C. Spivak ressalta que "mulheres do Primeiro Mundo" e "mulheres treinadas no Ocidente" são cúmplices em contribuir para a contínua "degradação" das mulheres do Terceiro Mundo, cuja "micrologia" elas interpretam sem ter acesso.[10] Embora essencialmente correta, essa visão obscurece o fato de que a cumplicidade é frequentemente um ato consciente que envolve a interação entre a posição de classe social com a identificação psicológica e os interesses materiais. Incluir todas as mulheres "treinadas no Ocidente" no plural "nós", que também incorpora as mulheres do "Primeiro Mundo", é simplificar a realidade do encontro feminista entre mulheres ocidentais e mulheres não ocidentais. Algumas mulheres do Terceiro Mundo encontram conforto em adquirir uma identidade feminista de estilo ocidental que presumivelmente dissolve seu eu cultural e permite que elas se afastem daquelas que resistem a olhar a si mesmas através dos olhos das feministas ocidentais. O problema para as mulheres do Terceiro Mundo é que sua escrita é constrangida pela existência de um imperioso roteiro feminista. Assim, em vez de ser emancipatório, para elas, escrever é muitas vezes alienante. Sua satisfação, se houver, deriva da aprovação que recebem de suas parceiras ocidentais, ou a ira que extraem delas se tentam reescrever o roteiro.

POLÍTICA DE IDENTIDADE E PRÁTICA FEMINISTA

As feministas asiático-americanas apontaram que as feministas do Terceiro Mundo sentem-se sob pressão para escolher entre o feminismo e a etnia ou cultura. Essa identificação da prática feminista com a cultura ocidental resultou em uma disputa entre aquelas que afirmam sua etnia ou cultura contra o "feminismo", visto como um sistema monolítico de pensamento e comportamento, e aquelas que exibem seu feminismo contra sua cultura, implicando que o feminismo se mantenha acima da cultura. Assim, as intelectuais do Terceiro Mundo encontram-se ora defendendo sua cultura contra deturpações feministas, ora confortáveis com a descrição de práticas consideradas desonestas, mas sempre sensacionalistas, na tentativa de reafirmar a primazia, validade e superioridade do feminismo ocidental.

Um foco nas manifestações fenomenais da diferença entre as mulheres também resultou em uma politização grosseira de raça, etnia, cor e/ou nacionalidade. As mulheres falam como encarnações dessas categorias. Apenas quando a prática de uma feminista é racializada, nacionalizado ou étnica, de alguma forma ela se torna digna de interesse. Essa forma de feminismo identitário é sustentada desde a extensão das teorias do ponto de vista (*standpoint*) até grupos maiores de mulheres. O conhecimento a partir do ponto de vista é, efetivamente, uma *representação* da atividade ao invés da verdade que pretende ser.[11] Ao reivindicar o ponto de vista como fundamento do conhecimento, as feministas acadêmicas *produziram* uma atividade que está acima e além de uma simples intervenção da experiência das mulheres sobre o conhecimento constituído. Quando usado por mulheres racializadas, o conhecimento do ponto de vista produz uma representação dupla invertida. Elas se representam em termos que já admitem e contêm sua representação.

A politização da raça, cor, etnia e nacionalidade é também a expressão de uma forma de adaptação à relevância do pensamento racial pós-direitos civis, na era pós-Guerra Fria. A predominante racialização das relações de poder na sociedade americana (que o corretivo da ação afirmativa já havia tornado palpável) é combatida pelo uso de raça/cor, etnia e nacionalidade como fundamentos e estratégias de contenção e resistência.

Entre as acadêmicas do Terceiro Mundo, essa tendência transcende os limites de uma simples consciência do etnocentrismo e do imperialismo cultural. Ela busca recentralizar o conhecimento existente, feminista ou não. Por exemplo, estudiosos indianos concentraram-se, nos últimos anos, no estudo do colonialismo e pós-colonialismo para explicar suas próprias realidades. Com base em sua compreensão sobre o empreendimento colonial britânico na Índia, eles fazem generalizações que abrangem outras situações que, assim, se tornam adereços auxiliares para reforçar o modelo indiano.[12] A experiência indiana, apresentada como normativa, intermedia nossa compreensão sobre colonialismo, um fenômeno tão múltiplo e diverso em sua expressão como foi em suas consequências. Essa *sanskritização* do conhecimento (feminista ou não) talvez seja uma mudança bem-vinda em séculos de conhecimento eurocêntrico, mas não o transforma. Ao focar no passado colonial da Índia, visto como constitutivo da identidade dos indianos, a *sanskritização* vai de encontro a uma nostálgica observação sobre um sistema de relações que precisam ser superadas. No mesmo sentido da acomodação das feministas afro-americanas ao "branco", o feminismo de classe média reinvidica a epistemologia feminista negra como fundamentada na experiência de escravidão.[13]

Dado esse enquadramento, parece possível realizar um trabalho acadêmico com mulheres no Terceiro Mundo que vá além da documentação dos estereótipos existentes? Como é possível colocar um fim à rejeição fundamental ao que as mulheres do Terceiro Mundo dizem quando falam uma língua não estereotipada? Como alguém supera a incipiente *guetização* do conhecimento sobre as mulheres do Terceiro Mundo, que agora figuram nos últimos capítulos de antologias em um espaço reservado para "mulheres de cor"?

O estudo feminista acadêmico sobre mulheres americanas é geralmente crítico sem que seja depreciador e, portanto, deixa esperanças de um futuro melhor para seus sujeitos. A cultura americana não é rejeitada massivamente, mas apresentada como aperfeiçoável. Em respeito a isso, a prática crítica feminista assume um ar de normalidade que falta na pesquisa sobre mulheres do Terceiro Mundo, especialmente as do Norte da África e do Oriente Médio. Isso parece fazer parte de um projeto razoável de maior igualdade. De modo controverso, a crítica feminista da diferença de gênero no Terceiro Mundo adquire uma dimensão inesperada. Não é realizada de dentro para fora, com pleno conhecimento e compreensão da história e da dinâmica das instituições que rejeita. Ela se desdobra dentro de um quadro conceitual externo de referências e igualmente de acordo com padrões externos. Ela pode fornecer explicações, mas pouca compreensão da diferença de gênero. Nesse sentido, ela reforça o *"desconhecimento"* existente sobre essas sociedades e constitui outra instância de conhecimento como "corte". Somente dessa vez, as "cortadoras" são também aquelas que geralmente são "cortadas" da fraternidade de irmãs.

ALÉM DO PARADIGMA DA RELIGIÃO

Expliquei anteriormente que existe uma continuidade entre o corpo da literatura produzida por estudiosas coloniais e os estudos feministas contemporâneos de mulheres argelinas.[14] Críticas coloniais de mulheres e homens nativos centradas no Islã (como uma religião e cultura), o que também desempenha um papel predominante na pesquisa das feministas contemporâneas. As visões do Islã constituem elos de uma longa cadeia que une práticas coloniais e feministas ao longo dos últimos cem anos. Elas estão articuladas a um paradigma a que me referi como o "paradigma da religião", que continua a monopolizar e constranger escritoras e seus pensamentos críticos (incluindo os meus), obrigando-os a direcionar seus parâmetros ou a submeter-se a eles. Esse paradigma foi recentemente reforçado pelo surgimento de movimentos religiosos no Norte da África e no Oriente Médio, dando credibilidade a uma profecia de autorrealização.

O paradigma da religião está impregnado em uma tradição intelectual dual, orientalista e evolucionária, resultando em uma concepção a-histórica das relações sociais e das instituições. A tradição orientalista apoia a noção de que o Islã é um sistema arcaico e retrógrado de crenças que determina o comportamento dos povos que aderem a ele. Na cultura popular, o Islã também evoca um misto de imagens que vão do esplendor exótico das noites árabes e odaliscas sequestradas às virgens circuncidadas. Mistura de fantasia e fato para criar uma noção de massiva diferença. A linguagem usada para definir as mulheres do Norte da África e do Oriente Médio criam e sustentam uma irremediável diferença em relação a outras mulheres. Por exemplo, uma tradução do livro da feminista francesa Juliette Minces, *La femme voilée – Islam au fémin* [A mulher de véu – Islã no feminino] ganhou o título *The house of Obedience* [A casa da obediência] na tentativa de manipular o julgamento do leitor.

O uso do véu é um elemento que teve um impacto obsessivo em muitos escritores. Frantz Fanon, o revolucionário, escreveu sobre a "Argélia desvelada".[15] A reação ao imaginário abusivo do véu falha em escapar de sua atração. Fátima Mernissi intitulou seu primeiro livro *Beyond the Veil* [Além do véu]. Na primavera de 1990, Condé Nast publicou um anúncio no jornal *The New York Times* de domingo retratando uma mulher loira vestindo um maiô; ela se levantava acenando com um lenço branco diáfano acima da cabeça de um grupo de mulheres marroquinas de véu, agachadas aos pés dela. Durante a Guerra do Golfo, a mídia estava repleta de imagens contrastantes de mulheres sauditas cobertas por véu e mulheres americanas com equipamento de combate. A persistência do véu como um símbolo que essencialmente representa as mulheres ilustra a incapacidade de pesquisadores, assim como de leigos, de transcender a expressão fenomenal da diferença. Ironicamente, enquanto o véu desempenha um papel desordenado nas representações das mulheres no Norte da África e no Oriente Médio, raramente é estudado em termos da realidade que está por trás dele. Assim, o uso estratégico do véu pelas mulheres e o que acontece sob o véu permanece um mistério.

A religião é percebida como o alicerce das sociedades nas quais o Islã é praticado. De maneira inquietante, o discurso feminista sobre as mulheres espelha aquele dos teólogos. Os escritores invocam a religião como a causa principal (se não a única causa) da desigualdade de gênero, assim como fonte de subdesenvolvimento em grande parte da teoria da modernização. Duas interpretações extremas de mulheres aconteceram. As mulheres são vistas como encarnações do Islã ou como vítimas desamparadas, forçadas a viver de acordo com seus princípios. Ilustrando essa segunda interpretação, uma mulher franco-argelina nomeou uma associação que fundou como "Association of women living *under* Islamic law" [Associação de mulheres que vivem sob a lei islâmica].

Romper com o totalitarismo do paradigma da religião requer uma concepção da religião como um processo. É enganoso e simplista olhar para o Islã como um texto que é aprendido e aplicado fielmente por todos os membros da sociedade em que ele é praticado. Emile Durkheim apontou há muito tempo que mesmo uma sociedade de santos produziria seus desvios. Sob uma perspectiva sociológica, a religião pode fornecer motivação para a ação social. Pode então tornar-se secularizada. Em seu controverso estudo "A ética protestante e o espírito do capitalismo", Max Weber explicou como esse processo ocorreu. A religião também pode ser usada como um mecanismo de legitimação da desigualdade, ou como um protesto contra ela. O Islã não deve ser analisado de maneira diferente da que foram outras religiões, sem que isso lhe tire o sentido. Se fosse possível isolar uma variável independente que detenha a chave para todos os males sociais (como é geralmente feito no caso do Islã), sem dúvida teríamos alcançado a utopia de uma sociedade positiva que Auguste Comte, fundador da sociologia, tinha em mente.

A questão não é nem descartar o papel que o Islã desempenha na vida de mulheres e homens nem superestimá-lo. Mais importante é estudar as condições históricas sob as quais a religião se torna significativa na produção e reprodução da diferença e da desigualdade de gênero. A historização da relação entre gênero e religião permite uma apreciação da complexidade da vida das mulheres até então incluídas no homogeneizador e unitário conceito de "muçulmano". Essa abordagem introduz mais adiante uma dimensão fenomenológica a partir das experiências vividas pelas mulheres em vez de injunções textuais e prescrições feitas para elas. Também ajuda a identificar e explicar defasagens que frequentemente se desenvolvem entre a experiência vivida (em suas formas sociais, políticas e econômicas) e o dogma religioso.

No caso argelino, colocar a religião dentro de um quadro histórico significa introduzir outros fatores igualmente poderosos, como colonialismo, política de desenvolvimento, socialismo, democratização e assim por diante, que interagem com a religião de maneiras complexas. Historicizar a religião e o gênero é diferente de determinar como cada fenômeno apareceu em vários momentos no tempo. Essa perspectiva lança luz sobre conclusões baseadas em uma visão muito limitada da história. Por exemplo, uma tendência do pensamento sustenta que, onde os costumes locais sobreviveram ao advento do Islã, as mulheres são mais livres.[16] Outra tendência aponta para os efeitos deletérios que a sobrevivência dos costumes pré-islâmicos tiveram sobre as mulheres cujos direitos, como especificados no Alcorão, foram violados.[17] O que importa não é tanto que os costumes hostis ao espírito islâmico sobreviveram, mas através de que processo a religião acomoda as práticas que parecem contradizer seus princípios.

PENSANDO DE FORMA DIFERENTE SOBRE AS MULHERES

Eu comecei este livro, *A eloquência do silêncio: mulheres argelinas em questão*, em 1984, quando me interessei pela teoria feminista e o papel que atribui a "outras" mulheres. Insatisfeita com a concepção culturalista que atribuiu ao Islã um poderoso significado causal, eu inicialmente indaguei sobre as condições sob as quais as normas religiosas não afetavam o comportamento das mulheres, observando o envolvimento das mulheres na guerra de descolonização que ocorreu de 1954 a 1962. Enquanto eu estudava as mudanças sociais ocorridas entre as mulheres desde 1962, tornou-se claro para mim que para entender o presente eu precisava compreender o passado, especialmente o passado colonial que ainda assombra o presente. O colonialismo e sua interface com a economia e a religião sobredeterminam qualquer estudo a respeito da mulher argelina de maneiras complexas que ainda precisam ser entendidas. Eu sou assim compelida a revisitar duas realidades desafiadoras, colonialismo e islamismo, que já foram superadas por alguns estudiosos.

Escrever de forma inteligível sobre o colonialismo, para uma pessoa anteriormente colonizada como eu mesma, é tão difícil quanto procurar na infância as possíveis pistas para coisas que acontecem na idade adulta. Além disso, a cacofonia de vozes clamando discursos coloniais e "pós-coloniais" recentemente preencheu as salas acadêmicas de maneira tão penetrante que tornou triviais as referências deste mais importante evento do século XIX e impôs um ônus adicional àqueles que procuravam vir a termo com ele. Finalmente, a intratabilidade dos efeitos da dominação colonial na mente e no comportamento dos nativos bem depois que suas estruturas institucionais foram desmontadas torna sua análise sempre frustrantemente preliminar.

Além de enfrentar todas as questões referentes às mulheres do Terceiro Mundo discutidas anteriormente, ao escrever sobre as mulheres argelinas lida-se com o problema crucial de se saber para qual público o texto é destinado. Estou escrevendo em inglês sobre uma realidade que geralmente não é familiar a um público que fala inglês. O problema não é apenas linguístico; é também o de compartilhar uma história e uma cultura, um estado de espírito, silêncios significativos e uma infinidade de coisas que são ditas, mas dispensadas com explicações – tudo o que torna a escrita um ato gratificante e emancipatório. Uma solução para a suposição de um público, sem o qual eu não poderia escrever este livro, me veio à mente quando me lembrei de uma discussão que tive em Argel em 1988 com uma jovem docente de Sociologia que me dera sua tese de doutorado para ler. Ao responder uma pergunta que fiz sobre sua falta de referência ao papel desempenhado pela lei familiar durante o período colonial, ela afirmou que "eles não tinham tal lei até então". De repente, percebi o quão incompreendido e remoto era um passado que era, de fato, bastante recente para a geração de mulheres que atingiram a maioridade depois da era colonial. É essa geração que escolhi ter em mente como um público potencial para o meu livro, caso ele seja traduzido algum dia. Trata-se de uma geração que não compartilha com seus pais uma memória do passado colonial, e está cada vez mais independente em relação ao antigo sistema de valores agrários e baseados na comunidade. Como resultado de uma combinação de currículos escolares mal elaborados e expostos a mensagens de mídia culturalmente híbridas, temos uma geração muito ingênua no que diz respeito a sua história e raízes culturais.

A abordagem crítica adotada neste trabalho e voltado para seu público potencial o tornam um ato de transgressão. Não assumo raça, cor, etnia ou nacionalidade como um fundamento legitimador para escrevê-lo. Ele não possui política de identidade e não visa ser politicamente correto. As mulheres argelinas, incluindo eu, não têm um "ponto de vista" privilegiado ou perspectiva que as deixa mais próximas de uma verdade feminista do que outras mulheres. Como muitas mulheres e homens, elas são capturadas em uma intrincada teia histórica da qual estão tentando se desembaraçar com os meios à sua disposição.

A QUESTÃO DO MÉTODO E DA TEORIA

Idealmente, escrever sobre mulheres na Argélia deveria ser tão transparente a ponto de simplesmente refletir a realidade delas sem mediação, uma espécie de escrita "grau zero". Em vez disso, é extenuante. Eu lutei para evitar ser uma tradutora social, assim como lutei para evitar falar por outras pessoas que, apesar de muito parecidas comigo, podem, certamente, sentir-se diferentes de mim. A luta mais dolorosa nesse processo foi contra a tentação de falar em nome de mulheres analfabetas que não têm acesso à palavra escrita. Mesmo que a fala seja respeitosa, ela ainda tem a capacidade de silenciar. Eu escolhi deixá-las "falar" descrevendo os jogos que jogavam, as músicas que cantavam, os costumes que praticavam.

Ao longo de sua história pré-colonial e de grande parte de sua história colonial, as mulheres argelinas escreveram muito pouco, se alguma coisa. Não tendo testemunho escrito direto dessas mulheres, decidi recorrer a crônicas, monografias, relatos de viajantes e ensaios escritos por homens argelinos, bem como por homens e mulheres franceses. As fontes coloniais francesas apresentam um problema sério, já que variam em qualidade e compromisso com a ideologia colonial. No século XIX, autorreferencial, os relatos coloniais dos argelinos nativos são uma mistura bizarra de curiosidade, temor, preconceito, desprezo e, às vezes, romantismo. Eles produzem *insights* sobre a psique colonial e, assim, ajudam a apreciar o papel que as mulheres e homens argelinos tiveram na autocompreensão dos colonizadores franceses. Meu papel ao lidar com os escritos coloniais era delicado. Tendo nascido durante a Segunda Guerra Mundial, estou familiarizada com alguns dos costumes e práticas mencionados na literatura, bem como com as mudanças que os afetaram. Meu conhecimento pessoal, complementado por mim com entrevistas de mulheres na casa dos setenta anos, me permitiu ter um ponto de referência para determinar se um relato foi preciso ou não.

Dada a natureza ideológica dos escritos coloniais e a escassez de informações sobre como as mulheres viviam imediatamente antes da invasão francesa, realizei pesquisas de arquivo em Aix-en-Provence para examinar os registros mantidos pelas agências árabes durante a fase militar da ocupação da Argélia. Eu achava que esses registros, limitados a relatar os eventos diários que chamavam a atenção de oficiais militares, seriam menos manchados por preconceito pessoal. E eram. No entanto, meu objetivo não era escrever a história das mulheres argelinas no século XIX, mas sim ter uma noção das deslocações forjadas sobre elas a partir de uma mudança radical em sua sociedade.

Os estudos da Argélia e de seu povo começaram a tomar um panorama mais desapaixonado, mesmo que questionável e, às vezes, objetivo, na virada deste século, quando a ciência social colonial tornou-se institucionalizada. No entanto, os estudos das mulheres permaneceram, com algumas exceções, condescendentes, unilaterais e geralmente incapazes de compreender a vida de seus sujeitos. A escassez de informações sobre mulheres no século XIX e na primeira metade do século XX traz à tona a questão do silêncio de forma múltipla. Silêncio como ausência de voz pública não é sinônimo de ausência de conversa ou ação. De fato, as mulheres argelinas agiram ao longo de sua história de tais maneiras que tornaram seu silêncio bastante eloquente. O silêncio delas por vezes era *circunstancial*, ou o resultado de fatores sociais e culturais, tais como confiar que o Estado defenderia seus direitos e permanecer caladas até que esses direitos fossem violados. Outras vezes, era *estrutural* ou ditado por estruturas determinadas historicamente como a exigência colonial de que o discurso fosse expresso em francês, assim incapacitando aqueles que não sabiam falar o idioma. O silêncio *estratégico* foi, e ainda é, um ato voluntário de autopreservação quando uma mulher sente que é melhor ficar quieta do que provocar a ira ou a desaprovação de alguém.

Para capturar a riqueza e a plenitude da vida das mulheres durante a era colonial, e removê-las do peso esmagador da má compreensão, introduzi a dimensão do *tempo* em minha análise. A vida das mulheres argelinas estava integrada a uma ordem temporal diferente da vida das mulheres francesas, mesmo que elas vivessem durante o mesmo tempo. Essa dimensão me permitiu compreender os diferentes significados que as mulheres argelinas indexavam às suas atividades, bem como as atitudes hostis ou paternalistas que as mulheres francesas exibiram na direção daquelas que não compartilhavam seu tempo. As temporalidades culturais as mantêm separadas, mas frequentemente cruzadas com temporalidades econômicas e políticas que as mantiveram juntas como antagonistas.[18]

Finalmente, elucidar a vida das mulheres em condições de silêncio expõe a questão da intersubjetividade em toda a sua dureza. As atividades diárias das mulheres, os rituais que executavam, os jogos que realizavam, suas alegrias e tristezas constituem a fundação sobre a qual as famílias e sua reprodução eram e ainda são baseadas. Embora o conteúdo desses atos possa ser diferente, famílias de outras sociedades têm fundações semelhantes. Imagens negativas de mulheres são tão abrangentes e poderosas que privam suas vítimas da subjetividade e agenciamento, e de defesa de sua identidade. A visão estruturalista genética de Lucien Goldmann fornece uma resposta provisória para esse enorme problema que atormenta o estudo de mulheres argelinas. Tal visão é baseada no princípio de que todo comportamento humano é significativo no sentido de que "pode ser traduzido em uma linguagem conceitual como uma tentativa de resolver um problema prático".[19] Se aplicada às mulheres, essa perspectiva possibilita estudá-las como agentes ativas em suas vidas, em vez de vítimas passivas. Isso sensibiliza a pesquisadora para a significativa importância das atividades mundanas e devolve às mulheres a individualidade aniquilada pelo desenfreado viés empirista no coração da prática feminista acadêmica predominante. Por fim, ajuda a problematizar a palavra escrita quando substitui as vozes das mulheres. Isso não é uma conquista irrelevante no contexto argelino.

Pode-se argumentar que estruturalismo é estruturalismo. Chamar essa perspectiva de "genética" ressalta apenas sua incapacidade fundamental de acomodar o papel desempenhado pelo indivíduo em moldar estruturas, se não as mudando. Possivelmente. Mas o problema não é escolher entre estrutura e indivíduo. Ambos devem ser levados em consideração para entender a relação das mulheres (e dos homens) para a sociedade e para si mesmos. A base do estruturalismo genético é inquestionavelmente um ponto de partida antropológico necessário. Além do que, a concepção de Goldmann do "sujeito transindividual" (assim como o "ego transcendental" de Jean-Paul de Sartre) constitui outro ponto de partida para explorar a noção de intersubjetividade nas ciências sociais.[20] O sujeito transindividual é uma construção que incorpora e sublinha as determinações de classe social e consciência de classe, a ideologia e as estruturas sociais do conhecimento. O sujeito transindividual também é um sujeito real profundamente consciente dessas determinações e da influência que o grupo exerce sobre seus pensamentos. Mais importante, o sujeito transindividual é um sujeito *crítico* envolvido em uma crítica implacável de todas as visões parciais de mundo, incluindo as suas próprias.

Para Goldmann, esse sujeito visa atingir o que ele chama de "máxima consciência de classe", que incorpora elementos da consciência de outras classes. Esse objetivo restritivo pode ser ampliado para abranger uma consciência multicultural, multissocial, que conhece as divisões de classe social, bem como de raça e sexo. Em uma palavra, ele deve alcançar uma verdadeira visão de mundo, distinta da "visão de mundo" weberiana. Tal visão de mundo se baseia na descentralização do eu que deve abandonar seus adornos de identidade estritamente definidos. Presumivelmente, é mais difícil para mulheres e homens cujas identidades são formadas em países poderosos largar esses ornamentos, já que eles oferecem um confortável senso de regalia.[21] Mas o sujeito transindividual é um projeto-em-prática e não um molde pré-formado ao qual as mulheres (pelo menos aquelas fazendo pesquisa entre culturas) devem se dedicar.

Escrever sobre mulheres na Argélia é semelhante a entrar na aposta pascaliana.[22] Envolve correr o risco de soar ingênuo e utópico e falhar na tentativa de buscar uma nova forma de humanismo baseada na reafirmação do primado do humano sobre o cultural. No entanto, também traz a possibilidade de ganhar a aposta. Tratar o pensamento da pesquisa como uma aposta é aceitar o fato de que ele é incerto e de que todas nós, feministas da identidade, humanistas, cientistas pragmáticas e outras somos parte integrante do processo que tornou a pesquisa sobre mulheres argelinas repleta de incertezas, e "expropriada de [sua] indignação moral".[23]

ORIGINALMENTE PUBLICADO EM *THE ELOQUENCE OF SILENCE: ALGERIAN WOMEN IN QUESTION*. LONDRES: ROUTLEDGE, 1994, P. 6-19. TRADUÇÃO DE CRISTINE CARVALHO.

NOTAS

1. Jean-Paul Sartre, *Search for a Method*. Nova York: Vintage, 1963, p. 37.
2. O uso do conceito "ocidental" neste livro não conota nenhum significado ontológico. Refere-se a indivíduos que habitam o espaço identificado como o Ocidente, que coincide com a industrialização e/ou impérios coloniais do passado. O conceito de "Terceiro Mundo" é tão inadequado quanto "Ocidente", especialmente agora que o chamado "bloco soviético", que ocupava o espaço de um Segundo Mundo, não se encaixa mais na terminologia da Guerra Fria.
3. Fatima Mernissi, *Beyond the Veil*. Nova York: Shenkman, 1975; Nawal El-Saadawi, *The Hidden Face of Eve*. Boston: Beacon Press, 1980.
4. Rosario Morales, "We Are All In The Same Boat", in Cherrie Moraga e Gloria Anzaldua (eds.), *This Bridge Across My Back*. Nova York: Kitchen Table, Women of Color Press, 1983, p. 91.
5. Mitsuye Yamada, "Asian Pacific American Women and Feminism", p. 71.

6. Sheila Rowbotham, *Women, Resistance, and Revolution*. Nova York: Vintage, 1974, p. 244-247.
7. Pierre Bourdieu, *Outline of a Theory of Practice*. Cambridge: Cambridge University Press, 1977, p. 21.
8. Michel Foucault, *Language, Counter-Memory, Practice*, in D. F. Bouchard (ed.), Ithaca: Cornell University Press, 1977, p. 154.
9. Audre Lorde, "On Open Letter to Mary Daly", in Elly Bulkin, M. B. Pratt e B. Smith, *Yours in Struggle*. New York: Long Haul Press, 1984, p. 94-97.
10. Gayatri Chakravorty Spivak, "'Draupadi' by Mahasveta Devi", in Elizabeth Abel (ed.), *Writing and Sexual Difference*. Chicago: University of Chicago Press, 1982, p. 261-82, especialmente o prefácio do tradutor.
11. Pierre Bourdieu, op. cit., p. 2.
12. Ver Ranajit Guha (ed.), *Subaltern Studies VI: Writings on South Asian History and Society*. Delhi, Oxford e Nova York: Oxford University Press, 1989.
13. Patricia Hill Collins, *Black Feminist Thought: Knowledge, Consciousness and the Politics of Empowerment*. Nova York: Routledge, Chapman and Hall, 1991.
14. Ver Marnia Lazreg, "Feminism and Difference: The Perils of Writing as a Woman on Women in Algeria," in *Feminist Studies*, vol. 14, no. 1, Primavera 1988.
15. Frantz Fanon, "L'Algérie se dévoile", in *L'an V de la révolution algérienne*. Paris: La Découverte, [1959], 2011.
16. Margaret Smith, *Rabi'a the Mystic and Her Fellow Saints in Islam*. Amsterdam: Philo Press, 1974, p. 148-154.
17. Reuben Levy, *The Social Structure of Islam*. Cambridge: Cambridge University Press, 1959.
18. Devo à *The Culture of Time and Space*, de Stephen Kern, 1880-1918. Cambridge: Harvard University Press, 1983, por me ajudar a apreciar o significado das percepções do tempo e das mudanças culturais.
19. Lucien Goldmann, "Genetic Structuralism", in *Sciences humaines et philosophie*. Paris: Editions Gonthier, 1966, p. 151.
20. Ibid., p. 60.
21. Na Antropologia, Clifford Geertz defende a manutenção de tais identidades enfatizando que a relação dos pesquisadores com os nativos é puramente cognitiva. Veja *Conhecimento local: ensaios adicionais em Antropologia Interpretativa*. Nova York: Basic Books, 1983, capítulo 8.
22. Lucien Goldmann, *The Hidden God: A Study of the Tragic Vision in the Pensées of Pascal and the Tragedies of Racine*. Nova York: Routledge and Kegan Paul, 1964, capítulo 1.
23. Barrington Moore Jr., *Injustice: The Social Bases of Obedience and Revolt*. Nova York: M. E. Sharpe, p. 500-505.

práticas decoloniais

Não queremos dizer que vamos redistribuir a pobreza em partes iguais, mas pelo contrário, vamos distribuir os frutos do trabalho e das lutas. Este é o ponto de partida para o *viver bem* das mulheres, porque pessoas que somos fazemos parte dos povos e comunidades, temos nossos corpos sexuados e não queremos que isso seja pretexto para nos discriminar e nos oprimir. Queremos para nós também isso do *viver bem*.

Julieta Paredes Carvajal

Uma ruptura epistemológica com o feminismo ocidental

Julieta Paredes Carvajal

O FEMINISMO NO OCIDENTE responde às necessidades das mulheres em suas próprias sociedades, pois elas desenvolvem lutas e construções teóricas que pretendem explicar sua situação de subordinação. Ao instaurar-se no mundo de relações coloniais, imperialistas e transnacionais, essas teorias se convertem em hegemônicas no âmbito internacional, invisibilizando assim outras realidades e outras contribuições.

Sem desmerecer o que elas, as feministas ocidentais, fizeram e fazem em suas sociedades, nós queremos posicionar a partir da Bolívia nosso processo feminista e nossos processos de mudança.

Parece-nos importante partir de nossa definição de feminismo: *feminismo é a luta e a proposta política de vida de qualquer mulher em qualquer lugar do mundo, em qualquer etapa da história, que tenha se rebelado diante do patriarcado que a oprime.*

Essa definição permite nos reconhecermos filhas e netas de nossas próprias tataravós aymaras, quechuas e guaranis rebeldes e antipatriarcais. Também nos posiciona como irmãs de outras feministas no mundo e nos posiciona politicamente perante o feminismo hegemônico ocidental.

Para entender melhor essa proposta, analisaremos o feminismo ocidental em sua influência no mundo.

FEMINISMO OCIDENTAL

Nasce na Revolução Francesa com a inauguração da república, da democracia e do Estado moderno.

- Na Revolução Francesa, o liberalismo burguês propõe a fraternidade, a igualdade e a liberdade dos homens entre os homens. Os direitos cidadãos são direitos individuais como aqueles da propriedade privada e do voto. A fraternidade é fraternidade entre os indivíduos livres e iguais.
- Quando as mulheres francesas buscam esses mesmos direitos para as mulheres, elas são guilhotinadas, exatamente como na monarquia, por homens burgueses revolucionários. Olympe de Gouges é um exemplo.
- Por isso surge o feminismo no Ocidente, para responder a uma sociedade liberal e burguesa, que afirma os direitos individuais dos homens burgueses, mas não das mulheres burguesas.
- Esse feminismo propõe, perante a afirmação do indivíduo burguês, duas formas de afirmação individual e reivindicação das mulheres:

  - FEMINISMO DA IGUALDADE.
  - FEMINISMO DA DIFERENÇA.

- O feminismo ocidental afirma a indivídua mulher perante o indivíduo homem.
- A Revolução Francesa afirma os direitos dos indivíduos homens, a propriedade privada, a liberdade, direito ao voto, a igualdade entre homens etc.
- As mulheres não tinham direitos, por isso há duas formas de as mulheres se afirmarem como indivíduas perante os homens.

Mulher igual ao homem → M = H feminismo da igualdade

Mulher diferente do homem → M≠H feminismo da diferença

FEMINISMO COMUNITÁRIO

Nós partimos da comunidade como princípio inclusivo que cuida da vida. Para construir o feminismo comunitário é necessário desmistificar o *chacha-warmi* (homem-mulher) que nos impede de analisar a realidade da vida das mulheres em nosso país.

No Ocidente, o feminismo significou, para as mulheres, posicionar-se como indivíduas perante os homens. Estamos nos referindo às duas grandes vertentes do feminismo da igualdade e da diferença, ou seja, mulher igual ao homem ou mulher diferente do homem, como dissemos acima. Mas isso não é possível compreender dentro de nossas formas de vida na Bolívia, que têm fortes concepções comunitárias. Por essa razão nos propomos, como feministas bolivianas, a fazer nosso próprio feminismo e nos pensar a partir da realidade em que vivemos. *Não queremos nos pensar como mulheres perante os homens, mas nos pensar como mulheres e homens em relação a uma comunidade*.

Antes de abordar o tema que entendemos como comunidade, dediquemos alguns parágrafos ao tema do *chacha-warmi*, porque, como dissemos, não poderemos construir nosso feminismo comunitário sem desvelar a prática machista desse conceito.

O *CHACHA-WARMI* NÃO É VARINHA MÁGICA QUE APAGA AS DISCRIMINAÇÕES

Os irmãos indigenistas nos falam que o feminismo é somente ocidental e que não há em nosso povo necessidade desses pensamentos ocidentais porque já há uma prática de complementariedade *chacha-warmi*, homem-mulher, que só precisamos praticar isso, porque o machismo chegou com a colônia.

Ainda que desejemos, forcemos e tentemos dissimular, o *chacha-warmi* não é esse ponto de partida que queremos. Por quê? Porque o *chacha-warmi* não reconhece a situação real das mulheres indígenas, não incorpora a denúncia do gênero à comunidade, naturaliza a discriminação; esse machismo indigenista diz que é natural que as mulheres tenham esses papéis nas comunidades, não querem analisar e reconhecer que esses papéis e atividades das mulheres são considerados menos, de menor valor, de menor importância, que significa maior exploração da força de trabalho das mulheres. Isso é naturalizar a discriminação, as desigualdades, a exploração e a opressão das mulheres, é considerar natural que as mulheres cumpram esses papéis e por consequência natural estejam subordinadas e os homens privilegiados, por exemplo, com ter mais tempo, escola, maior salário, maior respeito por sua palavra. O *chacha-warmi* não tem o instrumento da denúncia de gênero, precisamos dessa denúncia de gênero para poder entender e desvelar as causas das condições históricas da opressão das mulheres em nossos povos e transformá-las.

Mas há uma coisa interessante, o *chacha-warmi*, ainda que de modo confuso e machista, nos propõe um par complementar, mas um par machista de complementariedade hierárquica e vertical, os homens acima e privilegiados e as mulheres abaixo e subordinadas.

O *chacha-warmi* é ainda mais confuso, porque uma coisa é o par complementar e outra é o casal heterossexual. O par complementar é a representação simbólica das comunidades que, por falsas declarações machistas, hoje se interpreta como o casal heterossexual nas comunidades. Explico-me:

Quando a autoridade é escolhida, se escolhe o homem e automaticamente sua mulher vai como complemento. Quem escolheu a mulher? Ninguém da comunidade, mas o homem sim, então a representação política dos homens ocorre por eleição e isso lhe dá força e legitimidade. As mulheres, por outro lado, estão ali acompanhando o homem por ser seu casal heterossexual e não por eleição, a representação da mulher não tem força nem legitimidade.

Repetimos, quando falamos de par complementar não estamos falando de casal. Mais adiante, no tema da comunidade, tentaremos aprofundar a diferença entre casal heterossexual e par de complementariedade igualitário, isso será quando falarmos de comunidade.

Recuperamos portanto o par complementar, mas a partir desse conceito necessariamente temos de nos distanciar da prática machista e conservadora do *chacha-warmi*. Há de se denunciá-lo como um cenário de forte resistência machista, privilégio para todos os homens e violência de todo tipo para as mulheres.

Nós, a partir do feminismo comunitário, o repensamos em um par complementar de iguais *warmi-chacha*, mulher-homem, *warmi-k'ari*, *kuña-cuimbaé* que não é apenas uma simples mudança de lugar de palavras, é a reconceitualização do par complementar a partir das mulheres, porque nós mulheres somos as que estamos subordinadas, e construir um equilíbrio, uma harmonia na comunidade e na sociedade, vem a partir das mulheres.

Desenhamos essa reconceitualização em seguida, partindo de um gráfico da realidade e não dos mitos que os irmãos homens nos contam para tampar seu machismo nas comunidades.

| Queremos a metade mas não uma metade de opressão, exploração e violência com uma complementariedade hierárquica das comunidades. | Queremos uma metade de igualdade e respeito mútuo. Construir uma complementariedade horizontal, sem hierarquias. |

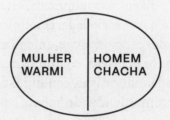

O PAR COMPLEMENTAR DO FEMINISMO COMUNITÁRIO

Nossa proposta é a reconceitualização do par complementar, desnudar de seu machismo, de seu racismo e do classicismo, reordená-lo em mulher-homem, *warmi-chacha*, que recupera o par complementar horizontal, sem hierarquias, harmônico e recíproco, par de presença, existência, representação e decisão.

Recorrer a nós e aos outros em *warmi-chacha*, mulher-homem, *warmi-k'ari, kuña-cuimbaé* não é construir um novo mito, tampouco afirmar que antes, na etapa pré-colonial, houvesse necessariamente um equilíbrio fundamental, como o que queremos construir agora, ou seja, duvidamos que tenha sido assim, mas isso será tema de pesquisa da memória longa. O que afirmamos é que estamos certas do que queremos agora, sabemos de qual realidade partimos e aonde queremos chegar.

Essa reconceitualização *warmi-chacha,* mulher-homem, *warmi-k'ari, kuña-cuimbaé,* com as contribuições da denúncia do gênero, nos evidencia que a comunidade é o ponto de partida e o ponto de chegada para a sua transformação. E tampouco é uma simples mudança de palavras, é começar o tempo das mulheres (*warmi pacha*) partindo das mulheres em comunidade *warmi-chacha.*

O QUE É, ENTÃO, A COMUNIDADE?

Quando falamos de comunidade, queremos abranger em sua compreensão todas as comunidades, não estamos somente falando das comunidades rurais ou comunidades indígenas. É outra maneira de entender, organizar a sociedade e viver a vida.

Quando dizemos comunidade, estamos nos referindo a todas as comunidades de nossa sociedade, comunidades urbanas, comunidades rurais, comunidades religiosas, comunidades esportivas, comunidades culturais, comunidades políticas, comunidades de luta, comunidades territoriais, comunidades educativas, comunidades de tempo livre, comunidades de amizade, comunidades de bairro, comunidades geracionais, comunidades sexuais, comunidades agrícolas, comunidades de afeto, comunidades universitárias etc. É compreender que de todo grupo humano podemos fazer e construir comunidades. É uma proposta alternativa à sociedade individualista.

A comunidade está constituída por mulheres e homens como duas metades imprescindíveis, complementares, não hierárquicas, recíprocas e autônomas uma da outra, o que necessariamente não significa uma heterossexualidade obrigatória, porque não estamos falando de casal, mas sim de par de representação política, não estamos falando de família, mas sim de comunidade.

Ou seja, não é que todos tenham que estar necessariamente numa relação heterossexual, casados e com filhos.

Queremos dizer que a humanidade é isso, possui duas partes (pessoas) diferentes que constroem identidades autônomas, que assim constituem e constroem uma identidade comum. A negação de uma das partes, na submissão e subordinação, é atentar também contra a existência da outra. Submeter a mulher à identidade do homem, ou vice-versa, é cortar a metade do potencial da comunidade, sociedade e humanidade. Ao se submeter a mulher, se submete a comunidade, porque mulher é a metade da comunidade, e ao submeter uma parte da comunidade, os homens se submetem a si mesmos, porque eles também são a comunidade.

A MULHER COMO PRINCÍPIO DA ALTERIDADE

A alteridade significa que nem tudo começa e termina no seu umbigo e que existem outras pessoas além de você.

Quando falamos que a comunidade tem duas partes fundamentais, quer dizer que a partir desse reconhecimento da alteridade inicial, a comunidade mostra toda a extensão de suas diferenças e diversidades, ou seja, que o par mulher-homem inicia a leitura das diferenças e das diversidades na humanidade, inclusive as diferenças e diversidades de não se reconhecer homem, não se reconhecer mulher, ou nem homem nem mulher.

Se olharmos as comunidades, o que de inicial podemos dizer é que elas estão compostas, em primeira instância, pelas mulheres e homens desde crianças até anciãs/ãos, isso já é uma diversidade geracional. Logo, a leitura de complementaridades, reciprocidades e autonomias horizontais continua englobando as existências geracionais entre crianças, jovens e anciãs; assim como entre as diferentes habilidades, saberes e sexualidades, englobará também as diferentes morfologias do corpo, tipos, cores, tamanhos, capacidades e deficiências, e claramente as diferentes expressões e opções sexuais, as diferentes crenças, adesões políticas, ideológicas e religiosidades.

Essas e outras complementaridades, reciprocidades e autonomias atuam dentro da comunidade, mas a comunidade não é um gueto nem uma reserva, é uma comunidade viva, que se move e se projeta construindo também complementaridades não hierárquicas, reciprocidades e autonomias com outras comunidades; um exemplo disso são as complementaridades na produção e na proteção política do território. Outro exemplo de complementaridade nos interesses políticos do país foi em outubro de 2003,[1] quando recuperamos os recursos naturais, ou como em setembro de 2008, que nos unimos para defender-nos do fascismo e da direita dos cívicos da *"media luna"*.[2]

Há complementaridade, autonomia e reciprocidade entre quem vive em comunidades rurais, com irmãs e irmãos que vivem nos bairros urbanos da Bolívia, ou em cidades de outros países. Enfim, um tecido das complementaridades, reciprocidades, identidades, individualidades e autonomias.

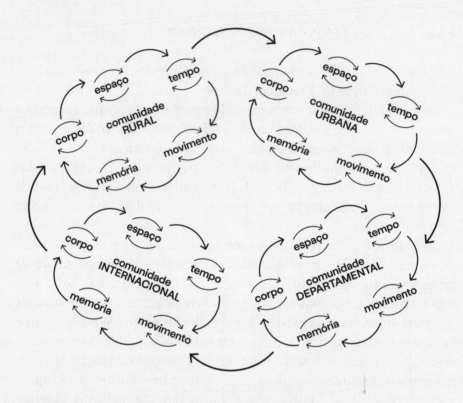

É A COMUNIDADE DE COMUNIDADES QUE PROPOMOS PARA A COMUNIDADE

Fazemos esse esclarecimento sobre quem constitui a comunidade, porque no imaginário social e político da Bolívia atual a comunidade significa os homens da comunidade, e não as mulheres. Eles falam, eles representam, eles decidem e eles projetam a comunidade. Percebe-se as mulheres por detrás dos homens ou debaixo dos homens, o que é o mesmo que subordinadas aos homens, como dizemos, **as mulheres vistas como complemento dos homens.**

Na prática social e política das comunidades, nacionalidades, povos, organizações e movimentos sociais até hoje continuam sendo os homens os que têm o poder das decisões, a voz e a representação das comunidades. Isso é a expressão da patriarcalização e da colonização das comunidades, que consideram algumas pessoas inferiores e sem os direitos e oportunidades que têm as outras.

RECONHECER AS MULHERES É CONSTRUIR OUTRO DISCURSO, AGORA INCLUSIVO E REAL

Ao dizer que a comunidade está composta pelas mulheres e pelos homens, visibilizando as mulheres invisibilizadas pela hegemonia dos homens, propomos em nossas relações humanas o reconhecimento da alteridade, esta entendida com a existência real da outra e não uma alteridade ficcional. Esse reconhecimento não é nominal, o reconhecimento da outra existência tem suas consequências e uma delas, por exemplo, é a redistribuição dos benefícios do trabalho e da produção em partes iguais.

Não queremos dizer que vamos redistribuir a pobreza em partes iguais, mas pelo contrário, vamos distribuir os frutos do trabalho e das lutas. Esse é o ponto de partida para *o viver bem* das mulheres, porque pessoas que somos fazemos parte dos povos e comunidades, temos nossos corpos sexuados e não queremos que isso seja pretexto para nos discriminar e nos oprimir. Queremos para nós também isso do *viver bem*.

Só nos resta então, como mulheres, traduzir isso em políticas públicas, que começam nas comunidades e devem chegar até o governo nacional. Significa devolver duplamente o que corresponde às mulheres, isso porque, se os homens estão empobrecidos, as mulheres estão mais empobrecidas que os homens. Não é preciso se assustar com isso, de devolver o dobro às mulheres, é apenas justiça, por exemplo: deve-se retribuir às mulheres indígenas duplamente, porque corresponde lhes devolver, primeiro, como comunidades indígenas de mulheres e homens o que o colonialismo e o racismo lhes roubaram, e por estarem as mulheres indígenas mais empobrecidas que os homens em suas comunidades, deve-se devolver-lhes em justiça o que o patriarcado lhes arrancou; por isso dizemos que é preciso devolver-lhes duas vezes, uma pelos indígenas e outra pelas mulheres.

Da mesma maneira, as mulheres em bairros urbanos populares têm sido sistematicamente empobrecidas pelo neoliberalismo e, por isso, é preciso restituir a essas mulheres o que lhes corresponde, por pertencer à classe trabalhadora, lugar onde também se devolverá aos homens da classe trabalhadora empobrecidos pelo neoliberalismo, mas por estarem essas mulheres trabalhadoras mais empobrecidas que os homens trabalhadores, devem receber o dobro, porque é preciso lhes devolver também a parte que como mulheres lhes foi arrancada.

Queremos afirmar que nós mulheres somos a metade de cada comunidade, de cada povo, de cada nação, de cada país, de cada sociedade.

ORIGINALMENTE PUBLICADO EM *HILANDO FINO: DESDE EL FEMINISMO COMUNITARIO*. LA PAZ: MUJERES CREANDO, 2010, P. 75-94.

NOTAS

1. N. da E.: Em outubro de 2003 teve início a Guerra do Gás, movimento que culminou com a renúncia do então presidente Sánchez de Lozada. Em setembro de 2008, o governo de Evo Morales foi atacado por suas políticas anticapitalistas e em defesa dos indígenas do país.
2. A *media luna* se refere a uma tentativa separatista de setores brancos de Santa Cruz de dividirem territorialmente a Bolívia e declararem-se um país independente. Eles se juntaram a brancos e fascistas de outros departamentos do país com o pretexto de autonomia, quando o que não queriam é ser governados por índios, como diziam. Os setores brancos são minoritários em toda a Bolívia.

De acordo com o ponto de vista feminista não existe uma identidade única, pois a experiência de ser mulher se dá de forma social e historicamente determinada. Em termos dos movimentos negro e de mulheres negras no Brasil, estes seriam fruto da necessidade de dar expressão a diferentes formas da experiência de ser negro (vividas através do gênero) e de ser mulher (vividas através da raça). Do ponto de vista da reflexão e da ação políticas, uma não existe sem a outra.

Luiza Bairros

Nossos feminismos revisitados

Luiza Bairros

CERTA VEZ EM SALVADOR, na Bahia, vi na televisão um quadro sobre culinária. Era um programa matinal, dirigido ao público feminino, onde se demonstrava como preparar um prato do qual já nem me lembro. Naquele momento, o que prendia minha atenção estava atrás da imagem imediatamente visível na tela de TV. O cenário era uma cozinha e o personagem principal, uma apresentadora que não parava de dar instruções e conselhos. Em contraposição, uma jovem negra participava da cena no mais completo mutismo.

Naquele programa, o estereótipo que nos associa à boa cozinheira foi redefinido pela redução da mulher negra ao papel de coadjuvante mesmo no limitado espaço imposto pelo racismo. Para mim, entretanto, tão poderosa quanto o silêncio era nossa outra fala, transmitida pela pele negra e realçada pelo penteado de tranças da ajudante. Uma imagem posta em nossos próprios termos, desligada das representações de submissão atribuídas a nós mulheres e homens negros. Se por um lado os produtores de TV acham que não possuímos a autoridade e a segurança necessárias para ensinar até mesmo o que supostamente fazemos melhor, por outro é evidente que o racismo já não pode mais ser praticado sem contestação, sem que de algum modo emerjam os contraditórios discursos que (re)criamos nas duas últimas décadas.

Os significados embutidos na cena não param por aí. O papel desempenhado pela apresentadora – branca – era superior apenas na aparência, pois ela estava restrita ao espaço geralmente desvalorizado da atividade doméstica. Logo, sua autoridade só pôde evidenciar-se quando contraposta ao papel secundário da ajudante negra.

Numa sociedade racista sexista marcada por profundas desigualdades sociais, o que poderia existir de comum entre mulheres de diferentes grupos raciais e classes sociais? Essa é uma questão recorrente não totalmente resolvida pelos vários feminismos que interpretam a opressão sexista com base num diferenciado espectro teórico político-ideológico de onde o movimento feminista emergiu.

CONCEITOS FUNDAMENTAIS DO FEMINISMO

De acordo com Judith Grant,[1] as versões mais conhecidas do feminismo-radical liberal socialista não foram capazes de dar conta de questões como as que me foram sugeridas pelo programa de TV, porque herdaram do feminismo radical três conceitos básicos (e problemáticos): mulher, experiência e política pessoal.

Num determinado momento, os conceitos foram úteis para definir uma coletividade e seus respectivos interesses, justificando assim o estabelecimento de uma organização política independente. Mas, por outro lado, mostraram-se inconsistentes quando usados para definir o que nos une a todas como mulheres. Para a autora, tal convergência conceitual é chave para se entender por que certos feminismos desconsideram categorizações de raça, de classe social e de orientação sexual, favorecendo assim discursos e práticas voltados para as percepções e necessidades de mulheres brancas heterossexuais de classe média. Vejamos como esse argumento é elaborado.

O uso do conceito mulher traz implícito tanto a dimensão do sexo biológico como a construção social de gênero. Entretanto, a reinvenção da categoria mulher frequentemente utiliza os mesmos estereótipos criados pela opressão patriarcal – passiva, emocional etc. – como forma de lidar com os papeis de gênero. Na prática, aceita-se a existência de uma natureza feminina e outra masculina, fazendo com que as diferenças entre homens e mulheres sejam percebidas como fatos da natureza.[2] Dessa perspectiva, a opressão sexista é entendida como um fenômeno universal sem que, no entanto, fiquem evidentes os motivos de sua ocorrência em diferentes contextos históricos e culturais

Para definir opressão, o feminismo lança mão do conceito "experiência", segundo o qual "opressiva" seria qualquer situação que a mulher defina como tal, independentemente de tempo, região, raça ou classe social.[3,4] Cabe notar que essa definição, ao mesmo tempo em que reforça um dos aspectos definidores do feminismo em relação a outros sistemas de pensamento – a importância da subjetividade em oposição a objetividade –, também abre a porta para as generalizações. Isso, associado ao maior acesso aos meios de propagação de ideias por certos grupos, sem dúvida contribuiu para que experiências localizadas fossem tomadas como parâmetro para as mulheres em geral.

Há duas versões do pensamento feminista que explicitamente tentam definir a mulher com base em experiências tidas como universais. A primeira coloca a maternidade como a experiência central na identidade das mulheres. Ao responder por que constituímos um grupo diferente, coloca-se em destaque valores ligados à pratica das mães – altruísmo, carinho, cuidado com os interesses do outro. A ênfase num aspecto compartilhado apenas em carater biológico como parte integral da identidade feminina reforça noções patriarcais do que é tradicional ou naturalmente feminino apenas atribuindo a essas características um valor superior àquelas geralmente associadas ao homem.[5] Por outro lado, não evita a manifestação de interesses contraditórios, como bem demonstram as dificuldades que existem ainda hoje para definir um entendimento comum para temas como aborto ou até mesmo direitos reprodutivos. A segunda versão toma a sexualidade entendida como forma de poder que transforma a mulher em objeto sexual do homem como a experiência capaz de unificar todas as mulheres. Dessa perspectiva, a mulher tende a ser interpretada como vítima de um poder definido como intrinsecamente masculino. Também nesse caso, a tentativa de generalizar experiências fracassa. Prova disso são as diferentes percepções sobre estupro, assédio sexual e mais recentemente a discussão sobre pornografia e violência que tem dividido opiniões sobre o que é ou não a submissão da mulher à vontade do macho. Veja-se a esse respeito o que dizem as homossexuais norte-americanas que reivindicam o sadomasoquismo como uma forma legítima de exercício da sexualidade, opondo-se, assim, a interpretações que problematizam essas mesmas práticas em relações heterossexuais.

A ênfase na experiência levou à afirmação de que o pessoal é político, o terceiro conceito básico do feminismo. A ideia de que problemas de mulher são meramente pessoais foi descartada quando o movimento feminista propôs-se a agir no sentido de estabelecer soluções comuns. Política, então, seria qualquer relação de poder mesmo fora da esfera pública da ação direta do Estado ou da organização capitalista da sociedade. Daí a importância da noção de dominação masculina de acordo com a qual se poderia definir como instituição política qualquer atividade estruturada para perpetuá-la, como no caso do casamento e da família.[6]

TRANSFORMANDO OS CONCEITOS FUNDAMENTAIS

Há pelo menos duas teorias feministas que procuram superar as limitações dos conceitos fundamentais sem, no entanto, abandoná-los totalmente. Uma é o feminismo socialista, que parte do referencial teórico marxista para analisar a base material da dominação masculina. Entretanto, como as categorias feministas fundamentais foram estabelecidas em oposição aos postulados marxistas, torna-se difícil atribuir equivalências para conceitos como produção e reprodução (frequentemente tratados no feminismo como esferas separadas), assim como introduzir a análise de temas como sexualidade e socialização de crianças, definindo patriarcado não como ideologia, mas enquanto uma estrutura com base material.[7]

As socialistas, entretanto, ofereceram pelo menos alternativas para que se entendesse a intersecção entre gênero, raça, orientação sexual e classe. Contudo, mantêm a experiência como o principal elemento para definir a opressão sexista e entendem-na como mais importante. Pensaram as outras dimensões como parcelas que se somam à de gênero, dando, assim, margem para as nossas conhecidas formulações em termos de dupla ou tripla opressão sexismo + racismo + homofobia etc.

A aceitação mais ou menos acrítica de que existiriam grupos mais discriminados que outros resultou da incapacidade de oferecer uma formulação que evidenciasse como somos todas e todos afetados pelo sexismo em suas diversas formas – homofobia, machismo, misoginia. A percepção de que o homem deve ser, por exemplo, o principal provedor do sustento da família, o ocupante das posições mais valorizadas do mercado de trabalho, o atleta sexual, o iniciador das relações amorosas, o agressivo, não significa que a condição masculina seja de superioridade incontestável.

Essas mesmas imagens cruzadas com o racismo reconfiguram totalmente a forma como os homens negros vivenciam gênero. Assim, o negro desempregado ou ganhando um salário minguado é visto como o preguiçoso, o fracassado, o incapaz. O atleta sexual é percebido como um estuprador em potencial, o agressivo torna-se o alvo preferido da brutalidade policial. Só que esses aspectos raramente são associados aos efeitos combinados de sexismo e racismo sobre os homens, que reforçam os primeiros na ilusão de poder compensar os efeitos devastadores dos segundos.

A outra tentativa mais recente de transformar as categorias mulher, experiência e política pessoal é o ponto de vista feminista (*feminist standpoint*). Segundo essa teoria, a experiência da opressão sexista é dada pela posição que ocupamos numa matriz de dominação onde raça, gênero e classe social interceptam-se em diferentes pontos. Assim, uma mulher negra trabalhadora não é triplamente oprimida ou mais oprimida do que uma mulher branca na mesma classe social, mas experimenta a opressão a partir de um lugar que proporciona um ponto de vista diferente sobre o que é ser mulher numa sociedade desigual racista e sexista.

Raça, gênero, classe social e orientação sexual reconfiguram-se mutuamente, formando o que Grant chama de um mosaico que só pode ser entendido em sua multidimensionalidade. De acordo com o ponto de vista feminista, portanto, não existe uma identidade única, pois a experiência de ser mulher se dá de forma social e historicamente determinada.

Considero essa formulação particularmente importante não apenas pelo que ela nos ajuda a entender a respeito de diferentes feminismos, mas pelo que ela permite pensar em termos dos movimentos negro e de mulheres negras no Brasil. Estes seriam fruto da necessidade de dar expressão a diferentes formas da experiência de ser negro (vividas através do gênero) e de ser mulher (vividas através da raça), o que torna supérfluas as discussões a respeito de qual seria a prioridade do movimento de mulheres negras: lutar contra o sexismo ou contra o racismo? – já que as duas dimensões não podem ser separadas. Do ponto de vista da reflexão e da ação políticas, uma não existe sem a outra.[8]

FEMINISMO NEGRO

Nos Estados Unidos, o feminismo negro é uma das principais expressões da teoria do ponto de vista (*standpoint theory*). A discussão sobre as categorias mulher, experiência e política pessoal, delineada nas seções anteriores, já havia sido antecipada por escritoras negras cuja perspectiva feminista prescinde de uma identidade comum para todas as mulheres. É esse tipo de abordagem que permitirá responder de forma mais satisfatória às questões que coloquei inicialmente a partir do programa de TV para mulheres onde a assimetria nas relações de brancas e negras era mostrada como se não fosse problemática.

A célebre feminista afro-americana bell hooks afirma corretamente que o que as mulheres compartilham não é a mesma opressão, mas a luta para acabar com o sexismo, ou seja, a luta pelo fim das relações baseadas em diferenças de gênero socialmente construídas. Para nós negros é necessário enfrentar essa questão não apenas porque a dominação patriarcal conforma relações de poder nas esferas pessoal, interpessoal e mesmo íntimas, mas também porque o patriarcado repousa em bases ideológicas semelhantes às que permitem a existência do racismo, a crença na dominação construída com base em noções de inferioridade e superioridade.[9]

Nesse sentido, a frase "o pessoal é político" não significa, para hooks, como muitos ainda a interpretam, a primazia de uma dimensão sobre a outra, mas a compreensão de que o pessoal pode constituir-se um ponto de partida para a conexão entre politização e transformação da consciência. Logo, não se trata de uma simples descrição da experiência de opressão de mulheres por homens, mas do entendimento crítico sobre o terreno de onde essa realidade emerge.[10]

É importante notar que essa afirmação já contém a compreensão que mais tarde Grant sintetizou. Feminismo é o instrumento teórico que permite dar conta da construção de gênero como fonte de poder e hierarquia que impacta mais negativamente sobre a mulher. É a lente pela qual as diferentes experiências das mulheres podem ser analisadas criticamente com vista à reinvenção de mulheres e de homens fora dos padrões que estabelecem a inferioridade de um em relação ao outro.

É desse modo que a afro-americana Patricia Hill Collins desvenda uma longa tradição feminista entre mulheres negras com base no pensamento daquelas que desafiaram ideias hegemônicas da elite masculina branca expressando uma consciência sobre a intersecção de raça e classe na estruturação de gênero. Tal tradição constitui-se em torno de cinco temas fundamentais que caracterizariam o ponto de vista feminista negro: 1) o legado de uma história de luta; 2) a natureza integrada de raça, gênero e classe; 3) o combate aos estereótipos ou imagens de controle; 4) a atuação como mães professoras e líderes comunitárias; 5) e a política sexual.[11]

A autora considera como contribuição intelectual ao feminismo não apenas o conhecimento externado por mulheres reconhecidas no mundo acadêmico, mas principalmente aquele produzido por mulheres que pensaram suas experiências diárias como mães, professoras, líderes comunitárias, escritoras, empregadas domésticas, militantes pela abolição da escravidão e pelos direitos civis, cantoras e compositoras de música popular.

Assim, por meio de depoimentos, documentos, letras de música, autobiografias, novelas e textos acadêmicos de mulheres negras, Collins traça o perfil de uma tradição intelectual subjugada também em função de critérios epistemológicos que negam a experiência como base legítima para a construção do conhecimento. O pensamento feminista negro seria então um conjunto de experiências e ideias compartilhadas por mulheres afro-americanas que oferecem um ângulo particular de visão do eu, da comunidade e da sociedade. Ele envolve interpretações teóricas da realidade de mulheres negras por aquelas que a vivem.[12]

A contribuição de Collins é particularmente útil para entendermos que a forma como a mulher negra foi mostrada naquele programa sobre culinária é paradigmática da contradição que enfrentamos nas várias esferas de relações sociais. A supressão ou aceitação condicional do nosso conhecimento é sempre uma possibilidade, mesmo nos contextos que dependem de nossa atuação.[13] Mais especificamente, nossa posição pode ser melhor compreendida pelo lugar ocupado pelas empregadas domésticas. Um trabalho que permitiu à mulher negra ver a elite branca a partir de uma perspectiva a que os homens negros e nem mesmo os próprios brancos tiveram acesso.[14]

O que se espera das domésticas é que cuidem do bem-estar dos outros, que até desenvolvam laços afetivos com os que dela precisam sem no entanto deixarem de ser trabalhadoras economicamente exploradas e, como tal, estranhas ao ambiente do qual participam (*outsider within*).

Contudo, isso não deve ser interpretado como subordinação. No limite, essa marginalidade peculiar é que estimula um ponto de vista especial da mulher negra, (permitindo) uma visão distinta das contradições nas ações e ideologias do grupo dominante.[15] A grande tarefa é potencializá-la afirmativamente por meio da reflexão e da ação políticas.

ORIGINALMENTE PUBLICADO NA *REVISTA ESTUDOS FEMINISTAS*, VOL. 3, Nº 2, UFSC, 1995, P. 458-463.

NOTAS

1. Judith Grant, *Fundamental Feminism Contesting the Core Concepts of Feminist Theory*. Nova York: Routledge, 1991.
2. Judith Grant, op. cit., p. 21 e 24.
3. Ibid., p. 30.
4. O exemplo mais clássico da abrangência do conceito experiência refere-se às mulheres dos setores sociais dominantes cuja opressão se manifestaria pelos limites a que estão sujeitas quando colocadas no pedestal que os privilégios de classe lhes garantem.
5. Judith Grant, op. cit., p. 59.
6. Ibid., p. 34.
7. Ibid., p. 53.
8. Como salientado no parágrafo anterior, homens também vivenciam raça através de gênero, mas, ao contrário das mulheres, não percebem os efeitos opressivos do sexismo sobre sua própria condição. Por isso tendem a confundir o combate às desigualdades de gênero com antagonismo entre homens e mulheres ou com uma tentativa destas de acabar com privilégios da condição masculina, que, eu duvido, possam ser desfrutados plenamente por homens negros numa sociedade racista. Até por isso, o movimento negro – um dos poucos espaços que se oferecem para a expressão plena de pessoas negras – também é palco para o exercício de um sexismo que não poderia manifestar-se em outras esferas da vida social, especialmente aquelas dominadas por (homens) brancos.
9. bell hooks, *Talking Back Thinking Feminist Thinking Black*. Boston: MA South End Press, 1989, p. 23.
10. Ibid., op. cit., p. 106 e 108.
11. Patricia H. Collins, *Black Femiminist Thought Knowledge Consciousness and Politics of Empowerment*. Nova York: NY Routledge, 1991.
12. Ibid., p. 26.
13. Várias militantes têm ressaltado que, da forma como se propagaram as ideias e realizações dos movimentos negro e feminista, tem-se a impressão de que todos os negros são homens e todas as mulheres são brancas. Para combater essa crença, Paula Giddings escreveu *When and Where I Enter. The impact of Black Women on Race and Sex in America*. Nova York: William Morrow and Co, 1984. Uma fascinante reconstrução da liderança desempenhada por mulheres negras nas lutas feministas e contra o racismo nos Estados Unidos.
14. Patricia H. Collins, op. cit., p. 11.
15. Ibid.

As economias feministas, em primeiro lugar, desconstroem alguns mitos das ciências econômicas hegemônicas: em vez de apoiar a hipótese de que o mercado funciona de maneira neutra e gera bem-estar para todos e todas indiscriminadamente, perguntam quais valores estão sendo criados na economia e para quem. Em segundo lugar, criticam o mercadocentrismo das ciências econômicas, argumentando que o mercado não é o único âmbito em que se realizam atividades econômicas, e sim que existe uma ampla mescla entre mercado privado, serviços estatais, atividades sem fins lucrativos, setores informais e os lares.

Alba Margarita Aguinaga Barragán
Miriam Lang
Dunia Mokrani Chávez
Alejandra Santillana

Pensar a partir do feminismo: críticas e alternativas ao desenvolvimento

Alba Margarita Aguinaga Barragán
Miriam Lang
Dunia Mokrani Chávez
Alejandra Santillana

O MOMENTO EXIGE A CONSTRUÇÃO de um pensamento emancipatório que tenha como ponto de partida a diversidade e a potencialidade da vida, mas com um olhar holístico sobre sua totalidade. A análise entrelaçada das diferentes dimensões de poder é a emergência revolucionária em direção à qual devemos avançar; nesse sentido, uma crítica feminista sobre o discurso do desenvolvimento assenta-se sobre um pensamento integral. O presente texto situa-se nos debates feministas sobre desenvolvimento e se articula em várias dimensões, a partir da ecologia, da economia, do modelo produtivo, da colonialidade e do patriarcado.

Nosso propósito é abordar, sob uma perspectiva histórica, as diferentes contribuições feministas sobre o desenvolvimento. Consideramos fundamental apresentar outro esquema de análise, distinto ao esquema clássico, sobre o discurso do desenvolvimento centrado nos debates acadêmicos e economicistas, pois o pensamento feminista origina-se precisamente como questionamento político aos efeitos de um discurso androcêntrico que historicamente foi construído como científico e universal. Um discurso que tem desvalorizado sistematicamente outros saberes e provocado importantes efeitos de dominação – entre outros, sobre o corpo e a fala das mulheres, a partir dos discursos históricos da Medicina e da Psicanálise, mas também da Filosofia e da Antropologia.[1]

Pensar o feminismo como um saber – como uma genealogia, como uma proposta para transformar a vida a partir de um olhar integral – permite-nos dialogar tanto com a academia e com os discursos políticos quanto com as lutas individuais e coletivas das mulheres, para transformar um sistema político, social e econômico desigual e injusto.

Mas, sobretudo, permite-nos dialogar com um saber produzido em debates latino-americanos mais amplos. No atual contexto, em que nossos povos, por meio dos recentes processos constituintes, têm proposto o Viver Bem ou Bem Viver como um horizonte diferente do paradigma do desenvolvimento, o feminismo contribui com sua construção articulando processos de descolonização e despatriarcalização.

OS ANOS 1970: MULHERES NO DESENVOLVIMENTO

As críticas feministas ao conceito de desenvolvimento começam a se articular nos anos 1970, aproximadamente vinte anos depois que esse novo dispositivo de hierarquização entre Norte e Sul global havia sido lançado pelo presidente dos Estados Unidos, Harry Truman.[2] A década de 1970 produziu, como uma consequência das revoltas de 1968, a "segunda onda" do movimento feminista, não apenas nos países industrializados, mas também em grande parte da América Latina, incluindo tanto um feminismo contracultural de esquerda como um feminismo liberal.

Quanto ao desenvolvimento, a primeira hipótese foi lançada pela economista dinamarquesa Ester Boserup em 1970. Em *O papel das mulheres no desenvolvimento econômico*,[3] obra que propõe uma ruptura com dogmas estabelecidos nos discursos e nas políticas, ela critica o desenvolvimento por promover a exclusão das mulheres. Tendo como base um estudo empírico realizado na África, Boserup questiona os resultados dos programas de desenvolvimento implantados nas décadas do pós-guerra, mostrando que haviam sérias implicações sobre o bem-estar e a participação das mulheres.

Até então, as mulheres haviam sido incluídas nas políticas de desenvolvimento unicamente como receptoras passivas ou como mães responsáveis pelo lar, enquanto os recursos tecnológicos, financeiros e de capacitação eram destinados aos homens. Os programas de desenvolvimento – que foram universalizados segundo o esquema ocidental – definiam o lar como unidade receptora homogênea e o homem assalariado como "provedor familiar", enquanto as mulheres, dependentes de seus maridos, se encarregavam do lar. Tal noção, portanto, desconhecia que, em muitas culturas, as mulheres trabalhavam na agricultura e na produção de alimentos, por exemplo, e que existiam diferentes divisões sexuais do trabalho, ou muito mais flexíveis. Também se desconhecia que o lar ou a família constituíam espaços permeados por relações de poder, fazendo com que a ajuda ao provedor masculino não necessariamente se traduzisse em rentabilidade para os e as "dependentes". A intervenção de Boserup e suas contemporâneas foi bem-sucedida na medida em que as levou para a primeira Conferência Mundial sobre a Mulher, em 2 de julho de 1975, no México, onde as Nações Unidas declararam os anos 1980 como a "Década da Mulher", institucionalizando o enfoque das mulheres como parte do desenvolvimento.[4]

Tal ênfase propunha nem tanto uma crítica à própria noção de desenvolvimento, mas reverter a exclusão das mulheres dos múltiplos recursos relacionados com o desenvolvimento. Reivindicava também acabar com a invisibilidade do trabalho produtivo e reprodutivo por meio do qual as mulheres contribuíam significativamente com as economias nacionais.[5]

A introdução do conceito "Mulheres no Desenvolvimento" (*Women in Development*, WID) permitiu a criação de numerosas ONGs que se propunham a facilitar o acesso das mulheres aos fundos destinados ao desenvolvimento e sua inclusão como beneficiárias dos respectivos programas, que futuramente contemplariam um "componente de mulheres". Também se argumentava que as mulheres, por conta de sua socialização como cuidadoras, que implicava maior responsabilidade em relação ao outro, seriam melhores administradoras de recursos, com maior disposição de economizar – chegaram a ser consideradas um "recurso até agora não explorado para uma maior eficiência no desenvolvimento".[6] Isso levou, por exemplo, a uma série de programas dirigidos especialmente a elas, como os microcréditos, e a certo reconhecimento de seu trabalho na economia produtiva.

O enfoque de "Mulheres no Desenvolvimento", no entanto, não colocava em dúvida o consenso entre as ideologias políticas liberais e a economia neoclássica inscrita no paradigma da modernização, que havia caracterizado as políticas de desenvolvimento naquelas décadas.

Outra corrente, "Mulheres e Desenvolvimento" (*Women and Development*, WAD), emerge na segunda metade dos anos 1970 como uma resposta aos limites do modernismo. Tem suas bases no feminismo marxista e na Teoria da Dependência, que veem o desenvolvimento do Norte como fruto da exploração do Sul.[7]

Nosso enfoque critica ambos os conceitos, esclarecendo que as mulheres sempre integraram os processos de desenvolvimento a partir de suas respectivas sociedades – e não somente a partir dos anos 1970 – e que seu trabalho, tanto dentro como fora do lar, sempre contribuiu para a manutenção dessas sociedades. Mas essa integração das mulheres serviu meramente para sustentar estruturas internacionais de iniquidade. O enfoque WAD é mais analítico que o primeiro, mas não constrói propostas concretas para as políticas de desenvolvimento, diferentemente do enfoque WID. Ao mesmo tempo, WAD analisa pouco as relações de gênero dentro das classes sociais, dedicando escassa atenção à subordinação de gênero (algo que ocorre no interior do marxismo em geral) e colocando mais ênfase nas estruturas desiguais de classe e nas estruturas opressivas em nível internacional. Ou seja, enfatiza o trabalho produtivo à custa do trabalho reprodutivo das mulheres. Assim como a WID, a WAD focalizou a geração de renda para as mulheres sem contemplar as consequências que isso tinha sobre o tempo de sua vida em termos de dupla jornada de trabalho. Consequentemente, essa teoria feminista sobre o desenvolvimento, assim como as teorias androcêntricas da dependência, da modernidade e a própria economia política, situaram os trabalhos de cuidado em um âmbito "privado" que não gera valor e, portanto, que fica fora dos propósitos do desenvolvimento.[8]

OS ANOS 1980: GÊNERO NO DESENVOLVIMENTO E FEMINISMO SOCIALISTA

Os anos 1980 são conhecidos como a terceira onda do feminismo. Como constata a filósofa espanhola Amelia Valcárcel,[9] é quando teoricamente a categoria "gênero" aparece como categoria central da globalização.

Ainda até o final dos anos 1980, as mulheres dos países latino-americanos que tinham acesso aos benefícios sociais consolidados pela industrialização parcial do continente o faziam por meio de subsídios entregues ao homem "provedor". As mulheres não eram consideradas sujeitos de seguridade social direta, sujeitos econômicos ou cidadãs plenas. As formas "família" e "casal" adquiriam visibilidade unicamente pela figura do homem/marido provedor, enquanto as mulheres estavam encarregadas majoritariamente da reprodução da vida da família. O homem ocupava o âmbito produtivo e salarial, e a mulher, o reprodutivo. Essa brecha foi se fechando a partir da década de 1980, com o enfoque conhecido como "Gênero e Desenvolvimento" (*Gender and Development*, GAD).

Essa nova corrente tem raízes tanto no feminismo socialista quanto na crítica pós-estruturalista. As feministas socialistas, ao abordarem simultaneamente anticapitalismo e antipatriarcado, conseguiram encerrar o falido debate sobre a "contradição secundária" dentro das esquerdas. Identificaram a divisão socialmente construída entre trabalho produtivo e trabalho reprodutivo como base da opressão das mulheres, e assentaram as bases para uma economia feminista de esquerda.[10]

O GAD é um enfoque construtivista que parte de uma perspectiva integral, olhando a totalidade da organização social, econômica e política da sociedade. O GAD não coloca "as mulheres" no centro de sua análise, e sim questiona a presunção da categoria social homogênea "mulheres". Enfatiza que ambos os gêneros são construções sociais, para além do sexo biológico, e que as mulheres são marcadas não apenas pelo gênero, mas também por outras categorias de dominação, como sua origem étnico-cultural, orientação sexual, idade etc. Propõe a necessidade de investigar essas relações de poder em todos os âmbitos sociais e de transversalizar políticas de *empoderamento* das mulheres. O enfoque GAD critica a lógica hegemônica de que a mudança econômica por si só resultará em empoderamento para as mulheres; e por isso critica as políticas de microcrédito proporcionadas, sobretudo, às mulheres pobres, sem questionar a dominação que em muitos casos sofrem de seus cônjuges, sem uma infraestrutura adequada nem possibilidade alguma de redistribuição social que lhes permita ter sucesso em suas microempresas, promovendo, por outro lado, o endividamento feminino e uma responsabilidade coletiva muitas vezes forçada. O GAD coloca ênfase nos papéis e nas relações de gênero, que chega a chamar de "sistema de gênero", e defende mudanças estruturais na construção social do mesmo. Insiste em que, para reduzir a pobreza, é preciso elaborar políticas diferenciadas de gênero. Propõe a equidade como objetivo, visibiliza a dupla carga de trabalho que as mulheres enfrentam e transcende o lar como unidade de análise das ciências relacionadas ao desenvolvimento. Ao mesmo tempo, abre as portas para contribuições de homens comprometidos com a equidade, diferentemente das abordagens feministas anteriores.

Tanto o enfoque feminista socialista dos anos 1980 como o GAD rechaçam a dicotomia entre público e privado e concentram sua atenção na opressão às mulheres dentro da família ou do lar, que forma a base das relações conjugais. Olham as mulheres como agentes de mudança mais do que como receptoras de desenvolvimento, e enfatizam a necessidade de que se organizem para construir representações políticas mais efetivas. Nessa época as feministas começam a entrelaçar em sua análise as opressões de gênero, raça e classe, e as vinculam a uma crítica ao desenvolvimento.[11]

NECESSIDADES PRÁTICAS E NECESSIDADES ESTRATÉGICAS

Na mesma época, no marco da produção acadêmica feminista, Caroline Moser[12] desenvolve um esquema de planificação de gênero diferenciado para os programas e projetos de desenvolvimento, que faz uma distinção entre as necessidades práticas e as necessidades estratégicas das mulheres, e que foi amplamente difundido. Enquanto as necessidades práticas correspondem ao acesso a serviços básicos, como alimentação, as necessidades estratégicas são aquelas que questionam a subordinação das mulheres no sistema de gênero. Podem, segundo o contexto social específico, incluir reivindicações por equiparação salarial ou contra a violência de gênero, ou propor que as mulheres possam determinar livremente sua sexualidade e o número de filhos. O esquema de Moser tem a vantagem de permitir uma maior complexidade no levantamento de dados que compreende o contexto específico em que se pretende operar.

Embora esse enfoque tenha sido oficialmente acolhido pelos grandes organismos internacionais, como as Nações Unidas e o Banco Mundial, e atualmente faça parte do cânone hegemônico na planificação para o desenvolvimento, sua aplicação na prática não tem conseguido cumprir os objetivos propostos. O próprio esquema de Moser situa-se no interior de uma visão tecnocrática, inerente às políticas de desenvolvimento que pretendem abordar problemáticas complexas e diversas a partir de uma "caixa de ferramentas" supostamente universal, mas que implica a transferência colonial de uma enorme quantidade de configurações epistemológicas ocidentais aos contextos concretos do Sul.

POLÍTICAS NEOLIBERAIS E FEMINIZAÇÃO DA POBREZA

No contexto neoliberal, a visibilização das mulheres como sujeitos no desenvolvimento não implicou que obtivessem o reconhecimento das políticas sociais, mas que se encarregassem das políticas sociais abandonadas pelo Estado.

Os efeitos mais fortes da desregulação imposta pelos programas de ajuste estrutural, condicionantes para a América Latina nos anos da crise da dívida externa, recaíram sobre as mulheres. Elas tiveram de se encarregar da geração de autoemprego e de submeter-se a condições de desigualdade no mercado de trabalho, onde sofriam discriminação salarial. Ao mesmo tempo, com as economias voltando-se para a exportação, a alimentação familiar – tradicionalmente a cargo das mulheres – converteu-se em uma tarefa cada vez mais complexa. Dessa maneira, as mulheres assumiram uma carga tripla. Apesar da suposição de que as mulheres agora eram "incluídas no desenvolvimento", a modificação patriarcal dentro da família e no espaço público adotou outra forma, iniciando um novo ciclo de empobrecimento feminino e feminização da pobreza, ancorado nas economias de subsistência.

ALTERNATIVAS A PARTIR DO SUL

Foi durante a segunda Conferência Mundial sobre a Mulher em Nairóbi, Quênia, em 1985, que o grupo Alternativas de Desenvolvimento para Mulheres em uma Nova Era (*Development Alternatives for Women in a New Era*, DAWN) questionou que o problema consistisse unicamente no fato de as mulheres não participarem suficientemente de um processo de desenvolvimento e crescimento econômico muito "benévolo". O movimento rechaçou a definição reduzida do progresso como crescimento econômico, e afirmou que o consumismo e o endividamento são fatores-chave nas crises que deterioram as condições de vida das mulheres no Sul. Criticou, além disso, a superexploração das mulheres mediante sua "integração ao desenvolvimento", instrumentalizando-as para compensar os cortes de gasto público social impostos pelo Norte no marco do ajuste estrutural.

Essas mulheres redefiniram o desenvolvimento como "a gestão e o uso de recursos de maneira socialmente responsável, a eliminação da subordinação de gênero e da iniquidade social, e a reestruturação organizativa necessária para chegar a isso".[13] Insistiram em que o desenvolvimento econômico deveria ser considerado uma ferramenta para chegar ao desenvolvimento humano, e não vice-versa. As feministas do Sul também criticaram as políticas de desenvolvimento como uma forma de continuação do colonialismo, destacando sua sistemática desvalorização de atitudes e instituições tradicionais nos países "subdesenvolvidos".

A corrente feminista socialista dos anos 1980, por sua parte, questionou o trabalho assalariado das mulheres – cujo incremento era o objetivo da estratégia WID – que historicamente sempre havia sido desvalorizado em relação ao dos homens. Essas autoras reivindicam salário igual por trabalho igual e analisam as condições de trabalho das mulheres em setores feminizados, como a indústria *maquiladora*. Evidenciam como a feminização de certos empregos, que ocorreu historicamente com a irrupção crescente das mulheres no mercado de trabalho, levou a uma desvalorização daquelas profissões como "trabalho de mulheres", o que causou a deterioração tanto de seu status social quanto dos respectivos salários. Um bom exemplo disso em grande parte da América Latina é o caso do magistério na educação primária e secundária, do qual as mulheres começaram a se ocupar na segunda metade do século XX.

FEMINISMOS PÓS-COLONIAIS

A partir dos anos 1990, no que é conhecido como feminismo pós-colonial, algumas feministas do Sul criticaram com força tanto um essencialismo feminista que afirma alguma superioridade inata natural ou espiritual das mulheres quanto os afãs do *feminismo hegemônico* e de um etnocentrismo ancorado no Norte global, que tendiam a homogeneizar o conceito de "mulher do Terceiro Mundo" como grupo beneficiário do desenvolvimento.

As feministas pós-coloniais colhem muitos impulsos da escola desconstrutivista, assim como das feministas negras, *chicanas* e lésbicas dos Estados Unidos dos anos 1980, que foram as primeiras a insistir na *diferença*.

Nesse marco, por exemplo, Chandra Talpade Mohanty indica que o uso de uma categoria homogênea de "mulher", que apela à sororidade, reduz as mulheres à sua condição de gênero de maneira a-histórica, ignorando outros fatores determinantes de sua identidade, como classe e etnicidade. Mohanty afirma que, se consideramos as mulheres do "Terceiro Mundo" como oprimidas, fazemos com que as mulheres do "Primeiro Mundo" sejam sujeitos de uma história em que as mulheres terceiro-mundistas teriam o status de objeto. Essa não é mais do que uma forma de colonizar e se apropriar da pluralidade de diferentes grupos de mulheres situadas em diferentes classes sociais e étnicas. Além disso, o universalismo etnocêntrico feminista tende a julgar as estruturas econômicas, legais, familiares e religiosas de diversas culturas do Sul global tomando como referência os padrões ocidentais, definindo essas estruturas como "subdesenvolvidas" ou "em desenvolvimento". Dessa forma, o único desenvolvimento possível parece ser o do "Primeiro Mundo", invisibilizando assim todas as experiências de resistência, que passam a ser consideradas marginais.[14] Mohanty[15] propõe um feminismo transcultural a partir de uma solidariedade feminista não colonizadora, não imperialista e não racista. As reivindicações culturais tornam-se fontes de transformação a partir do reconhecimento da diferença.

A teórica feminista pós-colonial de origem bengali Gayatri Spivak considera o desenvolvimento como sucessor neocolonial da missão civilizadora do imperialismo. Ela critica certo sistema econômico neoliberal mundial que, em nome do desenvolvimento e, inclusive, do desenvolvimento sustentável, elimina qualquer barreira para penetrar nas economias nacionais frágeis, afetando perigosamente qualquer possibilidade de distribuição social. Spivak faz notar que os Estados em vias de desenvolvimento não apenas estão unidos pelo vínculo comum de uma destruição ecológica profunda, como também pela cumplicidade entre os que detêm o poder local e tentam levar a cabo o "desenvolvimento", por um lado, e as forças do capital global, por outro. Spivak defende um *essencialismo estratégico* em relação às diferenças existentes entre mulheres, para forjar alianças em torno de lutas concretas, como por exemplo a luta contra o controle da reprodução. Segundo ela, "a responsabilidade do esgotamento dos recursos mundiais concentra-se na explosão demográfica do Sul e, portanto, nas mulheres mais pobres do Sul".[16] O controle da reprodução nos países pobres proporciona uma justificação para a "ajuda" ao desenvolvimento e afasta a atenção dos excessos consumistas no Norte. Para Spivak, a globalização se manifesta no controle da população, exigido pela "racionalização" da sexualidade, assim como no trabalho pós-fordista no lar, que, embora date de etapas muito anteriores ao capitalismo, é um resíduo que acompanha o capitalismo industrial.[17]

Por outro lado, a partir do olhar holístico que propomos, a crítica da heterossexualidade reprodutiva como forma de organização social dominante, produtora e reprodutora dos sistemas de dominação patriarcal e colonial deve fazer parte de uma crítica geral ao desenvolvimento.

ECOFEMINISMOS

Outro debate importante dentro das distintas correntes feministas com as quais se deve dialogar a partir de uma perspectiva crítica ao desenvolvimento – e, sobretudo, se pensamos na tarefa de vislumbrar um horizonte de transições rumo a *alternativas* ao desenvolvimento – é o debate ecofeminista, que assinala a existência de importantes paralelos históricos, culturais e simbólicos entre a opressão e a exploração das mulheres e da Natureza. De fato, nos discursos patriarcais, a dicotomia mulher/homem corresponde frequentemente à Natureza/civilização, emoção/razão ou, inclusive, tradição/modernidade, desvalorizando sempre a primeira categoria do binômio.

O ecofeminismo surge como uma proposta contracultural que, a partir dos anos 1970, denuncia a associação desvalorizadora que o patriarcado estabelece entre as mulheres e a Natureza. Critica também as esquerdas por não incorporarem essa reflexão, e questiona o paradigma de progresso do "socialismo real" e das correntes surgidas no interior dos partidos comunistas.

Uma das correntes ecofeministas, chamada essencialista, parte da suposição de que existe uma essência feminina que coloca as mulheres mais perto da Natureza do que os homens. A mulher aparece como uma espécie de esperança da humanidade e de conservação da Natureza a partir da suposição de que é, por essência, mais inclinada à defesa dos seres vivos e à ética do cuidado, cuja origem radicaria no instinto maternal.

No entanto, outra corrente ecofeminista rechaça esse tipo de essencialismo para produzir leituras mais ricas em sua complexidade. Essas autoras, como Vandana Shiva, Maria Mies ou Bina Agarwal, situam a origem de uma maior compatibilidade das mulheres com a Natureza na construção social e histórica do gênero, específica em cada cultura. A consciência ecológica de gênero, para elas, nasce das divisões de trabalho e papéis sociais concretos estabelecidos nos sistemas históricos de gênero e de classe, e nas relações de poder político e econômico associadas a eles – por exemplo, quando as mulheres assumem na divisão de tarefas familiares e comunitárias a busca de lenha ou de água, ou o cuidado das hortas.[18] Denunciam que aquilo que recebe o nome de desenvolvimento na verdade encobre uma estratégia de colonização vinda do Ocidente, que tem sua base em relações de domínio sobre a mulher e sobre a Natureza. Diz Vandana Shiva:

> Embora as cinco últimas décadas tenham se caracterizado por um desenvolvimento mal orientado e pela exportação de um paradigma industrial ocidental e não sustentável, em nome do desenvolvimento; as tendências recentes orientam-se rumo a um apartheid ambiental por meio do qual, através da política global estabelecida pela "santíssima trindade", as empresas multinacionais do Ocidente, apoiadas pelos governos dos países economicamente poderosos, tentam conservar o poder econômico do Norte e a vida de opulência dos ricos. Para isso exportam os custos ambientais ao Terceiro Mundo.[19]

Para Maria Mies, o corpo das mulheres é a terceira colônia, além dos Estados colonizados e da Natureza submetida. Essa perspectiva articula a denúncia dos processos coloniais como formas patriarcais de domínio e, portanto, induz a uma postura crítica ao desenvolvimento, para que seja pensado em uma articulação complexa de formas de descolonização e despatriarcalização.

Sob essa perspectiva, falamos de um olhar transformador em direção a alternativas ao desenvolvimento que apele à consciência ecológica das mulheres, sem se abster de uma crítica paralela à divisão sexual do trabalho, que produz poder e riqueza em função das posições de gênero, raça e classe. Esse ponto é fundamental se considerarmos que muitas vezes, nos discursos sobre o Bem Viver, em um essencialismo cultural, acaba-se atribuindo às mulheres indígenas o papel de guardiãs da cultura, vestindo traje tradicional, enquanto os homens ocidentalizam seu visual ao migrar para a cidade. Isso sem que paralelamente se assuma o compromisso político de criticar tudo aquilo que no interior das culturas produz desigualdades de gênero.

Maria Mies assinala que as ciências econômicas, incluindo o marxismo, invisibilizam em grande parte as pré-condições que tornam possível o trabalho assalariado: o trabalho de cuidado, a reprodução das mulheres, o trabalho de pequenos produtores agrícolas, que garantem a subsistência ou a satisfação de necessidades básicas em nível local (muitas vezes a cargo das mulheres, com a migração dos homens para as cidades) e que não estão inseridos no modelo de acumulação capitalista. De igual maneira, invisibiliza a própria Natureza como abastecedora de recursos naturais. Apesar de esses âmbitos constituírem o sustento sem o qual a acumulação capitalista não poderia existir, são invisibilizados no discurso e nas políticas econômicas hegemônicas, e considerados "gratuitos". Essa invisibilização, segundo Mies, leva a ignorar os custos ambientais e sociais do desenvolvimento, que, mediante indicadores como o Produto Interno Bruto (PIB), só consideram o trabalho que contribui diretamente para a geração de mais-valia, sem estabelecer, de forma alguma, vínculo com o bem-estar humano. Mies chega à conclusão de que a sustentabilidade é incompatível com um sistema econômico baseado no crescimento, o que a leva a questionar a primazia da economia nas estratégias para alcançar o bem-estar. Ela propõe um modelo alternativo, que coloca a preservação da vida como objetivo central, ou seja, as atividades reprodutivas que seriam compartilhadas por homens e mulheres, e os atores marginalizados pelo discurso capitalista, incluindo a Natureza. Mies enfatiza a importância dos bens comuns e da solidariedade entre comunidades, assim como das tomadas de decisão comunitárias que protejam o interesse coletivo. Sugere superar o antagonismo entre trabalho e Natureza, e priorizar as economias locais e regionais em vez dos mercados globais, para recuperar a correlação direta entre produção e consumo.[20]

Para outras ecofeministas, como a brasileira Ivone Gebara, que constrói sua reflexão a partir da teologia feminista, o questionamento fundamental ao desenvolvimento reside no fato de que este constitua um discurso hegemônico da modernidade. Gebara defende que a modernidade introduz dois fatos fundamentais: a tortura das "bruxas" e o estabelecimento do método científico, em um contexto em que as mulheres são definidas no espaço doméstico como subordinadas às relações matrimoniais e à família; e em que, paralelamente, a Natureza passa a ser dominada pelo espírito científico masculino. Para ela, os oprimidos, as mulheres e a Natureza estiveram presentes nos discursos das estratégias dominadoras da política, da filosofia e da teologia do pensamento moderno ocidental desde a emergência do capitalismo. O ecofeminismo implica então estabelecer que o destino dos oprimidos está intimamente ligado ao destino da Terra: "Todo apelo à justiça social implica uma ecojustiça."[21]

A ecologia feminista também tem outro rosto concreto, que propõe um questionamento à situação das mulheres diante do meio ambiente, e que foi promovido por organismos de cooperação internacional desde meados dos anos 1990. Novamente se critica o desenvolvimento para dizer que as mulheres vivem em condições de opressão, pois estão expostas a um excesso de trabalho "meio ambiental", pouco reconhecido, e costumam ser vistas como "as encarregadas" do cuidado da Natureza. Isso sem levar em conta os obstáculos que enfrentam (de superexploração e subordinação) para participar ativamente nos processos de decisões sobre o manejo e a gestão dos recursos ambientais.[22]

ECONOMIA FEMINISTA E ECONOMIA DO CUIDADO

É na economia feminista que o feminismo estabelece críticas e teorizações sobre a concepção da Natureza, o modo de produção capitalista, a esfera da reprodução e sua relação com a produção. As economias feministas, em primeiro lugar, desconstroem alguns mitos das ciências econômicas hegemônicas: em vez de apoiar a hipótese de que o mercado funciona de maneira neutra e gera bem-estar para todos e todas indiscriminadamente, perguntam quais valores estão sendo criados na economia e para quem. Em segundo lugar, criticam o mercadocentrismo das ciências econômicas, argumentando que o mercado não é o único âmbito em que se realizam atividades econômicas, e sim que existe uma ampla mescla entre mercado privado, serviços estatais, atividades sem fins lucrativos, setores informais e os lares.[23] Assim como Maria Mies, elas partem da hipótese de que o trabalho não remunerado realizado no âmbito do lar gera valor econômico na medida em que mantém a força de trabalho das pessoas desse lar.

A economia feminista não apenas pretende visibilizar esse valor econômico com metodologias de contabilização nacional, mas também criar consciência sobre a superexploração das mulheres, que, embora em tempos recentes participem de forma crescente no trabalho assalariado, continuam sendo responsabilizadas pelo trabalho doméstico. Como demonstram as pesquisas de uso do tempo, inclusive nas sociedades industrializadas do Norte, a totalidade do trabalho não remunerado realizado em uma economia nacional é maior do que o volume total do trabalho remunerado.[24] Na América Latina, o serviço público de cuidados é mínimo, o que piora essa superexploração e lhe dá um forte traço de classe, dado que conseguir cuidado depende do poder de contratação de serviços privados.[25] O objetivo, então, é construir igualdade no âmbito privado e na distribuição de carga de trabalho tanto dentro como fora do lar.

Até agora, nem o PIB nem os orçamentos públicos visibilizam o valor e a produtividade do cuidado. Esse debate relaciona-se indiretamente com o conceito de desenvolvimento, na medida em que denuncia a cegueira das políticas macro e microeconômicas hegemônicas desde a economia clássica até tempos presentes. Do mesmo modo, questiona que as estratégias de desenvolvimento centradas no crescimento, a integração das mulheres ao mercado e o combate à pobreza, sob esses preceitos, possam gerar bem-estar. Tampouco se conforma com o fato de que a cooperação internacional ao desenvolvimento tenha colocado as mulheres no centro de suas estratégias de "fomento econômico". Como constata Annemarie Sancar, a estereotipagem biologicista das mulheres e a ênfase em suas "capacidades especiais" marcam até hoje a orientação de programas de desenvolvimento:

> Hoje está claramente evidente que nisso não foram tão decisivos os direitos das mulheres, mas sim os desejos de crescimento de economias neoliberais. As mulheres foram descobertas como boas empresárias e como motor de crescimento, seguindo o conceito de *smart economics* [economia inteligente] do Banco Mundial.[26]

A economia do cuidado identifica a necessidade do cuidado de meninos e meninas, pessoas doentes, com capacidades diferentes ou idosas, como uma das necessidades humanas mais importantes para viver uma vida em plenitude, relacionada com a dignidade, que, no entanto, foi completamente ignorada pelo discurso político e pelo reducionismo economicista do desenvolvimento. Nesse sentido, o debate sobre a economia do cuidado ergue pontes em direção ao Bem Viver como horizonte de transformação.

A economista Ulrike Knobloch[27] propõe uma ética da economia para além do critério de eficiência, que pergunte pelo sentido de cada atividade econômica de acordo com o objetivo de alcançar o Bem Viver: quais são os objetivos fundamentais da economia? Segundo Knobloch, somente pode ser um meio para alcançar um fim superior, o que nos remete à filosofia, ou seja, muito além das ciências econômicas. Enquanto estas partem da premissa simplista de que o mercado satisfaz as preferências dos sujeitos econômicos, segundo Knobloch não podemos assumir automaticamente que o mercado concede a meninos, meninas, homens e mulheres tudo de que necessitam para uma vida plena. Outra pergunta que Knobloch apresenta em relação à economia está orientada à meta de uma convivência justa. Para quem nossas práticas econômicas geram valores? Que princípios devem ser observados para se garantir a convivência justa? Uma ética econômica sensível ao gênero deve, além disso, superar a perspectiva androcêntrica focada no trabalho assalariado para evidenciar como a economia moderna se baseia na iniquidade de gênero. Em vez de um *homo economicus* assexuado, deve contemplar homens e mulheres em seus respectivos contextos e condições de vida.

A economia do cuidado critica a privatização e a individualização dos serviços sociais do neoliberalismo, e reivindica uma política pública de cuidado. Esta não implicaria

> necessariamente que o Estado seja o provedor da totalidade dos serviços de cuidado requeridos para a reprodução social, mas que desenhe uma integração entre diferentes setores de maneira que garanta uma solução coletiva à demanda de cuidado da sociedade.[28]

Propõe que o trabalho de cuidado seja colocado no centro das estratégias políticas, que por sua vez devem fomentar as ações comunitárias. Reivindica a democratização do uso de tempo, para permitir que também as mulheres tenham tempo de ócio. Nesse sentido, a feminista socialista alemã Frigga Haug propõe o que ela descreve como uma "economia do tempo". Em sua "utopia das mulheres para conquistar uma boa vida para todos e todas", que certamente se situa no Norte global, Haug defende distribuir o tempo de vida entre trabalho assalariado, reprodução, cultura e participação política. Propõe a redução drástica do tempo de trabalho assalariado a quatro horas diárias, para garantir a produtividade necessária, democratizando o acesso ao trabalho em um contexto de crise de emprego. Com o tempo ganho, propõe equilibrar seu uso entre trabalho de cuidado, dedicação a interesses pessoais e desenvolvimento de novos conceitos sobre o que é o Bem Viver – que está resumido como "cultura" – e, finalmente, a participação na política, entendida como criação social a partir da base.[29]

As reflexões produzidas a partir da economia de mercado, concebida como uma teoria e prática da sustentabilidade da vida, permitem então questionar a competência individual como motor da economia para avançar em formas criativas de vínculos solidários. Por outra parte, visibilizam como problema central a crescente mercantilização das tarefas de cuidado e suas consequências na produção e reprodução de novas e velhas desigualdades nas economias nacionais e globais. É a partir dessa via que se incorporam no debate do Bem Viver, propondo desafios à produção de modelos de organização social solidários, mais justos e igualitários.[30]

Esse debate também sugere que a redução da pobreza passa por encarar a necessidade social de cuidado como uma tarefa para as políticas públicas, para evitar que a crise do cuidado, que caminha de mãos dadas com a crise do capitalismo, deteriore a qualidade de vida de muitas mulheres, empurrando-as para a pobreza. As necessidades vitais dos humanos, em vez do crescimento econômico e do lucro, deveriam constituir o centro da transformação social, o que torna necessária uma revolução do cuidado, e uma reconfiguração profunda da ação política das esquerdas.

O FEMINISMO E OS GOVERNOS NEODESENVOLVIMENTISTAS DA AMÉRICA LATINA

O surgimento de governos progressistas na América Latina, que se distanciaram das políticas neoliberais, sobretudo a partir de uma redistribuição do excedente, tornou visível uma tensão no seio do feminismo, que no fundo existe desde os anos 1970. Essa tensão se dá entre uma corrente que reivindica a inclusão irrestrita das mulheres na promessa de desenvolvimento a partir de uma economia feminista, e que costuma questionar institucionalmente o patriarcado. Nos governos progressistas e em suas instituições estatais, essa corrente encontrou espaços importantes para impulsionar políticas dirigidas a incrementar a renda e, portanto, o consumo das mulheres como atoras do modelo desenvolvimentista.

A outra corrente, mais à esquerda, questiona essa política de transferências condicionadas às mulheres pobres, classificando-a como paternalista e assistencialista, e identificando-a como uma repatriarcalização. Questiona também o modelo desenvolvimentista baseado no extrativismo e no agronegócio, e concebe o feminismo como força motriz para a transformação integral da sociedade. Coloca a economia solidária, a soberania alimentar e a defesa da terra no centro de seu projeto, e pensa os feminismos a partir da base, do popular e do comunitário. No entanto, ambas as correntes coexistem no interior de muitas organizações de mulheres e geram uma disputa sobre o sentido profundo da luta antipatriarcal.

FEMINISMOS ANDINOS, POPULARES E COMUNITÁRIOS

Como vimos anteriormente, durante as últimas décadas os países latino-americanos passaram por um conjunto de reformas neoliberais que implicou o fortalecimento do extrativismo e da divisão internacional do trabalho em detrimento das maiorias empobrecidas. As mulheres de setores populares, as mulheres indígenas, mestiças, negras e camponesas foram o setor da população que não apenas levou sobre seu corpo a maior carga de trabalho doméstico e produtivo (de não reconhecimento e instabilidade, produto do empobrecimento brutal e dos conflitos pela ausência do Estado em áreas estratégicas, de investimento e garantia de direitos sociais e econômicos), como também, além disso, a partir da dinâmica imperante de mercantilização neoliberal, viu suas demandas se fragmentarem, e com elas suas identidades. Voltaram-se sobre elas novos papéis impostos pela lógica do desenvolvimento e da cooperação, suas identidades foram "maternalizadas" e elas passaram a ser clientes precárias de serviços privatizados.

Mas essas décadas foram também, para nossos países, cenários de resistência organizada nos quais os povos e organizações indígenas se constituíram como atores centrais em um processo duplo: por um lado, um processo de resistência antineoliberal e, por outro, um processo de busca de recuperação do Estado em seu papel redistributivo, de garantia de direitos sociais, econômicos, culturais; em seu papel anti-imperialista. Também se lutou por uma transformação do Estado em direção à plurinacionalidade, que implicava o questionamento estrutural do Estado como incompleto, colonial e oligárquico, produto dos limites do pacto colonial originado no surgimento das repúblicas independentes. Nesse novo contexto, aparece, sobretudo no Equador e na Bolívia, um feminismo que com o passar dos anos vai se denominando como "comunitário e popular".[31]

Não é nossa intenção mostrar as diferenças de contexto e as distinções próprias das organizações feministas em ambos os países, mas propor alguns pontos comuns que surgem com esses feminismos. Em primeiro lugar, essas organizações feministas apresentam suas ações e sua existência como parte das resistências, das mobilizações, dos levantes e das construções populares, indígenas, camponesas e operárias que percorreram a América Latina desde as lutas pela independência e, inclusive, desde a conquista e a ocupação colonial espanhola, há mais de quinhentos anos. Nesse sentido, tais feminismos rompem com a ideia de que o feminismo é uma corrente trazida pelo Norte e exclusiva de mulheres brancas oriundas de países desenvolvidos.

Em segundo lugar, são feminismos que superam a aparente contradição entre a corrente do feminismo da diferença e a do feminismo da igualdade. Questionam tanto a fragmentação pós-moderna das lutas identitárias e o isolamento da particularidade quanto o horizonte patriarcal da equidade e da inclusão. São feminismos que situam um novo tipo de universalidade, em que as diversidades sexuais e raciais são assumidas com toda a sua carga colonial, de classe e de relação com a Natureza, mas também entram em uma aposta política por construir caminhos de reconhecimento, diálogo e construção coletiva de transformação. Mas, ao mesmo tempo, propõem o horizonte da igualdade como produto de um processo de despatriarcalização, ancorado na construção de Estados plurinacionais, e cujo referente central não é mais o paradigma dos direitos individuais, e sim a transformação da sociedade em seu conjunto.

Em terceiro lugar, esses feminismos articulam de maneira complexa a luta pela descolonização, pela despatriarcalização, pela superação do capitalismo e pela construção de uma nova relação com a Natureza. Esse entendimento complexo propõe uma ressignificação de ideias como comunidade, espaço público e repertórios de ação. Esses feminismos consideram a comunidade uma construção não naturalizada, mas histórica, de confluência e pertencimento político e afetivo. Nesse sentido, o projeto de Estado plurinacional possibilita um diálogo entre as mulheres porque abre a possibilidade de se pensar a comunidade política para além do Estado nacional.

Por fim, as atoras dos feminismos andinos já não são fundamentalmente mulheres de classe média, profissionais e mestiças: produz-se um encontro – em alguns momentos, conflitivo, em outros não – entre mulheres de setores populares que se reconhecem feministas e que ressignificam o feminismo a partir de seus contextos, experiências, produções culturais da vida cotidiana e situação trabalhista, e onde a Natureza, a *Pacha Mama*, aparece como categoria central de encontro e também de mobilização.

São as mulheres camponesas, indígenas e negras que conseguem assumir o discurso sobre a importância da Natureza e a relação cultural, econômica e política a partir de outras diretrizes e significados que não os inicialmente propostos pelo ecofeminismo. Na Conferência Mundial dos Povos sobre a Mudança Climática, realizada na cidade boliviana de Cochabamba, em 2010, as feministas comunitárias manifestaram:

> Entendemos a *Pacha Mama*, a *Mapu*, como um todo que vai além da Natureza visível, que vai além dos planetas, que contém a vida, as relações estabelecidas entre os seres e a vida, suas energias, suas necessidades e seus desejos. Denunciamos que a compreensão de *Pacha Mama* como sinônimo de Mãe Terra é reducionista e machista, pois faz referência somente à fertilidade para ter as mulheres e a *Pacha Mama* sob seu arbítrio patriarcal. "Mãe Terra" é um conceito utilizado há vários anos e que se tenta consolidar nesta Conferência dos Povos sobre a Mudança Climática com a intenção de reduzir a *Pacha Mama* – assim como se reduz as mulheres – à sua função de útero produtor e reprodutor a serviço do patriarcado. Entendem a Pacha Mama como algo que pode ser dominado e manipulado a serviço do "desenvolvimento" e do consumo, e não a concebem como o cosmos do qual a Humanidade é apenas uma pequena parte.
>
> O cosmos NÃO É o "Pai Cosmos". O cosmos é parte da *Pacha Mama*. Não aceitamos que "casem", que obriguem a *Pacha Mama* a contrair matrimônio. Nesta Conferência escutamos coisas insólitas, como que o "Pai Cosmos" existe independentemente da *Pacha Mama*, e entendemos que não toleram o protagonismo das mulheres e da *Pacha Mama*, e que tampouco aceitam que ela e nós nos autodeterminemos. Quando falam do "Pai Cosmos" tentam minimizar e subordinar a *Pacha Mama* a um chefe de família masculino e heterossexual. Mas ela, a *Pacha Mama*, é um todo e não nos pertence. Nós somos dela.[32]

A MODO DE CONCLUSÃO

Pode-se então constatar que as mulheres e os feminismos têm dialogado com o desenvolvimento a partir das mais variadas perspectivas. Os dispositivos do desenvolvimento souberam incorporar parcialmente as demandas das mulheres, sobretudo do feminismo liberal: criou-se um grande número de instituições encarregadas do desenvolvimento das mulheres, que, no entanto, continuam sendo subalternas no tecido institucional, seja internacional ou nacional. As políticas de desenvolvimento hoje contam com uma série de indicadores que tornam visível, por meio de ferramentas, a situação das mulheres, como os orçamentos sensíveis ao gênero. Em comparação, a questão das relações patriarcais de poder no interior da família, que condiciona todo o acesso das mulheres a outros âmbitos econômicos ou políticos, tem sido relativamente pouco abordada, sobretudo em termos de políticas públicas. Por outro lado, as ciências econômicas duras continuam ignorando a dimensão de gênero e a produtividade do trabalho de cuidado, mantendo o PIB como seu indicador principal.

Várias das correntes feministas aqui descritas dialogam sobre o Bem Viver como alternativa ao desenvolvimento, a partir de diversas perspectivas, e também com os debates sobre o caráter plurinacional do Estado, a partir das lutas que buscam transformar o Estado colonial, e dos horizontes emancipatórios da descolonização e da despatriarcalização. As ecofeministas criticam a desvalorização do considerado "natural" e "feminino"; as economistas do cuidado colocam o uso do tempo de vida como parâmetro central do Bem Viver e propõem assim outra lógica de redistribuição e de felicidade – uma proposta aplicável tanto em âmbitos urbanos quanto rurais, tanto no Norte Global quanto no Sul. Todas elas o fazem sob uma perspectiva de crise civilizatória, que somente pode ser solucionada encarando as diferentes dimensões da dominação que a teoria feminista identificou: classe, raça, gênero e a relação com a Natureza. Suas propostas para submeter a economia a outro tipo de ética e tirá-la do trono de disciplina--mor do mundo capitalista, a partir das necessidades humanas, erguem pontes em direção a outros discursos críticos ao desenvolvimento.

Mostrou-se como as diferentes correntes feministas transitaram do questionamento ao paradigma de desenvolvimento em si até propostas alternativas de desenvolvimento, o que ultimamente ganha força por conta das condições discursivas e práticas criadas pelos processos de mudança levados a cabo na América Latina. Desde a chegada ao poder dos governos progressistas na região andina, o feminismo passa por um processo caracterizado, por um lado, pelo fortalecimento do Estado e pela adoção de políticas sociais e de redistribuição, e, por outro, por rearticulação e atualização em torno da crítica ao desenvolvimento: a tensão entre justiça social e superação das desigualdades, o pós-extrativismo e a Natureza como sujeito de direitos. Ao mesmo tempo, as mulheres da região constroem outras práticas de organização e de luta, no que é chamado de feminismo popular e comunitário, que parte de preceitos diferentes dos adotados pelo feminismo latino-americano de décadas anteriores, com predominância das mulheres liberais de classe média. Nas últimas três décadas, a produção teórica e política do feminismo do Sul tem sido fundamental para a constituição de novas tendências e propostas para o conjunto da humanidade.

Consideramos crucial deixar estabelecido que, depois de várias décadas de pensamento feminista oriundo do Norte, é a partir dos feminismos do Sul que se recuperam e atualizam debates que articulam patriarcado, crise civilizatória, modelo de produção e de desenvolvimento, e as alternativas a esse paradigma.

Hoje, as mulheres em condição de trabalhadoras produtivas e reprodutivas são sujeitos que a partir do Sul sustentam a humanidade e estabelecem vínculos distintos com o planeta. As camponesas, indígenas, negras, mulheres urbano-marginais que conformam os feminismos populares do Sul são as mesmas que o paradigma de desenvolvimento oficial percebe unicamente como receptoras de programas, a partir da posição de subalternidade. Hoje, no contexto de suas experiências na economia social e solidária, ou comunitária, em torno da destruição de seu habitat por megaprojetos de "desenvolvimento", elas reivindicam com voz coletiva outro rumo para suas sociedades. Rechaçam qualquer essencialismo de gênero ou cultural, reivindicando, por exemplo, seus direitos como mulheres dentro da justiça indígena originária.

Essas novas correntes feministas na região andina não são produto dos governos progressistas, mas crescem a partir das contradições que atravessam os processos de mudança concretos, como resposta à crise múltipla atual, que para essas mulheres é uma crise vivida na própria carne. Vivem a contradição entre a tarefa política de produção de excedente econômico para uma distribuição igualitária dos recursos, e o horizonte político imediato de abandonar o extrativismo como fonte central desse excedente, mas também da destruição ambiental. A partir dessa posição disputam os sentidos do Bem Viver, que ao mesmo tempo são expropriados por programas de governo ou lógicas empresariais, como no caso do "cartão de crédito do Bem Viver" venezuelano.

Essas mulheres falam a partir da relação de saberes, da relação simbólica de respeito, sabedoria e sentido de propriedade comunitária, a partir da *Pacha Mama*. Denunciam que o dispositivo extrativista de desenvolvimento não apenas é economicista e funcionalizador da Natureza, como também é profundamente racista, patriarcal, classista. Sem abarcar essas dimensões de poder não será possível desarticulá-lo.

ORIGINALMENTE PUBLICADO EM *MÁS ALLÁ DEL DESARROLLO*, QUITO: FUNDACIÓN ROSA LUXEMBURG/ABYA YALA, 2011. TRADUÇÃO DE IGOR OJEDA, PUBLICADA ORIGINALMENTE NO LIVRO *DESCOLONIZAR O IMAGINÁRIO: DEBATES SOBRE O PÓS-EXTRATIVISMO E ALTERNATIVAS AO DESENVOLVIMENTO*. SÃO PAULO: FUNDAÇÃO ROSA LUXEMBURGO/ELEFANTE/AUTONOMIA LITERÁRIA, 2016, P. 88-120.

NOTAS

1. Elsa Dorlin, *Sexo, género y sexualidades: introducción a la teoria feminista*. Buenos Aires: Nueva Visión, 2009.
2. O plano de desenvolvimento introduzido por Truman incluía um projeto de recuperação econômica para a Europa e a redução de barreiras comerciais nos países em desenvolvimento. Mediante grandes investimentos privados, buscava-se incrementar a atividade industrial no Sul como medida fundamental para "melhorar os padrões de vida" nos países pobres.
3. Ester Boserup, *Woman's Role in Economic Development*. Londres: George Allen; Unwin, 1970.
4. A conferência resultou no estabelecimento do Instituto Internacional de Investigação e Capacitação para a Promoção da Mulher (Instraw) e do Fundo de Desenvolvimento das Nações Unidas para a Mulher (Unifem).
5. Helen Icken Safa, *The Myth of the Male Breadwinner: Women and Industrialization in the Caribbean*. Boulder: Westview Press, 1995.
6. Stephen Jackson, "Mainstreaming WID: a survey of approaches to women in development", in *Trócaire Development Review*. Dublin, 1992, p. 89.
7. Para uma explicação sobre o desenvolvimento como ideologia do modernismo, ver Eduardo Gudynas, "Debates sobre el desarrollo y sus alternativas en América Latina: una breve guía heterodoxa", in *Más alla del desarrollo*, Cidade do México: Fundación Rosa Luxemburg/Abya Yala, 2012, p. 21-53.
8. Eva M. Rathgeber, "WID, WAD, GAD: trends in research and pracrice", in *The Journal of Developing Areas*; Tennessee State University College of Business, nº 24, julho de 1990.
9. Amelia Valcárcel, *Feminismo en un mundo global*. Madri: Cátedra, 2008.
10. Ver Sheila Rowbotham, *Women's Consciousness, Man's Word*. Londres: Penguin, 1973, assim como obras posteriores da mesma autora.
11. Patricia Maguire, *Women in Development: An Alternative Analysis*. Amherst: Center for International Education, University of Massachusetts, 1984; Gita Sen; Caren Grown, *Development, Crises, and Alternative Visions: Third World Women's Perspectives*. Londres: Earthscan Publications Limited, 1988.

12. Caroline Moser; Caren Levy, *Gender Planning and Development: Theory, Practice and Training*. Londres e Nova York: Routledge, 1993; idem, "A theory and methodology of gender planning: meeting women's practical and strategic needs", in DPU *Gender and Planning*, University College London, Londres, Cuaderno de Trabajo nº 11, 1986.
13. Gita Sen; Caren Grown, *Development, Crises, and Alternative Visions: Third World Women's Perspectives*. Londres: Earthscan Publications Limited, 1988.
14. Asunción Oliva Portolés, "Feminismo poscolonial. La crítica al eurocentrismo del feminismo occidental", in *Cuaderno de Trabajo* nº 6, Instituto de Investigaciones Feministas, Universidad Complutense, Madri, 2004. Disponível em <www.ucm.es/info/institem/cuadernos/cuaderno%206.doc>.
15. Chandra Talpade Mohanty, "Under western eyes: feminist scholarship and colonial discourses", in Nalini Visvasathan (coord.), *The Women, Gender and Development Reader*. Londres e Nova Jersey: Zed Books, 1997.
16. Gayatri Spivak, *A Critique of Postcolonial Reason: Toward a History of the Vanishing Present*. Cambridge e Londres: Harvard University Press, 1999.
17. Asunción Oliva Portolés, op. cit.
18. Susan Paulson, *Desigualdad social y degradación ambiental en América Latina*. Quito: Abya Yala, 1998.
19. Vandana Shiva, "El mundo en el limite", in Anthony Giddens e Will Hutton (eds.), *En el limite: la vida en el capitalismo global*. Barcelona: Tusquets, 2001, p. 1.
20. Maria Mies, "Decolonizing the iceberg economy: new feminist concepts for a sustainable society", in Linda Christiansen-Ruffman (ed.), *The Global Feminis, Enlightenment: Women and Social Knowledge*. Montreal: International Sociological Association, 1998.
21. Citado por Ricardo Pobierzym, "Los desafios del ecofeminismo", Conferência exposta em "Espacio y", Buenos Aires, 4 de julho de 2002.
22. María Nieves Rico, "Género, medio ambiente y sustentabilidad del desarrollo", in *Serie Mujer y Desarrollo*, Unidad Mujer y Desarrollo, Naciones Unidas, Santiago, nº 25, 1998. Disponível em <http://www.eclac.org/publicaciones/xml/3/4343/lcl114 4e.pdf>.
23. Ulrike Knobloch, "Geschlechterbewusste Wirtschaftsethik", in *Care Ökonomie*, Gunda Werner Institut, Feminismus e Geschlechterderrokratie, Berlim, 2010.
24. Gabriele Winkler, "Care Revolution. Ein Weg aus der Reproduktionskrise", in *Luxemburg Gesellschafisanalyse und linke Praxis*, Berlim, nº 3, 2010.
25. Corina Rodriguez Enríquez, "Economia del cuidado y política económica: una aproximación a sus interrelaciones", apresentado na Mesa Diretiva da Conferência Regional sobre a Mulher da América Latina e do Caribe, Cepal, Mar del Plata, Argentina, 7 e 8 de setembro de 2005, p. 29.
26. Anemarie Sancar, "Verortungen Von Gender Equalityein Plädoyer für einen Paradigmenwechsel in der Entwicklungszusammenarbeit", in *Care Ökonomie*, Gunda Werner Institut, Feminismus e Geschlecherdemokratie, Berlim, 2010.
27. Ulrike Knobloch, op. cit.
28. Corina Rodriguez Enriquez, op. cit., p. 29.
29. Frigga Haug, "Ein gutes Leben", *der Freitag*, 15 de outubro de 2009.
30. Cecilia Salazar et al., *Migración, cuidado y sostenibilidad de la vida*. La Paz: Cides-Umsa, Instraw, 2010.
31. Abordaremos esses novos feminismos a partir da experiência e militância política de organizações feministas de ambos os países. No caso do Equador, a referência é o movimento de mulheres de setores populares como Lua Crescente. Assembleia de Mulheres Populares e Diversas do Equador, e, no caso da Bolívia, Mulheres Criando.
32. Pronunciamento do Feminismo Comunitário na Conferência Mundial dos Povos sobre a Mudança Climática. Tiquipaya, Cochabamba, abril de 2010.

A categoria mulato/mulata não é apenas uma categoria racial, ou uma categoria de cor, como poderíamos ingenuamente imaginar; mas reflete uma construção social sobre a raça no Brasil, onde a cor e os fenótipos são associados aos comportamentos de gênero e de geração. Por isso mesmo, trata-se de uma categoria que é interceptada pelo gênero, quer dizer, as representações sobre as mulatas são diferentes daquelas construídas sobre os mulatos.

Angela Figueiredo

Carta de uma ex-mulata a Judith Butler

Angela Figueiredo

Cachoeira, 02 de fevereiro de 2015.

Prezada Judith Butler,

Agradeço pela oportunidade de ler algumas de suas análises sobre a relação, ou a não relação entre sexo e gênero, e pela motivação e entusiasmo com que seus escritos têm chegado até os alunos da Universidade Federal do Recôncavo da Bahia (UFRB),[1] jovens estudantes interessad@s no tema, mas que, devido ao ingresso recente na universidade, ainda conhecem pouco sobre os estudos de gênero, apesar de demonstrarem absoluto interesse nos conceitos propostos por você acerca de performance e de performatividade. Na realidade, el@s estão seduzidos pelo discurso que informa e que constrói tais categorias.

É a primeira vez que você vem ao Brasil e para nós é importante termos a oportunidade de escutá-la na Bahia, um estado central para as formulações do debate sobre raça no Brasil. Sou antropóloga de formação e fiz o doutorado em Sociologia. Minha formação tem sido definida como uma formação clássica na área de raça e classe, ou no campo de estudos definido inapropriadamente no Brasil como o Estudo das Relações Raciais, no lugar de Estudos das Hierarquias Raciais, como reivindiquei.[2] Somente depois da conclusão do doutorado é que começo a incorporar a dimensão de gênero nas pesquisas que tenho desenvolvido, orientado e aprendido sobre o tema com os alun@s e colegas da universidade em que trabalho. Há muito que tenho sido estimulada a escrever este texto que somente agora, graças às constantes provocações de Cintia Tâmara, Felipe Fernandes[3] e de outros que "apertaram minha mente", como se diz por aqui, resolvi escrever. O meu ponto de partida reside em um interesse muito especial no diálogo entre a problematização da identidade de gênero e sua correlação com a identidade racial e, consequentemente, dos efeitos dessas perspectivas para o empoderamento[4] e conquista de direitos para grupos racializados. Penso que esses dois campos, estudos de gênero e estudos raciais, definidos a partir de uma abordagem teórica e de bibliografias muito distintas, efetivamente, demonstram muitas similaridades.

Inicialmente, acessei seus textos para compreender o entusiasmo dos alunos com seus escritos.

Escolhi tratar desse tema assumindo meu posicionamento como um sujeito feminino negro, ativista, cuja sexualidade e constituição familiar se constroem de forma contra-hegemônica, constituído discursivamente em um contexto sócio-histórico das relações raciais e sexuais brasileiras, notadamente marcado pelo discurso da democracia racial e pela recusa ao uso de categorias binárias e identitárias.

Nascida em uma sociedade em que a raça é discursivamente construída, não polarizada, afinal de contas existia e existe hoje, ainda que em menor medida, uma escala classificatória da cor no Brasil, cujos polos extremos são branco e negro, mas que em seu interior contém inúmeras denominações da categoria da cor, como por exemplo as categorias mulato, mestiço, cabo-verde, moreninho, cor-de-telha etc. O conceito de raça no Brasil há muito foi acrescido do termo social para destacar sua dimensão discursiva, uma construção social.[5] De modo muito breve, poderíamos dizer que a história da formulação do conceito de raça no Brasil visava exatamente responder a um processo de "mistura" derivado da miscigenação entre negros, indígenas e brancos que dificultava que o Brasil visse a si mesmo como um país moderno e civilizado no século XIX, período em que vigorava a crença nos efeitos maléficos da mistura racial. Nesse sentido, é evidente a relação entre o discurso normativo do Estado que constrói os sujeitos supostamente não racializados – os mestiços e mulatos brasileiros –, ainda que a noção de mestiçagem seja, ela mesma, oriunda da crença na existência de pelo menos duas raças.

Inicialmente, os "Estudos das Relações Raciais no Brasil" estabeleceram uma comparação entre o Brasil e os Estados Unidos, com o intuito de entender, sobretudo, a experiência negra no que se refere ao sistema classificatório da cor, às manifestações do racismo, do preconceito e da ideologia racial. No início, a maioria dos pesquisadores brasileiros, assim como os norte-americanos, considerava que o racismo na sociedade brasileira era inexistente por dois importantes motivos: devido ao grande número de mestiços e à inexistência de segregação racial oficial na sociedade brasileira. A partir do final dos anos 1970, os ativistas negros brasileiros e alguns pesquisadores americanos ofereceram outra perspectiva.[6] Para eles, o racismo no Brasil é pior do que o existente nos Estados Unidos, já que aqui as desigualdades sociais caminham lado a lado com o discurso da democracia racial e da mestiçagem, o que dificulta, sobremaneira, que os negro-mestiços no Brasil tenham consciência de que sua condição social está relacionada à sua condição racial e, consequentemente, assumam a identidade negra.

É importante destacar aqui a relevância atribuída às categorias da cor presente no modelo racial brasileiro em que as denominações da cor ou da raça estavam associadas aos fenótipos, daí a importância atribuída à escala classificatória e da autoclassificação da cor.[7] Ainda que escrito nos anos 1950, Oracy Nogueira,[8] em seu clássico *Preconceito racial de marca e preconceito racial de origem*, aborda a diferença marcante nas dinâmicas raciais nos dois países. De acordo com Nogueira, o preconceito no Brasil ocorre devido às marcas, aos fenótipos raciais, à aparência; enquanto nos Estados Unidos o preconceito é de origem, marcado, portanto, pela ancestralidade ou ascendência negra e sua situação de classe. Ainda com relação à classificação da cor, a maioria dos autores enfatizava a importância da classificação da cor no Brasil e o papel ocupado pelo mestiço escuro ou mulato na estratificação social brasileira, ou mulato como válvula de escape.[9]

Contudo, se diferentes termos são empregados no cotidiano para a classificação da cor, as categorias oficiais do censo demográfico limitam-se a cinco: brancos, pretos, pardos, indígenas e amarelos. Com exceção do censo populacional realizado em 1970, o censo brasileiro tem tradicionalmente incluído o item cor no questionário. Por outro lado, o termo negro, que tem sido cada vez mais utilizado tanto nos textos acadêmicos quanto na linguagem política e reivindicatória por direitos, não aparece como opção oficial. De acordo com Telles,[10] há três sistemas de classificação da cor operando conjunta ou isoladamente. São eles: a classificação do Instituto Brasileiro de Geografia e Estatística (IBGE); os inúmeros termos empregados na cultura popular e a classificação bipolar negro e branco.

Dessa perspectiva, alisar o cabelo na sociedade brasileira pode não ser visto apenas como um exercício de beleza, mas também pode ser considerado como um modo de mover-se na escala classificatória da cor, tornando-se menos negro. Considerando a importância atribuída ao cabelo na definição do lugar a ser ocupado na escala classificatória da cor, o movimento negro brasileiro considerou o uso do cabelo natural como símbolo de afirmação da identidade.[11] O modelo que vigora hoje nos movimentos feministas negros jovens brasileiros é uma assunção da identidade negra baseada na "aceitação de si". O momento do corte do cabelo, alterado por químicas desde a infância, é um ritual de reconhecimento das mulheres enquanto negras.

Ainda relacionado a esse tema, é importante destacar as pesquisas desenvolvidas no âmbito do que convencionalmente chamamos de projeto Unesco. *Grosso modo*, poderíamos dizer que a escolha do Brasil pela Unesco mantinha uma estreita relação com as preocupações advindas do pós-guerra, visando acabar com as consequências da crença na existência de raças e do racismo. O Brasil, portanto, teria um bom exemplo a dar ao mundo, a convivência harmônica entre as diferentes raças, já que aqui as raças não eram biologicamente consideradas.

É importante destacar algumas mudanças de enfoque nos estudos sobre as "relações raciais" empreendidos a partir do final dos anos 1970, sobretudo a partir dos estudos realizados por Carlos Hasenbalg,[12] que demonstravam as desigualdades no acesso à educação e nos desníveis de renda entre negros e brancos, aliados às denúncias empreendidas pelo então recém-formado Movimento Negro Unificado (MNU) sobre o preconceito e a discriminação racial no Brasil. O final dos anos 1970 e toda a década de 1980 são determinantes por revelar o esforço empreendido pelos movimentos sociais negros, de um lado, e, de outro, a abordagem de pesquisadores como Hasenbalg,[13] que se empenharam em demonstrar que, independente da autoclassificação da cor e da diluição de categorias polares como aquelas existentes nos Estados Unidos, os não brancos, categoria utilizada por Hasenbalg, estavam em condições inferior e diametralmente oposta aos brancos nos indicadores de educação, renda e escolaridade.

Essa breve descrição do tema tem como objetivo estabelecer um paralelo entre os contextos estadunidense e brasileiro no âmbito das desigualdades raciais, que no Brasil é particularmente destacado no que diz respeito à ausência de identidades raciais fixas ou binárias, em oposição ao que ocorre nos Estados Unidos. Entretanto, a conquista de direitos e o empoderamento de pessoas negras somente ocorreu após os anos 1970, com a desarticulação da celebração da mestiçagem e do uso de termos identitários branco-negro no modelo político bipolar.

Uma análise mais acurada do contexto brasileiro mostrará como no Brasil a desconstrução do conceito de raça e sua desvinculação com a biologia/naturalização ocorreu há muitos anos, talvez antes mesmo da construção do sistema sexo/gênero. Do ponto de vista da desconstrução da raça e de sua conotação biológica, a experiência ocorreu logo após a abolição da escravatura, quando o Brasil viu seu projeto de formação do Estado-nação moderno ameaçado pela massa de pessoas de origem negra-mestiça. Diferente do contexto americano, a definição de raça no Brasil reflete a aparência e não a ancestralidade, como destacado por Oracy Nogueira.

Disse tudo isso com o propósito de demonstrar que o contexto brasileiro é muito distinto do contexto estadunidense, e que os efeitos produzidos sobre nosso contexto das políticas de identidade não encontra terreno fértil em uma ideologia que prima pelo número ímpar.[14] Quer dizer, no caso brasileiro, para os sujeitos não brancos, coloniais, do ponto de vista das lutas políticas por acesso a direitos, não há motivo para a diluição das identidades.

Nesse sentido, Pelúcio[15] considera que, no contexto brasileiro, "os estudos queer começam a ser referenciados no Brasil no mesmo momento no qual experimentávamos o fortalecimento de políticas identitárias (...) De maneira que uma teoria que se proclamava como não identitária parecia potencialmente despolitizante"; portanto, a concepção inicial do termo remetia-se pouco a uma prática de vida que se coloca contra as normas socialmente aceitas.[16] Em *Pouvoir de Mots*,[17] você afirma que "(...) a identidade queer não tem portanto limites herméticos e definidos, e se caracteriza, ao contrário, por sua fluidez, o que se constitui um desafio à identidade".[18] Para Miskolci,[19] a teoria queer seria um "contraponto crítico aos estudos sociológicos sobre minorias sexuais e à política identitária dos movimentos sociais". Citando Michael Warner, Miskolci observa que no Brasil a identidade se baseava em valores como família, língua e tradição. A teoria queer não tem nem ambiciona ponto de apoio similar. (...) o queer lida com sujeitos sem alternativa passada nem localização presente.[20]

Considerando tais afirmações e assumindo o lugar de ex-mulata é que proponho um diálogo com a teoria queer com o propósito de destacar os ganhos políticos resultantes da afirmação da identidade negra em oposição aos inúmeros termos utilizados para a classificação da cor e da ausência da identidade étnico-racial. Do mesmo modo, quero sublinhar que as narrativas sobre uma origem comum presente no discurso identitário não ocorrem isoladas nem são mais importantes do que o realce no combate ao racismo – representações e discursos do outro sobre nós – e da discriminação racial – atualização dos discursos racistas através de práticas cotidianas que incidem sobre a materialidade dos corpos, como, por exemplo, naquelas praticadas através da violência policial contra os corpos dos homens negros, ou mesmo através da baixa remuneração de negr@s no mercado de trabalho. Sabemos que as definições identitárias operam através de categorias homogeneizantes, entretanto herdamos um passado que insiste em afirmar nossa diferença em termos de cor e de tipo de cabelo, ou seja, trata-se de uma hierarquia da cor.

Roger Bastide[21] considera que a negritude no Brasil é centrípeta, ou seja, um discurso identitário que reclama por maior participação/inclusão na sociedade brasileira, em oposição à negritude centrífuga, aquela que assume no discurso centrífugo uma espécie de reivindicação de retorno à África.

Como constatei recentemente a partir e minha experiência nos Estados Unidos, há temas ou questões teóricas que são específicos do contexto brasileiro, a exemplo da busca por compreender o significado da identidade negra. Quer dizer, enquanto a antropologia brasileira buscou entender o que é ser negro, a antropologia americana jamais fez desta uma questão relevante. Ao que parece, a identidade étnico-racial é herdada no nascimento, ela é vista quase como um sinônimo da cor e da ancestralidade.

Em meu registro de nascimento, o Estado brasileiro me definiu como parda. Nascida numa família de dez filhos (sete meninos e três meninas), desde pequena aprendi a importância das diferentes nuances da tonalidade da pele. Faço aqui ecos aos relatos de Gloria Anzaldúa,[22] quando discorre sobre a experiência de ser a mais escura da família e apresentar traços mais marcadamente indígenas. *La Petra*, como era chamada, indicava seu lugar na hierarquia familiar. Como Anzaldúa salienta, essa experiência do racismo no interior da família, uma das instituições mais importantes para o aprendizado e reprodução das ideologias raciais e de gênero, marcou profundamente nossa subjetividade. Faço parte dos mais escuros de minha casa, pois puxamos ao lado paterno, como dizem. Cresci ouvindo brincadeiras que colocavam em xeque minha origem; meu irmão dizia que eu não era filha natural de minha mãe, mas que eu havia sido encontrada na lata do lixo, enquanto sorria sentado ao meu lado. Graças a isso, desenvolvi uma sensibilidade desde pequena para compreender as questões da cor, e sei como poucos o significado de ser a mais preta da casa. Aqueles que me conhecem dirão que minha tonalidade de pele "nem é tão escura assim", mas no contexto familiar era isso que fazia a diferença.

Em análise correlata, Sarah Schulman[23] destaca a homofobia existente no interior das famílias e o modo como tais práticas contribuem para a construção de uma inferiorização do homossexual, mantendo-o em posição de menor valor. A autora enfatiza duas experiências compartilhadas da vivência homossexual: a primeira é o processo de assumir-se como homossexual e a segunda é de inferiorização dentro da família. A autora considera que as pessoas gays estão sendo punidas no contexto familiar, mesmo que nunca tenham feito nada de errado. Como consequência dessas práticas, a pessoa gay torna-se o bode expiatório dentro e fora da família.

Na literatura brasileira relativa aos estudos raciais, temos dado pouca atenção à compreensão das dinâmicas da reprodução do racismo e do sexismo no interior das famílias, embora sejam corriqueiros os exemplos de pessoas de pele mais escura que são preteridas com relação àquelas de pele mais clara em diferentes aspectos da relação familiar, ou nas considerações aparentemente inofensivas no que se refere aos padrões de beleza, ou mesmo nas expectativas do desempenho escolar e das carreiras profissionais.

De certo modo, ainda temos considerado as famílias negras-mestiças como um espaço de proteção às dinâmicas externas a ela, ou temos nos silenciado com relação às suas práticas excludentes. Certamente essa opção em proteger os erros e afirmar a experiência familiar responde de maneira contundente ao racismo existente na sociedade que considera de modo demasiadamente negativo a experiência das famílias negras, quando aceitam sua existência. Entretanto, o exercício proposto por Anzaldúa e Schulman ao denunciar o racismo, o sexismo e a homofobia no interior da família demonstra como é importante o reconhecimento dessa dupla opressão existente na família e na sociedade. O debate sobre o machismo e a homofobia no interior da comunidade negra tem sido uma pauta encabeçada apenas pelas jovens feministas negras, insatisfeitas e não mais dispostas a pactuar com o alto preço de silenciar tais questões. Sinceramente, acho que já está na hora de romper o silêncio, de fazer ruir as estruturas familiares e sociais que tanto apoiamos e que nos oprimem.

Essa apresentação pessoal objetiva deixar claro que o diálogo que pretendo estabelecer com alguns de seus escritos se dá menos no campo da sexualidade e mais na arena da identidade. Hoje, li seu texto sobre o termo *queer* no livro *Corpos que importam* e verifiquei a existência de algumas comparações, ainda que breves, com as relações de raça nos Estados Unidos. A leitura desse texto somente me estimulou a prosseguir com as minhas questões e, de certo modo, reforçou minha iniciativa no estabelecimento desse diálogo.

Nesse texto, você indaga sobre as razões que permitiram a transformação do sentido negativo para a positividade atribuída ao termo queer, em oposição ao fracasso da mesma tentativa encabeçada pelos afro-americanos para a utilização do termo *nigger* nos Estados Unidos, nosso equivalente ao termo negro. Na experiência brasileira, o termo negro, considerado antes, notadamente do período pós-abolição até os anos 1950, como negativo, foi sendo paulatinamente positivado. Como muitos dos processos identitários, a positivação ocorre por meio da afirmação de características consideradas negativas, processo conhecido pelos feminismos brasileiros como "guerrilha de linguagem".

O intento de destacar os contextos em que as formulações teóricas são conduzidas já foi observado por outras autoras, no que diz respeito ao uso da perspectiva queer. Marie-Hélène Bourcier[24] considera que na França há uma busca por reproduzir o contexto americano, portanto, longe de ser a experiência queer libertadora e de empoderamento, demonstra ser uma incansável busca por anular as diferenças culturais locais. Como observado por Pelúcio,[25] a tendência inicial no Brasil foi de "aplicar os achados teóricos e conceituais queer, mais do que tencioná-los e, assim, produzir nossas próprias teorias".

Ainda que não tenha estabelecido nenhuma comparação com o Brasil, Márcia Ochoa[26] aborda o contexto venezuelano em que são visíveis as semelhanças com o contexto brasileiro. Ochoa destaca a relação entre gênero, sexualidade, raça, beleza e nação em contextos sociais bastante distintos do norte-americano.

Nesse sentido, podemos dizer que, em termo das identidades raciais e sexuais, o contexto latino-americano, com particular ênfase para o Brasil, sempre foi queer, se consideramos, prioritariamente, a fluidez da categoria e o desafio à identidade presente nessa categoria. Quer dizer, em contexto particularmente misturado em que o Estado é caracterizado pela falta de respeito aos direitos das minorias, da sexualização das mulheres nas narrativas da identidade nacional e desrespeito à cidadania, o modo ainda eficaz para obtenção de direitos tem sido por intermédio da articulação coletiva e da mobilização política formuladas em termos identitários.

Outro conceito muito trabalhado em sua obra que parece dialogar com o contexto brasileiro é o de *melancolia*.[27] Em *Édipo brasileiro*, Rita Segato[28] recorre à mitologia afro-brasileira das diferentes maternidades dos orixás femininos Oxum e Iemanjá para estabelecer uma correspondência entre a mãe biológica e a mãe que cria, função exercida pela babá, uma mulher negra. Na abordagem de Segato, a mulher branca não exerce a função materna, pois a mesma seria exercida pela ama de leite durante o período escravista e posteriormente pelas babás. Isso criaria uma identificação e desejo do menino branco pela mulher negra que é interditado pelas estruturas racistas. A *melancolia* seria então fruto da perda do desejo não realizado pela mulher negra.

Semelhante análise foi feita por Lélia Gonzales anos antes,[29] ao analisar o racismo como uma neurose da sociedade brasileira. De acordo com a autora, a mulher negra é quem dá educação, carinho e ensina as primeiras palavras de preto, ou o *pretuguês*, como Lélia se refere. Da perspectiva da psicanálise, o desejo da criança por quem exerce a função materna é uma característica universal da condição humana. Nesse sentido, há um desejo dos homens brancos pela mulher negra desde a mais tenra idade. Entretanto, as estruturas racistas impedem a realização desse desejo, o que cria a violência e o ódio racial. Essa é a característica mais marcante de nossa sociedade.

Noutra direção, autores clássicos tinham interpretado as consequências de uma sociedade formada pela ausência paterna. Sabemos que os padrões de relacionamentos que deram origem às primeiras gerações de mestiços não resultaram de uma relação afetiva consensual, horizontalizada. Fruto da violência contra as mulheres negras e indígenas ou de relacionamentos extraconjugais, os mestiços brasileiros não tiveram a oportunidade do convívio com os pais brancos. Em seu pensamento, a melancolia é o luto não vivenciado. Nesse sentido, em que medida o mestiço brasileiro vive uma melancolia racial?

Em seu trabalho, como no pensamento de Michel Foucault, a identidade é o resultado da imposição da norma disciplinar sobre o sujeito e do engajamento do sujeito em sua reprodução. Desse modo, o preço para a obtenção de uma identidade socialmente inteligível é a subordinação, porque essa identidade nos encarcera em papéis sociais rígidos.[30] Mas esse processo de encarceramento só é bem-sucedido quando o próprio sujeito participa dele ativamente. Assim sendo, a construção da identidade, em seu pensamento, depende em grande parte de uma "auto-opressão".[31]

Analisando a experiência negra brasileira, observa-se que o processo identitário ocorre por meio de duas perspectivas: por um lado, constata-se uma ruptura com a reprodução de normas e valores que insistem em desumanizar o sujeito negro; por outro, há uma investida na reelaboração de discursos e práticas que sejam capazes de reinventar o corpo e a experiência negra.

A afirmação de que a instância política exige um sujeito estável corresponde, de certo modo, à constatação de que não pode haver oposição política a essa afirmação. Assim você diz, ao defender a distinção entre recusar a existência do sujeito como premissa e recusar completamente a noção de sujeito. Você estaria tentando deslocar o feminismo do campo do humanismo, como prática política que pressupõe o sujeito como identidade fixa, para algo que deixe em aberto a questão da identidade? Algo que não organize a pluralidade, mas a mantenha aberta sob permanente vigilância.[32]

Uma correlação com a mestiçagem no Brasil permite indagar sobre a não preservação da pluralidade, ainda que esta seja sua retórica. Aqui a mestiçagem também buscou a padronização dos fenótipos e dos discursos que caminham *pari passu* com a negação da existência do racismo e dos reclamos de fortalecimento de uma consciência racial. Quer dizer, o oposto da identidade/homogeneidade seria a pluralidade/heterogeneidade presente na experiência de mestiçagem, o que não ocorreu em nosso contexto.

Desse ponto de vista, a homogeneidade dos discursos que acompanham as identidades oprime os indivíduos porque os obriga a adequarem-se à coletividade. No caso do Brasil, o recurso ao discurso da identidade negra não tinha como pano de fundo um contexto que primasse pela diferença e heterogeneidade dos sujeitos negros; de modo contrário, em contextos estruturados pelo racismo, o recurso aos discursos identitários busca dar sentido à experiênciamediante a articulação coletiva de um discurso hegemônico que deseja também responder a um conjunto de estereótipos e de estigmas que são generalizados para o grupo. O que quero destacar é que a visão homogeneizante e generalizada que faz subsumir as singularidades/particularidades não está presente apenas nos discursos afirmativos do reconhecimento e da identidade; na verdade o recurso às generalizações é parte estruturante do discurso dominante. Certa vez, quando estava entrevistando um afro-americano, ele relatou que, ainda que tivesse sido o melhor jogador de beisebol e o melhor estudante de sua classe quando cursava o *high school*, tudo que conseguisse seria considerado uma ótima exceção às regras. Isso quer dizer que o desempenho individual não afeta as representações negativas sobre o desempenho intelectual dos homens negros.

Retomarei brevemente a clássica distinção entre políticas de redistribuição e de reconhecimento proposta por Nancy Fraser.[33] De acordo com essa abordagem, a redistribuição estaria relacionada aos aspectos econômicos, principalmente envolvendo a classe social, enquanto a política de reconhecimento envolveria as questões de diferença/identidade. Em contextos fortemente marcados por discriminação são exigidas políticas de reconhecimento; entretanto, Fraser considera que isso não precisa e não deve ser feito a partir de políticas de identidade. No contexto brasileiro há uma melhor aceitação das políticas de redistribuição em relação às políticas de identidade (ver a relativa maior aceitação da reserva de vagas para estudantes oriundos de escolas públicas em comparação com a reserva de vagas para negros na universidade).

Uma perspectiva conservadora sobre a identidade tem abordado apenas os aspectos relativos à perda da singularidade, do direito à diferença. Essas perspectivas têm deixado de lado o fato de que as identidades são dinâmicas, são reinventadas, são discursivamente construídas em contextos históricos socais específicos. Além disso, os discursos coletivos permitem retirar os sujeitos discriminados do isolamento a que foram submetidos historicamente.

Nas dinâmicas identitárias, a autoidentificação ou o autorreconhecimento dos sujeitos ou grupos vitimizados/excluídos/oprimidos é determinante. Ainda segundo Pinto,[34] o reconhecimento como autorreconhecimento é essencial para a construção do sujeito da ação na luta social. Só existe o dominado contra a dominação se este se reconhecer como tal. Não há feminismo antes da feminista, assim como não há paridade participativa antes do sujeito autorreconhecido como igual.

*

Escolhi escrever uma carta porque considero que esse estilo narrativo me permite, com maior facilidade, adentrar em aspectos teóricos e pessoais. Certamente, o uso do recurso metodológico da escrita por intermédio de uma carta está relacionado com as abordagens qualitativas utilizadas inicialmente pela Escola de Chicago. O método de história de vida, assim como as biografias, objetiva apreender as articulações entre a história individual e a história coletiva, uma ponte entre a trajetória individual e social. A biografia, ao tornar-se discurso narrado pelo autor, ou seja, as autobiografias ou autorrelatos, instaura sempre um campo no qual estão presentes a possibilidade de releitura e reinterpretação dos fatos. Nesse sentido, uma carta não é exatamente uma autobiografia, mas é uma possibilidade de a autora se colocar como protagonista, de estabelecer uma releitura de sua trajetória empírica, interpretando e dialogando com o que tem sido proposto do ponto de vista teórico.

Dito isso, quero recuperar os processos pelos quais construí minha subjetividade e identidade. Ressaltar o contexto histórico e social em que tal experiência é formulada é de fundamental importância. A propósito, o termo mulata ou ex-mulata, que intitula este texto, refere-se a uma experiência pessoal de transformação ou assunção identitária. Como a maioria dos brasileiros mestiços escuros, nascemos pardos, essa é a categoria oficial utilizada no censo demográfico e que estava presente em grande parte dos documentos quando de sua obrigatoriedade. Diferente dos Estados Unidos, a categoria da cor no Brasil não é sinônimo de identidade racial. O processo de tornar-se negro, como bem descrito por Neusa de Souza,[35] é um processo lento, de busca por uma autodefinição, perpassado por contextos históricos e políticos, por tensões e descobertas, por histórias familiares e pela subjetividade.

Importante aqui é também recuperar a diferença entre os termos mulato e mulata. Mariza Corrêa,[36] num instigante texto, mostra como os mulatos estiveram associados ao desenvolvimento econômico de nosso país: o mulato esteve associado ao progresso. Nesse sentido, poderíamos acrescentar que a categoria mulato é interceptada pelo gênero, pois, afinal de contas, o mulato no Brasil sempre esteve associado à incorporação dos homens negros-mestiços, ou mulatos, à estrutura produtiva. Do ponto de vista da narrativa da formação do Estado-nação, a mobilidade social dos mulatos era a prova incontestede da não existência do racismo em nossa sociedade. De modo contrário, a mulher mulata foi discursivamente construída como um sujeito sexualizado, responsável pela procriação dos mestiços brasileiros. Quero com isso destacar como o Estado construiu não somente sujeitos racializados mas também sexualizados, reproduzindo, desse modo, as estruturas racistas e sexistas que caracterizam nossa sociedade, ao invisibilizar, em sua narrativa, o fato de que as mulheres negras eram não somente reprodutoras, mas, em igual medida, também produtoras.

Ainda com relação à categoria mulato/mulata é importante destacar o trabalho de Sonia Giacomini,[37] ao abordar, em sua pesquisa, um curso de formação de mulatas, referindo-se a um conhecido brasileiro que formava grupos de dançarinas negras e mestiças para apresentar-se em casas de shows no Rio de Janeiro e no exterior. Nesse sentido, a categoria mulata não é apenas uma categoria racial, resultante do processo de miscigenação, mas é também uma categoria profissional, de gênero e de geração. Isso permite compreender que há também ex-mulatas, ou seja, profissionais que abandonaram a dança e seguiram outras trajetórias profissionais. Certamente, a referência à categoria ex-mulata utilizada neste texto não se refere ao fato de eu ter sido mulata profissional, leia-se dançarina, mas ao fato de, ao longo de minha experiência, eu ter escolhido uma autoidentificação identitária ao me definir como negra, seguindo o mesmo devir de muitas mulheres negras no Brasil.

Do mesmo modo, gostaria de salientar que a construção do corpo feminino negro, discursivamente construído como símbolo de resistência e como um elemento importante para a afirmação da identidade negra no Brasil, foi elaborado como uma resposta para a excessiva representação sexualizada atribuída ao corpo da mulata. Quer dizer, mais do que um discurso endereçado à mulher branca, o discurso afirmativo da mulher negra tem como objetivo a desconstrução da mulata discursivamente e sexualmente construída. O que importa agora é se opor à imagem da mulata faceira, sexualizada construindo assim, a imagem de uma mulher negra orgulhosa de si e, portanto, valorizada.

Esse discurso constitui, evidentemente, uma rejeição aos discursos constitutivos da mulata, tanto no que diz respeito às narrativas relativas à formação da identidade nacional[38] quanto ao papel sexual/sensual desempenhado pela mulata como profissão. Gillian[39] observou como as mulatas esforçam-se para se distanciar das mulheres pretas. O que se verifica é que tanto a mulata quanto a negra são construídas relacionalmente, uma em oposição aos discursos e práticas que constituíram a outra.

O que se evidencia a partir desses textos é que a categoria mulato/mulata não é apenas uma categoria racial, ou uma categoria de cor, como poderíamos ingenuamente imaginar; mas reflete uma construção social sobre a raça no Brasil, onde a cor e os fenótipos são associados aos comportamentos de gênero e de geração. Por isso mesmo, trata-se de uma categoria que é interceptada pelo gênero, quer dizer, as representações sobre as mulatas são diferentes daquelas construídas sobre os mulatos.

O debate em torno do significado da raça, das categorias raciais, da mestiçagem e da classificação da cor no Brasil é o terreno em que se movem alguns dos textos antropológicos que articulam as categorias gênero e raça. Explorando cada vez mais esse tema, podemos entender também como a concepção da raça é diferente para homens e mulheres. Gillian, por exemplo, sugere que o cabelo é o entrelaçamento entre as categorias de gênero e raça e observa que "de todas as características, é o cabelo o que marca a raça e o que mais significa para a mulher".[40] Acrescentaria o fato de que também a vivência do racismo é diferente para homens e mulheres. Os homens negros, sobretudo os jovens negros, estão mais expostos à violência física, institucionalizada ou não; enquanto as mulheres são mais vulneráveis a outro tipo de violência, não somente aquelas que condicionam a aparência às oportunidades de trabalho,[41] mas principalmente as que estão relacionadas às representações sobre o corpo e à construção de padrões de beleza hegemônicos que desconsideram a existência da beleza negra.

Como mencionado anteriormente, no Brasil nascemos pardos. Na adolescência, com a transformação do corpo que categoriza essa fase, nos tornamos mulatas e, na fase adulta, nos tornamos negras, ou melhor, eu me tornei negra. Essa é uma experiência que caracterizou muitas pessoas de minha geração e que se mostra relativamente diferente para as novas gerações, sobretudo para aqueles e aquelas com menos de 25 anos de idade. Tornar-se negra, portanto, descreve um processo de afirmação e de busca por uma autodefinição, ou, como sugere Patricia Hill Collins, a busca pelo controle da imagem.

Em contextos em que ainda opera a colonialidade do poder[42] como aquele existente na sociedade brasileira, antes mesmo de a criança negro-mestiça nascer há uma imensa especulação acerca de sua tonalidade de pele e da textura de seu cabelo. Dois fenótipos importantes para a autoclassificação da cor no Brasil. O desejo por filhas e filhos de pele mais clara, mas principalmente de cabelo menos crespo, se conecta com as representações de gênero. *"Se nascer menina pode até ter uma pele mais escura, desde que o cabelo não seja crespo."* No caso de a criança ser um menino, os pais se apressam em cortar bem curto seus cabelos crespos.

Mas, afinal, o que é uma imagem? As imagens são representações de si construídas pela sociedade por meio de seus discursos que nos constituem como sujeitos. Contudo, Patricia Hill Collins reivindica que é preciso assumir o controle da imagem, pois somente assim será possível a construção de uma autodefinição ou de uma autoimagem positiva. Franz Fanon[43] descreve o modo como os sujeitos coloniais constroem sua imagem. De acordo com o autor, o que se vê diante do espelho é uma imagem que reflete somente negação, rejeição e falta. Por esse motivo, o olhar que nos constrói e a linguagem que usamos para nos descrever são caracterizados pela ausência, pela negação de si enquanto sujeitos. Não é por acaso que um dos aspectos mais importantes do discurso identitário é a afirmação de si como sujeito, e a linguagem é parte significativa desse processo.

No que se refere às desigualdades e hierarquias presentes no debate sobre os estudos de raça no Brasil, gostaria de destacar que não somente advoguei em prol de uma mudança de nome do campo definido como estudos das relações raciais no Brasil para estudos das hierarquias raciais.[44] Assim como quero destacar as análises realizadas sobre a escala classificatória da cor em que era destacado o papel desempenhado pelo mulato como intermediário, como diluidor das fronteiras/tensões entre negros e brancos. Nesse sentido, estou efetivamente apontando para as hierarquias raciais existentes entre os não brancos e sublinhando que, embora os mulatos tenham sido beneficiados pela aparência física mais próxima dos brancos, eles de fato estavam muito mais perto dos pretos em termos dos indicadores de renda e de escolaridade.

Para finalizar, quero reafirmar a importância de analisar os contextos em que o discurso sobre a identidade e a diferença são destacados. Como procurei demonstrar, as diferenças entre os Estados Unidos e o Brasil são significativas no que diz respeito não só à formulação do conceito de raça e de identidade, mas também quanto ao modo como o Estado lida com os direitos para as populações minoritárias. No caso brasileiro, foi somente por meio do sentido identitário e político atribuído à categoria negro, em contraposição às misturas e fluidez das inúmeras categorias raciais que estruturam o racismo à brasileira, que as conquistas foram galgadas. Do ponto de vista mais subjetivo, enquanto eu me definia como mestiça ou mulata ficava sempre à mercê da concordância ou discordância daqueles a quem eu me dirigia, quer dizer, era uma categoria que precisava sempre ser negociada. Contudo, foi somente a partir do processo de tornar-me negra que rompi com um ciclo em que minha identificação passava pela aprovação do outro. Quanto à perda da singularidade que caracteriza os sujeitos nos processos de afirmação de identidade, quero lembrar que os discursos racistas e sexistas são pioneiros em nos considerar de maneira homogênea e estereotipada.

Dito de outro modo, debrucei-me sobre minha experiência para dizer que analiso de forma positiva o processo de assunção da identidade racial no contexto brasileiro, considerando seus ganhos políticos – destaco a adoção da reserva de vagas para negros nas universidades públicas – e no âmbito das representações sociais – por meio da reformulação do discurso que construiu a mulata sexualizada e da atuação coletiva em reposta a ato de discriminação, como por exemplo através do cabelaço, ação realizada em lugares em que as mulheres negras são discriminadas por não utilizarem o cabelo alisado.

ORIGINALMENTE PUBLICADO EM *PERIÓDICUS: REVISTA DE ESTUDOS INDISCIPLINARES EM GÊNERO, RAÇA E SEXUALIDADE*, VOL. 1, N° 3, 2015, P. 152-169.

NOTAS

1. A UFRB é uma universidade localizada na histórica cidade de Cachoeira, no Recôncavo da Bahia, berço da religiosidade e da cultura negra do Brasil.
2. Angela Figueiredo e Ramón Grosfoguel, "Por que não Guerreiro Ramos? Novos desafios a serem enfrentados pelas universidades públicas brasileiras", in *Cienc. Cult.*, São Paulo, vol. 59, n° 2,

junho de 2007, p. 36-41. Disponível em <http://cienciaecultura.bvs.br/scielo.php?script=sci_arttext&pid=S0009-67252007000200016&lng=en&nrm=iso>. Acesso em 6/12/2019.
3. Professor da Universidade Federal da Bahia, a quem agradeço imensamente o estímulo, a colaboração e a leitura atenta. Quero agradecer ainda a Leandro Colling por ter me dado a oportunidade de escrever este texto. Quero agradecer a Alda Motta por me estimular a prosseguir nessa empreitada e por definir essa estratégia narrativa como sendo "metodologicamente criativa".
4. "O empoderamento de mulheres é o processo de conquista de autonomia, da autodeterminação. E trata-se para nós, ao mesmo tempo, de um instrumento/meio e um fim em si próprio. O empoderamento das mulheres implica para nós a liberdade das mulheres das amarras da opressão de gênero, da opressão patriarcal. Para as feministas latino-americanas em especial, o motivo maior do empoderamento das mulheres é questionar e desestabilizar e, por fim, acabar com a ordem patriarcal que sustenta a opressão de gênero (...) Além de assumirmos o controle sobre nossos corpos, nossas vidas." Cecília M. B. Sardenberg, *Conceituando "empoderamento" na perspectiva feminista*, 2009. Disponível em <https://repositorio.ufba.br/ri/bitstream/ri/6848/1/Conceituando%20Empoderament o%20na%20Perspectiva%20Feminista.pdf>. Acesso em 15/07/2015.
5. Ver Charles Wagley, "Comment les classes ont remplacé les castes dans le Brésil septentrional", in Charles Wagley, *Races et classes dans le Brésil rural*. Paris: Unesco, 1952.
6. Ver Michael George Hanchard, *Orfeu e poder. Movimento Negro no Rio e São Paulo*. Rio de Janeiro: EdUERJ/UCAM-Centro de Estudos Afro-Asiáticos, 2001.
7. Oracy Nogueira, *Tanto preto quanto branco: estudo de relações raciais*. São Paulo: T.A. Queiroz, 1985; Yvonne Maggie, "Aqueles a quem foi negada a cor do dia: as categorias da cor e raça na cultura brasileira", in Marcos Chor Maio e Gláucia Villas Boas (orgs.), *Raça, ciência e sociedade*. Rio de Janeiro, 1996, Fiocruz, p. 225-234; Nelson do Valle Silva, "Uma nota sobre 'raça social' no Brasil", in *Estudos Afro-Asiáticos*, nº 26, 1994, p. 67-80.
8. Oracy Nogueira, *Preconceito racial de marca e preconceito racial de origem: sugestão de um quadro de referência para a interpretação do material sobre relações raciais no Brasil*. São Paulo: Tempo Soc., vol. 19, nº 1, junho de 2007, p. 287-308.
9. C. Degler, *Nem preto nem branco: escravidão e relações raciais no Brasil e nos Estados Unidos*. Rio de Janeiro: Labor do Brasil, 1976.
10. Edward Telles, *Racismo à brasileira. Uma nova perspectiva sociológica*. Rio de Janeiro: Relume-Dumará, 2003.
11. Tratei do tema da manipulação do cabelo e da assunção da identidade negra nos textos "Dialogando com os estudos de gênero" (2008); "Cabelo, cabeleira, cabeluda" (2010) e "Impactos e representações sobre o cabelo em uma exposição fotográfica" (2012), além da curadoria da exposição global "African hair" (2011).
12. Carlos Hasenbalg, *Discriminação e desigualdades no Brasil*. Rio de Janeiro: Graal, 1979.
13. Idem.
14. Roberto Da Matta, *O que faz o Brasil o Brasil*. Rio de Janeiro: Rocco, 1986.
15. Larissa Pelúcio, "Traduções e torções ou o que se quer dizer quando dizemos queer no Brasil?", in *Revista Periódicus*, 1ª edição, maio-outubro de 2014. Disponível em <www.portalseer.ufba.br/index.php/revistaperiodicus/index>.
16. Leandro Colling, "Teoria queer", in *Mais definições em trânsito*. Disponível em: <http://www.cult.ufba.br/maisdefinicoes/TEORIAQUEER.pdf>.
17. Judith Butler, *Le pouvoir des mots. Politique du performatif*. Paris: Éditions Amsterdam, 2004, p. 289.
18. Alexandre Fleming Câmara Vale, *O voo da beleza: travestilidade e devir minoritário*. UFCE, 2005, p. 71. Disponível em <http://bdtd.ibict.br/vufind/Record/UFC-7_9b0fb9350086e81eee7e7a227c2bc0e1>. Acesso em 6/12/2019.
19. Richard Miskolci, "A Teoria Queer e a Sociologia: o desafio de uma analítica da normalização", in *Sociologias*, Porto Alegre, ano 11, nº 21, jan-jun. 2009.
20. Ibid., p. 160.
21. Roger Bastide, "Negritude et integration nationale", in *Afro-Ásia*, Salvador, n. 12, 1976.
22. Gloria Anzaldúa, *Borderlands/la frontera: the new mestiza*. São Francisco: Aunt Lute Books, 1987.

23. Sarah Schulman, "Homofobia familiar: uma experiencia em busca de reconhecimento" in Revista Bagoas, no 5, 2010, p. 67-78. Disponível em http://www.cchla.ufrn.br/bagoas/v04n05art04_schulman.pdf. Acesso em 6/12/2019.
24. Marie-Hélène Bourcier. "Cultural translation, politics of disempowerment and the reinvention of queer power and politics", in *Sexualities, "European Culture/ European Queer"*, Special Issue, Ken Plummer (dir.), Sage, 2012, vol. 14, n° 2.
25. Larissa Pelúcio, op. cit., p. 75.
26. Marcia Ochoa, *Queen for a day. Transformistas, beauty queens, and the performance of femininity in Venezuela*. Durham: Duke University Press, 2014.
27. Judith Butler, "On Speech, Race and Melancholia", in *Theory, Culture and Society*, vol. 16, n° 2, 1999.
28. Rita Segato, *Édipo brasileiro: a dupla negação de gênero e raça*. Série Antropologia, 400, Brasília, 2006.
29. Lélia Gonzalez, "Racismo e sexismo na cultura brasileira", in *Pensamento feminista brasileiro: formação e contexto*. Rio de Janeiro: Bazar do Tempo, 2019, p. 237-256.
30. Patrícia Porchat Pereira da Silva Knudsen, "Conversando sobre psicanálise: entrevista com Judith Butler", in *Estudos Feministas*, Florianópolis, 18(1): 288, jan-abr de 2010, p. 161-170.
31. S. Salih, *Judith Butler e a teoria queer*. Belo Horizonte: Autêntica Editora, 2012.
32. Idem.
33. Nancy Fraser, "Da redistribuição ao reconhecimento? Dilemas da Justiça na Era Pós-Socialista", in J. Souza (org.), *Democracia hoje: novos desafios para a teoria democrática contemporânea*. Brasília: UnB, 2001, p. 245-282.
34. Celi Regina Jardim Pinto, "Nota sobre a controvérsia Fraser-Honnoth informada pelo cenário brasileiro", in *Lua Nova*, São Paulo, 74, 2008, p. 35-58. Disponível em <http://www.scielo.br/pdf/ln/n74/03.pdf>. Acesso em 6/12/2019.
35. Neusa Santos Souza, *Tornar-se negro: ou as vicissitudes da identidade do negro brasileiro em ascensão social*. Rio de Janeiro: Graal, 1990.
36. Mariza Corrêa, "Sobre a invenção da mulata", in *Cadernos Pagu*, Campinas, SP, v. 6/7, 1996, p. 35-50.
37. Sonia Giacomini, "Mulatas profissionais: raça, gênero e ocupação", in *Estudos Feministas*, vol. 14 (1), 2006, p. 85-101.
38. Mariza Corrêa, op. cit.; Osmundo Pinho, "O efeito do sexo, política de raça e miscigenação", in *Cadernos Pagu*, n° 23, Universidade Estadual de Campinas, Campinas, 2004; Laura Moutinho, "Raça, sexualidade e gênero na construção da identidade nacional: uma comparação entre o Brasil e a África do Sul", in *Cadernos Pagu* (23), 2004.
39. Angela Gilliam e Onik'a Gilliam, "Negociando a subjetividade da mulata", in *Estudos Feministas*, Rio de Janeiro, vol. 3, n° 2, IFCS/UERJ e PPCIS/UERJ, 1995.
40. Ibid., p. 533.
41. Suely Carneiro, "Gênero, raça e ascensão social", in *Estudos Feministas*, Rio de Janeiro, vol. 3, n 2, IFCS/UERJ e PPCIS/UERJ, 1995.
42. De acordo com Anibal Quijano (2002), as independências nas Américas ocorreram sem que houvesse a transformação das hierarquias raciais existentes no período colonial. A colonialidade do poder seria, portanto, a manutenção dessas hierarquias e do privilégio assegurado aos brancos-crioulos.
43. Franz Fanon, *Pele negra, máscaras brancas*. Salvador: EDUFBA, 2008.
44. Angela Figueiredo e Ramón Grosfoguel, op. cit.

As abordagens interseccionais ganham quando percebem o poder como uma relação e não como algo que alguns possuem e outros não. Trata-se de ver como o poder se articula na produção e agenciamento das relações marcadas pela diferença, pois de outro modo seria impossível olhar para a agência dos sujeitos.

María Elvira Díaz-Benítez

Muros e pontes no horizonte da prática feminista: uma reflexão[1]

María Elvira Díaz-Benítez

O TEMA QUE DISCUTIREI aqui é a descolonização da epistemologia feminista, e me centrarei no feminismo interseccional de gênero, raça, classe e sexualidade, que é onde situo minha própria prática e pensamento. Outros temas serão tratados a respeito de corpo e sexualidade, os quais percebo como sendo fundamentais na dinâmica de entraves e mediações que nós, feministas, não raramente vivemos como ciladas "internas". Mas seria, no mínimo, incompleto refletir sobre nossas próprias armadilhas sem partir do fato de que nosso grande desafio hoje no Brasil está colocado em relação ao Estado que, do Planalto, insiste em governar nossa vida. Desde 2019, a eleição de Jair Bolsonaro e a equipe que o acompanha, como Damares Alves na direção do Ministério da Mulher, da Família e dos Direitos Humanos, duplicam as dificuldades de vislumbrarmos novos caminhos, uma vez que nos demonstram que sempre é possível usar o poder de forma extremamente controversa, arbitrária e até insólita.

Em um nível macro, os desafios têm se apresentado de forma bruta, especialmente em dois modelos que se conectam: a escola sem partido e a ideologia de gênero. A ideia de que haveria de fato tal "ideologia de gênero", como parte de uma "doutrinação" mais ampla nos ambientes escolares e outras instituições de ensino, serve de combustível para o projeto mais amplo do Escola sem Partido. Alegando "ideologia de gênero", cujo efeito, segundo grupos conservadores, seria a destruição da família, a sociedade e a civilização, em seu primeiro mandato (2018-2021) o governador de São Paulo João Doria justificou o recolhimento de 330 apostilas de material didático destinados a alunos do oitavo ano do ensino fundamental estadual, com idades entre treze e quinze anos, que continham conceitos como sexo biológico, orientação sexual e identidade de gênero, e que falava sobre doenças sexualmente transmissíveis e gravidez. No Rio de Janeiro, o prefeito Marcelo Crivella tentou expurgar revistas em quadrinhos com temática LGBT da Bienal do Livro de 2019. Lembremos que em 2014 o Congresso aprovou a retirada de toda menção ao "gênero" do Plano Nacional de Educação (PNE), e já no governo Temer o mesmo ocorrera com a Base Nacional Comum Curricular.

As perseguições a quem pensa teórica e praticamente questões de gênero e sexualidade têm tomado dimensões alarmantes. Em setembro de 2019, uma reportagem da revista *AzMina* sobre aborto seguro levou a ministra Damares a fazer uma denúncia ao Ministério Público que gerou uma onda de ataques contra as jornalistas. A ministra agradeceu publicamente às pessoas que a "alertaram sobre esse absurdo" e sobre essa "apologia ao crime". Por conta desse movimento, as jornalistas envolvidas na reportagem tiveram seus nomes e endereços publicados e, nas redes sociais, foram chamadas de lixo humano, assassinas, canalhas, criminosas, entre outras agressões.

No ano passado, a antropóloga e professora da Universidade de Brasília (UnB) Debora Diniz, importante nome nas pesquisas e na defesa do direito ao aborto no Brasil, foi alvo de ameaças de morte, especialmente no período próximo à audiência pública convocada pelo Superior Tribunal Federal (STF) para o julgamento da Arguição de Descumprimento de Preceito Fundamental (ADPF) 442 sobre a descriminalização do aborto. Debora solicitou o acompanhamento do Programa de Proteção aos Defensores dos Direitos Humanos do Governo Federal e hoje está afastada da universidade, morando fora do país para garantir sua segurança. Lembremos também que, logo depois das eleições, a professora de História e deputada eleita pelo Partido Social Liberal (PSL) Ana Caroline Campagnolo instigou alunos a filmarem e denunciarem "professores doutrinadores". A mesma havia movido, meses antes, um processo denunciando a professora da Universidade do Estado de Santa Catarina (Udesc) Marlene de Fáveri por "perseguição religiosa" e "doutrinação", acusação que foi julgada improcedente.

Assim, nos perguntamos: como reafirmar a escola e a universidade, especialmente as públicas, como direitos garantidos e como lugares de livre debate de expressão e formação? Difícil dar uma resposta. Mobilizações, paralisações, passeatas, entre outras alternativas coletivas se apresentam como uma forma possível de participação e denúncia pública de ataques e retrocessos. Mas, enquanto enfrentamos ferventemente esse oponente robusto e assustador, vale pensar o que de nossa prática feminista "interna", chamemos assim, constrói muros ou pontes para nossos projetos de inclusão e de bem-estar social.

Em seu texto "Hacia la construción de un feminismo descolonizado", a antropóloga dominicana Ochy Curiel[2] pergunta qual é o feminismo que devemos impulsionar, viver, experimentar, como proposta transformadora e radical em países pós-coloniais como os nossos, que surjam desde nossas experiências, que nos permitam questioná-las e, simultaneamente, modificá-las e mudar este mundo por outro que não seja patriarcal, nem racista, nem heterossexista, nem classista? Mais adiante, no mesmo ensaio, Curiel questiona: como atuar como feministas nos contextos latino-americanos e caribenhos atravessados por conflitos armados internos, deslocamentos forçados, pobreza extrema, racismo, violência contra as mulheres? E nós hoje podemos adicionar: países atravessados por um recrudescimento do conservadorismo que ameaça o Estado laico, ameaça avanços conseguidos a duras penas depois de décadas de luta pelas minorias sexuais, raciais e de gênero e que assombra nossa imaginação política via geração do medo?

Refletirei sobre dois embates relevantes no feminismo: o que conhecemos como "interseccionalidade", enfatizando as propostas do feminismo negro e de "mulheres de cor", e movimentações nacionais antigas, como aquela conhecida pelo slogan "meu corpo me pertence", que se atualiza de diversos modos no debate recente. Ao fim, desejo falar sobre formas contemporâneas de militância que recriam formas ricas de atuação.

FEMINISMO INTERSECCIONAL E FEMINISMO NEGRO[3]

As ideias sobre interseccionalidade não são novas nem respondem a uma única linha ou escola de pensamento. Ideias que agora são amplamente agrupadas sob essa categoria e que ganharam esse nome específico a partir dos trabalhos da jurista Kimberlé Crenshaw[4] foram expostas por diversos pensadores e, sobretudo, pensadoras, em distintos contextos sociais, acadêmicos e ativistas. A antropóloga Mara Viveiros[5] situa a presença dessas ideias em 1791 com Olympia de Gouges na Declaração dos Direitos da Mulher, e com Sojourner Trouth, em 1851, ao falar sobre sua experiência de mulher negra operária. Dentro daquilo que ficou conhecido como *estudos subalternos* e nos *estudos pós-coloniais*, as ideias sobre articulação de diferentes formas de opressão e desigualdade também estão presentes.[6] Essas ideias integravam os discursos dos movimentos sociais antes de se tornarem teorias, por exemplo, nas lutas pela descolonização e contra o apartheid na África nos anos 1950 e 1960, assim como na luta pelos direitos civis nos Estados Unidos, feitas por mulheres racializadas nos anos 1960.

Contudo, a organização da interseccionalidade como conjunto de ideias que abriu um paradigma teórico deu-se no marco do feminismo e dentro dos estudos de gênero. A inflexão epistemológica surgiu do desconforto feminista com a centralidade que tinha sido concedida ao gênero como marcador central na análise das diferenças e das relações sociais. Isto é, a denúncia consistia em que o feminismo teria negligenciado o fator racial ao oferecer toda preeminência à diferença sexual. Assim, um dos principais gestos do feminismo negro norte-americano consistiu em insistir sobre as particularidades e especificidades que a opressão racial trazia para a vida e para a construção subjetiva de mulheres negras e de cor, sendo fundamental pensar as experiências dessas mulheres como marcadas especialmente pelo racismo. Nos Estados Unidos esse pensamento se consolidou a partir de pensadoras como Angela Davis, June Jordan, Audre Lorde, Patricia Hill Collins, bell hooks, entre outras.[7] Com a aparição dessas pensadoras no cenário estadunidense se consolidou a ideia de um feminismo negro que faria contrapeso a uma teoria feminista criada com base na experiência de mulheres privilegiadas em razão de classe e raça. Trata-se de autoras que pensam as analogias entre racismo e sexismo. Como diz a antropóloga Mara Viveiros:

> O racismo e o sexismo compartilham uma mesma propensão à naturalizar a diferença e a desigualdade social de três maneiras. A primeira: os dois usam o argumento da natureza para justificar e reproduzir as relações de poder fundadas sobre as diferenças fenotípicas. A segunda:

ambos associam de perto a realidade "corporal" e a realidade social, ancorando seu significado no corpo, lócus privilegiado da inscrição do carácter simbólico e social das culturas. A terceira: o sexismo e o racismo representam as mulheres e os outros como grupos naturalmente predispostos à submissão. Da mesma maneira que às mulheres se atribui um status de objetos sexuais, aos outros se lhes reifica como objetos raciais e étnicos.[8]

As feministas negras propuseram diversos tipos de agência coletiva e vários contrapontos em relação aos projetos emancipatórios do feminismo hegemônico. Entre os principais, leituras interseccionais da história em torno de algumas discussões centrais: o legado da escravidão, o acesso a trabalho, maternidade, reprodução e família, como eixos a partir dos quais seria preciso olhar para as especificidades.

Embora o feminismo negro tenha tido suas origens nos anos 1960 com as lutas do movimento negro nos Estados Unidos, foi nos anos 1970 que o movimento de mulheres começou a ter dinâmicas próprias quando, dentro do movimento, algumas pensadoras começaram a questionar o lugar das mulheres negras na sociedade, entre elas escritoras como Toni Morrison e Alice Walker. Nos anos 1980 e 1990, dentro do marco dos *black studies,* tais autoras desenvolveram voz e se autodefiniram em função de um sentimento coletivo[9] em torno do que significava ser mulher negra. No âmbito dos *estudos culturais*, elas revisaram as representações que afetavam as mulheres nos discursos dominantes. Uma das imagens que lutaram para debater já estava presente nas lutas das feministas negras desde os anos 1970: aquela das mulheres negras como causa da desintegração de suas famílias. Alguns problemas do gueto, próprios da desigualdade racial, eram traduzidos em termos de desorganização familiar da comunidade negra para os olhos da moral dominante. Famílias monoparentais, ausência masculina, gravidez na adolescência, tudo isso recaía sobre os sujeitos subalternizados, colaborando com a construção da imagem de incapacidade das mães das mulheres negras como mães. Essa imagem foi criada com certas representações dominantes: a imagem da nana, isto é, a negra boa e submissa da escravidão, seria substituída pela imagem da matriarca, na verdade uma representação negativa de uma mulher forte e voltada ao trabalho a ponto de descuidar de seus filhos, sendo, simultaneamente, incapaz de manter relações estáveis com os homens. A outra imagem todos já conhecem: a mulher atraente e dominada pelo apetite sexual e vítima dos excessos. Uma terceira imagem é fundamental: aquela que diz respeito à mulher preguiçosa que espera e recebe, sentada, os serviços sociais que o Estado oferece.

Desse modo, fazem um chamado ao estigma ao redor dos programas de bem-estar e sua feminização, estigma que estaria comprometendo possibilidades de mudança. Nós conhecemos bem o que as mulheres do movimento feminista negro denunciaram para os Estados Unidos: ataques a mães solteiras pobres que são acusadas por sua situação. Não é raro escutar algo paralelo no Brasil, que o programa Bolsa Família é o responsável pelas mulheres decidirem se encher de filhos e ficar na pobreza.

Também desde os anos 1970 elas manifestavam o quanto o controle da reprodução era uma enorme fonte de assimetrias.[10] Enquanto o feminismo branco esteve defendendo o direito ao aborto, a luta das mulheres negras se deu pelo controle da fertilidade e em relação a como era necessário pensar em políticas públicas e práticas médicas que atendessem a essa especificidade. A reprodução foi um tema a partir do qual foi possível falar de raça, de racismo, de classe e de opressão, levando em conta que para algumas mulheres, historicamente, têm sido promovidas campanhas para incentivar a natalidade e, para outras, têm sido adotadas medidas para frear a fertilidade. Enquanto umas olhavam o lar como lugar de repressão, as feministas negras ponderavam que o lar seria um lugar de resistência, um princípio político de descolonização, um resguardo emocional para o racismo vivido no mundo do lado de fora.[11]

Trata-se de autoras com uma imensa capacidade de teorizar sobre o espaço doméstico, o qual tem sido relegado nos discursos hegemônicos sobre liberação e, simultaneamente, são autoras que olham para a realidade material das mulheres, que leem a escravidão numa chave de gênero, classe e sexualidade, e que acreditam que a história é uma ferramenta política porque nos incentiva a enxergar como, no presente, essas práticas se atualizam.

As questões do trabalho e do lar ofereceram um ponto de inflexão central nos debates feministas e são importantes para pensarmos o quanto esses embates se reatualizam em nossa sociedade. A proposta se colocava em função de uma agenda na qual essas realidades deviam servir para desenvolver uma nova relação entre a liberação e o trabalho e seria chave também para repensar o significado do trabalho mesmo.

Naquele momento, a insatisfação que sentiam muitas mulheres sobre serem confinadas e subordinadas ao lar como donas de casa não abrangia o sentimento de todas as mulheres. Essa seria uma crise para apenas um grupo de mulheres, porque as negras, chicanas, operárias e outras mulheres de cor já trabalhariam fora de seu lar como alternativa de subsistência. Betty Friedan e Patricia Hill Collins há muito têm falado sobre essas longas horas de trabalho das mulheres negras fora de seu lar em troca de salários baixos e, ainda, tendo a responsabilidade de cuidar do trabalho doméstico dentro de sua própria casa, de maneira que a ideia de "sair do lar" como forma de libertação não era uma utopia que as contemplasse.

Para bell hooks,[12] mais do que a discriminação de gênero e a opressão sexista, o que evitava que as mulheres brancas, de classe média, trabalhassem fora de seu lar era o fato de que os trabalhos que estariam disponíveis para elas seriam os mesmos de pouca capacitação destinados a mulheres de classes trabalhadoras. Aquelas que desafiavam ou tentavam desafiar essa configuração encontravam a resistência de seus maridos, e foi justamente essa resistência masculina que se interpretou como *patriarcado* e que fez com que o trabalho fora da domesticidade do lar fosse pensado como um assunto de desigualdade e opressão de gênero. Assim, a procura pela igualdade se daria em relação aos homens de sua própria classe e não geraria uma luta de classes como pauta do feminismo.

Foi assim que as feministas negras evidenciaram que seria impossível atingir uma sororidade feminista sem enfrentar os temas de classe e de raça, e foi assim que foram se abrindo espaços para pensar as desigualdades de gênero em relação a outros marcadores sociais da diferença. bell hooks insiste que para as mulheres feministas privilegiadas foi mais fácil se despojar do pensamento sobre supremacia branca do que de seu elitismo de classe e que, diante de seus acessos a melhores oportunidades econômicas, a discussão sobre classe não apenas foi perdendo relevância, como seus ganhos foram sendo vistos como signos positivos de todas as mulheres – quando, na realidade, isso nunca mudou o destino das mulheres pobres e trabalhadoras. "Sair de casa" para as mulheres privilegiadas implicaria que outras mulheres menos favorecidas trabalhassem para elas como empregadas domésticas e babás, justamente cuidando dos filhos e das famílias brancas e, por sinal, oferecendo menos de seu tempo às próprias famílias. A tal "desorganização" e "abandono" das mães negras para seus filhos seria nada mais do que produto da extrema desigualdade e não uma característica própria da raça.

Em resumo, o que essas autoras denunciavam era o quanto o feminismo, por meio da invisibilização das pautas mencionadas, estaria dando as costas à *feminização da pobreza*, de modo que lutas concretas contra os modos como o governo estaria criando políticas prejudiciais para as mulheres dos guetos e para mães solteiras ou o desmonte de programas de bem-estar não estariam sendo privilegiadas no movimento feminista como um todo. Pensar estratégias que pudessem se basear nas condições concretas das mulheres de classe trabalhadoras e questionar o elitismo de classe seriam condições fundamentais para reestabelecer a solidariedade entre mulheres e para serem colocadas no centro do movimento feminista. Assim, um feminismo interseccional precisaria pensar *a partir das margens*: sendo possível melhorar as condições daqueles que habitam as margens, é possível que esse bem-estar reverbere para toda a sociedade, pois o contrário raramente acontece, nas palavras de bell hooks.[13]

Essa colocação é retomada posteriormente por Chandra Mohanty[14] em "De vuelta a 'Bajo los ojos de Occidente': la solidaridad feminista a través de las luchas anticapitalistas", ensaio em que propõe uma estratégia transnacional feminista para pensar o capitalismo e suas diversas formas de dominação centradas no gênero racializado, que começa pela análise das comunidades de mulheres mais marginais do mundo. Para essa autora, a base experimental e analítica nas vidas das mulheres mais marginalizadas oferece um paradigma mais inclusivo para uma reflexão sobre justiça social e uma visão mais concreta e ampla da justiça universal.

Nas mãos de autoras lésbicas como Audre Lorde, a discussão interseccional no feminismo negro foi se abrindo para a sexualidade. Lorde[15] chama a atenção para a importância de se olhar para os diversos fatores que compõem a diferença. Isto é, não se trataria apenas de pensar em termos de mulheres negras pobres, por exemplo, mas de olhar outras articulações e fatores que não podem ser pensados em si como marcadores sociais da diferença, mas como características que acentuam algumas diferenças aumentando privilégios ou desigualdades: observar quando se trata de mulheres solteiras, quando são mães solteiras, quando são lésbicas etc.

É preciso destacar a importância das feministas negras estadunidenses por irem além da denúncia, por pensarem e buscarem oferecer respostas concretas para problemas concretos, e objetivarem propostas de corte realista. Por exemplo, não se propunham a "tirar" as pessoas do lar, mas melhorar suas condições dentro do mesmo, criar programas para a procura de empregos, políticas de salários subsidiados pelo Estado para que as pessoas pudessem ficar em casa cuidando de seus filhos e dos filhos de outras mulheres de sua comunidade, propondo programas de educação dentro dos lares, cooperativas de trabalho de mulheres, entre outros. O que estaria em pauta seria o que Patricia Hill Collins[16] chamou de *consciência* e *pontos de vista coletivos*: experiências coletivas que dizem respeito a trajetórias históricas e contemporâneas, de circunstâncias materiais e práticas culturais que produzem as condições para a construção de identidades grupais. Se trabalhos domésticos ou outros trabalhos precários, a segregação racial e espacial, a vida nos bairros etc., seriam experiências compartilhadas que criariam pontos de vista coletivos entre as mulheres desfavorecidas, esses mesmos espaços lhes permitiriam compartilhar experiências e um corpo coletivo de saberes favoráveis como meios de ação: a sabedoria sobre "como sobreviver como mulheres negras", nas palavras da autora. E esse sentimento coletivo poderia ser o cerne de propostas concretas em prol de benefícios para as mulheres em condições de subalternidade.

Juntamente com as feministas negras nos Estados Unidos, outras feministas mestiças, indígenas e do Terceiro Mundo questionavam também o feminismo centrado no gênero. No Brasil, o trabalho de Lélia Gonzalez[17] foi fundamental. Antropóloga, feminista e filósofa, Lélia participou do Instituto de Pesquisa das Culturas Negras (IPCN-RJ), do Movimento Negro Unificado (MNU) e do Nzinga Coletivo de Mulheres Negras, e sua atuação esteve pautada na luta pela melhoria do lugar social dos negros na sociedade e, particularmente, das mulheres negras e indígenas. Assim, Gonzalez assinalou o racismo e o sexismo existentes na sociedade brasileira e denunciou os efeitos da colonização e da colonialidade como feridas que persistem nos povos negros em diáspora.

Do outro local do globo, Chandra Mohanty, indiana formada nos Estados Unidos em estudos de Línguas, Ciências Sociais e Humanidades, tecia suas reflexões. Em seu ensaio "Sob os olhos de Ocidente", de 1984, Mohanty[18] questiona a produção da mulher do Terceiro Mundo como um objeto singular e monolítico. Denuncia a colonização discursiva que diz respeito a uma violência epistêmica criada pelos feminismos centrais, isto é, uma produção acadêmica acerca de ditas mulheres que as codificava em categorias analíticas particulares, sendo arbitrária e evidenciando os gestos que legitimam os discursos humanistas do Ocidente. De fato, a própria noção de Terceiro Mundo, argumenta, já estaria criando a ideia de que se trata de mulheres oprimidas de forma homogênea e respaldaria um modelo específico de poder que vitimiza as mulheres em relação a raça, classe e gênero, e as deixa sem capacidade de organização política ou agência. A crítica pioneira de Mohanty encontrou eco posteriormente em trabalhos fundamentais como *Pode o subalterno falar?*, de Gayatri Spivak,[19] *As mulheres muçulmanas precisam realmente de salvação?*, de Lila Abu-Lughod,[20] e *Politics of Piety. The Islamic Revival and Feminist Subject* [Política da piedade. O renascimento islâmico e o sujeito feminista], de Saba Mahmood.[21]

Essas autoras têm chamado a atenção para a necessidade de incluir nacionalidade e religião como marcadores sociais da diferença. Podemos incluir nesse grupo a sul-africana Anne McClintock, conhecida por suas pesquisas sobre imperialismo britânico;[22] a chicana Gloria Anzaldúa,[23] que teorizou a noção de *fronteira* tomando por base a articulação de gênero, sexualidade, nacionalidade, raça e religião; e Avtar Brah,[24] que dedicou parte de suas pesquisas à questão dos asiáticos na Grã-Bretanha do pós-guerra. Essas pesquisadoras estariam questionando a desigualdade investida na *nacionalidade* em relação a uma escala e posicionamento global,[25] e a religião entraria ali se levarmos em conta, por exemplo, certas associações que são naturalizadas e que corroboram formas mais ou menos típicas e estereotipantes de pensar a diferença: como quando idealizamos o "muçulmano" e o "islã" quase como uma nação ou uma raça.

Com essas autoras, apreendemos que o que pensamos como interseccionalidade não se trata de "somatória de mecanismos de opressão" ou da simples adição de ordens de dominação. O que essas autoras têm colocado como desafio é o desenvolvimento de um conceito e de métodos de pesquisa que permitam responder a essas questões. Parafraseando Viveros[26] e Piscitelli:[27] como evitar a sobreposição de categorias de diferenciação simplificando e escurecendo o olhar sobre as causas e os efeitos das desigualdades sociais? Como evitar o risco de fazer análises adicionais e sobrepostas?

Existem consensos e diferenças entre as posturas interseccionais. O consenso diz respeito à necessidade de se perceber que as categorias de diferenciação produzem efeitos distintos dependendo do contexto, do momento histórico analisado e das especificidades econômicas, culturais e sociais daquele contexto.[28] As diferenças, por sua vez, têm a ver com os modos como são pensados o poder e a própria noção de diferença, e os modos em que oferecem maior ou menor importância à questão da agência dos sujeitos.[29]

A questão de como se entende a diferença é fundamental. Diversas análises estabelecem analogias *per se* entre diferença e desigualdade, questões que nem sempre são equiparáveis. Isto é, para Brah,[30] as relações entre os diferentes marcadores sociais da diferença só podem ser entendidas como relações contingentes e contextuais em um momento histórico e as identidades seriam algo que estaria em processo e sempre marcado pela diversidade de posições contingentes que constituem os sujeitos. Em alguma medida, isso implica que os processos de racialização não se dariam exclusivamente em um plano negativo, sendo preciso observar como eles podem permitir produções positivas para os agentes. Interessa a autoras como Anne McClintock[31] e Avtar Brah pensar em como encontros racializados (ainda que estejam inscritos em esquemas macro de poder) podem simultaneamente evocar desejos e/ou admiração. Que a diferença possa ser pensada não como desigualdade antecipadamente, mas em como a diferença pode evocar ou remeter a igualitarismos, diversidade ou a formas políticas de agência favoráveis para os sujeitos. "Como as fronteiras da diferença são mantidas ou dissipadas? A diferença diferencia lateral ou hierarquicamente?", pergunta-se Avtar Brah. Para essa autora, diferença é uma categoria rica que pode ser pensada em termos de identidade, subjetividade, relação social e experiência.

A crítica que acho fundamental é aquela que diz respeito ao poder. As abordagens interseccionais ganham quando percebem o poder como uma *relação*[32] e não como algo que alguns possuem e outros não. Trata-se de ver como o poder se articula na produção e agenciamento das relações marcadas pela diferença, pois de outro modo seria impossível olhar para a agência dos sujeitos.[33] Assim, o chamado é para que, nas análises, raça, gênero, classe ou etnicidade não sejam vistos de modo antecipado e natural, unicamente como marcadores limitantes ou que impedem a agência dos sujeitos, mas como marcadores que, dependendo dos contextos sociais e das relações estabelecidas, podem provavelmente possibilitar a ação, inclusive quando essas ações estejam pautadas a partir de um ponto limitado do poder.

Concordo com o recém-exposto. Contudo, até que ponto destacar a possibilidade de agência social não coloca limitações para a procura de práticas políticas concretas de justiça e reparação? Trago como exemplo as colocações de Kimberlé Crenshaw que deram origem à própria noção de interseccionalidade. Sua visão tem sido submetida a críticas diversas porque ela estaria operando com mecanismos de sobreposição de poder de modo automático e natural e negligenciando o olhar para as formas da agência, fundindo a ideia de diferença com desigualdade.[34] Aceitando a pertinência das críticas, é importante analisar o lugar a partir do qual a autora elaborou suas colocações. Crenshaw é jurista e tem dedicado seus esforços à defesa dos direitos humanos trabalhando com temáticas em que as relações de gênero se configuram de modos hierárquicos com fortes situações de desvantagens para as mulheres: campos de estupro coletivos em Ruanda e na Bósnia, por exemplo, em que os corpos das mulheres se tornam territórios fatais de disputas étnicas. Assim, vale a pena interpretar o ímpeto de Crenshaw – que não é o mesmo ímpeto da etnografia e das análises acadêmicas – como aquele em que falar de agência (ou da capacidade de agência do oprimido) perde relevância justamente por sua proposta e estratégia de defesa (e ativismo) dos direitos humanos. Acredito que Crenshaw enxerga toda a diferença como desigualdade porque é desse lugar da desigualdade que ela pode estabelecer a luta política.

Outra diferença importante nas análises interseccionais diz respeito ao uso da noção de patriarcado. Essa noção, temos que aceitar, pode ser absolutamente potente, estratégica e poderosa e, simultaneamente, pode se tornar vazia de um sentido claro. Quais formas o patriarcado assume, como, onde, em que momentos e contextos? Mesmo o patriarcado sendo um termo criticado por diversos feminismos, ele continua sendo utilizado e fazendo sentido. Pessoalmente, quando penso como mulher militante feminista parece-me correto, mas quando penso como antropóloga ou analista das realidades sociais acho incompleto. Apesar de complexa, essa afirmação questiona nosso trabalho como cientistas sociais: não deveríamos partir da ideia de que existe um poder patriarcal, senão caracterizar melhor quais, como e onde se dão essas relações patriarcais. Isso porque, às vezes, quem exerce o poder patriarcal sobre nós não é um homem branco, cis, heterossexual de classe média/alta, mas nossa melhor amiga, nossa professora ou nosso namorado. Se formos fazer uma leitura crítica de vários momentos da luta feminista, diria que não raras vezes são algumas feministas as que encarnam a figura do patriarcado em relação a certas bandeiras.

Enfim, para as autoras interseccionais, raça, gênero, classe e sexualidade não são espaços separados nem existem de modo isolado, mas devem ser entendidos de modo articulado. O feminismo negro entendia que fazer políticas interseccionais significa ter abertura às coalizões, e se estabelecer movimentos sociais sensíveis a todos os tipos de opressão, exclusão, marginação tais como o classismo, sexismo, heterossexismo, racismo, capacitismo e xenofobia, sem priorizar nenhum deles de antemão, senão de forma contextual e situacional. Levando em conta o que bell hooks chamou de "conhecimento situado", ou seja, valorizando o ponto de vista do marginalizado, é possível transformar a assimetria da experiência minoritária em um privilégio, por ser um conhecimento das margens. Estou falando de um movimento político que valorize esse local e que interrogue as identidades hegemônicas a partir da marginalidade, sem, contudo, excluir alianças. Quer dizer, que atente aos riscos de se "atribuir o monopólio da dignidade política e moral para se posicionar como encarnação de um ideário feminista e emancipador correto".[35]

Se classe e raça, em seu momento, causaram um desconforto dentro do feminismo, hoje é consenso a necessidade do feminismo pensar dinamicamente as diferenças. Como diz bell hooks: "as intervenções críticas em torno à raça não destruíram o movimento pelas mulheres, tornaram-no mais forte. Romper a negação sobre a raça ajudou as mulheres a enfrentar a realidade da diferença em todos os níveis. O mesmo passou com a classe e aos poucos com as sexualidades não normativas."[36]

De nós depende que esse "aos poucos" aluda a um futuro próximo e possível. Se hoje alguém me perguntasse o que está faltando ao feminismo, eu responderia que precisamos de uma nova atitude emocional, precisamos de uma postura espiritual francamente capaz de acreditar que a sororidade não é uma utopia, ou então, sermos capazes de nos reconhecermos nessa utopia. Precisamos de uma sensibilidade capaz de estabelecer mais pontes e menos fraturas. Já em 1981, Gloria Anzaldúa e Cherríe Moraga[37] nos ensinaram que as pontes se constroem sobre as costas das mulheres, de todas as mulheres: as cis, as trans, as acadêmicas, as militantes, as brancas, as pobres, as indígenas, todas atuando como pontes onde se constroem as mediações.

Gloria Anzaldúa diz: "Quando nos estendemos como uma ponte entre nossas diferenças, essa expressão mantém a promessa de aliviar as feridas causadas pelos séculos de nossa separação." Para Anzaldúa, ponte significa também tradução. Podemos entender também a noção de *amefricanidade* de Lélia Gonzalez como um gesto de tradução, uma tradução em *pretoguês*, como outro modo de curar as feridas da colonização e do genocídio de negros e indígenas nas Américas.[38]

Está no feminismo o papel de nos traduzirmos umas às outras e de nos situarmos nos diversos lugares da diferença. Gloria Anzaldúa logrou pensar a si mesma como uma nova mestiça, como mulher que não é apenas mulher, nem apenas lésbica, nem apenas mexicana, chicana ou americana, mas uma mulher no seio de toda essa mestiçagem e de todos esses hibridismos, no seio da fronteira com todos os seus desequilíbrios históricos e exclusões múltiplas. Essa nova mestiça está marcada por uma subjetividade nômade, uma formação do deslocamento, um novo modo de sentir.

Podemos pensar num feminismo desse tipo? Acredito que sim e que não haveria nada mais decolonial do que isso. Sermos capazes de não estarmos fixadas nem aqui nem lá, mas permanecermos migrando pelos entre lugares da diferença para que a diferença adquira formas a partir de articulações locais, múltiplas mestiçagens que revelam tanto mecanismos de sujeição, quanto expressões para o exercício da liberdade.

Como diz Judith Butler[39] comentando as ideias de Gloria Anzaldúa: "É somente através de existirmos no modo da tradução, da constante tradução, que teremos alguma chance de produzir um entendimento multicultural das mulheres ou, de fato, da sociedade."

O que podemos hoje traduzir umas das outras? Até onde somos capazes em nossos feminismos de mexer e brincar com nossas fronteiras? O atual embate no Brasil entre um grupo de mulheres feministas de diferentes ordens ideológicas, em função da criminalização da prostituição, não estaria demonstrando, de parte das primeiras, uma impossibilidade de pensar soluções concretas dentro de realidades específicas?

OS MUROS DE CONCRETO DO FEMINISMO ABOLICIONISTA

Um importante antecedente histórico da atuação do feminismo abolicionista e a reação do feminismo pró-sex teve como marco os Estados Unidos e ficou conhecido como *sex wars*. Nesse contexto, nos anos 1970, e com força nos anos 1980, o feminismo de corte radical levantou bandeiras contra a pornografia. Naquele momento, feministas como Catherine McKinnon, Andrea Dworwin, Robin Morgan, Kathleen Barry e Susan Brownmiller, com base em propostas de Carole Pateman, atuando em organizações como Women Against Pornography (WAP), Feminist Fighting Pornography, a Nacional Coalition Against Pornography e a Women against violence in Pornography and Media, e em aliança com a extrema direita, atribuíram à pornografia as causas da violência contra as mulheres, os crimes de misoginia, a discriminação sexual e a propagação das desigualdades hierárquicas de gênero. Lutar contra o estupro e contra toda violência perpetuada contra mulheres requeria, segundo seu pensamento, a proibição total da pornografia na sociedade, que estaria educando as mentes dos homens e oferecendo a eles as ferramentas necessárias.

A década de 1980, por sua vez, trouxe novas reflexões teóricas surgidas de outros olhares feministas que criticaram a interpretação das abolicionistas. Pensadoras como Carol Vance, Gayle Rubin, Pat Califia, Ellen Carol, Alice Echols DuBois e Linda Gordon estariam na cabeceira desse pensamento. Para elas, as feministas anti pornografia ofereciam uma imagem simplificada do poder e uma visão rígida dos gêneros gerada no determinismo da relação dominador-dominado. A nova perspectiva desassociou a ideia da dominação e da coerção como modelo único relativo à sexualidade, e criticou as restrições ao comportamento sexual das mulheres colocadas nos posicionamentos das feministas radicais. Nesse feminismo pró-sex, o corpo, a pornografia e o sexo poderiam ser lugares de ressignificação política para mulheres e outras minorias sexuais, e o *prazer* virou objeto de reflexão, assim como as maneiras alternativas e as escolhas sexuais que levam a consegui-lo.

Mas as coisas não podem ser resumidas a momentos de conservadorismo e superação, como bem sabemos. Esses embates entre momentos e instâncias em que o feminismo se coloca como proibicionista ou abolicionista em disputa com posições mais progressistas são o pão nosso de cada dia em uma dinâmica sempiterna de vai e volta.

No Brasil, assistimos desde os anos 1980 a vitória da bandeira "quem ama não mata" por cima da bandeira "meu corpo me pertence", como bem analisam Adriana Vianna e Sonia Correia[40] em um artigo de 2006. Para as autoras, isso poderia se traduzir em uma conquista da vitimização e do sofrimento. Quer dizer, já é histórico que o feminismo consiga maiores consensos quando se luta contra a violência de gênero que bem pode se traduzir em violência doméstica, em estupros ou em feminicídios. O mesmo consenso não acontece em relação a outras agendas, e a evidência disso são nossos dissensos internos a respeito do direito ao aborto, à acolhida do repertório trans dentro do feminismo ou às lutas dos movimentos de mulheres prostitutas. A ideia de "meu corpo me pertence" levanta todo tipo de temores externos e internos. Se por um lado é verdade que a vitimização ganhou territórios como sujeito político, também é verdade que isso demonstra uma incapacidade de muitas militantes feministas de abraçar agendas que dizem respeito aos prazeres. O que percebo com muita força é a reatualização contingente de feminismos moralistas, inclusive entre feministas que se pensam progressistas.

A experiência brasileira encontra eco na espanhola. Na Espanha, no começo de 2000, uma aliança importante foi criada entre o feminismo e o movimento de prostitutas em resposta à campanha de uma associação de moradores que "pedia a erradicação da prostituição de rua e medidas de repressão contra as trabalhadoras sexuais", como analisa Dolores Juliano.[41] Para essa antropóloga, por trás de bandeiras abolicionistas se escondem preconceitos que não permitem sua clara enunciação para não incorrer em declarações politicamente incorretas. Isso que não teria permissão para se constituir como discurso, Juliano chama de "não lugares", pois se for enunciado evidenciaria um conflito de valores, "trata-se daquilo que se for dito, nos revelará como aquilo que não desejamos ser".[42] Assim, as pessoas que se expressam favoráveis à abolição da pornografia e da prostituição encontrariam "subterfúgios" para enunciar seus temores – já chamados longamente de pânicos morais na literatura acadêmica –, de modo que campanhas ao redor da violência e da proteção, ou pensá-las como exploradas e indefesas, estaria escondendo que, na verdade, "as prostitutas representam em seu imaginário a sujeira, o vício, a degradação", evadindo "o reconhecimento de que é a prostituição mesma que as incomoda".[43,44]

Evocamos os apontamentos de Dolores Juliano pois eles nos permitem interpretar muito do que acontece atualmente no Brasil. Como vocês sabem, a luta recente do movimento de prostitutas brasileiro tem se concentrado no Projeto de Lei Gabriela Leite, que propõe uma mudança na redação do código penal que tipifica os crimes de agenciamento de prostitutas e de manutenção de casas de prostituição, que é utilizado em sua aplicação para criminalizar as próprias prostitutas.[45] O antecedente: o movimento conhecido como Rede Brasileira de Prostituição nasceu na luta contra a violência policial perpetuada por setores da sociedade civil no exercício da atividade. Dita atividade é legal e reconhecida pelo

Ministério de Trabalho e do Emprego (MTE), no código brasileiro de ocupações, código 5.198-05. Contudo, a rede em volta da prostituição é ilegal, tal como o agenciamento e a manutenção de casas para prostituição.[46] O código penal tipifica os crimes do agenciamento de prostitutas (mediação para servir a lascívia de outrem, se não receber nada em troca, e rufianismo se houver contraprestação pelo trabalho de agenciamento) e de manutenção de casas de prostituição.[47]

A disputa do movimento de prostitutas diante dessa lei se dá em função da existência de diversos casos em que a aplicação da lei é usada para criminalizar as próprias prostitutas. Reclamam que tal enquadramento penal não é tão simples, indicando que, muitas vezes, agenciar prostitutas ou abrir uma casa para o exercício da atividade não significa, necessariamente, explorar pessoas através da prostituição.[48] Assim, torna-se urgente definir o que é agenciamento e o que é exploração, estabelecendo limites entre a atividade legal e necessária e a atividade ilegal e exploratória.

A reclamação contida no Projeto de Lei Gabriela Leite consiste em limpar a constante confusão gerada pela redação da atual lei, na qual exploração sexual e prostituição se confundem. O Capítulo v, por exemplo, "do lenocínio e do tráfico de pessoa para fim de prostituição ou outra forma de exploração sexual", diz:

> Art. 228 do Código Penal: Induzir ou atrair alguém à prostituição ou outra forma de exploração sexual.

A redação "prostituição ou outra forma de exploração sexual" dá margem a entender que a prostituição é uma forma de "exploração sexual". Sendo a prostituição uma ocupação registrada no Ministério do Trabalho e do Emprego, entende-se que ela é exercida por pessoas maiores de idade. Não existe, portanto, prostituição de crianças e adolescentes. Nesses casos, a prática se configura como exploração sexual. Essa confusão dos termos reforça o estigma sobre as prostitutas e os efeitos diretos desse estigma sobre corpos de carne e osso. Desnecessário dizer que em torno do projeto tem sido gerado um extenso debate entre conservadores e progressistas e, inclusive, dentro dos próprios feminismos.

O que está em jogo no Projeto de Lei Gabriela Leite é a desmarginalização da prostituição, ou como diz Jean Wyllys:

O objetivo principal do presente projeto de lei não é só desmarginalizar a profissão, mas, com isso, permitir aos profissionais do sexo acesso à saúde, ao direito do Trabalho, à segurança pública e, principalmente, à dignidade humana. Mais que isso, a regularização da profissão do sexo constitui um instrumento eficaz ao controle da exploração sexual, pois possibilitará a fiscalização em casas de prostituição e o controle do Estado sobre o serviço.[49]

Mas, não sendo suficientes os dois projetos de lei que estão em tramitação no Congresso que cerceiam os direitos das prostitutas – o projeto de Lei 377/2011, de autoria do deputado João Campos, do Partido Republicano Brasileiro (PRB), mesmo autor do projeto sobre a "cura gay", que busca criminalizar os clientes, prevendo pena de prisão para aqueles que pagarem por serviços sexuais; e o projeto de Lei (INC 2371/2016) do deputado Flavinho, do PSB, cujo objetivo é a retirada do artigo que reconhece as atividades da/o profissional do sexo no Código Brasileiro de Ocupações (CBO) –, temos como agravante a organização reacionária de feministas que conhecemos como *Radfems*. Uma parcela desse grupo vem propondo uma lei que criminalize a compra de qualquer ato sexual, toda forma de fiscalização do agenciamento e campanhas para a abolição total da prostituição, pois ela perpetua relações de exploração machista e patriarcais. O penoso disso tudo é o uso da noção de *patriarcado* sem nenhum tipo de visão crítica, como disse antes. Eu me atrevo a dizer que o embate entre as feministas abolicionistas e o movimento de prostitutas está demonstrando de parte das primeiras uma impossibilidade de pensar soluções concretas dentro de realidades específicas e ainda estaria criando noções abstratas sobre patriarcalismo, esquecendo que este pode ser exercido por meio de ideias radicais, mesmo quando são feitas com "boas intenções". Isso sem mencionar que estão negando a dimensão da agência dos sujeitos. Como diz a ativista puta e trans Indianare Siqueira: "sinceramente, nós putas, não temos culpa porra nenhuma da exploração da mulher na sociedade patriarcal e machista. A culpa é da sociedade patriarcal e machista. Quem disse que se as putas acabarem acaba o patriarcado?"[50] Em outros termos, se os abolicionistas e os reformistas acreditam que a causa da prostituição é a pobreza, então por que não estão combatendo a pobreza?[51]

É estarrecedor perceber que algumas acadêmicas que se projetam publicamente como feministas, geralmente das camadas médias, da comodidade de seu sofá, disparam toda classe de críticas às putas e transfeministas. Militando basicamente no Facebook, influenciam mentalidades acumulando adesões, likes e palavras de apoio, embora, certamente, também acumulem desconfortos e escrachos. O que eu vejo ali é uma enorme capacidade de falar e pensar no palco, mas sem descer à "pista", sem sentar com as lideranças desses movimentos para entender mais de perto seus desejos, angústias, procuras e realidades existenciais. Nesses casos fica, para mim, evidente que os privilégios de classe se apresentam como os mais difíceis de sobrepassar.

Por outro lado, percebo que essa militância lê e compreende que desde a teoria de gênero há muito tempo se criou o consenso de que o sujeito do feminismo não é o sujeito mulher, mas os corpos generificados e as relações de gênero atravessadas pelo poder. No entanto, na hora de abraçar os corpos das mulheres trans, alegam, por exemplo, que estas foram socializadas como homens desde criança e que desse ponto de vista não entendem a experiência de ser mulher. Quer dizer, na militância deconstruímos os aprendizados sobre gênero para, de novo, assentar as bases de luta sobre uma visão essencialista do ser mulher.

Por sorte, juntamente com esses muros, novas pontes são construídas, e prova disso é a força do movimento de garotas secundaristas. São elas que estão experimentando novas formas de trabalho coletivo, foram elas que encheram as ruas nas marchas contra a cultura do estupro. São elas e suas hashtags que estão movimentando nosso mundo. Os jovens feminismos têm muito para nos ensinar, suas lutas por revogar as hierarquias internas do próprio movimento como na organização da Marcha das Vadias diz muito.[52]

O movimento do #EleNão aglutinou mulheres com perspectivas políticas heterogêneas e distintos níveis de engajamento com as formas de militância e ativismo historicamente consolidadas. A internet e as diferentes plataformas de interação on-line, por meio de aplicativos e sites de redes sociais, têm possibilitado a articulação e a emergência de novas formas de mobilização política, permitindo intercâmbios e construção de conhecimentos e afetos, e possibilitando novos canais para a expressão identitária, política, pessoal, artística. Para citar apenas dois exemplos realizados no Rio de Janeiro, uma chamada pública para a elaboração do zine *Que o dedo atravesse a cidade – Que o dedo perfure os matadouros* recebeu dezenas de colaborações, resultando em um livreto com 55 poemas de 42 autoras lésbicas de diferentes partes do Brasil.[53] A revista *Brejeiras* é também uma enorme potência.

Falta que possamos a partir da militância aprender a conversar com as lideranças femininas que nas periferias movimentam legiões de mulheres pentecostais. Digo a partir da militância porque conheço várias tentativas na Antropologia de conhecer e analisar de que forma conservadorismo e empoderamento feminino são categorias mutuamente constituídas nesses contextos. Muito embora boa parte delas faça parte dos 70% do eleitorado evangélico que ajudou a eleger Jair Bolsonaro (segundo dados divulgados pela pesquisa Datafolha), os arranjos produzidos por lideranças femininas ajudam a compreender algumas dessas diferentes formas nas quais vêm se organizando a circulação de pedagogias produzidas e voltadas para mulheres nesse contexto, pedagogias que transitam entre formas de resistir e de obedecer às normas, apontando para possibilidades de transformação na centralidade histórica da autoria religiosa masculina e possibilidades de ação pontual para vidas concretas marcadas pela desigualdade social.[54]

TEXTO ORIGINALMENTE APRESENTADO EM OCASIÃO DA ABERTURA DO LABORATÓRIO DE TEORIA E PRÁTICA FEMINISTA DA UNIVERSIDADE FEDERAL DO RIO DE JANEIRO (UFRJ), EM 1º DE OUTUBRO DE 2019.

NOTAS

1. Agradeço a Luciana de Leone pela oportunidade de apresentar este trabalho no "Laboratório de Teoria e Prática Feminista".
2. Ochy Curiel, "Hacia la construcción de un feminismo descolonizado", in Yuderkys Espinosa; Diana Gómez e Karina Ochoa (eds.), *Tejiendo de otro modo: Feminismo, epistemología y apuestas descoloniales en Abya Yala*. Popayán: Editorial Universidad del Cauca, 2014.
3. Algumas reflexões que aqui aparecem são também desenvolvidas em um artigo que escrevi em parceria com minha colega Amana Mattos (Uerj) para um *reader* organizado pelo Laboratório de Metodologia do IRI/PUC-Rio, aos cuidados da professora Isabel Rocha de Siqueira, atualmente no prelo.
4. Kimberlé Creshaw, "Mapping the Margins: Intersectionality, Identity Politics, and Violence Against Women of Color", in Martha Albertson Fineman, Rixanne Mykitiuk (eds.), *The Public Nature of Private Violence*. New York: Routledge, 1994, p. 93-118.
5. Mara Viveros, "La sexualización de la raza y la racialización del sexo en el contexto latinoamericano actual", in Gloria Careaga (org.), *La sexualidad frente a la sociedad*. México, D.F., 2008.
6. A teoria pós-colonial com origem nos anos 1960 do século XX, depois da desconfiguração do Império Britânico devido à independência das colônias africanas e caribenhas, teve os martinicanos Frantz Fanon e Aimé Cesaire como antecedentes importantes para a sua formação. Seu reconhecimento no mundo acadêmico se deu a partir de três autores-chave:

o palestino Edward Said e os indianos Gayatri Spivak e Homi Bhabha, todos intelectuais em contexto de diáspora nos Estados Unidos. Dita teoria ofereceu novas perspectivas para o entendimento do colonialismo e também críticas substantivas à modernidade e às representações das nações subalternizadas e racializadas pelo Ocidente, constituindo-se como um campo de transformações epistemológicas-chave no âmbito do conhecimento.

7. No Brasil, esse pensamento se fortaleceu junto a autoras como Lélia Gonzalez, Beatriz Nascimento, Sueli Carneiro, Jurema Werneck, Luiza Bairros, Núbia Moreira, e mais recentemente com pensadoras como Conceição Evaristo, Cidinha da Silva, Marielle Franco, Fatima Lima e Djamila Ribeiro, entre outras.
8. Mara Viveros, op. cit., p. 172.
9. Patricia Hill Collins, "Rasgos distintivos del pensamiento feminista negro", in Mercedes Jabardo (ed.), *Feminismos negros: uma antologia*. Madrid: Traficante de sueños, 2012, p. 99-134.
10. Angela Davis, "El legado de la esclavitud: modelos para una nueva feminidad" e "Racismo, control de la natalidad y derechos reproductivos", in Angela Davis: *Mujeres, raza y clase*. Madrid: Akal. 2005. p. 11-37 e p. 203-219.
11. bell hooks, "Homeplace [a site for resistance]", in *Yearning: Race, Gender and Cultural Politics*. Boston: South end Press, 1990, p. 45-53.
12. bell hooks, "Women at work" e "Race and gender", in *Feminism is for everybody: passionate politics*. London: Pluto Press, 2000.
13. Idem.
14. Chandra Mohanty, "De vuelta a 'Bajo los ojos de Occidente': la solidaridad feminista através de las luchas anticapitalistas", in Liliana Suárez Navas e Rosalía Aída Hernandez (eds.), *Descolonizando el feminismo. Teorías y prácticas desde los márgenes*. Madrid: Ediciones Cátedra, 2008, p. 407-463.
15. Audre Lorde, "Age, race, class and sex: women redefining difference", in *Sister outsider: Essays and speeches*. Freedom, CA. Press, 1984, p. 114-123.
16. Patricia Hill Collins, op. cit.
17. Lélia Gonzalez, "Racismo e sexismo na cultura brasileira" in Heloisa Buarque de Hollanda (org.), *Pensamento feminista brasileiro: formação e contexto*. Rio de Janeiro: Bazar do Tempo, 2019. p. 237-252. "Por um feminismo afro-latino-americano", neste volume, p. 38.
18. Chandra Mohanty, "Bajo los ojos de Occidente: feminismo académica y discursos coloniales", in L. S. Navaz e R. A. Castilo, *Descolonizando el feminismo: teorias y práticas des los márgenes*. Madri: Ediciones Cátedra, 2008 [1984], p. 1-23.
19. Gayatri Spivak, "Pode o subalterno falar?", in *Pensamento feminista: conceitos fundamentais*. Rio de Janeiro: Bazar do Tempo, 2019.
20. Lila Abu-Lughod, "As mulheres muçulmanas precisam realmente de salvação? Reflexões antropológicas sobre o relativismo cultural e seus outros", in *Revista de Estudos Feministas*, vol. 20, nº 2, 2012, p. 451-470.
21. Saba Mahmood, *Politics of Piety: The Islamic Revival and the Feminist Subject*. Princeton: Princeton University Press, 2005.
22. Anne McClintock, "Couro imperial – raça, travestismo e o culto da domesticidade", in *Couro imperial: raça, gênero e sexualidade no embate colonial*. Campinas: Editora da Unicamp, 2010.
23. Gloria Anzaldúa, "Movimientos de rebeldía y las culturas que traicionan" e "La consciencia mestiza: towards a new consciousness", in *Borderlands/La Frontera: The New Mestiza*. Sao Francisco: Aunt Lute Books, 1987, p. 15-24 e 77-101.
24. Avtar Brah, "Diferença, diversidade, diferenciação", in *Cadernos Pagu*, Campinas, n. 26, 2006, p. 239-276.
25. Adriana Piscitelli, "Interseccionalidades, categorias de articulação e experiências de migrantes brasileiras", in *Sociedade e cultura*, Goiânia, vol. 11, nº 2, 2008.
26. Mara Viveros, op. cit.
27. Adriana Piscitelli, op. cit.
28. Idem.
29. Idem.
30. Avtar Brah, op. cit.
31. Anne McClintock, op. cit.

32. Adriana Piscitelli, op. cit.
33. Em sua pesquisa sobre os movimentos de mulheres egípcias do novo Revivalismo Islâmico, Saba Mahmood (2005) nos obriga a pensar que nem todo tipo de *agência* é pensada por seus próprios agentes como *resistência*, ou melhor, que nem toda agência é resistência. Esta última é uma categoria surgida de um pensamento liberal ocidental do qual o feminismo também participaria, e que leva a imaginar a "emancipação" e a "liberdade" como fim fundamental da humanidade e que estigmatiza mulheres orientais como seres que precisam salvação. Para Saba Mahmood, é importante manter o sentido da noção de agência aberto, sem encaixá-lo em uma única modalidade, como um sentido *a priori*. Entender a agência precisaria da compreensão da noção de sujeito que está em jogo em cada contexto histórico, assim como olhar para as diversas reformulações da ideia de *self* moderno. Somente levando em conta ditas reformulações é possível pensar em outras formas de agência e de atribuir agência a sujeitos previamente excluídos dessa possibilidade, quando pensados a partir dos pontos de vista liberais da autonomia e do livre-arbítrio.
34. Piscitelli (2008, p. 267) descreve a crítica: "(...) As leituras críticas sobre interseccionalidade consideram essa leitura de Crenshaw expressiva de uma linha sistêmica, que destaca o impacto do sistema ou a estrutura sobre a formação de identidades. Nesse sentido, problematizam outros aspectos dessa formulação. Questionam o fato de que gênero, raça e classe são pensados como sistemas de dominação, opressão e marginalização que determinam identidades, exclusivamente vinculadas aos efeitos da subordinação social e o desempoderamento (...) outro problema apontado nessa abordagem é que nela o poder é tratado como uma propriedade que uns têm e outros não, e não como uma relação. (...) as linhas que se inserem no enfoque sistêmico sobre interseccionalidades às vezes trabalham com o referencial oferecido por Foucault, mas utilizam seletivamente sua noção de poder. Elas ignorariam o fato de que esse autor pensa em poder não apenas em sentido repressivo, mas também produtivo, que não apenas suprime, mas produz sujeitos. Finalmente, não consideram que as relações de poder se alteram constantemente, marcadas por conflitos e pontos de resistência.
35. Mara Viveros, op. cit.
36. bell hooks, "Women at work", in *Feminism is for everybody: passionate politics*, Londres: Pluto Press, 2000.
37. Gloria Anzaldúa e Cherríe Morraga (orgs.), *This Bridge Call my Back: Writings by Radical Women of Color*. Albany: Suny Press, 1981.
38. Em recente visita ao Brasil em 2019, Angela Davis disse: "Eu acho que aprendo mais com Lélia Gonzalez do que vocês poderiam aprender comigo." A respeito da atuação de Lélia Gonzalez, a doutora em Estudos de Gênero, Claudia Pons Cardoso (*Outras falas: feminismos na perspectiva de mulheres negras brasileiras*. Tese defendida no Programa de Pós-Graduação em Estudos de Gênero Mulher e Feminismo. Universidade Federal da Bahia, Salvador, 2012, p. 115) nos lembrava: [Lélia] foi uma "intelectual diaspórica, com um pensamento erigido por meio de trocas afetivas e culturais, ao longo do chamado Atlântico Negro, com intelectuais, amigos e ativistas da América do Norte, Caribe e África Atlântica. Desse dialogo com várias/os autoras/es, realizava a política de tradução de teorias para desenvolver um pensamento globalizado e transnacional, voltado não só para explicar como se formou nas Américas uma matriz de dominação sustentada pelo racismo, mas, principalmente, para intervir e transformar essa realidade a partir de sua compreensão".
39. Judith Butler, *Undoing gender*. Nova York: Routledge, 2004, p. 228.
40. Adriana Vianna e Sonia Correia, "Teoria e práxis em gênero e sexualidade: trajetos, ganhos, perdas, limites... pontos cegos", in *Anais do VII Seminário Fazendo Gênero*. Florianópolis: UFSC, 2006.
41. Dolores Juliano, *Excluidas y marginales*, tradução do trecho María Elvira Díaz-Benítez. Madri: Cátedra, 2004, p. 117.
42. Ibid., p. 122.
43. Ibid., p. 123-124.
44. Sobre as alianças entre o feminismo e o movimento de prostitutas na Espanha e sobre o feminismo pós-pornográfico nesse país, ver *Todas las caperucitas rojas se vuelven lobos en la práctica pospornográfica*, da antropóloga feminista colombiana Nancy Prada, publicado em

2012 nos *Cadernos Pagu*, em dossiê que co-organizei com Maria Filomena Gregori.
45. Sobre o movimento de prostitutas e o Projeto de Lei Gabriela Leite, e as relações destes com a luta do movimento trans e o Projeto de Lei João W. Nery (5002/2013), ver a dissertação de mestrado da advogada Heloisa Melino (*Direitos, linguagens e emancipação: Processos de luta e o potencial transformador dos movimentos sociais*, Universidade Federal do Rio de Janeiro, 2015). Ver também María Elvira Díaz-Benítez e Nathália Gonçales ("Por dentro do ringue: gênero e sexualidade no embate da inclusão por direitos", in *Revista Ñanduty*, vol. 6, 2018, p. 156-180. Disponível em <http://ojs.ufgd.edu.br/index.php/nanduty/article/view/8840/4643>.
46. Heloisa Melino, op. cit.
47. Ver Projeto de Lei Gabriela Leite, Câmara dos Deputados, 2013, artigos 227, 228, 229 e 230. Disponível em <www.camara.gov.br/proposicoesWeb/prop_mostrarintegra?codteor=1012829>.
48. Heloisa Melino, op. cit.; María Elvira Díaz-Benítez, op. cit.
49. Ver Projeto de Lei Gabriela Leite, op. cit.
50. Fala de Indianara Siqueira no evento "Identidade de gênero e luta de classes", disponível em <www.youtube.com/watch?v=fVgUft4oqcu>.
51. Sobre a discussão entre prostituição e pobreza, ver "Sex Workers Open University (swou)" e "A pobreza é objetificante, degradante e punitiva", in Mundo Invisível, 2015.
52. Sobre a organização do movimento da Marcha das Vadias, ver a dissertação de Letícia Ribeiro, *Somos todas vadias? Igualdade, diferença e política feminista a partir da Marcha das Vadias do Rio de Janeiro*, defendida no Instituto de Medicina Social da Universidade do Estado do Rio de Janeiro, 2016; e a tese de Carla Gomes, *Corpo, emoção e identidade no campo feminista contemporâneo brasileiro. A Marcha das Vadias do Rio de Janeiro*, apresentada ao Programa de Pós-Graduação em Sociologia e Antropologia do IFCS/Universidade Federal do Rio de Janeiro, 2018.
53. Agradeço à antropóloga Carolina Maia de Aguiar por essas referências.
54. Agradeço estas reflexões à antropóloga Lorena Mochel, que elabora tese de doutorado sobre mulheres pentecostais da periferia do Rio de Janeiro e suas formas organizativas em prol de formas específicas de empoderamento feminino.

O debate feminista terá um lugar central na construção do movimento agroecológico a partir do momento em que as mulheres, principalmente as mulheres do campo, indígenas, negras e de populações tradicionais, começam a trazer suas pautas, demandas e necessidade de reconhecimento dentro do movimento, partindo da ideia de que "sem feminismo, não há agroecologia", construindo assim uma nova agenda para o movimento ambiental no Brasil e em toda a América Latina.

Maria da Graça Costa

Agroecologia, (eco)feminismos e "bem viver": emergências decoloniais no movimento ambientalista brasileiro

Maria da Graça Costa

O AMBIENTALISMO EMERGE como movimento no Brasil na década de 1970 com grande influência dos movimentos de contracultura e comunidades alternativas. Nesse contexto, assiste-se, por um lado, ao debate sobre um contexto global de degradação ambiental, com a problematização sobre os efeitos do uso de combustíveis fósseis, poluição e energia nuclear e, por outro lado, ao crescimento de experiências de agricultura alternativa e do debate ecológico no país, centralizado em questões tecnológicas de produção e na degradação ambiental provocada pelo modelo agrícola trazido pela evolução verde, o que se reflete na multiplicação de diversas correntes de agricultura não convencional que surgiram naquela época: agricultura orgânica, agricultura biodinâmica, agricultura natural, agricultura biológica etc.[1]

Com a retomada, pós-ditadura militar, dos movimentos camponeses e com a emergência de importantes lideranças populares como Chico Mendes, o debate sobre as questões sociais e políticas relativas ao modelo de desenvolvimento e à questão agrária no país vai se tornando ainda mais complexo, à medida que diferentes atores sociais e questionamentos vão se inserindo na luta ambiental e o conceito de agroecologia vai, aos poucos, substituindo a agricultura alternativa como estratégia produtiva "sustentável".

A partir da observação do funcionamento dos ecossistemas naturais e inspirados pelo manejo da terra feito por populações tradicionais, especialmente pelos povos indígenas, ecólogos como o chileno Miguel Altieri[2] e o estadunidense Stephen Gliessman[3] ajudaram a dar consistência e visibilidade à agroecologia, ao sistematizarem esses saberes. Nos anos de 2000, os movimentos sociais passam a se apropriar, sobremaneira, do discurso e das práticas da agroecologia, em especial os movimentos de luta pela terra ligados à Via Campesina,[4] como o Movimento dos Trabalhadores Rurais Sem Terra (MST) e o Movimento de Pequenos Agricultores (MPA), que entendem a agroecologia como uma estratégia de luta em prol da justiça socioambiental, sendo essa uma de suas principais bandeiras de luta. Nesse sentido, a agroecologia torna-se um campo de saberes e práticas integradas que se constitui tanto como tecnologia quanto como movimento social, passando a representar um paradigma de produção agrícola que visa reduzir o impacto socioambiental da produção de alimentos, valorizando os conhecimentos tradicionais e o campesinato como sujeito e forma de organização social.[5]

O debate feminista terá um lugar central na construção do movimento agroecológico a partir do momento em que as mulheres, principalmente as mulheres do campo, indígenas, negras e de populações tradicionais, começam a trazer suas pautas, demandas e necessidade de reconhecimento dentro do movimento, partindo da ideia de que "sem feminismo, não há agroecologia",[6] construindo assim uma nova agenda para o movimento ambiental no Brasil e em toda a América Latina. Movimentos e coletivos, como a Marcha das Margaridas, o Movimento de Mulheres Camponesas (MMC) e o grupo de trabalho de mulheres da Articulação Nacional de Agroecologia (ANA), têm encabeçado a mobilização por alternativas ao desenvolvimento agrocapitalista, trazendo à tona pautas feministas em espaços importantes de negociação de políticas públicas e de diálogo com a sociedade.

Entendendo que o protagonismo dessas sujeitas políticas produz diferentes formas de luta e de enxergar a relação gênero/meio ambiente, este trabalho tem como objetivo refletir sobre a emergência daquilo que considero serem formas de resistência decoloniais dentro do movimento ambientalista diante do acirramento dos conflitos socioambientais que têm atingindo o Brasil e a América Latina nas últimas décadas. Para tanto, busco analisar a maneira em que conceitos tais como "bem viver", feminismo e o debate decolonial são desenvolvidos dentro do movimento agroecológico em diferentes cenários: entre mulheres militantes quilombolas, da Rede Carioca de Agricultura Urbana (Rede CAU) e da Articulação Nacional de Agroecologia.

DESNATURALIZANDO A NATUREZA: ARTICULAÇÕES TEÓRICO-POLÍTICAS PARA PENSAR A RELAÇÃO GÊNERO-MEIO AMBIENTE

O termo ecofeminismo foi usado pela primeira vez por D'Eaubonne, em 1974. De acordo com Siliprandi,[7] D'Eaubonne defende nesse trabalho, de forma até então inédita, uma proposta claramente feminista para atuar em relação às questões ambientais. Essa autora tratava de uma série de temas caros ao movimento feminista, problematizando as políticas de controle de natalidade e a forma como o modelo econômico produtivista dominado pelos homens e o padrão de alto consumo dos países desenvolvidos tinha um caráter sexista e racista, submetendo principalmente as mulheres dos países pobres, ao mesmo tempo em que contaminava o planeta e esgotava os recursos naturais.[8] A despeito das diferenças entre suas correntes, o ecofeminismo criticará a apropriação masculina da agricultura e da reprodução biológica, pensando as consequências do desenvolvimento industrial, militar e capitalista na vida das mulheres, que, por desempenharem o papel do cuidado e da reprodução, são as mais atingidas por esse sistema.[9]

O trabalho da ecofeminista indiana Vandana Shiva tem ajudado a disseminar esse debate em todo o mundo. Para essa autora, o modelo econômico e cultural ocidental constitui-se por meio da colonização das mulheres, dos povos nativos, de suas terras e da natureza. Assim, Shiva criticará as concepções modernas de economia, progresso e ciência, alertando para a urgência de adoção de um paradigma que permita a sobrevivência e uma coexistência digna dos povos e espécies da terra.[10] Dessa forma, suas proposições vão de encontro a uma série de propostas que vêm sendo desenvolvidas na América Latina que, inspiradas na cosmopolítica ameríndia e no debate pós-colonial e decolonial, tratarão a relação natureza/cultura a partir de outras espistemologias, ao evidenciarem que as fronteiras entre natureza/cultura, físico/não físico e humano/não humanos são arbitrárias e têm suas raízes no processo de colonialidade[11] moderno-ocidental, como veremos a seguir.

As teorias decoloniais são desenvolvidas por autores latino-americanos como Enrique Dussel e Aníbal Quijano como uma chave de leitura sobre os padrões de poder que fundamentam hierarquias no capitalismo global a partir da constituição da ideia de raça, categoria que permeia todas as dimensões do que esses autores chamam de sistema-mundo moderno-colonial e suas classificações derivativas de superior/inferior, desenvolvimento/subdesenvolvimento e povos civilizados/bárbaros, classificações derivadas da relação que as diferentes populações em territórios colonizados desenvolviam com os costumes, a língua e o cristianismo europeu.[12] Como mostra Dussel,[13] umas das principais expressões da colonialidade se dá na constituição de uma epistemologia ocidental, no contexto do capitalismo colonial, que vai invisibilizar e desconsiderar saberes construídos a partir de outros esquemas de pensamento.

O feminismo decolonial, movimento iniciado por ativistas e teóricas feministas latino-americanas, radicalizará a crítica epistêmica realizada pela teoria decolonial revisando-a, questionando-a, complementando-a, ao evidenciar a intrínseca relação entre o sistema colonial e de gênero, além de criticar a ideia universal de mulher implícita nos feminismos brancos e eurocêntricos. O termo feminismo decolonial foi proposto pela autora argentina María Lugones,[14] como forma de entender a coconstituição dos traços históricos da organização do gênero no sistema moderno/colonial, representado pelo dimorfismo biológico, organização patriarcal e a heterossexualidade compulsória, a partir dos processos de colonialidade de poder como uma forma de organização do gênero também em termos raciais.

Para Lugones,[15] a divisão hierárquica e dicotômica entre humanos e não humanos é a marca central da colonialidade ocidental. Desse modo, o conceito de humanidade refere-se, de fato, a um tipo de humano – o homem branco europeu. A autora argumenta que a missão civilizatória ocidental cristã se concentrou na transformação do não humano colonizado em homem e mulher, através dos códigos de gênero e raça ocidentais.[16]

A partir dessas análises, Lugones evidencia a impossibilidade de pensar uma crítica feminista que não leve em consideração os mecanismos de dominação colonial racista. Assim, a leitura empreendida pelas feministas decoloniais nos ajuda a pensar os diversos feminismos em termos críticos. Uma primeira crítica refere-se à ideia de sororidade e da ficcional universalidade inclusiva e unidade entre as mulheres. Para essas autoras, tal ideia funcionaria como uma forma de apagamento dos diversos marcadores sociais da diferença e das diversas formas de experienciar os sistemas de opressão incluindo questões como classe, raça, geração, sexualidade, língua etc.

Outra crítica refere-se ao projeto de progresso e empoderamento feminino, compartilhada por feminismos hegemônicos europeus, estadunidenses e de alguns países em desenvolvimento, que tomam a modernidade como um projeto a ser alcançado por determinados grupos como forma de superar as desigualdades entre homens e mulheres. Projeto esse que, segundo Yuderkys Espinosa,[17] tem sido levado a cabo através do agravamento das desigualdades entre as mulheres brancas/não brancas e provenientes dos países do Norte/Sul Global. Nesse sentido, o trabalho das feministas decoloniais vai de encontro às críticas empreendidas pelas feministas negras, indígenas, pela teoria queer, entre outras, e à questão posta por Soujourner Truth, já no século XIX, sobre o status das mulheres não brancas enquanto não mulheres.

Ao problematizar as noções ocidentais de gênero, raça e, sobretudo, de humano, mostrando como estes são conceitos também construídos a partir de saberes situados,[18] o feminismo decolonial abre espaço para uma construção mais simétrica no campo científico, filosófico e político no que se refere ao entendimento das agências mútuas entre humano e não humanos. A partir desse debate e da articulação entre o movimento agroecológico e o movimento feminista, o conceito de "bem viver" tem sido reivindicado em discursos de lideranças e movimentos como forma de construir uma alternativa à ideia de desenvolvimento capitalista antropocêntrico constituído a partir da arbitrária divisão entre humanidade e natureza. "Bem viver" é um termo advindo da expressão quéchua *Suma Kawsay*. Antes restrita à filosofia de povos andinos, essa expressão ganha corpo político e visibilidade internacional a partir do novo constitucionalismo latino-americano[19] e da maior expressividade de lideranças indígenas da América do Sul. Entretanto, há décadas inspira movimentos contra hegemônicos pelo continente americano. Nas palavras de Gudynas e Acosta:

> (...) o bem viver emerge das sociedades historicamente marginalizadas e se projeta como plataforma para discutir alternativas concei-

tuais, assim como respostas concretas urgentes para os problemas que o desenvolvimentismo atual não consegue resolver. É tanto uma crítica ao desenvolvimentismo como um ensaio de alternativas. É um questionamento que abandona a ideia convencional de desenvolvimento e não procura reformá-la. Pelo contrário, quer transcendê-la.[20]

Em outras palavras, o que se propõe ao fazer uso desse conceito é o abandono da lógica do "viver melhor" pregado pelo capitalismo – entendido como a liberdade que um setor da sociedade tem de consumir cada vez mais, em detrimento da maioria – e assumir a lógica do "viver bem" como direito de todos à dignidade, à subsistência e a um meio ambiente saudável.[21] Como aponta Acosta,[22] o bem viver também é uma forma de quebrar com as fronteiras entre natureza/cultura dotando-a de direitos. Esse debate tem gerado muitos efeitos no movimento ambiental latino-americano, em especial no âmbito do movimento campesino e agroecológico, ao mostrar que não só a separação entre natureza e cultura que não faz sentido dentro da cosmovisão de vários povos ameríndios que compartilham do bem viver, como essa cisão binária e hierárquica é fruto da lógica da colonialidade nos termos propostos por Lugones.[23]

Logicamente, a utilização de um conceito formulado a partir das visões de mundo de determinados povos deve partir de um trabalho de tradução cultural que sempre pode acarretar uma série de questões problemáticas, correndo o perigo de recair na armadilha colonizadora esvaziando o sentido e a potência que essas palavras carregam enquanto conceito. Rita Segato[24] argumenta que esse é um termo em disputa em várias esferas, desde seu uso e o entendimento na gestão comunitária de populações tradicionais, através de políticas de governos de esquerda na América Latina, passando pelos discursos de movimentos sociais, e até entre estratégias do capitalismo verde existem muitos entendimentos, usos e atravessamentos.

Nesse contexto, mais uma vez, as mulheres dos movimentos populares campesinos e da agroecologia vêm sendo responsáveis por sublinhar as noções de bem viver a partir de articulações comunitárias em defesa dos bens comuns aliados às esferas do cuidado, dos saberes tradicionais etc. apontando para a construção de estratégias políticas, epistemológicas e uma crítica próprias das mulheres camponesas.[25] Como aponta Márcia Tait, diante dessas imbricações, o maior desafio está em entender a prática e os discursos de comunidades e grupos étnicos particulares sem utilizar discursos relativistas ou noções essencializantes de tradição e cultura.

OS FEMINISMOS PERIFÉRICOS E CAMPONESES EM CONSTRUÇÃO NA AGROECOLOGIA BRASILEIRA

Em entrevistas realizadas em minha pesquisa de doutorado com doze mulheres camponesas durante a Marcha das Margaridas no ano de 2015, percebi que, mesmo engajadas em uma articulação de mulheres, nem sempre elas consideram-se feministas, ao mesmo tempo em que todas dizem apoiar a luta por seus direitos, mobilizando conceitos como igualdade, justiça e autonomia. É interessante, nesse sentido, pensar quais os significados e valores que as mulheres dos movimentos de luta pela terra e agroecológico associam ao feminismo, já que por vezes elas não reconhecem esse lugar de feministas em suas atuações políticas. Apesar de o debate feminista ser pautado por esses movimentos, muitas mulheres ainda não se reconhecem naquilo que elas entendem como movimento feminista, lido como uma luta historicamente associada à classe média branca, urbana e acadêmica.

Por outro lado, podemos notar a construção de um movimento próprio de mulheres que traz demandas e estratégias de lutas específicas. Para exemplificar, uso aqui o conceito de "feminismo periférico" para entender como se dão essas construções feministas. "Feminismo periférico" é uma expressão usada por Saney Souza – mulher quilombola e militante da Rede Carioca de Agricultura Urbana – para descrever a luta das mulheres da Zona Oeste do Rio de Janeiro. O feminismo periférico parte do olhar "subalterno" questionando as formas estabelecidas de vivenciar a política e a cidade e reivindicando um feminismo latino-americano que necessariamente considera as intersecções de classe e raça no que se refere às desigualdades sociais. Nesse sentido, relaciona-se com outros feminismos periféricos decoloniais que vêm crescendo na América do Sul, como o feminismo comunitário. O "termo feminismo comunitário" foi criado por Julieta Paredes, feminista decolonial boliviana/aymara para pensar a luta organizada das mulheres de setores populares e indígenas da América Latina.

O resgate da memória e da ancestralidade é um dos "eixos de ação" do feminismo comunitário, assim como na agroecologia e no feminismo periférico da Zona Oeste. Esse resgate é uma maneira de construir uma coalizão em torno de elementos comuns entre as mulheres e, ao mesmo tempo, uma "consciência de oposição" nos termos de Chela Sandoval, uma proposta de "consciência diferencial", conceito proposto como substituto do conceito de "identidade", um tipo de habilidade que poderia dar ao movimento social e suas tecnologias os "vínculos capazes de entrelaçar as mentes divididas da academia do Primeiro Mundo, de articular territórios".[26]

Nesse sentido, durante uma oficina chamada "Morar e Plantar", realizada por ativistas da Rede CAU com as mulheres de uma comunidade da Zona Oeste carioca, que tinha como objetivo engajá-las em torno da relação entre a agricultura urbana e o direito à moradia, chamou-me atenção a forma que uma militante reivindica sua ligação com o território e com sua ancestralidade: "Estamos aqui promovendo o morar com um sentido cultural, promovendo nossas memórias. Nós não somos Europa, nem queremos ser. Somos indígenas e quilombolas." [27]

A agroecologia é também entendida como uma forma de resignificar a relação das pessoas com o território em que vivem e de repensar as relações sociais, de educação, de trabalho e de alimentação, para além da questão da produção. Silvia exalta a importância da agroecologia como uma forma alternativa de construir a luta política:

> Sou muito agradecida ao campo da agroecologia que traz essa potência enorme, de estar existindo aqui, a gente sabe que a barbárie está no limite, mas eu estou vivenciando essa outra realidade de construção de alternativas de uma economia real, de realmente construir a vida. Eu não sou inocente, conheço bem os riscos, mas o que me motiva a levantar é essa terra de cuidados que a gente constrói e aí eu acho que a gente deve esclarecer nossas possibilidades de resistência e expansão dessa rede de cuidados, de solidariedade pragmática e construção de outro mundo e eu sinto que eu vivo esse outro mundo.[28]

A centralidade que as crianças têm nas reuniões e encontros de agroecologia é um exemplo significativo desse processo. Na Rede CAU, criou-se uma metodologia de trabalho com as crianças pequenas que acompanham suas mães nas reuniões – a ciranda agroecológica – onde as mães e outras mulheres vão se revezando no cuidado que é sempre discutido coletivamente. Dessa forma, a alimentação, o espaço, a linguagem e a organização de todos os encontros é pensada de forma a integrá-las, dialogando diretamente com as crianças maiores, questionando a respeito do que elas entendem sobre os temas tratados nos encontros, sobre como preferem plantar, como podem contribuir para os encontros, interferindo o mínimo possível na interação entre as crianças.

Alimentação também aparece como uma questão central. As mulheres se referem à alimentação e à saúde, sua e de suas famílias, como as principais motivações para se engajarem na agroecologia, ressaltando que a agroecologia é essencial para a segurança e soberania alimentar. Aliado à ideia de resgate das culturas alimentares "tradicionais", elas também experimentam formas alternativas de alimentação, como a alimentação crua, a alimentação viva, o *slow food* e o vegetarianismo, evidenciando os diversos atravessamentos que compõem esse contexto, entre o rural e o urbano.

Os rituais de comensalidade são centrais nesse cenário – o "comer junto" é um fator de sociabilidade, além de ser uma forma de chamar a atenção para a importância da alimentação consciente para aqueles que ainda não adeririam à produção e ao consumo de produtos agroecológicos. Dessa forma, vemos que existe uma politização da esfera do privado (a alimentação) e do consumo. Assim, os rituais de comensalidade são mecanismos para a consolidação da solidariedade grupal, pois envolvem a partilha não só de alimentos, mas de significados: é o momento de conversar sobre as atividades ocorridas ou por acontecer, estabelecer novos contatos ou simplesmente "jogar conversa fora". No contexto das reuniões, nas feiras e nos encontros de agroecologia é comum ter grandes "cafés da manhã agroecológicos", onde se percebe que partilhar alimentos é também partilhar sentidos atribuídos aos principais significantes em jogo como sororidade,[29] corpo e alimentação. Desse modo, a comensalidade é politizada, ao serem atribuídos valores políticos à partilha e à feitura dos alimentos a ser compartilhados.[30]

Há a busca por uma alimentação consciente, assim como o resgate do uso e consumo de gênero alimentícios tradicionais esquecidos ou pouco usados como a taioba e o ora-pro-nóbis, e também uma valorização dos saberes das medicinas tradicionais, com a disseminação do uso de ervas, chás, lambedores e xaropes caseiros que remetem à ideia de ancestralidade, um aspecto importante para entender a formação da identidade e o vínculo dessas mulheres nos territórios em que vivem.

A culinária é, portanto, uma das grandes estratégias de mobilização desses grupos. Participei algumas vezes de oficinas de beneficiamento de frutas na feira, além de ter cozinhado em alguns encontros organizados por coletivos de agroecologia. Nessas ocasiões realizamos uma "cozinha de transição agroecológica", misturando alimentos "naturais" com alimentos como pães, salgados e sobremesas, como forma de atrair mais pessoas para a degustação. A comida, sem dúvida, mobiliza as comunidades, ao mesmo tempo em que é um elemento que remete aos lugares tradicionalmente identificados como femininos. Essa relação, entretanto, ganha outros significados nesses movimentos. Uma de minhas interlocutoras relatou-me em uma conversa informal que durante toda a vida rechaçou o espaço da cozinha e da culinária, pois para ela isso a identificava com a ideia de mulher submissa e do lar. Entretanto, a partir do momento que ela entrou no movimento da agroecologia, percebeu a potência que a cozinha tem para agregar pessoas em torno de uma causa em comum.

Percebemos, assim, que as lutas de resistência em que essas mulheres na agroecologia urbana estão envolvidas – pelo reconhecimento da agricultura na cidade do Rio de Janeiro, pelo acesso a políticas públicas de incentivo à agricultura familiar e contra a especulação imobiliária – apontam para um "sul" comum, qual seja, um modelo de desenvolvimento com relações de menor impacto no que se refere à produção/distribuição de alimentos e à apropriação da natureza e que fuja à lógica capitalista que se apoia na reprodução das desigualdades socioeconômicas, raciais e sexistas. As ações construídas por essas ativistas pautam-se em uma concepção ética de base ontológica de respeito à vida em diferentes termos, constituindo-se em uma epistemologia própria das mulheres camponesas e da agroecologia no campo e na cidade.[31]

A partir dessas diversas articulações e dos diferentes engajamentos que atravessam a militância agroecológica, percebemos que, ao pensar não somente a transformação de todo o processo de produção agrícola, mas também uma profunda reconfiguração das relações capitalistas, racistas, antropocêntricas e patriarcais que estruturam as ciências, as tecnologias e o *socius* de maneira geral, o movimento agroecológico nos fornece pistas sobre formas de articulação combativas à tentativa massificadora do projeto neoliberal, ao mesmo tempo em que traz mudanças nas formas de participação política. Dessa maneira, acredito que as rupturas propostas pela agroecologia buscam se constituir enquanto linhas de fuga ao poder da máquina capitalista de produção de subjetividade – uma recusa que visa construir novos modos de sensibilidade e criatividade, produtores de uma subjetividade singular que vão de encontro à radicalidade da proposta epistemológica feminista rumo à construção de uma sociedade que prescinda do gênero.

O movimento agroecológico e suas articulações políticas com o feminismo e as teorias decoloniais possuem enormes desafios, no que se refere a desconstruções de paradigmas, às armadilhas de captura do capitalismo mundial integrado, especialmente na atual conjuntura brasileira, que assiste a uma emergência de discursos conservadores e neoliberais que visam não apenas a perda de direitos sociais, como também a perda de autonomia dos corpos e de uma relação ainda mais extrativista e utilitarista com os recursos naturais – prática histórica do capitalismo periférico brasileiro –, aliado à diminuição de incentivos à produção de agricultura familiar, orgânica e agroecológica.

Para além dessas questões, lanço aqui um último desafio: pensar a potência que essas articulações trazem para construir mas produzir narrativas mais densas no sentido dado por Donna Haraway[32] e retomado por Arendt e Morais,[33] ao abordar as narrativas como um projeto ético, político e epistemológico de recompor o mundo em que vivemos, fazendo emergir as intricadas e heterogêneas redes que permitem nos tornar, com outros atores e fenômenos, humanos e não humanos.[34] Ou seja, considerar como a articulação entre agroecologia e feminismos, a partir de uma perspectiva decolonial, pode nos ajudar a construir uma política do comum e do bem viver que, ao retirar verdadeiramente o homem do centro, nos permite construir uma humanidade em outros termos ou um planeta comum com todos os seus habitantes de quaisquer espécie.

ORIGINALMENTE PUBLICADO NO XI SEMINÁRIO INTERNACIONAL FAZENDO GÊNERO (ANAIS ELETRÔNICOS). FLORIANÓPOLIS: WOMEN'S WORLDS CONGRESS, 2017.

NOTAS

1. Alex Barroso Bernal, Alexandra de Magalhães Chaves Martins, "Formação de agentes populares de educação ambiental na agricultura familiar", *Educação Ambiental e agricultura familiar no Brasil: aspectos introdutórios*, vol. 1, Brasília: MMA, 2015.

2. Miguel Altieri, *Agroecologia: bases científicas para uma agricultura sustentável*. Guaíba: Agropecuária, 2002.
3. Stiphen Gliessman, *Agroecologia: processos ecológicos em agricultura sustentável*. Porto Alegre: UFRGS, 2001.
4. Movimento internacional de camponeses e povos tradicionais que engloba diversas organizações e movimentos sociais de todo o mundo e luta por justiça social no campo.
5. Valéria de Marcos, "Agroecologia e campesinato: uma nova lógica para a agricultura do futuro", in *Agrária*, vol. 7, nº 1, 2007, p. 182-210. São Paulo, on-line.
6. Título da carta política das mulheres da ANA durante o Encontro Nacional de Agroecologia (ENA) em 2014. Disponível em <https://marchamulheres.wordpress.com/2014/05/19/sem-feminismo-nao-ha-agroecologia-carta-das-mulheres-no-ena/>. Acesso em 23/03/2017.
7. Emma Siliprandi, *Mulheres e agroecologia: a construção de novos sujeitos políticos na agricultura familiar*, Tese de doutorado. Universidade de Brasília, Brasília, DF, Brasil, 2009.
8. Idem.
9. Alicia Puleo, "Luces y sombras de la teoria y la práxis ecofeminista", in *Mujeres y ecologia*. Madrid: Almudayna, 2004, p. 21-34.
10. Maria Mies; Vandana Shiva, *Ecofeminismo: teoría, crítica y perspectivas*. Barcelona: Icaria, 2007.
11. O sociólogo peruano Aníbal Quijano propõe a noção de colonialidade do poder para entender o processo social, político e econômico que transcende o colonialismo enquanto momento histórico e político/administrativo, ao explicar como as estruturas de poder coloniais são reproduzidas pelos mecanismos do sistema capitalista. Ver "Colonialidade do poder – Eurocentrismo e América Latina", in *Colonialidade do saber: eurocentrismo e ciências sociais. Perspectivas latino-americanas*, vol. 2, nº 1, 2005, p. 118-142.
12. Santiago Castro-Gómez, "Decolonizar la universidad. La hybris del punto cero y el diálogo de saberes", in Santiago Castro-Gómez y Ramón Grosfoguel (eds.), *El giro decolonial. Reflexiones para una diversidad epistémica más allá del capitalismo global*. Bogotá: Iesco-Pensar-Siglo del Hombre Editores, 2007, p. 79-91.
13. Enrique Dussel, "Sistema mundo y transmodernidad", in Saurabh Dube, Ishita Banerjee e Walter Mignolo (eds.), *Modernidades coloniales*. México: El Colegio de México, 2004, p. 201-226.
14. María Lugones, "Colonialidad y gênero", *Tabula Rasa*. Bogotá, vol. 9, nº 1, 2008, p. 73-101.
15. Idem.
16. Claudia de Lima Costa, "Feminismos descoloniais para além do humano", *Revista Estudos Feministas*, vol. 22, nº 3, 2014, p. 929-934, 2014.
17. Yuderkys Miñoso Espinosa, "Etnocentrismo y Colonialidad en los Feminismos Latinoamericanos: complicidades y consolidación de las hegemonías feministas en el espacio transnacional", in *Revista Venezolana de Estudios de la Mujer*, nº 33, vol. 14, 2009, p. 37-54.
18. Para Haraway, toda produção de conhecimento implicaria em reconhecer um ponto de partida que se relaciona com o exercício da produção e o que será produzido. Ver Donna Haraway, "Saberes localizados: a questão da ciência para o feminismo e o privilégio da perspectiva parcial", in *Cadernos Pagu*, vol. 5, nº 1, 1995, p. 7-41.
19. A expressão foi incorporada nas constituições do Equador, em 2008, e da Bolívia, em 2009, onde aparecem como um direito, um princípio ético e um modo de organização que se opõe ao paradigma do desenvolvimento firmado no Consenso de Washington de 1989.
20. Alberto Acosta, "O Buen Vivir: uma oportunidade de imaginar outro mundo", in *Um campeão visto de perto*. Rio de Janeiro: Ed. Fundação Boell, 2012, p. 12.
21. Graciela Chamorro, *Terra madura Yvi Araguyge: fundamento da palavra guarani*. Dourados: UFGD, 2008.
22. Alberto Acosta, op. cit.
23. María Lugones, op. cit.
24. Em entrevista ao jornal *Brasil de Fato*. Disponível em <https://www.brasildefato.com.br/node/8584/>.
25. Marcia Tait Lima, "Camponesas, feminismos e lutas atuais: resistência e potência na construção de epistemologias do Sul", in *Mundos Plurales* – Revista Latinoamericana de Políticas y Acción Pública, vol. 2, n 1, 2005, p. 77-102.
26. Chela Sandoval, *Methodology of the opressed*. Londres: Minnieapolis, 2004, p. 87.

27. Silvia Baptista, diário de campo, 2016.
28. Idem.
29. Sororidade vem de *sóror*, que significa irmã em latim. Essa expressão é utilizada no movimento feminista para designar uma solidariedade que seria própria das mulheres, assim como a fraternidade se referiria à solidariedade entre *fraters* – irmãos.
30. Íris Nery do Carmo, *Viva o feminismo vegano!: Gastropolíticas e convenções de gênero, sexualidade e espécie entre feministas jovens.*, dissertação de mestrado. Universidade Federal da Bahia. Programa de Pós-graduação em Estudos Interdisciplinares sobre Mulheres, Gênero e Feminismo. Salvador, Bahia, Brasil, 2013.
31. Marcia Tait, "Camponesas, feminismos e lutas atuais: resistência e potência na construção de epistemologias do Sul", in *Mundos Plurales – Revista Latinoamericana de Políticas y Acción Pública*, vol. 2, nº 1, 2005, p. 77-102.
32. Donna Haraway, "Saberes localizados: a questão da ciência para o feminismo e o privilégio da perspectiva parcial", in *Cadernos Pagu*, vol. 5, nº 1, 1995, p. 7-41.
33. Ronald Arendt e Márcia Mores, "O projeto ético de Donna Haraway: alguns efeitos para a pesquisa em psicologia social". Pesquisa prática psicossociais, São João del-Rei, vol. 11, nº 1, 2016, p. 11-24.
34. Idem.

Transpor o legado da modernidade/colonialidade não significa negá-lo ou produzir sobre ele o mesmo esquecimento que ele conferiu aos saberes e cosmovisões ameríndias e amefricanas, mas retirá-lo da condição de absoluto, necessário e natural. As experiências decoloniais são marcadas pelo projeto colonial-escravista, mas não apenas por ele. Esse é o ponto central a partir do qual se pretende congregar de maneira horizontalizada as múltiplas perspectivas políticas, econômicas, epistemológicas e culturais que compõem a multirracial e pluricultural América Latina.

Thula Rafaela de Oliveira Pires

Por uma concepção amefricana de direitos humanos

Thula Rafaela de Oliveira Pires

HÁ AQUELES QUE DENUNCIAM a falência dos direitos humanos. Há os que mantêm a crença nos direitos humanos como mecanismo abstrato de proteção da dignidade. A proposta deste trabalho é a de carregar a noção de direitos humanos de uma abordagem que seja ao mesmo tempo afrocentrada e baseada na experiência brasileira, de forma a renovar a aposta na potência de sua dimensão intercultural e na permanente disputa política por seu significado.

Trata-se, assim, de um trabalho que dialoga diretamente com a concepção hegemônica de direitos humanos (assentada na defesa de sua universalidade), com teorias críticas acerca dos direitos humanos de matriz eurocêntrica e também com as contribuições dos estudos decoloniais sobre o tema. Para além da interlocução com essas perspectivas teóricas, destaca-se o conceito de *amefricanidade*, desenvolvido por Lélia Gonzalez, para aduzir novos elementos a uma categorização dos direitos humanos que possa ser apreensível em *pretuguês*.

Na crítica ao uso da linguagem como mecanismo de poder e de sua utilização para perpetuar hierarquizações racializadas, Lélia Gonzalez confronta os padrões de linguagem exigidos na academia, com o objetivo de explicitar o preconceito racial existente na própria definição da língua materna brasileira.[1] Lélia Gonzalez destaca a necessidade de afirmar o *pretuguês*, a mistura entre a língua herdada de Portugal e as referências linguísticas africanas de que nos apropriamos. Ela demonstra essa herança ao analisar, por exemplo, como o caráter tonal e rítmico das línguas africanas, além da ausência de certas consoantes (o "l" e o "r"), afetaram a pronúncia e o desenvolvimento da língua portuguesa no Brasil. Nas palavras da autora:

> Graças a um contato crescente com manifestações culturais negras de outros países do continente americano, tenho tido a oportunidade de observar certas similaridades que, no que se refere aos falares, lembram nosso país. (...) aquilo que chamo de "pretoguês" e que nada mais é do que marca de africanização do português falado no Brasil (nunca esquecendo que o colonizador chamava os escravos africanos de "pretos", e de "crioulos", os nascidos no Brasil), é facilmente constatável sobretudo no espanhol da região caribenha. (...) Desnecessário dizer o quanto tudo isso é encoberto pelo véu ideológico do branqueamento, é recalcado por classificações eurocêntricas do tipo "cultura popular", "folclore nacional" etc., que minimizam a importância da contribuição negra.[2]

Em outro trabalho, Gonzalez complementa:

> É engraçado como eles [sociedade branca elitista] gozam a gente quando a gente diz que é *Framengo*. Chamam a gente de ignorante dizendo que a gente fala errado. E de repente ignoram que a presença desse *r* no lugar de *l* nada mais é do que marca linguística de um idioma africano, no qual o *l* inexiste. Afinal, quem é o ignorante? Ao mesmo tempo, acham o maior barato a fala dita brasileira que corta os erres dos infinitivos verbais, que condensa *você* em *cê*, o *está* em *tá* e por aí afora. Não sacam que estão falando pretuguês.[3]

Ainda que Gonzalez tenha feito referência expressa às influências africanas e portuguesa, a utilização do termo *pretuguês* neste trabalho reconhece e agrega a riqueza e sonoridade das línguas indígenas e expressa a vontade de que as reflexões aqui expostas possam ser compartilhadas e acessadas pelas múltiplas experiências que compõem o tecido social brasileiro.

Nesses termos, serão enunciados os limites de alguns dos pressupostos que sustentam as concepções acerca dos direitos humanos que mais influenciam sua aplicação na realidade brasileira e será apresentada uma alternativa de abordagem pouco explorada na área do direito que, ao mesmo tempo em que desafia a hegemonia das perspectivas eurocêntricas, afirma uma epistemologia decolonial[4] que "carrega na tinta".

Uma característica central na noção de direitos humanos que se tornou hegemônica na segunda metade do século xx é a defesa de sua universalidade. Enquanto universais, tais direitos representariam as faculdades e instituições capazes de promover para qualquer ser humano as condições necessárias para uma vida livre, igual e digna. Entendidos como direitos naturais, seriam, além de universais, a-históricos e, com isso, capazes de responder aos anseios de dignidade e pleno desenvolvimento da autonomia em qualquer tempo e para qualquer pessoa. Enquanto produtos históricos, os contornos da proteção universal da esfera de dignidade estariam passíveis de ser discutidos contextualmente, a partir das especificidades e dos desafios de cada tempo.

De todo modo, a universalidade pressupõe uma única possibilidade de natureza humana que, quando compreendida, permitiria que se buscasse proteção suficiente e adequada para a experiência humana plena. Esse ideário propiciou a construção de um padrão de humanidade que não foi capaz de acessar as múltiplas possibilidades de ser existentes.

O padrão de normalização da condição humana eleito pela modernidade[5] relaciona-se ao modelo de sujeito de origem europeia, masculino, branco, cristão, heteronormativo, detentor dos meios de produção e sem deficiência. A narrativa histórica dos colonizadores determinou a matriz de humanidade que serviu de parâmetro para a definição das proteções necessárias ao desenvolvimento de sua forma de vida e considerada como a representação da demanda legítima por respeito.

Para além de reforçar a necessidade de proteção de determinados sujeitos e sua forma de vida, tal concepção, porque incapaz de absorver outros perfis, gera hierarquização entre seres humanos, saberes e cosmovisões que terão de ser sufocados e invisibilizados para que não ponham em risco o desenvolvimento do projeto de dominação colonial que os sustenta.

Segundo Fernanda Bragato,[6] a tradicional teoria dos direitos humanos tem raízes histórico-geográficas e fundamentos antropológico-filosóficos que precisam ser enunciados como forma de desconstruir a crença amplamente aceita de sua neutralidade e universalidade. Para Bragato,[7] na visão ocidental predominante, os direitos humanos são vinculados aos movimentos políticos e filosóficos produzidos no contexto europeu (lutas políticas inglesas, francesas e norte-americanas dos séculos XVII e XVIII) e à tradição teórica racionalista da modernidade, que se articula com o projeto liberal-burguês de sociedade.

Mais do que questionar os pressupostos dos direitos humanos tal como definidos pela perspectiva tradicional, pretende-se ressaltar a imposição de uma cosmovisão específica, ancorada na experiência europeia, como modelo de racionalidade universal que opera de maneira seletiva e excludente, negando tudo o que não lhe reflita. Mais do que discutir a eleição do campo de proteção que essa experiência propiciou, interessa agora iluminar os mecanismos que atribuem centralidade a essa expressão e marginalizam outras formas de vida, acabando por caricaturar as próprias proteções eleitas.

Dito de outra forma, mais do que questionar a eleição de direitos como liberdade, igualdade, segurança, felicidade e dignidade, o que precisa ser explicitado é a convivência entre a defesa desse ideário pelo projeto moderno europeu e o desenvolvimento, a manutenção e o aprimoramento de uma estrutura de dominação de matriz colonial escravista imposta pelo mesmo projeto moderno europeu às Américas, à África e à Ásia.

A partir do discurso dos direitos humanos, o centro europeu pretendeu salvar aqueles por eles atribuídos como periferia do destino primitivo, selvagem, subdesenvolvido e pré-moderno a que estavam fadados. Sob o manto do humanismo racionalista, toda sorte de violação de direitos à liberdade, igualdade, segurança, felicidade e dignidade foi perpetrada pelo colonialismo e justificada pela epistemologia hegemônica que nas mesmas bases se erigiu.

Tratadas como desvios e não como demandas por respeito, as possibilidades de fissurar o padrão de sujeito moderno passam a representar a subversão da ordem, da harmonia social e dos valores que sustentam o projeto de poder colonial. E é isso mesmo. Afirmar a humanidade do não europeu, das mulheres, dos negros e indígenas, dos não cristãos, dos que desafiam a sexualidade heteronormativa e das pessoas com deficiência é subverter a naturalização das estruturas de poder e dominação que foram violentamente construídas pelo exercício de poder colonial escravista que se impôs nas Américas.

A proposta de universalização retórica exercida pelos direitos humanos mascarou e naturalizou[8] relações sociais de dominação e opressão, servindo na melhor das hipóteses para purgar a culpa pela sistemática ofensa à integridade, identidade, cultura e memória do outro.

Yash Ghai[9] sugere que os direitos humanos sejam utilizados para desafiar a noção de universalidade dos valores ocidentais, promovendo outros valores decorrentes de experiências diversas (de gênero, cultura, classe, raça, religião, sexualidade, cidadania). Na esteira de sua afirmação, pretende-se reabilitar a força libertadora e contra-hegemônica dos direitos humanos para que eles, de fato, se imponham como mecanismo de resistência a todas as formas de opressão.[10]

A CONCEPÇÃO CRÍTICA DOS DIREITOS HUMANOS DE JOAQUÍN HERRERA FLORES E COSTAS DOUZINAS

A perspectiva desenvolvida por Herrera Flores acrescenta uma natureza emancipatória às abordagens que criticam a universalidade dos direitos humanos e afirmam sua historicidade: "O que negamos é considerar o universal como um ponto de partida ou um campo de desencontros. Ao universal há de se chegar – *universalismo de chegada ou de confluência* – depois (não antes) de um processo conflitivo, discursivo de diálogo ou de confrontação."[11]

Herrera Flores propõe um *universalismo impuro* que pretende não a superposição, mas o entrecruzamento. Uma proposta que não é universalista nem particularista, mas intercultural,[12] cujo único essencialismo válido é o de "criar condições para o desenvolvimento das potencialidades humanas, o de um poder constituinte difuso que faça a contraposição, não de imposições ou exclusões, mas de *generalidades compartidas* às que chegamos (de chegada), e não a partir das quais partimos (de saída)".[13]

A cultura não deve ser vista como desconectada das estratégias de ação social. Ela responde contextualmente à maneira pela qual são determinadas as relações sociais, econômicas e políticas. Dessa estreita interconexão entre problemas culturais, sociais, econômicos e políticos propõe-se uma visão complexa dos direitos humanos. Uma visão que assume a realidade e a presença de múltiplas vozes, todas com o mesmo direito a expressar-se, a denunciar e exigir e a lutar.[14] Uma visão que entende os direitos humanos como produtos culturais.

Sem a ideia de entrecruzamento cultural corre-se o risco de reprodução da ideologia dominante dos impérios, imperialismos e colonialismos ocidentais. Nessa lógica, o outro é inumano ou subumano, o que justifica a escravidão, outras violências e até a aniquilação como estratégias da missão civilizatória e de sua integração à ideia de "humanidade". No diálogo intercultural, as provisões abstratas dos direitos podem sujeitar as desigualdades e indignidades a um ataque contundente.[15]

Herrera Flores conceitua os direitos humanos a partir do universo normativo de resistência como:

> produtos culturais que formam parte da tendência humana ancestral por construir e assegurar as condições sociais, políticas, econômicas e culturais que permitem aos seres humanos perseverar na luta pela dignidade, ou, o que é o mesmo, o impulso vital que, em termos spinozanos, lhes possibilita manter-se na luta por seguir sendo o que são: seres dotados de capacidade e potência para atuar por si mesmos.[16]

Segundo o autor, deve-se renunciar a ideias de conquistas acabadas e entendê-los como processos de afirmação da dignidade: "Os direitos humanos são os meios discursivos, expressivos e normativos que pugnam por reinserir os seres humanos no circuito de reprodução e manutenção da vida, permitindo-lhes abrir espaços de luta e de reivindicação."[17]

Enquanto houver relações de servidão, dominação, opressão e violência haverá o desejo por uma liberdade positiva e uma fraternidade libertadora. Essa tensão deve alimentar a ação política das classes subalternizadas pela invenção de mundo moderno e as empurrará para a construção das condições necessárias para chegar a ele.

Essa concepção impõe o redimensionamento não apenas do que se convencionou entender como direito humano, como de todos os pressupostos de sua realização: "Os direitos humanos podem voltar a reclamar seu papel redentor nas mãos e imaginação de quem os devolve à tradição de resistência e luta, contra o conselho dos pregadores do moralismo, da humanidade sofredora e da filantropia humanitária."[18]

Tais perspectivas defendem que é preciso não apenas determinar os direitos humanos a partir de seres concretos e plurais como atentar para que não sirvam de pretexto para legitimar novas violações. Em seu nome guerras são declaradas[19] e a paz celebrada; democracias se erguem e outras tantas são forjadas; a propriedade se torna sacra e mais sacra ainda a luta pela terra; liberais, socialistas, Estados, criminosos, suas vítimas, o vizinho, órfãos, fundamentalistas os evocam para justificarem seus atos: "Ao se tornarem a expressão vernácula de qualquer tipo de aspiração e desejo individuais e uma língua dominante da política pública, eles perderam seu significado e seu limite."[20]

Visões críticas[21] acerca dos direitos humanos mostraram que eles foram sistematicamente usados para mascarar e naturalizar situações de dominação e opressão e garantir, por meio da falácia de sua universalidade, as condições necessárias para o desenvolvimento do modelo capitalista, por definição desigual e excludente.

Salta aos olhos a "tragédia do homem contemporâneo enfrentando um mundo que se lhe opõe ferozmente e diante do qual a impotência, a inação, o isolamento, a loucura e, talvez, a ironia, constituem as únicas armas 'reais' de que pode dispor".[22] "Quando a intransponibilidade do abismo entre as declarações missionárias sobre igualdade e dignidade, e a realidade sombria da desigualdade obscena se tornam aparentes, os direitos humanos – ao invés de eliminar a guerra – levarão a novos e incontroláveis tipos de tensão e conflito."[23]

No lugar de ideias que escamoteiam a realidade e retiram da esfera do político as instituições centrais do capitalismo global neoliberal, a dimensão política é reabilitada e radicalizada. Em vez de um eficiente depósito de rancor, um inesperado laboratório de resistência.

O reconhecimento outorgado pelos direitos humanos não se estende apenas a objetos externos, tais como a propriedade e as prerrogativas contratuais. Ele chega ao âmago da existência, aborda a fundamental apreciação do Outro e a autoestima do indivíduo além do respeito, e toca as bases de sua identidade. Esse tipo de reconhecimento concreto não pode estar baseado em características universais da lei, mas em uma luta contínua pelo desejo singular do Outro e seu concreto reconhecimento. Os direitos humanos, como o desejo, constituem um campo de batalha com uma dimensão ética.[24]

Busca-se a abertura de novos espaços de construção coletiva da subjetividade e cidadania. Pleiteia-se outra forma de divisão do fazer que permita o acesso igualitário às condições que dão dignidade.

A partir dos espaços de luta, o indivíduo luta pelo que é seu, quer dizer, por sua capacidade de atuar em prol de uma vida digna, e não renuncia ao que não tem (seus pretendidos direitos), ou seja, de sua capacidade e sua potencialidade humana para assumir, impor e garantir política, econômica, social, cultural e juridicamente compromissos e deveres que nos responsabilizem e, ao mesmo tempo, responsabilizem as instituições públicas e privadas na construção das condições para aceder igualitariamente aos bens necessários para a vida.[25]

Nesse sentido, propõem Herrera Flores e Douzinas, cada um a sua maneira, o enfrentamento constante do qual florescerão universos simbólicos plurais e interativos, práticas sociais antagônicas às ordens hegemônicas monoculturais, políticas públicas definidas democraticamente e comprometidas em dar respostas a necessidades humanas concretas e agendas políticas alternativas.

Com Douzinas[26] aprende-se que cada nova reivindicação de direitos é uma resposta de luta a relações sociais e jurídicas dominantes, contra as injúrias e danos que elas infligem, em um determinado tempo e lugar. A vida dos direitos está na experiência; não está no indivíduo isolado, mas no reconhecimento de ser com os outros. Na luta por direitos humanos se nega o existente, critica-se as injustiças e as infâmias atuais em nome de um futuro desconhecido e até mesmo impossível.

Herrera Flores[27] os entende como produtos culturais de uma potência humana de transformação e mudança em prol da dignidade. Afastando-se de uma perspectiva jurídico-formal ou transcendente (às paixões, necessidades e determinações da existência), propõe outra narrativa, um discurso alternativo, de resistência aos essencialismos e formalismos liberal-ocidentais que serviram eficientemente aos desenvolvimentos genocidas, racistas, sexistas, classistas e injustos de todas as formas de colonização e imperialismo.

Diante da cruel realidade que desumaniza todos aqueles que fogem à condição de sujeito de direitos humanos e da constatação de que as grandes declarações de direitos cumpriram o papel de manutenção e legitimação dessa mesma ordem, objetiva-se refundar os pilares de sustentação dos direitos humanos a partir de uma noção de humanidade que nos diga respeito, que seja capaz de nos acessar e que não reproduza a colonialidade do ser, do saber, do poder e da natureza.

DIREITOS HUMANOS E DECOLONIALIDADE

Os estudos decoloniais representam um esforço importante para refundar as relações de poder nas Américas, a partir do questionamento das estruturas de dominação coloniais que moldaram essas sociedades. Ao colocar em questão a colonialidade do poder,[28] do ser[29] do saber,[30] e da natureza,[31] tais estudos expõem a partir de um ponto de vista contra-hegemônico e de um fazer decolonial "a perspectiva da maioria das pessoas do planeta cujas vidas foram declaradas dispensáveis, cuja dignidade foi humilhada, cujos corpos foram usados como força de trabalho".[32]

Segundo Castro-Gómez e Grosfoguel,[33] a categoria "decolonialidade", no sentido de "giro decolonial" e em complementação à ideia de descolonização, foi desenvolvida originalmente por Nelson Maldonado-Torres. Ao tentar promover o descentramento da Europa e assumir um pensamento de fronteira, pensadores como Aníbal Quijano, Wallerstein, Sylvia Winters, Ramón Grosfoguel, Edgardo Lander, Augustín Lao-Montes, Mignolo, Escobar, Dussel, Fernando Coronil, Santiago Castro-Gómez, Oscar Guardiola, Ana Margarita Cervantes-Rodríguez, Zulma Palermo, Javier Sanjinés, Catherine Walsh, Maldonado-Torres, José David Saldívar, Lewis Gordon, Arturo Escobar, entre outros, promoveram uma série de debates e publicações entre os anos 1996 e 2006 que, em alguma medida, ajudam a mapear a proposta decolonial[34] que continua em permanente desenvolvimento e conquistando cada vez mais novos representantes.

Trata-se de uma abordagem que, além de trabalhar as origens do colonialismo, pretende traçar as continuidades das estruturas de dominação econômicas, políticas e culturais fundadas nesse período e reproduzidas na contemporaneidade. Nesse sentido, a crítica ao eurocentrismo e sua adoção como modelo de universalidade é crucial para esse projeto. Complementarmente, há o compromisso de amplificar perspectivas epistemológicas, culturais, políticas e econômicas silenciadas nos últimos séculos, como aquelas que decorrem das tradições indígenas e africanas.

Há ainda uma crítica vigorosa aos padrões de normalidade que definiram até então "os de dentro" e os "*outsiders*". Nesse sentido, é explicitada a vinculação entre colonialidade/modernidade e as hierarquias raciais, de gênero, religiosas, de normalização da sexualidade e de apropriação da natureza que se impuseram no continente americano desde o século xv.

Sua importância para o âmbito dos direitos humanos é inegável, na medida em que a versão predominante, de matriz liberal-burguesa, não foi capaz de impedir as mais variadas formas de indignidade a contingentes expressivos da população mundial. Ao contrário, servindo como depósito de rancor, acabava por produzir uma espécie de anestesia às violências perpetradas sobre determinados corpos.

Os corpos que foram escravizados, expropriados de sua memória, forma de vida e dignidade são os mesmos que atualmente continuam sendo alvo das mais variadas formas de representação da violência de Estado. Objetificados, desumanizados, infantilizados, docilizados, muitas são as expressões que denunciam o tratamento conferido aos que estão do lado de cá da linha abissal pelo projeto moderno colonial, cujo legado permanece submetendo os mesmos corpos a formas atualizadas de desrespeito.

Nesses termos, e como enunciado no início do texto, mais do que pôr em questão a escolha pela proteção da liberdade, igualdade, segurança, felicidade e dignidade, declaradas nos documentos do período das Revoluções Modernas, questionam-se os contornos que foram conferidos a cada um desses direitos e a desqualificação de perspectivas que poderiam ter indicado outras proteções fundamentais. O silenciamento dessas cosmovisões se justificava na invisibilidade de seus sujeitos e na crença e afirmação de sua inferioridade.

Estruturada na determinação de um modelo colonial, que hierarquizava em termos étnico-raciais os civilizados e racionais (europeus) em relação aos bárbaros e selvagens (indígenas e negros), justificada a partir de correntes teóricas como racismo científico (biológico e culturalista), darwinismo social, positivismo, entre outros, e por uma forma de apropriação da natureza que a coloca a serviço do processo de acumulação capitalista, a construção dos direitos humanos acabou por reforçar a humanidade de uns em detrimento de muitos outros.

Nas palavras de Fernanda Bragato:

> As brutalidades e horrores do colonialismo, representados nas figuras do genocídio indígena, da escravidão africana, do saque das riquezas dos continentes colonizados e, especialmente, da ideologia do racismo e da intolerância, reproduzida no século xx dentro da própria Europa e responsável por duas guerras de dimensões globais, descortinam a realidade

de que a concepção geo-histórica dominante dos direitos humanos é uma contradição em si mesma.[35]

Mais do que criticar a apreensão europeia dos direitos humanos, o desafio dos estudos decoloniais nesse tema é o de redimensionar a trajetória de resistência dos povos ameríndios e amefricanos que, a despeito de tudo que lhes foi imposto pelo projeto moderno/colonial, experimentaram modelos alternativos de organização política, mantiveram a duras penas e, por vezes, debaixo de tortura e perseguição, seus saberes e cosmovisões, assim como produziram fissuras importantes no sistema-mundo e na dogmática dos direitos humanos, notadamente nas últimas décadas.

A rejeição a qualquer possibilidade de novos resumos universais e o compromisso com as mais variadas formas de ser, saber e bem viver faz com que o pensamento decolonial ocupe um espaço privilegiado na desconstrução de estruturas racistas, patriarcais e heteronormativas, de forma a promover uma real convivência intercultural e pluriversal.

Desapegado de narrativas lineares, evolucionistas e dualistas, opções decoloniais tentam pensar o futuro para além das ruínas e memórias da civilização ocidental e de seus aliados internos: "Uma civilização que comemora e preza a vida ao invés de tornar certas vidas dispensáveis para acumular riqueza e acumular morte dificilmente pode ser construída a partir das ruínas da civilização ocidental, mesmo com suas 'boas' promessas."[36]

Transpor o legado da modernidade/colonialidade não significa negá-lo ou produzir sobre ele o mesmo esquecimento que ele conferiu aos saberes e cosmovisões ameríndias e amefricanas, mas retirá-lo da condição de absoluto, necessário e natural. As experiências decoloniais são marcadas pelo projeto colonial-escravista, mas não apenas por ele. Esse é o ponto central a partir do qual se pretende congregar de maneira horizontalizada as múltiplas perspectivas políticas, econômicas, epistemológicas e culturais que compõem a multirracial e pluricultural América Latina.

DIREITOS HUMANOS E *AMEFRICANIDADE*

No texto "A categoria político-cultural de amefricanidade", Lélia Gonzalez[37] propõe uma maneira alternativa de compreender o processo histórico de formação do Brasil e da América. Ao eleger a noção de *Améfrica*

Ladina como representativa das experiências que aqui se conformaram, Gonzalez redimensiona a importância da influência da cultura ameríndia e africana para produção e compreensão da realidade. Além da afirmação dessas pertenças, o termo ladino[38] desessencializa essas matrizes culturais, ao pressupor um processo de aculturação e os desafios do "não lugar" que se apresentam na dificuldade de integração dessas heranças e sujeitos à sociedade colonial.

A autora pretendeu desenvolver uma categoria que levasse em consideração as similaridades com a África no continente americano e o processo diaspórico desencadeado com a colonização. Por essa categoria, ela ilumina o processo histórico da diáspora vivenciada e compartilhada pelas/os afrodescendentes nesse continente, entre resistências e reinterpretações de outras formas afrocentradas.

Nas palavras de Lélia Gonzalez:

> As implicações políticas e culturais da categoria *amefricanidade* ("Amefricanity") são, de fato, democráticas; exatamente porque o próprio termo nos permite ultrapassar as limitações de caráter territorial, linguístico e ideológico, abrindo novas perspectivas para um entendimento mais profundo dessa parte do mundo onde ela se manifesta: A AMÉRICA e como um todo (Sul, Central, Norte e Insular). Para além do seu caráter puramente geográfico, a categoria de *Amefricanidade* incorpora todo um processo histórico de intensa dinâmica cultural (adaptação, resistência, reinterpretação e criação de novas formas) que é afrocentrada, isto é, referenciada em modelos como: a Jamaica e o akan, seu modelo dominante; o Brasil e seus modelos iorubá, banto e ewe-fon.
>
> (...) Seu valor metodológico, a meu ver, está no fato de permitir a possibilidade de resgatar uma *unidade específica*, historicamente forjada no interior de diferentes sociedades que se formaram numa determinada parte do mundo. Portanto, a Améfrica, enquanto sistema etnográfico de referência, é uma criação nossa e de nossos antepassados no continente em que vivemos, inspirados em modelos africanos. (...) Embora pertençamos a diferentes sociedades do continente, sabemos que o sistema de dominação é o mesmo em todas elas, ou seja: o *racismo*, essa elaboração fria e extrema do modelo ariano de explicação, cuja pre-

sença é uma constante em todos os níveis de pensamento, assim como parte e parcela das mais diferentes instituições dessas sociedades.[39]

Em sua proposta, a crítica ao eurocentrismo é realizada por uma postura afrocêntrica, construída a partir da experiência negra fora do continente africano, principalmente na América Latina e no Caribe. Além disso, há um inegável compromisso com o rompimento com qualquer resquício do colonialismo imperialista, notadamente em termos epistêmicos.

Como resposta aos modelos epistemológicos eurocentrados, a afrocentricidade reorienta as investigações sobre as relações raciais dando aos negros uma posição central na análise. Esse novo centramento não essencializa identidades, tampouco romantiza os elementos constitutivos dos valores africanos, estão todos sujeitos a debate, não há sistemas fechados.

Um dos principais expoentes dessa perspectiva, Molefi Kete Asante, define a afrocentricidade nos seguintes termos:

> A ideia afrocêntrica refere-se essencialmente à proposta epistemológica do lugar. Tendo sido os africanos [aqui entendidos como afrodescendentes no continente africano e na diáspora em todo o mundo] deslocados em termos culturais, psicológicos, econômicos e históricos, é importante que qualquer avaliação de suas condições em qualquer país seja feita com base em uma localização centrada na África e sua diáspora. Começamos com a visão de que a *afrocentricidade é um tipo de pensamento, prática e perspectiva que percebe os africanos como sujeitos e agentes de fenômenos atuando sobre sua própria imagem cultural e de acordo com seus próprios interesses humanos.*[40]

Para Asante,[41] um projeto afrocêntrico[42] deveria incluir ao menos cinco características: 1) interesse pela localização psicológica – pelo lugar psicológico, cultural, histórico ou individual ocupado por uma pessoa em dado momento e em determinado espaço – central ou marginal com respeito à sua cultura; 2) compromisso com a descoberta do lugar do africano como sujeito – normalmente as discussões sobre assimetrias raciais têm se dado com base naquilo que pensam, fazem e dizem os europeus, e não no que os próprios negros pensam, dizem e fazem; 3) defesa dos elementos culturais africanos – a orientação teórica voltada para a agência[43] africana deve assumir e respeitar a dimensão criativa de suas personalidades; 4) compromisso com o refinamento léxico – com o objetivo de desvelar e corrigir as distorções decorrentes do léxico convencional (eurocentrado) sobre a história africana; 5) compromisso com uma nova narrativa da história da África – retirando a África do lugar de inferioridade nos campos de pesquisa, na deliberada falsificação do registro histórico empreendido pelas epistemologias dominantes.

Lélia Gonzalez assinala que, apesar das similaridades entre África e América, a experiência amefricana se diferencia daquela vivida do outro lado do Atlântico. Tentar achar as "sobrevivências" da cultura africana no continente americano pode encobrir as resistências e a criatividades da luta contra a escravidão, o extermínio e a exploração. Amefricanidade carrega um sentido positivo, "da explosão criadora", da reinvenção afrocentrada da vida na diáspora: "foi dentro da comunidade escravizada que se desenvolveram formas político-culturais de resistência que hoje nos permitem continuar uma luta plurissecular de liberação."[44] É essa a perspectiva experimentada por nós e que nos interessa impregnar na concepção de direitos humanos.

Assim como para Lélia, a categoria histórico-cultural do *quilombismo* constitui uma práxis afro-brasileira de resistência e organização política comprometida com a liberdade. Proposta por Abdias Nascimento e construída a partir do significado político dos quilombos como genuínos focos de resistência física e cultural, decorrentes da exigência vital dos africanos escravizados de resgatarem sua liberdade e dignidade, entoam novas possibilidades de organização social livre, solidária e fraterna. Materializadas por suas manifestações legais – associações, irmandades, confrarias, clubes, grêmios, terreiros, centros, tendas, afoxés, escolas de samba, e gafieiras – assim como pelas outras manifestações que conhecemos, trata-se de uma prática de libertação que assume o comando de sua própria história. "A esse complexo de significações, a essa *práxis* afro-brasileira, eu denomino quilombismo."[45] Como método de análise, compreensão e definição de uma experiência concreta, "o quilombismo expressa a ciência do sangue escravo, do suor que os africanos derramaram como pés e mãos edificadores da economia deste país".[46]

Em 2008, Mignolo escreveu:

> O "pensamento descolonial castanho" construído nos Palenques nos Andes e nos quilombos no Brasil, por exemplo, complementou ou "pen-

samento indígena descolonial" trabalhando com respostas imediatas à invasão progressiva das nações imperiais europeias (Espanha, Portugal, Inglaterra, França, Holanda). As opções descoloniais e o pensamento descolonial têm uma genealogia de pensamento que não é fundamentada no grego e no latim, mas no quechua e no aymara, nos nahuatls e tojolabal, nas línguas dos povos africanos escravizados que foram agrupados na língua imperial da região (cfr. espanhol, português, francês, ingles, holandês), e que reemergiram no pensamento e no fazer descolonial verdadeiro: Candomblés, Santería, Vudu, Rastafarianismo, Capoeira etc.[47]

Nesses termos, é possível redimensionar os direitos humanos a partir da transposição da ideologia do branqueamento e do mito da democracia racial de seus pressupostos. Por exemplo, a defesa de uma igualdade formal, que sacraliza a meritocracia em uma sociedade racialmente estratificada, só pode ser atribuída à tentativa de manter a supremacia branca e o sistema de privilégios[48] que essa condição promove.

O sucesso do modelo perverso de categorização racial de seres humanos deriva, além de circunstâncias econômicas, sociais, políticas e culturais muito bem definidas, da naturalização dessa hierarquia, do não reconhecimento do sistema de privilégios que ela engendra e da consequente negação/cegueira quanto à sua existência. A determinação "natural" da alteridade isenta de responsabilidade política aqueles que se beneficiam de uma condição privilegiada. A partir da naturalização das características biológicas daqueles que exercem funções valorizadas socialmente em oposição aos que desempenham o lugar do marginal, do forasteiro, do primitivo e servil são definidas as representações dos diversos grupos raciais que compõem a sociedade brasileira.

Sueli Carneiro levou para a audiência pública no Supremo Tribunal Federal no âmbito da ADPF 186, em defesa da constitucionalidade da política de cotas nas universidades públicas, a seguinte contribuição:

> O psicanalista Contardo Calligaris empreende a seguinte reflexão: "De onde surge, em tantos brasileiros brancos bem-intencionados, a convicção de viver em uma democracia racial? Qual é a origem desse mito? A resposta não é difícil, diz ele, o mito da democracia racial é fundado em uma sensação unilateral e branca de conforto nas relações inter-raciais. Esse conforto não é uma invenção, ele existe de fato, ele é

efeito de uma posição dominante incontestada. Quando eu digo incontestada, diz Calligaris, no que concerne à sociedade brasileira, quero dizer que não é só uma posição dominante de fato – mais riqueza, mais poder –, é mais do que isso, é uma posição dominante de fato, mas que vale como uma posição de direito, ou seja, como efeito não da riqueza, mas de uma espécie de hierarquia de castas. A desigualdade no Brasil é a expressão material de uma organização hierárquica, ou seja, é a continuação da escravatura. Corrigir a desigualdade que é herdeira direta, ou melhor, continuação da escravatura, diz Calligaris, não significa corrigir os restos da escravatura, significa também começar, finalmente, a aboli-la". Nesse contexto, Calligaris conclui que: "Sonhar com a continuação da pretensa democracia racial brasileira é aqui a expressão da nostalgia de uma estrutura social que assegura, a tal ponto, o conforto de uma posição branca dominante, que o branco e só ele pode se dar ao luxo de afirmar que a raça não importa".

A eficiência da crença na universalidade e neutralidade dos direitos humanos, aliada no contexto pátrio com o compartilhamento do mito da democracia racial, fez com que o impacto de sua utilização para promover o enfrentamento das desigualdades raciais se mantivesse esvaziado. Sob o manto da igualdade formal, a suposta indiferença em relação à identidade racial dos indivíduos produziu a naturalização da subcidadania e a perversa utilização de características étnico-raciais como mecanismo de exclusão. Romper com essa realidade pressupõe compartilhar de uma *epistemologia colorida*[49] orientada para a promoção da igualdade, cidadania e respeito aos estratos tradicionalmente não reconhecidos.

A experiência amefricana tem ainda, com a teimosia e criatividade que permitiu nossa subsistência por séculos de opressão, muito a contribuir para a redefinição dos direitos à liberdade, propriedade e dignidade; resistência política; acesso a educação, saúde, trabalho, lazer; direitos sexuais e reprodutivos; direitos econômicos; meio ambiente e direito à cidade; presunção de inocência, devido processo legal e ampla defesa; consentimento informado; direito a memória, verdade e reparação; para listar apenas os direitos que a população negra tem mais frequentemente violados.

CONSIDERAÇÕES FINAIS

A proposta inicial deste trabalho foi a de trazer para discussão acerca dos direitos humanos uma abordagem capaz de potencializar sua dimensão intercultural e impulsionar, por meio de uma perspectiva afrocentrada e ancorada na experiência ladina, a permanente disputa política por seus enunciados.

A partir da crítica à universalidade como marca primordial da visão liberal-burguesa dos direitos humanos, difundida com hegemonia pelo sistema-mundo moderno/colonial, foram levantados os principais limites de proteção humana que esse projeto evidenciou. Tanto as abordagens críticas de Herrera Flores e Costas Douzinas quanto a proposta decolonial denunciam a falácia da defesa abstrata e pretensamente neutra/universal dos direitos humanos, tal como prevista nas Declarações de Direitos dos séculos XVIII a XX.

A proposta de trazer a categoria de *amefricanidade* desenvolvida por Lélia Gonzalez para a discussão de influência decolonial sobre os direitos humanos fundamenta-se na escassez de trabalhos nessa tradição que desenvolvam as influências e propostas amefricanas. Repousa ainda no interesse em fazer circular entre as perspectivas decoloniais as contribuições de pensadoras e pensadores brasileiros que, ainda que não tenham trabalhado sob esse "rótulo", apresentam propostas propriamente decoloniais. É o caso de Lélia Gonzalez, Abdias Nascimento e Darcy Ribeiro, para fazer referência apenas aos que foram trabalhados ao longo do texto.

Com forte influência das ideias de Frantz Fanon, Lélia propõe uma categoria político-cultural que denuncia o racismo e o sexismo das sociedades coloniais a partir do protagonismo de resistência à opressão desencadeado por mulheres e homens negros na diáspora africana e por mulheres e homens indígenas contra a dominação colonial.[50] Além de abrir mão de modelos de pensamento eurocêntricos e afirmar a afrocentricidade, a autora foge de possíveis essencialismos ao marcar que é na experiência intercultural da Améfrica Ladina que será desmascarada a ideologia do colonizador.

Com expressiva força epistêmica, a categoria da *amefricanidade* permite que grupos subalternizados pelo modelo moderno/colonial produzam, a partir de suas experiências e processos de resistência, conhecimentos e fazeres que desafiem os lugares sociais e estruturas de poder próprias da colonialidade. Aberta às múltiplas formas de ser, estar e bem viver, desarruma as fronteiras que estabelecem o centro e a periferia, acessa os diversos rostos e corpos que compõem o mosaico da Améfrica Ladina e ajuda a compor uma noção de direitos humanos que consiga dar conta das múltiplas possibilidades de ser humano e estar na natureza.

ORIGINALMENTE PUBLICADO EM *DIREITOS HUMANOS E CIDADANIA NO CONSTITUCIONALISMO LATINO-AMERICANO*, CLARISSA BRANDÃO E ENZO BELLO (ORG.). RIO DE JANEIRO: LUMEN JURIS, 2016, P. 235-255.

NOTAS

1. Claudia Pons Cardoso, *Outras falas: feminismos na perspectiva de mulheres negras brasileiras*. Tese de doutorado orientada por Cecília Sardenberg. Salvador: Universidade Federal da Bahia, Faculdade de Filosofia e Ciências Humanas, 2012.
2. Lélia Gonzalez, "A categoria político-cultural de amefricanidade", in *Tempo Brasileiro*. Rio de Janeiro, n° 92/93, jan-jun, 1988a, p. 70.
3. Lélia Gonzalez, "Racismo e sexismo na cultura brasileira", in Luiz Antonio Machado da Silva et al., *Movimentos sociais urbanos, minorias e outros estudos, Ciências Sociais hoje*. Brasília: ANPOCS, n° 2, 1983, p. 223-244.
4. Sobre o uso dos termos "descolonial" e "decolonial", o trabalho segue a perspectiva defendida por Catherine Walsh (2009), para quem o termo decolonial (no lugar de descolonial) indica mais do que uma proposta de reverter a colonialidade, determina uma postura e atitude contínua de transgredir, intervir e insurgir-se contra os padrões de dominação naturalizados por ela e visibilizar construções alternativas.
5. A modernidade é aqui entendida como o projeto geopolítico que transformou a Europa em centro, a partir da colonização das Américas no século XV. Nesse sentido, estão incorporadas a esse recorte as reflexões de Enrique Dussel sobre "transmodernidade" ("Europa, modernidade e etnocentrismo", in Edgardo Lander (org.). *A colonialidade do saber: eurocentrismo e ciências sociais*. Perspectivas latino-americanas. Buenos Aires: Colección Sur Sur, CLACSO, setembro 2005), a de Immanuel Wallerstein sobre "sistema-mundo" (*O universalismo europeu*. São Paulo: Boitempo, 2007) e a de Boaventura de Sousa Santos sobre "linha abissal" ("Para além do pensamento abissal: das linhas globais a uma ecologia de saberes", in *Revista Crítica de Ciências Sociais*, 78, outubro 2007).
6. Fernanda Bragato, "Para além do discurso eurocêntrico dos direitos humanos: contribuições da descolonialidade", in *Revista Novos Estudos Jurídicos* – Eletrônica, vol. 19, n° 1, jan-abr., 2014, p. 201-230.
7. Idem.
8. Trabalhando relações de dominação pessoal e impessoal a partir de Bourdieu, Jessé Souza afirma: "Todas as sociedades, modernas ou pré-modernas, produzem mecanismos específicos de 'desconhecimento' que permitem, ao refratar a percepção da realidade imediata, que as relações sociais de dominação ganhem autonomia própria ao 'aparecerem' como naturais e indiscutíveis. Toda sociedade, seja moderna ou pré-moderna, tende a naturalizar relações sociais que são contingentes e constituídas socialmente. A forma que essa 'illusio' assume, no entanto, é histórica e mutável. Bourdieu tende a chamar esse efeito encobridor e mascarador de 'capital simbólico'." ("Pierre Bourdieu: pensador da periferia?", in Jessé Souza e Patrícia Mattos (orgs.), *Teoria crítica no século XXI*. São Paulo: Annablume, 2007, p. 62). Para uma melhor análise dos desafios do enfrentamento desse "capital simbólico", ver Ibid., p. 55-93.

9. Yash Ghai, "Globalização, multiculturalismo e direito", in Boaventura de Sousa Santos, *Reconhecer para libertar: os caminhos do cosmopolitismo multicultural*. Rio de Janeiro: Civilização Brasileira, 2003, p. 555-614.
10. Por influência de Costas Douzinas (*O fim dos direitos humanos*, tradução de Luzia Araújo. São Leopoldo: Unisinos, 2009, p. 294), o trabalho se apoia no conceito de *opressão como negação do autodesenvolvimento*, defendido por Íris Young. Suas formas mais evidentes são a exploração econômica, a marginalização social, a inutilidade cultural e a violência. Nas palavras de Douzinas (op. cit., p. 96): "A opressão nega a capacidade das pessoas de decidir qual é o melhor projeto de vida para elas e as priva dos meios necessários para levá-lo adiante. Não permite a suas vítimas viverem conforme seus desejos e desenvolverem seu potencial, além de impedir a realização de suas aspirações e capacidades."
11. Joaquín Herrera Flores, "Direitos humanos, interculturalidade e racionalidade de resistência", in Antônio Carlos Wolkmer (org.), *Direitos humanos e filosofia jurídica na América Latina*, tradução de Carol Proner. Rio de Janeiro: Lúmen Júris, 2004, p. 359-385.
12. Para Joaquín Herrera Flores (op. cit.), reivindicar a interculturalidade não se limita ao necessário reconhecimento do outro. É preciso transferir poder, "empoderar" os excluídos dos processos de construção de hegemonia.
13. Joaquín Herrera Flores, op. cit., p. 375.
14. Joaquín Herrera Flores, op. cit.
15. Costas Douzinas. *Os paradoxos dos direitos humanos*, tradução de Caius Brandão, 2011c. Disponível em <http://revolucoes.org.br/v1/sites/default/files/o_paradoxo_dos_direitos_humanos.pdf>. Acesso em 17/12/2019.
16. Joaquín Herrera Flores, *Teoria crítica dos direitos humanos: os direitos humanos como produtos culturais*. Rio de Janeiro: Lúmen Júris, 2009, p. 191.
17. Joaquín Herrera Flores, op. cit., 2004.
18. Costas Douzinas, op. cit.
19. Conforme afirma Douzinas (op. cit.): "O 'eixo do mal', os 'Estados párias', os 'regimes indecentes', o 'Açougueiro de Bagdá e os 'falsos refugiados' são herdeiros contemporâneos dos 'macacos' de Sepúlveda, representantes históricos da inumanidade." Sepúlveda foi o filósofo que travou debate com o bispo Bartholomé de Las Casas na discussão sobre a atitude espanhola em relação aos indígenas do México, em 1550. De acordo com Douzinas (c): "Sepúlveda argumentou que 'os espanhóis governam com pleno direito sobre os bárbaros que, em prudência, talento, virtude e humanidade, são tão inferiores aos espanhóis quanto as crianças em relação aos adultos, as mulheres aos homens, o selvagem e cruel ao tenro e gentil, eu diria ainda, os macacos em relação aos homens'."
20. Costas Douzinas, *Quem são os "humanos" dos direitos?*, 2011a. Disponível em http://revolucoes.org.br/v1/sites/default/files/quem_sao_os_humanos_dos_direitos.pdf. Acesso em 17/12/2019.
21. De acordo com Costas Douzinas (op. cit., 2011c), Marx foi o primeiro a denunciar que os direitos naturais surgiram como poderosa arma nas mãos da classe capitalista em ascensão, instituições assegurando e naturalizando relações sociais e econômicas dominantes. "Eles foram usados para retirar do desafio político as instituições centrais do capitalismo, como a propriedade, as relações contratuais, a família, a religião".
22. Joaquín Herrera Flores, *O nome do riso: breve tratado sobre arte e dignidade*, tradução de Nilo Kaway Junior. Florianópolis: cesusc, 2007, p. 108.
23. Costa Douzinas, op. cit., 2011c.
24. Costa Douzinas, op. cit., 2009, p. 293.
25. Joaquín Herrera Flores, op. cit, 2009, p. 203.
26. Costa Douzinas, op. cit., 2009.
27. Joaquín Herrera Flores, op. cit, 2009.
28. Aníbal Quijano, "Colonialidad del poder, eurocentrismo y América Latina", in Edgardo Lander, *La colonialidad del saber: eurocentrismo y ciencias sociales. Perspectivas latino-americanas*. Buenos Aires: clacso, 2000.
29. Frantz Fanon, *Os condenados da Terra*, tradução de Enilce Albegaria Rocha e Lucy Magalhães. 1ª reimpressão. Juiz de Fora: ufjf, 2010.
30. Walter D. Mignolo, *Desobediência epistêmica: a opção descolonial e o significado de identidade*

em política, in *Cadernos de Letras da* UFF, Dossiê: Literatura, língua e identidade, n° 34, 2008, p. 287-324; Nelson Maldonado-Torres, "A topologia do Ser e a geopolítica do conhecimento: Modernidade, império e colonialidade", in *Revista Crítica de Ciências Sociais*, n° 80, mar. 2008.
31. Catherine Walsh, "Interculturalidad, plurinacionalidad y razón decolonial: Refundares político-epistémicos en marcha", in Sarita Albalzi; Maria Lucia Maciel (eds.), *Conocimiento, capital y desarrollo: dialécticas contemporâneas*. Buenos Aires: Editora La Crujía, 2009.
32. Walter D. Mignolo, op. cit., p. 296.
33. Santiago Castro-Gómez e Ramón Grosfoguel, "Prólogo. Giro decolonial, teoría crítica y pensamiento heterárquico", in Santiago Castro-Gómez e Ramón Grosfoguel (orgs.), *El giro decolonial: reflexiones para una diversidade epistémica más allá del capitalismo global*. Bogotá: Siglo del Hombre Editores; Universidad Central, Instituto de Estudios Sociales Contemporáneos y Pontificia Universidad Javeriana, Instituto Pensar, 2007.
34. Santiago Castro-Gómez e Ramón Grosfoguel, op. cit.
35. Fernanda Bragato, "Para além do discurso eurocêntrico dos direitos humanos: contribuições da descolonialidade", in *Revista Novos Estudos Jurídicos* – Eletrônica, vol. 19, n° 1, jan.-abr., 2014, p. 219.
36. Walter D. Mignolo, op. cit., p. 295.
37. Lélia Gonzalez, "A categoria política de amefricanidade", in *Pensamento feminista brasileiro: formação e contexto*, Rio de Janeiro: Bazar do Tempo, 2019.
38. Outro autor que explora o conceito de *ladino* para retratar essa dificuldade de integração de indígenas e negros na colonialidade vivenciada no Brasil é Darcy Ribeiro. Nesse sentido, ver Darcy Ribeiro, *O povo brasileiro: a formação e o sentido do Brasil*. São Paulo: Companhia das Letras, 2006.
39. Lélia Gonzalez, op. cit., 1988a, p. 76-77.
40. Molefi Kete Asante, "Afrocentricidade: notas sobre uma posição disciplinar", in Elisa Larkin Nascimento (org.), *Afrocentricidade: uma abordagem epistemológica inovadora*. São Paulo: Selo Negro, 2009, p. 93.
41. Molefi Kete Asante, op. cit., p. 96.
42. De acordo com o autor, Danjuma Sinue Modupe teria apresentado a mais completa relação de elementos constituintes da afrocentricidade: vontade cognitiva comunal, desenvolvimento africano, matriz de consciência, libertação psíquica, resgate cultural, africanidade, personalismo africano, *práxis* afrocêntrica, estrutura conceitual afrocêntrica, integridade da estrutura, causa, efeito, mitigação, construtos teóricos, distinções críticas teóricas, gluón estrutural, consciência vitoriosa e perspectiva afrocêntrica (Molefi Kete Asante, op.cit., p. 96).
43. O autor entende por *agência* a capacidade de dispor sobre os recursos psicológicos e culturais necessários para o avanço da liberdade humana, assumindo o protagonismo de sua própria história e mundo. (Molefi Kete Asante, op. cit., p. 94).
44. Lélia Gonzalez, "Por um feminismo afro-latino-americano". Neste volume, p. 38.
45. Abdias Nascimento, "Quilombismo: um conceito emergente do processo histórico-cultural da população afro-brasileira", in Elisa Larkin Nascimento (org.), *Afrocentricidade: uma abordagem epistemológica inovadora*. São Paulo: Selo Negro, 2009.
46. Ibid., p. 205.
47. Walter D. Mignolo, op. cit., p. 291-292.
48. Lia Vainer Schucman, "Entre o 'encardido', o 'branco' e o 'branquíssimo': raça, hierarquia e poder na construção da branquitude paulistana". São Paulo: Universidade de São Paulo, Instituto de Psicologia, 2012.
49. Thula Pires; Caroline Lyrio, "Teoria crítica da raça como referencial teórico necessário para pensar a relação entre direito e racismo no Brasil", in CONPEDI/UFS (org.), *Direitos dos conhecimentos*. 1ª edição, p. 1-24. Florianópolis: CONPEDI, 2015.
50. Claudia Pons Cardoso, op. cit.

A descolonização da percepção, dos sentimentos e da linguagem em si não é possível sem um processo de cura realizado por meio de imagens transformadoras. É necessário também um projeto de tradução como traição do conhecimento/sensações/ experiências hegemônicas a partir da localização geo/corpo/ política das mulheres indígenas e/ou mestiças.

Claudia de Lima Costa

Feminismos decoloniais e a política e a ética da tradução[1]

Claudia de Lima Costa

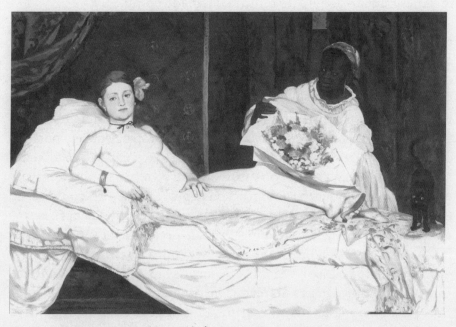

Olympia, 1863. Edouard Manet (1832-1883). Óleo sobre tela. Musée d'Orsay, Paris.

OLYMPIA, UMA TRADUÇÃO da *Vênus de Urbino*, de Ticiano (por sua vez, uma tradução da *Vênus de Dresden*, de Giorgione), é um retrato em óleo sobre tela assinado por Édouard Manet em 1863. Ao ser exposto no Salão de Paris em 1867, o quadro foi recebido com um misto de choque e constrangimento pelos/as frequentadores/as daquele prestigioso espaço artístico.

Ao contrário do que muitos dizem, para os críticos de arte a nudez de Olympia não foi a causa de tanto escândalo, mas sim o olhar que sua nudez incorpora. O olhar desafiador de Olympia confronta impiedosamente aqueles que a miram; ela retribui o olhar masculino com uma mirada fixa, perturbadora, que faz com que a consciência de ver e a de ser vista coexistam desconfortavelmente. Como a recepção crítica observou, seu olhar lhe dá o poder de elevar-se acima de seu gênero e classe. Sua mão chama a atenção para seu sexo ao mesmo tempo em que o encobre. Essa dicotomia leva o espectador a sentir a necessidade de se fixar no sexo de Olympia, porém não sem culpa, já que ela o esconde desse olhar. Ela se nega a ser interpelada como a cortesã pacífica da modernidade francesa e Manet, ao criá-la, subverte para sempre o gênero de pintura chamado de nu.[2]

Por que estou utilizando a imagem de Olympia para iniciar minhas reflexões sobre a virada decolonial nas teorias feministas? Vejo o quadro – e me aproprio dele – como uma metáfora dos debates sobre colonialidade do poder. Se observarmos a pintura de Ticiano *Vênus de Urbino*, podemos entender que sua tradução por Manet traz à tona vários elementos constitutivos da modernidade/colonialidade. A partir de uma perspectiva feminista, embora Olympia recuse a posição de objeto do olhar voyeurístico masculino, para ecoar a análise de Laura Mulvey,[3] ela – ao se constituir sujeito do olhar – subalterniza a outra mulher do quadro (a empregada negra) ao sequer reconhecê-la: Olympia ignora com desdém as flores brancas que lhe são apresentadas pela empregada, bem como a própria presença da subalterna ao lado de seu leito. Sua brancura contrasta com a negritude da empregada, que divide o espaço da pintura com o gato, igualmente preto. De forma instigante, corpos marcados pelo gênero, classe, raça, tecidos, flores e animalidade, dispostos cuidadosamente em uma narrativa colonial, intersectam-se na constituição do dualismo entre o humano (mulher branca) e o não humano (a empregada e o gato negros).

A pintura destaca claramente os discursos europeus sobre a alteridade de gênero, como ilustra María Lugones:[4] as mulheres brancas, apesar da inferioridade em relação aos homens brancos, geralmente são posicionadas no lado gendrado e civilizado da dicotomia humano/não humano, enquanto mulheres negras e indígenas ocupam o lugar do não humano, situadas mais perto da natureza e portadoras de uma sexualidade selvagem, além de adequadas para procriação, trabalho brutal, exploração e/ou massacre.

Essa tradução do famoso quadro de Manet se torna um tropo para explorar os desafios que os feminismos latino-americanos enfrentam diante do impacto multifacetado da colonização nas mulheres e na problematização do feminismo hegemônico. As perguntas que aqui coloco são: como os feminismos decoloniais no contexto latino-americano traduzem e subvertem o feminismo hegemônico? Como desenvolver conhecimentos críticos que contestem as epistemologias hegemônicas que marginalizaram e silenciaram os sujeitos racializados?

Essas são algumas das complexidades dos feminismos contemporâneos que explorarei abaixo ao tentar mapear, de forma necessariamente abreviada, possíveis rotas alternativas para propor conexões parciais entre as várias formações feministas nas Américas. Para tal, argumentarei que a tradução – baseada não apenas em um paradigma linguístico, porém, mais importante, ancorada em um paradigma ontológico – torna-se um elemento-chave para forjar epistemologias feministas decoloniais.

FEMINISMOS E TRADUÇÃO CULTURAL

À luz do surgimento de todos os tipos de fronteiras em um contexto de intensas migrações e deslocamentos, no qual também podemos incluir o trânsito transnacional de teorias e conceitos, a questão da tradução se torna premente, constituindo, de um lado, um espaço único para a análise dos pontos de intersecção (ou transculturação) entre o local/global e, de outro, uma perspectiva privilegiada para a análise da representação, do poder e das assimetrias entre linguagens na formação de imaginários sociais. A tradução cultural se refere ao processo de deslocamento da noção de diferença para o conceito derridiano de *différance* que, segundo Stuart Hall,[5] aponta para "um processo que nunca se completa, mas que permanece em sua indecidibilidade".[6] Trata-se da noção de tradução como relacionamento, com a diferença radical, inassimilável, do/a outro/a. Nas palavras de Couze Venn,[7]

> traduções através de fronteiras heterolíngues e culturalmente heterogêneas e poliglotas permitem as falsificações, as camuflagens, os des-

locamentos, as ambivalências, as imitações, as apropriações, ou seja, os complexos estratagemas de desidentificação que deixam o subalterno e o subjugado com o espaço de resistência.[8]

A partir do reconhecimento da incompletude e incomensurabilidade de qualquer perspectiva analítica ou experiencial, Boaventura de Sousa Santos[9] propõe uma teoria da tradução como negociação dialógica, articuladora de uma inteligibilidade mútua e não hierárquica do mundo. A virada tradutória, por assim dizer, mostra que a tradução excede o processo linguístico de transferências de significados de uma linguagem para outra e busca abarcar o próprio ato de enunciação – quando falamos estamos sempre já engajadas na tradução, tanto para nós mesmas/os quanto para a/o outra/o. Se falar já implica traduzir e se a tradução é um processo de abertura à/ao outra/o, nele a identidade e a alteridade se misturam, tornando o ato tradutório um processo de descentramento. Na tradução, há a obrigação moral e política de nos desenraizarmos, de vivermos, mesmo que temporariamente, sem teto para que a/o outra/o possa habitar, também provisoriamente, nossos lugares. Traduzir significa ir e vir (*'world'-traveling* para Lugones),[10] estar no entrelugar,[11] na zona de contato,[12] na zona de tradução[13] ou na fronteira.[14] Significa, enfim, existir sempre deslocada/o. Esses constituem espaços geopolíticos a partir dos quais o subalterno se engaja com e contra traduções coloniais/hegemônicas.

Fazendo uso tanto do conceito de tradução cultural quanto da noção de equívoco – emprestada do perspectivismo ameríndio (que elaborarei mais à frente) – tecerei a seguir reflexões sobre a virada decolonial feminista na América Latina tomando como ponto de partida os debates sobre a colonialidade do poder[15] e a colonialidade de gênero.[16] Os feminismos decoloniais, articulados por sujeitos subalternos/racializados, geralmente operam dentro de um referente epistemológico distinto dos modelos analíticos hegemônicos que historicamente estruturaram as relações entre centro e periferia. Efeito da transculturação e dos movimentos diaspóricos, esses feminismos tendem a estar localizados nos interstícios das representações dominantes; sua prática está ancorada na tradução cultural visando a construção de outros conhecimentos a partir de uma diversidade de formas de estar no mundo, isto é, de outras ontologias.

PODER, GÊNERO E SUAS COLONIALIDADES

A produtividade do conceito de colonialidade do poder, cunhado por Quijano,[17] está na articulação da ideia de raça como o elemento *sine qua non* do colonialismo e de suas manifestações neocoloniais. Como argumenta o autor,

> Na América, a ideia de raça foi um modo de outorgar legitimidade às relações de dominação impostas pela conquista. A posterior constituição da Europa como nova identidade depois da América e a expansão do colonialismo europeu sobre o resto do mundo levaram à elaboração teórica da ideia de raça como naturalização dessas relações coloniais de dominação entre europeus e não europeus. Historicamente, isso significou uma nova maneira de legitimar as já antigas relações de superioridade/inferioridade entre dominados e dominadores. Desde então esse tem demonstrado ser o mais eficaz e duradouro instrumento de dominação social universal.[18]

Para Quijano, a dominação de gênero – isto é, o controle do sexo, seus recursos e produtos – está subordinada a uma hierarquia superior-inferior da classificação racial como forma de dominação social. No entanto, Lugones[19] critica o entendimento estreito de Quijano sobre gênero na formulação do conceito de colonialidade do poder, visto que para ele gênero

> ainda está subscrito a um determinismo biológico; (...) pressupõe dimorfismo sexual onde não existia; (...) naturaliza a heteronormatividade em culturas que não consideravam a homossexualidade uma transgressão sexual ou social; e (...) presume uma distribuição patriarcal de poder em sociedades onde predominavam relações sociais mais igualitárias entre homens e mulheres.[20]

No colonialismo e no capitalismo global eurocêntrico, "a naturalização das diferenças sexuais é outro produto do uso moderno da ciência que Quijano aponta no caso da 'raça'".[21] Portanto, delimitar o conceito de gênero ao controle do sexo, seus recursos e produtos constitui a própria colonialidade do gênero. Ou seja – e essa é uma crítica fundamental à visão que Quijano tem do gênero –, a imposição de um sistema de gênero binário foi tão constitutiva da colonialidade do poder quanto esta última foi constitutiva de um sistema moderno de gênero. Assim sendo, tanto a raça quanto o gênero são ficções poderosas e interdependentes. Segundo Lugones, quando trazemos a categoria de gênero para o centro do projeto colonial, podemos então traçar uma genealogia de sua formação e utilização como um mecanismo fundamental pelo qual o capitalismo colonial global estruturou as assimetrias de poder no mundo contemporâneo. Ver o gênero como categoria colonial também nos permite historicizar o patriarcado, salientando as maneiras pelas quais a heteronormatividade, o capitalismo e a classificação racial se encontram sempre já imbricados.

Respaldada nos escritos da feminista nigeriana Oyèrónké Oyěwùmí e da feminista indígena Paula Allen Gunn, Lugones argumenta que o gênero, assim como a raça, foi construto colonial visando racializar e engendrar sociedades subalternas. Essas feministas alegam que o gênero jamais foi um princípio organizador ou categoria hierárquica nas comunidades tribais antes do "contato". A divisão sexual do trabalho não existia e as relações econômicas se baseavam na reciprocidade e complementaridade.

No entanto, contestando Lugones, Rita Segato,[22] ao estudar os povos iorubás, encontra evidência de nomenclaturas de gênero, argumentando que podemos dizer que nessas sociedades afro-americanas e tribais há, claramente, uma ordem patriarcal, porém distinta da ordem patriarcal ocidental, ou seja, uma espécie de patriarcado de baixa intensidade ou *entroncamiento de patriarcados*, nas palavras da feminista lésbica comunitária aymara Julieta Paredes.[23]

Gostaria de fazer uma modesta intervenção nessa discussão acerca do impasse sobre a existência ou inexistência da categoria gênero antes da Conquista. Para esse fim, apresentarei a discussão de Marisol de la Cadena[24] sobre cosmopolítica indígena como forma de reavaliar a colonialidade do gênero a partir da noção de tradução como equivocação. Depois de explorar a contribuição de De la Cadena para esse debate, retornarei à questão da colonialidade do gênero e da virada tradutória. Ou seja, ao trazer a colonialidade do gênero como elemento recalcitrante na teorização sobre a colonialidade do poder, abre-se um importante espaço para o projeto de descolonização do saber eurocêntrico-colonial por intermédio do poder interpretativo das teorias feministas, visando o que Catherine Walsh[25] irá chamar de *pensamiento propio latino-americano*:

Pensamiento propio sugere um pensamento crítico diferente, o qual procura marcar uma divergência com o pensamento "universal" dominante (incluindo suas formações "críticas", progressistas e esquerdistas). Essa divergência não visa simplificar o pensamento indígena ou negro ou relegá-lo à categoria ou à condição de pensamento localizado, situado e culturalmente específico e concreto; ou seja, como nada além de "conhecimento local" entendido como mera experiência. Em vez disso, o *pensamento propio* apresenta seu caráter político e decolonial, permitindo uma conexão entre vários *pensamientos propios* como parte de um projeto mais amplo de "outros" pensamentos e conhecimentos críticos.[26]

Apesar de Walsh não fazer nenhuma menção em seu artigo às teorias feministas que surgem na América Latina como *pensamentos propios*, isto é, como parte integrante do movimento de descolonização do saber, de construção de "políticas de conhecimento contestatórias a partir dos corpos gendrados que sofrem racismo, discriminação, rejeição e violência",[27] me aproprio de sua discussão – sobre a geopolítica do conhecimento e a necessidade de construção de novas cosmologias e epistemologias a partir de outros lugares de enunciação – para incluir a intervenção política feminista de tradução translocal dentre esses outros espaços de teorização, interpretação e intervenção política na América Latina.

TRADUÇÃO E EQUIVOCAÇÃO

Em seu influente ensaio sobre cosmopolítica indígena, e tentando ir além da visão neoliberal da cosmopolítica como alianças interculturais, De la Cadena[28] examina como as comunidades indígenas andinas, em suas manifestações contra a vinda de uma mineradora para a região onde viviam, incluíram nas faixas que carregavam e nos discursos a presença de criaturas da terra (*earth beings*),[29] tais como montanhas sagradas e animais, que, segundo eles, se opunham à mineradora. Ao articularem tais presenças nos atos de rua, trouxeram essas criaturas da terra para a esfera de uma política até então reservada a questões unicamente humanas. A autora argumenta que a introdução dessas criaturas não humanas na política subverte a distinção ontológica entre humanidade (cultura) e natureza que, por sua vez, sempre foi a marca da modernidade/colonialidade ocidental.

Por um lado, ao trazer a natureza e sua materialidade para o domínio da política, os grupos ativistas indígenas negam a separação cartesiana entre cultura e natureza, fazendo da última uma questão política também. Quando considera em seus protestos os desejos e necessidades políticas das criaturas da terra, com as quais divide suas existências, o grupo de ativistas indígenas encena o respeito e afetos necessários para a manutenção da relacionalidade entre humanos e seus outros (os mais que humanos) em suas comunidades. Por outro lado, inserir tais práticas terrenas nas manifestações (isto é, expressar o que criaturas da terra, tais como montanhas sagradas, reivindicam) nos convida, nas palavras de Isabelle Stengers,[30] a "'desacelerar' a reflexão" (*slow down' reasoning*),[31] já que nos coloca diante de uma ruptura epistêmica muito significativa. A esfera da política sempre se configurou como ontologicamente distinta da esfera da natureza, e tal diferença foi o elemento principal para o desaparecimento de mundos pluriversais, entendidos como mundos sociais heterogêneos e parcialmente conectados, negociando politicamente suas discordâncias ontológicas.[32] Com a reintrodução das criaturas da terra na política, assistimos a emergência do que a autora denominará de cosmopolitismo indígena:[33] temos a possibilidade, primeiro, de abrir espaços para um tipo de pensamento que nos permita desaprender/desfazer a violência ontológica representada pelo dualismo natureza/cultura (nos permita "'desacelerar' a reflexão"); e, segundo, entender que há diferentes perspectivas e diferentes mundos – e não visões diferentes de um mesmo mundo.

É nesse ponto da discussão – fazendo conexões com a ideia de pluriversalidade – que desejo invocar a noção de tradução como equivocação, derivada do perspectivismo ameríndio e articulada teoricamente por Eduardo Viveiros de Castro.[34]

No perspectivismo indígena, a tradução é um processo de equivocação controlada, entendido como "o modo de comunicação por excelência entre diferentes posições de perspectiva".[35] A cosmologia ameríndia postula que humanos e não humanos possuem as mesmas almas e capacidades cognitivas, portanto compartilham as mesmas percepções conceituais. No entanto, o que muda de uma espécie para outra é o referente conceitual. Por exemplo, o que as onças veem como cerveja de mandioca para os seres humanos é sangue, ou seja, o mesmo conceito ou representação (uma bebida refrescante), mas diferentes referentes (cerveja de mandioca, sangue). Possuidora de ontologia distinta da do humano, a onça *não acredita* que o sangue seja cerveja de mandioca (não é uma crença) ou que represente cerveja de mandioca. O sangue é cerveja de mandioca.

Viveiros de Castro argumenta que essa diferença de perspectiva deriva não de suas almas, mas das diferenças corporais entre espécies/entidades, constituindo "sua diferenciação ontológica e disjunção referencial"[36] – uma alma (perspectiva) e múltiplas naturezas, ao invés de uma natureza e múltiplas perspectivas. A seguir, farei uso da noção de tradução como equivocação na discussão de Lugones sobre a colonialidade de gênero.

Em um artigo intitulado "Rumo a um feminismo decolonial", Lugones[37] afirma que a dicotomia hierárquica entre humano e não humano é uma marca central da modernidade colonial:

> Começando com a colonização das Américas e do Caribe, uma distinção dicotômica, hierárquica entre humano e não humano foi imposta sobre os/as colonizados/as a serviço do homem ocidental. Ela veio acompanhada por outras distinções hierárquicas dicotômicas, incluindo aquela entre homens e mulheres. Essa distinção tornou-se a marca do humano e a marca da civilização. Só os civilizados são homens ou mulheres. Os povos indígenas das Américas e os/as africanos/as escravizados/as eram classificados/as como espécies não humanas – como animais, incontrolavelmente sexuais e selvagens.[38]

A missão civilizadora do cristianismo se concentrou na transformação de humanos não colonizados em homens e mulheres. A fêmea não humana colonizada foi não apenas racializada, mas também reinventada como mulher pelos códigos de gênero ocidentais. Portanto, Lugones vê o gênero como uma imposição da modernidade/colonialidade: "A sugestão é não buscar uma construção não colonizada de gênero nas organizações indígenas do social. Tal coisa não existe; 'gênero' não viaja para fora da modernidade colonial."[39]

Contudo, por que não pensar no gênero, bem como nas outras categorias da diferença, como equívocos, isto é, como classificações que, apesar de partilharem o mesmo conceito (por exemplo, bebida refrescante), possuem referentes distintos (por exemplo, cerveja de mandioca e sangue), a partir de perspectivas pluriversais? Se decidirmos seguir esse caminho, precisamos nos engajar no difícil processo de tradução cultural, evitando as armadilhas da colonialidade da linguagem e da tradução colonial. A resistência à colonialidade de gênero, como observa Lugones, implica resistência linguística. Envolve oposição aos paradigmas representacionais eurocêntricos para mudar as cartografias linguísticas. Interpreto essas práticas contestatórias como précondições para o projeto de descolonização do gênero, das criaturas da terra e das epistemologias feministas.

Por exemplo, tal como gênero, raça e etnia também são categorias que pertencem à divisão colonial natureza/cultura. Porém, quando empregadas pelos povos "indígenas" – melhor dito, originários, já que índio é categoria do colonizador – ou pelos afro-americanos, elas não necessariamente correspondem aos significados coloniais ao longo da história. Elas são, em outras palavras, equivocações ou categorias equívocas: embora pareçam se referir à mesma coisa, de fato não o fazem quando enunciadas por nossos outros ontológicos.[40] Para o reconhecimento da existência de mundos heterogêneos e de categorias equívocas – e a possibilidade de articular conexões parciais entre eles – há a necessidade do trabalho da tradução. Equivocação, em outras palavras, implica desde já a tradução, cujo propósito é não perder de vista as diferenças entre ontologias diversas. É a partir de traduções equívocas e politicamente motivadas que poderemos interconectar parcialmente a pluralidade de mundos sem torná-los comensuráveis.[41] De la Cadena[42] exemplifica isso com força retórica em suas conversas etnográficas com o andino quéchua Nazario Turpo e seu filho:

> A recusa de Nazario em "explicar novamente" destaca a inevitável, espessa e ativa mediação da tradução em nosso relacionamento – e funcionou nos dois sentidos, é claro. Não pude deixar de traduzir, transportar suas ideias para minha semântica analítica e o resultado final não seria, isomorficamente, idêntico ao que ele havia dito (...). Nossos mundos não eram necessariamente comensuráveis, mas isso não significava que não podíamos nos comunicar. De fato, podíamos, desde que eu aceitasse deixar algo para trás, como em qualquer tradução – ou melhor ainda, que nosso entendimento mútuo também estivesse cheio de lacunas que seriam diferentes para cada um de nós e constantemente apareceriam, interrompendo mas não impedindo nossa comunicação. Tomando emprestada uma noção de Marilyn Strathern, a nossa foi

uma conversa "parcialmente conectada". (...) Enquanto nossas interações formavam um circuito eficaz, nossa comunicação não dependia do compartilhamento de noções únicas e claramente idênticas – deles, minhas ou de terceiros. Compartilhamos conversas em diferentes formações onto-epistêmicas; as explicações de meus amigos ampliaram meu entendimento e as minhas, o deles, mas havia muito que excedia nosso alcance – mutuamente. E assim, ao impor a conversa, os termos dos Turpos não se tornaram meus, nem os meus deles. Traduzi-os para o que eu conseguia entender, e esse entendimento estava repleto das lacunas daquilo que não conseguia apreender.[43]

Ao introduzir os seres terrestres na epistemologia ocidental – e subvertendo a dicotomia colonial natureza/cultura –, a cosmopolítica indígena produz uma "desaceleração da reflexão" que, por sua vez, contribui para a descolonização da percepção, possibilitando aberturas para outros mundos e outros conhecimentos. Segundo Márgara Millán,[44]

> O processo de descolonizar o(s) feminismo(s) implica um envolvimento com e no mundo das mulheres subalternizadas, um reconhecimento de suas lógicas culturais e pelo menos uma vontade de pensar em uma relação diferente entre humano e não humano. Envolve uma predisposição para realizar o *pachakuti*[45] como parte da luta feminista. Não é uma tentativa de recuperar raízes estéticas e autênticas em sua pureza, mas de atualizar maneiras diferentes de ser e estar no mundo para diminuir a força fundacional que o capitalismo inflige em nossa vida cotidiana.[46]

A ferida colonial marca a localização dos feminismos decoloniais – como podemos ver nos escritos de Gloria Anzaldúa e da antropóloga feminista afro-brasileira Lélia Gonzalez. Por exemplo, como curadora-escritora-poeta, Anzaldúa[47] trabalha com as metáforas pelas quais apreendemos o mundo e, ao substituí-las, descoloniza nossos sentidos. Seu projeto busca transformar as metáforas negativas – que construíram a alteridade dos sujeitos subalternos em contextos coloniais, muitas vezes internalizados por esses sujeitos –, por meio do fortalecimento de contraimagens. A descolonização da percepção, dos sentimentos e da linguagem em si não é possível sem um processo de cura realizado por meio de imagens transformadoras. É necessário também um projeto de tradução como traição do conhecimento/sensações/experiências hegemônicas a partir da localização geo/corpo/política das mulheres indígenas e/ou mestiças. Do ponto de vista dessa poeta xamã, tudo o que fazemos, dizemos ou escrevemos afeta os mundos humano e não humano. A cura decolonial de Anzaldúa pressupõe, para Keating,[48] a articulação de uma ontologia bastante complexa que reflete, *avant la lettre*, os debates mais recentes das feministas materiais ocidentais sobre as epistemologias, o realismo especulativo e as críticas aos limites do pós-estruturalismo.[49]

Fazendo um paralelo com a intervenção decolonial de Anzaldúa, situada na fronteira entre a América do Norte e o México, e indo mais ao sul do continente, gostaria de enfatizar as contribuições significativas de Lélia Gonzalez em relação ao feminismo hegemônico. Na análise abrangente de Cardoso,[50] Gonzalez articula elementos-chave de uma epistemologia decolonial na amefricanização do feminismo. As mediações tradutórias de Anzaldúa e Gonzalez, trazidas aqui como dois exemplos apenas, oriundas de outras localizações geo/corpo/políticas que não no feminismo ocidental/hegemônico, apontam para algumas das raízes dos feminismos decoloniais em Abya Yala. Na seção final, voltarei ao problema da tradução cultural como elemento-chave na descolonização das onto-epistemologias feministas.

FEMINISMO E TRADUÇÃO: RUMO À DESCOLONIZAÇÃO DO SABER

Segundo Sonia E. Alvarez,[51] um projeto de uma política de tradução feminista translocal é crucial para a virada decolonial e para a construção de "epistemologias conectadas",[52] de forma a confrontar as equivocações ou más traduções que estimularam interpretações errôneas e obstruíram alianças feministas, mesmo entre mulheres que compartilham as mesmas línguas e culturas, tais como latinas que vivem nos Estados Unidos e as latino-americanas. Considerar a tradução – baseada também num paradigma não apenas ontológico, mas linguístico – se torna indispensável para forjar alianças políticas e epistemologias feministas pró-justiça social, antirracistas, anti-imperialistas e descoloniais. Se os movimentos de mulheres na América Latina e de latinas na América do Norte e em outras partes do Sul Global compartilham um contexto comum de luta, como debate Thayer,[53] então "seus conflitos com as 'hegemonias dispersas' representadas pelos Estados, indústrias de desenvolvimento, capital global, fundamentalismos religiosos e relações de mercado criam poderosos, mesmo que apenas parcialmente sobrepostos, interesses e identidades que fazem com que o projeto de tradução entre eles seja possível e ainda mais premente".[54] Segundo Alvarez,[55] Ruskin, em seu "The Bridge Poem", que abre *This Bridge Called My Back*: *Writings by Radical Women of Color*,[56] já observava então que todas nós "traduzimos mais/do que a droga das Nações Unidas".[57]

Nas interações entre os feminismos das mulheres latinas e das latino-americanas, as viagens dos discursos e das práticas através de fronteiras geopolíticas, disciplinares e outras encontram enormes bloqueios e pontos de controle migratório. Como discute Norma Klahn,[58] para compreender a "colonialidade do poder" deve-se "entender a desigualdade das viagens e da tradução das práticas, teorias e textos feministas, e sua recepção". Em lúcida análise sobre o lugar da escrita das mulheres na época do latino-americanismo e da globalização, Klahn mostra como o testemunho (bem como ficções autobiográficas, romances, ensaios e poesias) de autoria feminina e ligados a lutas e mobilizações políticas e sociais foi fundamental na construção de uma prática feminista *sui generis*. A autora argumenta que, a partir da tradução cultural,

> as feministas latino-americanas e latinas readaptavam os discursos de libertação feminista do Ocidente, ressignificando-os em relação a práticas autoproduzidas e a teorizações sobre o empoderamento de gênero que emergiram de suas experiências vividas, histórias particulares e políticas contestatórias.[59]

Tomando o exemplo do testemunho, Klahn mostra como esse gênero literário foi mobilizado por sujeitos subalternos como Menchú e Chungara para, a partir da interseção entre gênero, etnia e classe social, desestabilizar um feminismo ocidental ainda centrado na noção de mulher essencializada. Ao desconstruir o discurso feminista dominante, os testemunhos não apenas configuram outros lugares de enunciação e se apropriam da representação, mas rompem também com o paradigma surrealista latino-americano (realismo mágico) a favor de uma estética realista que traz o referente de volta ao centro das lutas simbólicas e políticas, documentando as violências da representação e da opressão: a vida não é ficção. Esses textos, "traduzindo/translocando teorias e práticas", imaginam formas de descolonização da colonialidade do poder. Leio Menchú e Chungara – por intermédio de Klahn – como traduções feministas e latino-americanas que oferecem novas propostas epistemológicas a partir do Sul.

Prada,[60] discorrendo sobre a circulação de escritos de Anzaldúa no contexto plurinacional boliviano, explica que qualquer tradução, sem uma adequada mediação, corre o risco de se tornar uma dupla traição: primeiro, traição que qualquer tradução já necessariamente implica em relação ao (suposto) "original" e, segundo, traição diante da apropriação do texto traduzido como parte de um sofisticado aparato teórico proveniente do Norte. O trabalho de mediação se faz necessário para que a tradução desses textos, provenientes de outras latitudes, possam dialogar com textos e práticas locais, assim contestando as formas pelas quais o Sul é consumido pelo Norte – integrando a crítica decolonial em diálogos não apenas norte-sul, mas também sul-sul.

Prada analisa de forma instigante como o grupo de feministas anarquistas bolivianas Mujeres Creando – que se autodescrevem como *cholas*, *chotas* e *birlochas* (termos racistas usados em referência a mulheres indígenas imigrantes nas cidades) e que também adotam outras designações de subjetividades abjetas (tais como *puta*, *rechazada*, *desclasada*, *extranjera*) – dialogaram com Anzaldúa[61] ao transportar *Borderlands/La Frontera* para um contexto de política feminista além dos muros da academia (onde essa autora havia sido inicialmente lida), estabelecendo afinidades entre os dois projetos políticos. Assim sendo, a linguagem de Anzaldúa, enunciada ao sul do norte, foi apropriada pelo sul do sul e "incorporada de fato em um feminismo transnacional que (como o de Mujeres Creando (...) não tem fronteiras, mas somente aquelas que o patriarcado, o racismo e a homofobia insistem em criar".[62] Conforme a autora explica,

> Traduzir, então, se torna muito mais complexo. Tem a ver com tradução linguística, sim, mas também com a disponibilização de um trabalho (com todas as consequências que isso possa ter, todas as "traições" e "apagamentos" que possa incluir) para outros públicos e

deixá-lo viajar. Também tem a ver com abrir cenários de conversação e propor novos horizontes para o diálogo. Também significa abrir suas escolhas, seus gostos, suas afinidades para com os outros – o que na política (como nas de Mujeres Creando) pode comprometer (ou fortalecer) seus princípios. A tradução nesses termos se torna rigorosamente "estratégica e seletiva".[63]

Entretanto, segundo Prada, sabemos que nas viagens das teorias feministas pelas Américas, principalmente em suas rotas contra-hegemônicas, existem vários postos de controle (por exemplo, publicações e instituições acadêmicas) e mediadores (intelectuais, ativistas, acadêmicos/as) que regulamentam seus movimentos através das fronteiras, facilitando ou dificultando o acesso a textos, autoras e a debates. Para exemplificar como esse controle opera, gostaria de citar aqui um exemplo que a teórica aymara Silvia Rivera Cusicanqui[64] nos dá a respeito de tais barreiras – e que nos remete particularmente à questão da descolonização do saber.

Falando em prol de uma economia política – ao invés de uma geopolítica – do conhecimento, Cusicanqui examina os mecanismos materiais que operam nos bastidores dos discursos, argumentando que o discurso pós-colonial do Norte não é apenas uma economia de ideias, mas também de salários, comodidades, privilégios e valores. Universidades no Norte se aliam com centros de estudos no Sul através de redes de trocas intelectuais e se tornam verdadeiros impérios de conhecimentos apropriados dos sujeitos subalternos e ressignificados sob o signo da Teoria. Cria-se um cânone que invisibiliza certos temas e referências. Cusicanqui aborda a questão do colonialismo interno, formulada nos anos 1980 a partir da obra pioneira de Fausto Reinaga dos anos 1960, e que, nos anos 1990, foi (re)formulada por Quijano na ideia de "colonialidade do poder" e, subsequentemente, por Mignolo na noção (com novos matizes) de "diferença colonial". Segundo ela, portanto, para a descolonização do saber não basta articular um discurso decolonial, mas é preciso, sobretudo, desenvolver uma ética e prática tradutórias decoloniais.

CONCLUSÃO OU OLYMPIA DE NOVO, TRADUZIDA

Portrait (Futago), 1988. Yasumasa Morimura (1951). Fotografia a cores. San Francisco Museum of Modern Art, São Francisco.

Como poderíamos ler e traduzir o quadro *Olympia* a partir de uma ética e de uma prática política decoloniais e, acrescentaria, queer? Como, a partir da noção de performance, de leitura como tradução performática (isto é, tradução que gera mais efeitos do que significados) poderíamos desconstruir *Olympia* e, fazendo isso, revelar seu legado colonial? A imagem acima de Morimura indica o caminho que quero percorrer através da análise de Jennifer Brody[65] que, discorrendo sobre as várias mímicas contemporâneas da tela de Manet, introduz, entre outros artistas, o trabalho de Morimura. Com uma leitura irreverentemente queer e uma performance que lembra as fotografias de Cindy Sherman, esse artista na foto

> aparece como um nu idealizado e uma fantasia do Ocidente. Sua representação feminina o coloca dentro e contra tradições de representação ocidentais que feminizam de forma estereotipada os homens asiáticos e que vê a própria Ásia como feminizada. (...) Como na paródia de Olympia de Herb Hazelton, a Olympia de Morimura é loira. As

raízes do loiro tingido são negras – parte do tráfico do erotismo do século XIX. O infame gato preto aqui se assemelha ao banco de moedas de plástico preto "Hello Kitty" (...). A imagem dupla de Morimura (Futago significa gêmeo em japonês) evoca o entendimento de Lorraine O'Grady e de outros sobre brancura e negritude como "dois lados da mesma moeda". (...) [O] artista aqui não é apenas um mulher pintada e objetivada; ao contrário, ele atua como sujeito e objeto da pintura (e sujeito e objeto novamente ao recriar o nu e a empregada). Nesse sentido, ele se assemelha a artistas performáticos contemporâneos que se apresentam como uma reapresentação.[66]

O gato negro "Hello Kitty", e relembrando o discurso sobre interespécies de algumas feministas materiais, tem um papel central na subversão do discurso colonial de *Olympia*, pois ele (ou seria ela?), ocupando um lugar aparentemente marginal, pouco visível, se revela enquanto elemento heterotópico (e histriônico) da retórica visual de Manet. Segundo Brody, na contramão da utopia, a heterotopia é

perturbadora, provavelmente porque [ela] mina secretamente a linguagem, destrói a sintaxe que faz com que palavras e coisas se juntem. [Ela] dissolve (...) nossos mitos e esteriliza o lirismo de nossas frases. Nesse caso, o gato mata o desejo (...). O gato zomba da situação em questão.[67]

Porém, não é só com paródias que os elementos heterotópicos subvertem a utopia excludente da colonialidade do poder e de sua narrativa eurocêntrica. Traficando ousadamente as teorias feministas nas zonas de contato (ou zonas de tradução), as feministas latino-americanas e latinas estão desenvolvendo uma política de tradução que usa o conhecimento produzido por mulheres não brancas no norte das Américas para canibalizá-las, lançando assim uma nova luz sobre as teorias, práticas, políticas e culturas do Sul e vice-versa. No contexto latino-americano, outras zonas de tradução podem ser encontradas nos trabalhos de sujeitos subalternos, como os diários da favelada afro-brasileira Carolina Maria de Jesus,[68] os romances autobiográficos da escritora afro-brasileira Conceição Evaristo, bem como nas performances de rua de Mujeres Creando, para citar apenas alguns exemplos. Uma preocupação com o não esquecimento, com os "becos da memória"[69] e com narrar outras histórias é sem dúvida uma prática decolonial.

Traduções performáticas, leituras queer dos textos coloniais, invasão do espaço da política pelas mais inusitadas criaturas da terra (*earth beings*), "retardar a reflexão" e realizar reescritas da história na articulação de saberes "outros" são, portanto, práticas éticas e políticas que os feminismos decoloniais já iniciaram em muitos locais de nossa vasta e densa *Améfrica Ladina/Abya Ayala*. Sem abrir mão da categoria (sempre equívoca) do gênero, mas articulando-a de forma a desafiar os binários perversos da modernidade/colonialidade, talvez possamos unir forças com feministas latino-americanas, latinas, negras e indígenas para repensar as fronteiras coloniais entre humanos e não humanos que até agora estruturaram a colonialidade do gênero e do poder. Com isso, certamente estaríamos caminhando no sentido de uma noção mais robusta de cultura e democracia e muito mais inclusiva de outras comunidades ontológicas, orgânicas e inorgânicas.

ESTE CAPÍTULO É UMA VERSÃO MODIFICADA DE DOIS ARTIGOS: "EQUIVOCAÇÃO, TRADUÇÃO E INTERSECCIONALIDADE PERFORMATIVA: NOTAS SOBRE ÉTICA E PRÁTICA FEMINISTAS DECOLONIAIS", IN KARINA BIDASECA; ALEJANDRO DE OTO; JUAN OBARRIO; MARTA SIERRA (ORGS.), *LEGADOS, GENEALOGÍAS Y MEMORIAS PÓSCOLONIALES EN AMÉRICA LATINA: ESCRITURAS FRONTERIZAS DESDE EL SUR*. BUENOS AIRES: EDICIONES GODOT, 2013, P. 261-292; E "LATIN AMERICA, DECOLONIALITY, AND TRANSLATION: FEMINISTS BUILDING CONNECTANT EPISTEMOLOGIES", IN ANDREA J. PITTS; MARIANA ORTEGA; JOSÉ M. MEDINA (EDS.), *THEORIES IN THE FLESH: LATINX AND LATIN AMERICAN FEMINISMS, TRANSFORMATION, AND RESISTANCE*. OXFORD: OXFORD UNIVERSITY PRESS, NO PRELO.

NOTAS

1. Agradeço o perene apoio intelectual e afetivo de Sonia E. Alvarez, companheira de infindáveis jornadas tradutórias.
2. Existe já uma vasta discussão na literatura sobre o famoso quadro de Manet e sua retórica visual. Minha intenção não é me engajar nessa crítica, mas utilizar o quadro para outros propósitos.
3. Laura Mulvey, "Visual Pleasure and Narrative Cinema", *Screen*, v. 16, n. 3, 1975, p. 6-18.
4. María Lugones, "Rumo a um feminismo descolonial", *Revista Estudos Feministas*, v. 22, nº 3, 2014, p. 935-952.
5. Stuart Hall, "Quando foi o pós-colonial? Pensando no limite", in Liv Sovik (ed.), *Da Diáspora: Identidades e mediações culturais*. Belo Horizonte: Editora da UFMG, 2003, p. 95-120.
6. Ibid., p. 74.
7. Couze Venn, *The Postcolonial Challenge: Toward Alternative Worlds*. London: Sage, 2006.
8. Ibid., p. 115.
9. Boaventura de Sousa Santos, "Para uma sociologia das ausências e uma sociologia das emergências", *Revista Crítica de Ciências Sociais*, nº 63, 2002, p. 237-280.
10. María Lugones, "'World'-Traveling and Loving Perception", *Hypatia*, vol. 2, nº 2, 1987, p. 3-19.
11. Silviano Santiago, "O entre-lugar do discurso latino-americano", in *Uma literatura nos trópicos*. São Paulo: Editora Perspectiva, 1978, p. 11-28.

12. Mary L. Pratt, *Imperial Eyes: Studies in Travel Writing and Transculturation*. New York: Routledge, 1992.
13. Emily Apter, *The Translation Zone: A New Comparative Literature*. New Jersey: Princeton University Press, 2006.
14. Gloria Anzaldúa, *Borderlands/La Frontera: The New Mestiza*. São Francisco: Aunt Lute Books, 1987.
15. Aníbal Quijano, "Colonialidad del poder, eurocentrismo y América Latina", in Edgardo Lander (org.), *La colonialidad del saber: eurocentrismo y ciencias socialies. Perspectivas latinoamericanas*. Buenos Aires: CLACSO, 2000, p. 201-246.
16. María Lugones, "Heterosexualims and the Colonial/Modern Gender System", in *Hypatia*, vol. 22, n° 1, 2007, p. 186-209.
17. Aníbal Quijano, op. cit.
18. Aníbal Quijano, op. cit., p. 203.
19. María Lugones, op. cit.
20. Breny Mendoza, "Coloniality of Gender and Power: From Postcoloniality to Decoloniality", in Lisa Disch; Mary Hawkesworth (eds.), *The Oxford Handbook of Feminist Theory*, Oxford: Oxford University Press, 2016, p. 1116.
21. María Lugones, op. cit., p. 195.
22. Rita Segato, "Género, política y hibridismo en la transnacionalización de la cultura Yoruba", in *Estudos Afro-Asiáticos*, vol. 25, n° 2, 2003, p. 333-363.
23. Julieta Paredes, *Hilando fino desde el feminismo comunitário*. La Paz: 2010.
24. Marisol de la Cadena, "Indigenous Cosmopolitics in the Andes: Conceptual Reflections Beyond 'Politics'", in *Cultural Anthropology*, vol. 25, n° 2, 2010, p. 334-370.
25. Catherine Walsh, "Shifting the Geopolitics of Critical Knowledge: Decolonial Thought and Cultural Studies 'Others' in the Andes", in *Cultural Studies*, vol. 21, n° 2-3, 2007, p. 224-239.
26. Ibid., p. 231.
27. Ana Rebeca Prada, "Is Anzaldúa Translatable in Bolivia?", in Sonia E. Alvarez et al. (eds.), *Translocalities/Translocalidades: The Politics of Feminist Translation in the Latin/a Americas*. Durham: Duke University Press, 2014, p. 73.
28. Marisol de la Cadena, op. cit.
29. *Earth beings*, nos discursos da política ou ciência ocidental, se referem a seres ou "recursos" naturais que existem separadamente dos humanos. Na cosmologia indígena, o termo significa aqueles outros seres que vivem na natureza e que sempre têm interagido com os humanos, dos quais são parte constitutiva. No texto de la Cadena (2010), *earth beings* significam montanhas sagradas que demandam respeito dos humanos e dos outros não humanos, incluindo animais, plantas e outras criaturas menores, como lagos, florestas e montanhas.
30. Isabelle Stengers, "The Cosmopolitical Proposal", in Bruno Latour; Peter Weibel (eds.), *Making Things Public: Atmospheres of Democracy*. Cambridge: MIT Press, 2005, p. 994-1004.
31. Segundo Stengers (2005), *'slow down' reasoning* se refere à criação de um novo espaço para a reflexão a partir de sua desaceleração, criando assim a possibilidade de uma nova consciência dos problemas e situações que nos mobilizam.
32. Marisol de la Cadena, op. cit.
33. De la Cadena toma esse termo emprestado de Stengers (2005). "Cosmos" se refere ao desconhecido constituído a partir de mundos divergentes e múltiplos; "política" significa a articulação que tais mundos seriam capazes de fazer.
34. Eduardo Viveiros de Castro, "Perspectival Anthropology and the Method of Controlled Equivocation", in *Tipití: Journal of the Society for Anthropology of the Lowland South America*, vol. 2, n° 1, 2004, p. 1-20.
35. Ibid., p. 3.
36. Ibid, p. 4.
37. María Lugones, "Rumo a um feminismo decolonial" in Heloisa Buarque de Hollanda (org.), *Pensamento feminista: conceitos fundamentais*. Rio de Janeiro: Bazar do Tempo, 2019, p. 357-377.
38. Ibid., p. 936.
39. Ibid., p. 939.
40. Poderíamos também conceber essas equivocações como *traduções equívocas* (em vez de categorias equívocas), sugestão que me foi feita pela antropóloga Suely Kofes em palestra

que ministrei durante o seminário Quartas da Antropologia (Unicamp, 27 de novembro de 2019). Deixo aqui meus agradecimentos às/aos participantes pelos instigantes comentários e sugestões.
41. Para reflexões sobre feminismo e a política da tradução, ver Claudia Lima Costa, "Lost (and Found?) in Translation: Feminisms in Hemispheric Dialogues", in *Latino Studies*, n° 4, 2006, p. 62-78; e Sonia E. Alvarez et al. (eds.), *Translocalities/Translocalidades: Feminist Politics of Translation in the Latin/a Américas*, Durham: Duke University Press, 2014.
42. Marisol de la Cadena, *Earth Beings: Ecologies of Practices across Andean Worlds*. Durham: Duke University Press, 2015.
43. Ibid., p. xxv-xxvi.
44. Márgara M. Millán, "Feminismos, Poscolonialidade, Descolonización: ¿De Centro a los Márgenes?", in *Andamios*, vol. 8, n° 17, 2011, p. 11-36.
45. *Pachakuti*, na tradição andina aymara, significa derrubar o mundo atual ou voltar a colocá-lo sobre seus pés: é uma crítica radical e contundente da modernidade capitalista. Ver Márgara M. Millán, op. cit., p. 26.
46. Márgara M. Millán, op. cit., p. 26.
47. Gloria Anzaldúa (1990), "Metaphors in the Tradition of the Shaman", in Ana Louise Keating (ed.), *The Gloria Anzaldúa Reader*. Durham: Duke University Press, 2009.
48. Ana Louise Keating, "Speculative Realism, Visionary Pragmatism, and Poet-Shamanic Aesthetics in Gloria Anzaldúa – and Beyond", in wsq: *Women's Studies Quarterly*, vol. 40, n° 3-4, 2012, p. 51-69.
49. Para discussões sobre feminismos materiais e ontoepistemologias, ver Stacy Alaimo e Susan Hekman (eds.), *Material Feminisms*. Bloomington: Indiana University Press, 2008; Karen Barad, *Meeting the Universe Halfway: Quantum Physics and the Entanglement of Matter and Meaning*. Durham: Duke University Press, 2007; e Diana Coole e Samantha Frost, *New Materialisms: Ontology, Agency, and Politics*. Durham: Duke University Press, 2010.
50. Claudia Pons Cardoso, "Amefricando o feminismo: o pensamento de Lélia Gonzalez", *Revista Estudos Feministas*, v. 22, n. 3, 2014, p. 965-986; e *Outras falas*: feminismos na perspectiva de mulheres negras brasileiras. Tese de Doutorado em Estudos de Gênero, Programa de Pós-Graduação Mulher e Feminismo, Universidade Federal da Bahia, Salvador, 2012.
51. Sonia E. Alvarez, "Construindo uma política translocal da tradução", *Revista Estudos Feministas*, vol. 17, n° 3, 2009, p. 743-753.
52. Agustín Láo-Montes, "Afro-Latinidades: Bridging Blackness and Latinidad", in Nancy R. Mirabal e Augustín Láo-Montes (eds.), *Technofuturos: Critical In-terventions in Latino/a Studies*. New York: Lexington Books, 2007, p. 132.
53. Millie Thayer, "Translating Against the Market: Transposing and Resisting Meanings as Feminist Political Practice", in Sonia E. Alvarez et al. (eds.), *Translocalities/Translocalidades: Feminist Politics of Translation in the Latin/a Américas*. Durham: Duke University Press, 2014, p. 401-422.
54. Ibid., p. 404.
55. Sonia E. Alvarez, "Construindo uma política translocal da tradução", *Revista Estudos Feministas*, vol. 17, n° 3, 2009, p. 743-753.
56. Donna Kaye Ruskin, "The Bridge Poem", in Cherríe Moraga e Gloria Anzaldúa (eds.), *This Bridge Called my Back: Writings by Radical Women of Color*. Nova York: Kitchen Table, 1981.
57. Ibid., p. xxi.
58. Norma Klahn, "Locating Women's Writing and Translation in the Americas in the Age of Latinoamericanismo and Globalization", in Sonia E. Alvarez et al. (eds.), *Translocalities/Translocalidades: Feminist Politics of Translation in the Latin/a Américas*. Durham: Duke University Press, 2014.
59. Ibid., p. 39-40.
60. Ana Rebeca Prada, op. cit.
61. Gloria Anzaldúa, *Borderlands/La Frontera: The New Mestiza*. São Francisco: Aunt Lute Books, 1987.
62. Ibid., p. 73.
63. Ibid., p. 73-74.

64. Silvia Rivera Cusicanqui, *Ch'ixinakax utxiwa: Una reflexión sobre prácticas y discursos descolonizadores*. Buenos Aires: Tinta Limón, 2010.
65. Jennifer DeVere Brody, "Black Cat Fever: Manifestations of Manet's 'Olympia'", in *Theater Journal*, vol. 53, n° 1, 2001.
66. Ibid., p. 116-117.
67. Ibid., p. 107.
68. Carolina Maria de Jesus, *Quarto de despejo: diário de uma favelada*. São Paulo: Francisco Alvez, 1960.
69. Conceição Evaristo, *Becos da memória*. Belo Horizonte: Mazza Edições, 2006.

outras línguas: três artistas brasileiras

Adriana Varejão

***FILHO BASTARDO* (1992) E *FILHO BASTARDO II – CENA DE INTERIOR* (1995)**

Filho bastardo é uma obra de 1992 e marca um ponto crucial no trabalho de Adriana Varejão, que inicia aqui uma série de pinturas com narrativas ligadas ao colonialismo. Pela primeira vez, um quadro é cortado; a obra tem uma "barriga de tinta": onde ela é cortada, revela-se um corpo. Ao aplicar uma camada de tinta muito espessa, a superfície da tinta forma uma pele. Diz a artista:

> Quando peguei essa superfície muito espessa de tinta e cortei com uma faca, tive a sensação de que estava penetrando a faca em um corpo. Uma sensação carnal mesmo. E, a partir desse processo, comecei a associar a ideia de que eu pintava sobre uma pele, uma história impressa sobre o corpo. Aqui, a especificidade da tinta me levou a perceber a possibilidade da ferida e da pele na pintura.[1]

Filho bastardo II é uma paródia com cenas de estupro que remetem à ideia da ferida aberta, introduzindo uma narrativa que se refere à dialética da colonização e sua violência. Nesse trabalho, as personagens e a paisagem são parodiadas de gravuras extraídas da *Viagem pitoresca e histórica ao Brasil*, de Jean-Baptiste Debret. Nesse trabalho, podemos ver um suporte abaulado e com uma ferida no centro, para criar uma segunda paródia também a partir de personagens e cenas conhecidas de Debret, inseridas agora em outro contexto. Uma cena "de interior", de dentro da casa-grande, dessa vez tomando por base as personagens da gravura "Um jantar brasileiro", parodiando as cenas originais para criar novamente imagens onde se explicitam as violências do processo de colonização.

---

1 Entrevista concedida para esse trabalho.

Filho bastardo, 1992
Óleo sobre madeira
110 x 140 x 10 cm

*Filho bastardo II –
Cena de interior*, 1995
Óleo sobre madeira
110 x 140 x 10 cm

FIGURA DE CONVITE III

As obras dessa série fazem referência às figuras de convite presentes em muitos painéis de azulejaria dos palácios e edifícios nobres portugueses dos séculos XVII e XVIII. Essas figuras, em sua maioria masculinas, as chamadas figuras de cortesia, indicam ao visitante a entrada ou algum percurso a ser seguido nos palácios, conventos ou jardins portugueses. Aqui há um jogo de substituição, tomando como referência cenas de canibalismo e imagens de mulheres de um antigo povo selvagem da Grã-Bretanha, representado por Théodore de Bry. Um exemplo é a imagem de uma mulher guerreira, tatuada, meio selvagem, que remete à representação do outro, sempre imaginado como "selvagem", em oposição à figura do europeu "civilizado".

No entanto, nessa obra, ao invés do gesto que convida para o festim canibal (ou antropofágico), a figura de cortesia aparece segurando uma cabeça que, no caso, é um autorretrato da artista. Surge a ideia de um canibalismo para com a própria autoria (ou autora), que empresta seu corpo à obra. Por trás da figura de cortesia que segura a cabeça foi pintada uma azulejaria inspirada nos azulejos decorativos portugueses – azulejos de figura avulsa –, que em geral aparecem nas áreas menos nobres dos edifícios. Os azulejos de figura misturam imagens próprias desse tipo de azulejo (flores, principalmente) e figuras avulsas de partes do corpo humano (pedaço de perna, pedaço de braço, de tronco), que remeterão tanto às partes de corpos-comida das ilustrações europeias dos rituais antropofágicos (ou canibais) quanto aos ex-votos da Igreja católica.

Figura de convite III, 2005
Óleo sobre tela
200 x 200 cm

LÍNGUA COM PADRÃO SINUOSO

Essa obra pertence à série de línguas, iniciada nos anos 1990, com rasgos, ou feridas, já bem maiores do que os vistos em *Filho bastardo*. Trata-se de uma série de obras tridimensionais, escultóricas, que contrastam um exterior azulejado, num padrão ordenado, com um interior encarnado, visceral. As feridas surgem em decorrência da vontade de que o corpo deixe de ser uma referência para a imagem, para se tornar a própria presença, numa espécie de corporificação da pintura. Num primeiro momento, a tinta espessa se acumula na superfície e depois a espessura se dá para dentro do quadro, revelando um interior em convulsão. Os cortes atingem níveis mais profundos, embaralhando concepções como interior e exterior, sensualidade plástica e razão, cultura e natureza. A pintura passa então à condição de pele, de membrana, sobre a qual se inscreve a história. Em *Língua com padrão sinuoso*, a "pele" do quadro é arrancada e por dentro temos a carne, essa superfície densa pintada com tinta a óleo pura, quase esculpida. Por fora, uma "pele" de azulejaria portuguesa, o azulejo como a pele de um edifício, tomando como referência uma azulejaria típica do século XVII, símbolo da herança colonial. Existe, então, um contraste entre um exterior ligado a uma certa ideia de assepsia própria do azulejo, e essa explosão interna. Tudo a partir do grande corte que abre a tela, projetada como uma língua até o chão, mostrando seu interior e seu avesso, remetendo simultaneamente à violência e ao erotismo, à repulsa e à sedução.

Língua com padrão sinuoso, 1998
Óleo sobre tela e alumínio
200 x 170 x 57 cm

Rosana Paulino

ASSENTAMENTO

Parte da instalação *Assentamento*, a imagem apresenta uma mulher negra escravizada, desnuda, cujo olhar perdido foi registrado na fotografia original feita pelo francês August Stahl. Essas imagens monumentais impressas em tecido, material predominante na prática mais recente da artista, são acompanhadas de vídeos e fardos de antebraços e mãos feitos em técnica mista.

A posição da fotografada é de um fichamento antropométrico, de catalogação científica. A figura, impressa em tamanho real, é recosturada com alinhavos marcantes, desalinhando as partes recortadas, mostrando o "refazimento" dessas pessoas trazidas à força para o Brasil. A sutura busca reunir os pedaços, mas o desalinho forma queloides nessa epiderme que é a própria formação do povo brasileiro.

Segundo sua criadora, *Assentamento* se concentra na reflexão sobre o sequestro da cultura de africanas e africanos que mesmo diante de opressão e violência conseguiram se reconstruir, mas ficaram com profundas marcas. "Eu reconstruo essas imagens, faço suturas nas fotos, mas dá para perceber que as partes não se encaixam perfeitamente: isso é a escravidão", relata Rosana no catálogo da exposição homônima.

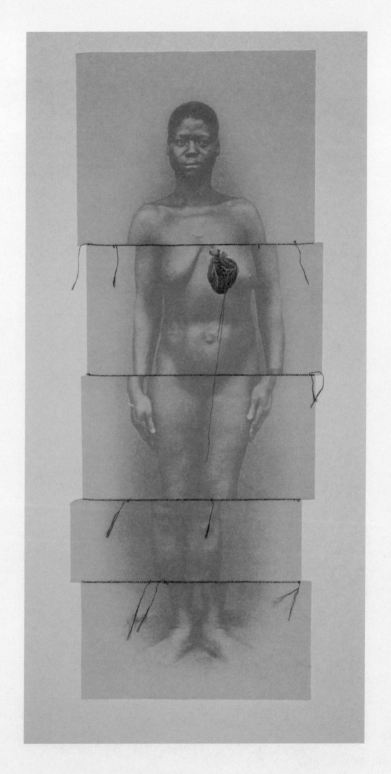

Detalhe da instalação
Assentamento, 2013
Impressão, linóleo e
costura sobre tecido
Sem medidas

353

PAREDE DA MEMÓRIA

A instalação *Parede da memória* é composta de 1500 patuás – pequenas peças usadas como amuletos de proteção por religiões de matriz africana, os quais trazem onze retratos de família que se multiplicam; uma forma de a artista investigar a própria identidade a partir de seus ancestrais. Antigas fotos são então transformadas em uma denúncia sobre a invisibilidade dos negros e negras, que não são percebidos como indivíduos mas como um grupo de anônimos.

Os patuás são feitos em tecido, e o arremate das bordas é costurado com linhas grossas que expressam a violência sentida na pele, a intervenção sobre o corpo.

Parede da memória, 1994/2015
Patuás em tecido acrílico, costurados com fio
de algodão, fotocópia em papel e aquarela
8 x 8 x 3 cm (cada)

BASTIDORES

Em *Bastidores*, Rosana Paulino valeu-se do xerox de fotos de mulheres negras, extraídas de álbuns fotográficos de sua família e transferidas para o tecido. Olhos e bocas aparecem costurados grosseiramente como símbolo da violência às mulheres, o segredo guardado dentro do universo doméstico: os olhos que não podem ver, a boca que não pode falar, gritar. Sobre a gravidade da sutura em sua obra, a artista definiu no catálogo da exposição:

> Linhas que modificam o sentido, costurando novos significados, transformando um objeto banal, ridículo, alterando-o, tornando-o um elemento de violência, de repressão. O fio que torce, puxa, modifica o formato do rosto, produzindo bocas que não gritam, dando nós na garganta. Olhos costurados, fechados para o mundo e, principalmente, para a sua condição no mundo.

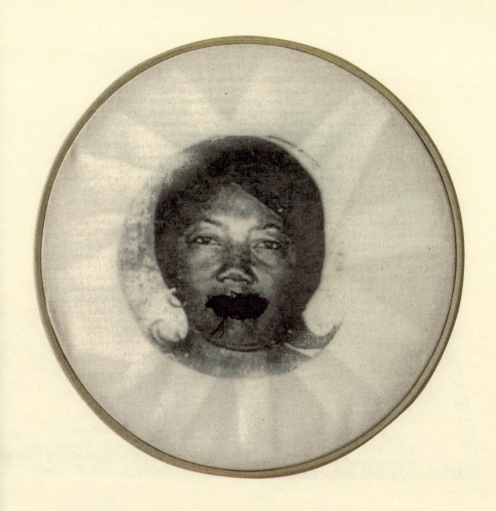

Obra da série *Bastidores*, 1997
Imagem transferida sobre
tecido, bastidor e costura
30 cm de diâmetro

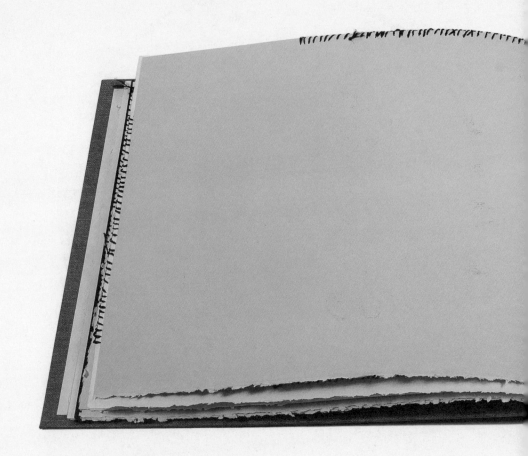

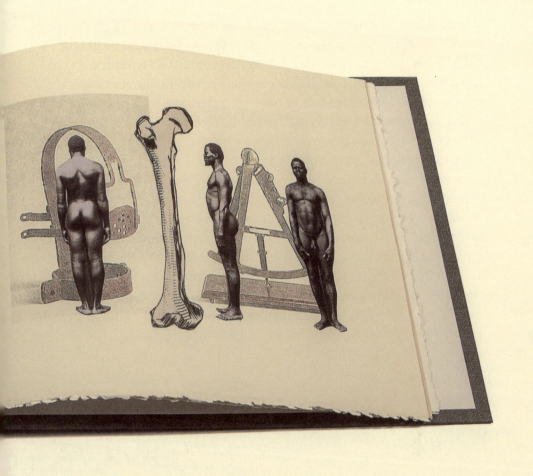

¿HISTÓRIA NATURAL?

O livro de artista ¿*História natural?* é composto por catorze páginas – reunidas em uma caixa – nas quais a autora faz um exercício de gravura e colagem em que, sob títulos e taxinomias comuns da botânica, da zoologia, da mineralogia e da ciência europeia novecentista, tenta desconstruir a epistemologia em que se baseiam a ciência e o empreendimento colonial. O trabalho é uma crítica ao cientificismo que buscava classificar as pessoas, sobretudo negros e índios, assim como classificava elementos da flora e da fauna, a exemplo do zoólogo suíço Louis Agassiz que veio à Amazônia estudar espécies de peixes, mas ganhou notoriedade por seus estudos das chamadas "raças brasileiras". Segundo ele, a miscigenação representava uma degeneração da raça superior, a branca. Por isso, nas *assemblages* de ¿*História natural?*, as fotografias dos negros e indígenas escravizados são mescladas a ilustrações botânicas de *Flora brasiliensis* (escrito pelo naturalista Von Martius), desenhos de zoologia e ilustrações de craniologia (método novecentista de comparação das "raças" pelo tamanho dos crânios), teorias que, segundo destaca a artista, animalizaram o corpo negro, na intenção de lhe tirar a dignidade.

[p. 358-359]
Página do livro de artista ¿*História natural?*, 2016
Técnica mista sobre papel
28,5 x 38,0 cm

ATLÂNTICO VERMELHO

Combinando referências à história colonial com elementos do universo feminino e cotidiano, esta obra sem título, que integra a exposição *Atlântico vermelho*, se apropria da arte têxtil para falar da condição do negro na sociedade atual. Rosana Paulino faz ecoar no presente as marcas de violência do passado suturando imagens em positivo e negativo do corpo nu da mulher negra junto a imagens de ossos e órgãos vitais. A profundidade de campo é poética, ambientando a história pessoal e social como um mesmo tecido de reescritas e ressignificações.

O conjunto das obras expostas em *Atlântico vermelho* evoca, de imediato, as consequências da expansão europeia, que destruiu as sociedades ameríndias e impôs o tráfico negreiro entre a África e as Américas. Durante mais de três séculos, milhões de africanos foram capturados e depois vendidos como escravos, com o argumento jurídico, moral, religioso e econômico de que eram despossuídos de alma e de direitos e remetidos para a condição de coisas naturais. Essa atitude, protagonizada pela modernidade europeia, constitui uma dupla violência cujos efeitos ainda perduram: uma violência sobre a natureza, que se quis subjugada ao empreendimento colonial, e uma violência sobre as pessoas escravizadas que eram tidas apenas como parte dessa natureza. A obra de Rosana Paulino é um permanente resgatar das duas entidades subjugadas: na força da desocultação dessas violências e no cuidado que é dado à visibilidade da história dos negros e da natureza.

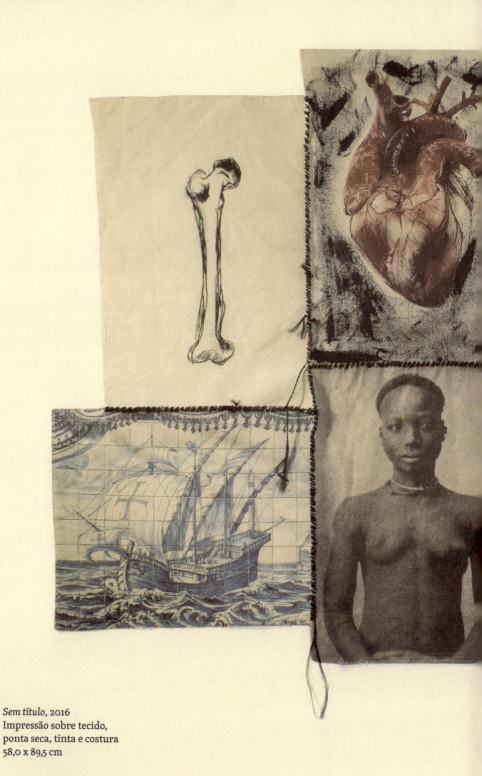

Sem título, 2016
Impressão sobre tecido,
ponta seca, tinta e costura
58,0 x 89,5 cm

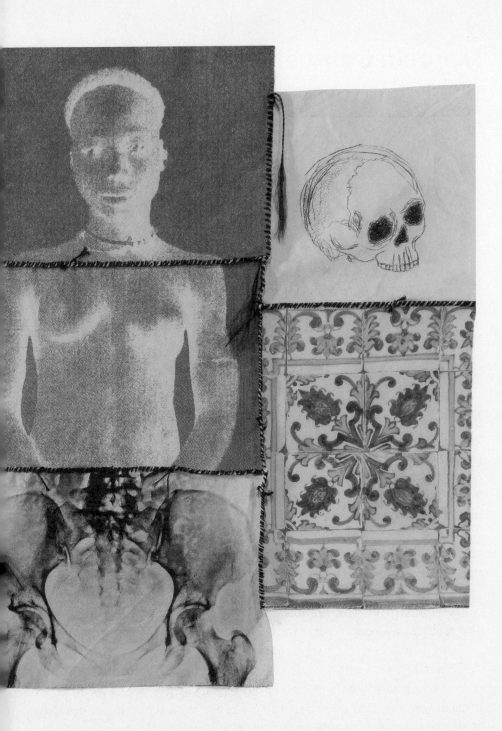

Marcela Cantuária

JUANA AZURDUY

A obra *Juana Azurduy* pertence à série *Mátria livre* que trabalha as dimensões arquetípicas femininas articuladas a figuras históricas passadas ou presentes em luta pela liberdade. Marcela pesquisa a história dessa galeria de mulheres guerreiras como uma disputa contra a hegemonia e o universalismo da arte europeia e como análise da aderência da arte brasileira ao vocabulário da pintura universal. A personagem Juana Azurduy (1780-1862), de origem boliviana indígena, se destacou como líder na luta pela independência da América espanhola. Sua história tem episódios marcantes, como o fato de ter dado à luz no campo de batalha e depois do parto prosseguir em luta. Nessa pintura de grandes proporções, vemos o histórico parto em solo latino-americano, representado pelo mapa que ocupa de ponta a ponta a parte inferior da obra. Logo atrás da protagonista, há uma trincheira de guerra, onde guerrilheiras curdas dão assistência ao parto, numa tentativa de articular os tempos históricos das lutas pela independência com as guerrilhas curdas atuais do sul da Síria. É interessante observar que o parto de Juana está pousado no ponto em que se situa o Brasil no mapa da América Latina. Juana representa o parto de todos os filhos da luta anticolonial.

Juana Azurduy, 2018
Óleo, acrílica e glitter sobre tela
150 x 200 cm

FANTASMAS DA ESPERANÇA

A pintura, desenvolvida um dia antes do segundo turno da eleição presidencial em 2018, contempla a perspectiva de tempos políticos sombrios, narrando o avesso da história oficial. Para a frente da cena, a artista traz pessoas em clandestinidade, desaparecidos, mortos e torturados durante as ditaduras civil-militares na América Latina. A composição da obra obedece ao formato da bandeira do Brasil, tendo a cor verde substituída pelo vermelho, uma vez que o significado de Brasil, do tupi-guarani, é *vermelho feito brasa*. Nas pilhas de corpos, entre os rostos representados surgem alguns de rápido reconhecimento: Vladimir Herzog, Marielle Franco, Amarildo e Mestre Môa do Katendê. O que mudou nesse espaço de tempo entre a luta pela democracia e nosso momento político atual? Diante da necessidade de honrar nossa memória coletiva, a história recente do Brasil foi pintada para falar abertamente da opressão que vem de fora e de dentro de nossas fronteiras. No plano circular sobre a pintura, onde seria o centro da bandeira, se sobressai o arcano da Estrela, do tarô de Rider Waite-Smith. A Estrela, em meio à destruição de nossos povos, fala sobre a calma e a vontade de se reerguer diante das adversidades e da ruína. Nesse contexto, ter consciência do passado é a chave para a possibilidade e a esperança de mudanças profundas.

Fantasmas da esperança, 2018
Pintura e instalação
Óleo e acrílica sobre tela
320 x 450 cm
Óleo e acrílica sobre madeira
100 cm de diâmetro

367

BANHO DE SANGUE

Nessa composição, vemos a violação do corpo da mulher retratada com o mesmo vermelho que se reflete no céu, sintoma de queimadas ambientais em meio a um possível massacre. A mulher resiste de joelhos não à toa, apenas sinaliza as possibilidades reais de resistência. Registra a artista:

> *Banho de sangue* foi feita durante a semana que antecedeu à eleição de Bolsonaro. Eu estava muito nervosa, e produzi incessantemente. Foi nessa semana que pintei a bandeira do Brasil de cinco metros. Foi um momento de raiva, pensando na natureza sangrando mas, ao mesmo tempo, com a preocupação de não ficar só na denúncia. A figura feminina ajoelhada e ferida – mas não morta – dentro de uma floresta, não fala mais da floresta como paisagem vista de fora, e sim como um lugar de abrigo-refúgio.[1]

---

1 Declaração da artista no catálogo da exposição.

Banho de sangue, 2018
Óleo sobre tela
200 x 150 cm

VOLTAREI E SEREI MILHÕES

"Voltarei e serei milhões" foi um grito revolucionário de Tupac Amaru (1545-1572), último imperador inca, e dá nome à obra que representa a figura da vereadora assassinada Marielle Franco sentada em uma cadeira-trono de mãe de santo, tradicionalmente usada pelo Partido dos Panteras Negras (grupo negro de resistência e autodefesa, criado em meados dos anos 1960). Estampada na camiseta de Marielle, vemos a Favela da Maré – berço da vereadora – sitiada por helicópteros da polícia militar do Rio de Janeiro. Marielle empunha a cabeça cortada do governador Wilson Witzel, representando os chamados "profissionais da violência". Essa obra traduz, mais uma vez, as heroínas latino-americanas que se tornam icônicas de uma contra força decolonial, articuladas livremente em espaços-tempos indefinidos, portanto coletivos.

Voltarei e serei milhões, 2018
Óleo sobre tela
200 x 150 cm

Sobre a organizadora

Heloisa Buarque de Hollanda Formada em Letras Clássicas pela Pontifícia Universidade Católica do Rio de Janeiro (PUC-Rio), é mestre e doutora em Literatura Brasileira pela Universidade Federal do Rio e Janeiro (UFRJ), com pós-doutorado em Sociologia da Cultura na Universidade de Columbia, Estados Unidos. É professora emérita da Escola de Comunicação da UFRJ, dedicada aos estudos culturais, com ênfase nas teorias críticas da cultura, tendo ainda importante atuação como crítica literária, ensaísta, antologia e editora. É autora dos livros *Macunaíma, da literatura ao cinema* (1978), *Impressões de viagem* (1992); e organizadora de obras como *26 poetas hoje* (1978), *Y nosotras latino americanas? Estudos de raça e gênero* (1992), *Tendências e impasses: o feminismo como crítica da cultura* (1994), *Explosão feminista* (2018) e da coleção *Pensamento feminista* (2019).

Sobre as autoras

Adriana Varejão Artista visual carioca, participou de inúmeras mostras importantes no Brasil e no exterior. Formou-se em cursos livres da Escola de Artes Visuais do Parque Lage (EAV). Destacam-se suas participações em Bienais de São Paulo (1994 e 1998), Havana (1994), Johannesburgo (1995), Liverpool (1999), Sidney (2000), Bucareste (2008), Istambul (2011) e a primeira Bienal de Arte de Contemporânea de Coimbra, Portugal (2015). Desde 2008, há um pavilhão permanente dedicado à sua obra no Instituto Inhotim, em Minas Gerais.

Alba Margarita Aguinaga Barragán Socióloga equatoriana, ativista da Assembleia de Mulheres Populares e Diversas do Equador (AMPDE), pesquisadora do Instituto de Estudos Equatorianos (IEE) e integrante do Grupo Permanente de Trabalho sobre Alternativas ao Desenvolvimento. É também professora pesquisadora da Universidade Regional Amazônica (IKIAM), no Equador, e doutoranda na Universidade Pablo de Olavide, em Sevilha.

Alejandra Santillana Socióloga, pesquisadora do Instituto de Estudos Equatorianos. Nascida no Peru, é graduada pela Escola de Sociologia da Pontifícia Universidade Católica do Equador e faz doutorado em Estudos latino-americanos na Universidade Autônoma Nacional do México. Investiga o campo popular e o conjunto de movimentos sociais, a relação entre os feminismos e o marxismo, e as mulheres na ruralidade. Tem dedicado seus artigos aos feminismos na América Latina e ao movimento indígena equatoriano, entre outros temas. Coautora do livro *En las fisuras del poder: movimiento indígena, cambio social y gobiernos locales* (2006).

Angela Figueiredo Socióloga brasileira, docente da Universidade Federal do Recôncavo Baiano (UFRB) e da Universidade Federal da Bahia (UFBA). Atua no programa de pós-graduação em Estudos Étnicos e Africanos (POSAFRO) e no programa de pós-graduação em Estudos Interdisciplinares de Gênero (PPGNEIM). É coordenadora do grupo de pesquisa ativista Coletivo Angela Davis. Seus temas de pesquisa estão centrados nas áreas de desigualdades raciais e de gênero, cultura negra, classe média negra, beleza negra, identidade negra, feminismo negro e emprego doméstico.

Claudia de Lima Costa Professora de teorias feministas, crítica literária e estudos culturais na Universidade Federal de Santa Catarina, Florianópolis. Foi professora visitante na University of California, Santa Cruz (Estados Unidos), e na University of Massachusetts, Amherst, instituições nas quais realizou seu pós-doutorado depois de se formar em Filosofia e Teorias da Comunicação pela Universidade de Michigan e tornar-se mestre em Teorias da Comunicação pela mesma instituição. Concluiu o doutorado em Estudos Culturais pela Universidade de Illinois, em Urbana. Coorganizou o livro *Translocalities / Translocalidades: Feminist Politics of Translation in the Latin/a Américas* (2014). Atualmente realiza pesquisas sobre tradução cultural e feminismos de(s)coloniais nas Américas.

Dunia Mokrani Chávez Cientista política e mestranda da Universidade Maior de San Andrés (Cides-Umsa) em Filosofia e Ciência Política. Nascida na Bolívia, é ativista do Coletivo de Mulheres Samka Sawuri Tecedoras de Sonhos. Coordenadora de Projetos para a Bolívia da Fundação Rosa Luxemburgo, escritório da região andina.

Julieta Paredes Carvajal Poeta, cantora, compositora, escritora e feminista lésbica, decolonial, aymara e militante da luta antipatriarcal na América Latina. Nascida em La Paz, Bolívia, é uma das criadoras do Feminismo Comunitário de Abya Yala, e reconhecida pela produção de expressões intelectuais, estéticas e políticas que servem como ferramentas para o ativismo feminismo. Autora do livro *Tecendo fino a partir do feminismo comunitário*, é também integrante do grupo Mujeres Creando Comunidad, criado em 2000, como uma dissidência do grupo Mujeres Creando.

Lélia Gonzalez (Belo Horizonte, 1935 • Rio de Janeiro, 1994) Foi antropóloga, professora e política brasileira. Formada em História e em Filosofia pela Universidade do Estado da Guanabara (UEG), atual Uerj, aprofundou seus estudos nas áreas de antropologia, sociologia, literatura, psicanálise e cultura brasileira, com mestrado em Comunicação Social e doutorado em Antropologia Política pela Universidade de São Paulo (USP). Também se dedicou aos estudos da ciência, cultura e história africanas. Trabalhou como professora no ensino médio e superior, tendo atuado como diretora do Departamento de Sociologia Política da Pontifícia Universidade Católica do Rio de Janeiro (PUC-Rio). Militante ativa dos movimentos negros e feministas dos anos 1970 e 1980, ajudou a fundar o Movimento Negro Unificado (MNU); o Instituto de Pesquisas das Culturas Negras; e o Olodum (Salvador). Participou da primeira composição do Conselho Nacional dos Direitos da Mulher (CNDM), de 1985 a 1989, criado para atender às demandas do movimento feminista, buscando a criação de políticas públicas para as mulheres.

Luiza Bairros (Porto Alegre, 1953 • Porto Alegre, 2016) Cientista social, doutora pela Universidade de Michigan, Estados Unidos. Em 2011 recebeu a medalha Zumbi dos Palmares e em 2016 o certificado Bertha Luz, entregue pelo Senado Federal a pessoas com destaque na luta pelo direito das mulheres. Mestre em Ciências Sociais pela Universidade Federal da Bahia (UFBA), Luiza também se especializou em Planejamento Regional pela Universidade Federal do Ceará (UFC) e se tornou um dos grandes nomes do Movimento Negro Unificado (MNU). Em 2010 foi convidada pela então presidente Dilma Rousseff para compor a Secretaria de Políticas de Promoção da Igualdade Racial (SEPPIR), permanecendo no posto até 2014.

Marcela Cantuária Artista visual carioca, sua pesquisa plástica consiste em criar pontos de contato entre momentos históricos e lutas do presente, numa perspectiva feminista, socialista e mágica. Formada em Pintura na Escola de Belas Artes da Universidade Federal do Rio de Janeiro (UFRJ), participou de exposições no Rio de Janeiro e em Brasília, e em residências artísticas no México e em São Paulo. É militante da organização nacional Brigadas Populares.

Maria da Graça Costa Doutora em Psicologia pela Universidade Federal do Rio Grande do Norte (UFRN) com período de estágio junto ao Departamento de Psicologia Social da Universidade Autônoma de Barcelona (UAB), Espanha. Possui graduação em Psicologia pela Universidade Potiguar (UNP) e Mestrado em Psicologia pela UFRN. Participa dos grupos de pesquisa Modos de Subjetivação, políticas públicas e contextos de vulnerabilidades e Corpo, gênero e sexualidade.

María Elvira Díaz-Benítez Doutora em Antropologia e professora do Programa de Pós-Graduação em Antropologia Social do Museu Nacional/UFRJ. Graduada em Antropologia pela Universidade Nacional da Colômbia (1998) e mestre e doutora em Antropologia Social pelo Museu Nacional/UFRJ. Entre 2010 e 2013 realizou pós-doutorado no Núcleo de Estudos de Gênero PAGU da Universidade Estadual de Campinas (Unicamp). É organizadora da coletânea *Prazeres dissidentes* (2009), autora do livro *Nas redes do sexo: os bastidores do pornô brasileiro* (2010), e coorganizadora do Dossiê Pornôs (Cadernos Pagu, 2012). Atualmente, é co-coordenadora do NuSEX (Núcleo de Estudos em Corpos, Gêneros e Sexualidade) do PPGAS/MN e diretora da Coleção Kalela de Antropologia da editora Papéis Selvagens.

María Lugones Filósofa, ativista e professora dos departamentos de Literatura Comparada e Women's Studies na Universidade de Binghamton, Nova York. Nascida na Argentina, obteve seu doutorado seu doutorado em Filosofia e Ciência Política da Universidade de Wisconsin, Estados Unidos. Reconhecida por seu trabalho pioneiro sobre feminismo decolonial, Lugones é autora de *Pilgrimages/Peregrinajes: Theorizing Coalition Against Multiple Oppressions* (2003) e *Heterosexualism and the Colonial/Modern Gender System* (2007).

Marnia Lazreg Professora de Sociologia no Hunter College, Nova York. Graduada em Matemática e em Filosofia pela Universidade de Argel, Algéria, é também mestre e doutora em Sociologia pela Universidade de Nova York. Além de ser pesquisadora, professora e autora, serviu como consultora de gênero e desenvolvimento para ONU e Unesco. É autora de *Torture and the Twilight of Empire: From Algiers to Baghdad*, *The Eloquence of Silence: Algerian Women in Question*, entre outros.

Miriam Lang Professora de Estudos Culturais latino-americanos, meio-ambiente e sustentabilidade na Universidade Andina Simón Bolívar, no Equador. É doutora em Sociologia pela Universidade Livre de Berlim. Participante de movimentos sociais feministas, ambientalistas e antirracistas, também acompanhou a organização de povos e mulheres indígenas em diferentes países. Em seu trabalho, busca visibilizar e impulsionar alternativas ao desenvolvimento capitalista, à depredação da natureza, ao patriarcado e às relações coloniais.

Ochy Curiel (Rosa Inés Curiel Pichardo). Antropóloga social afro-dominicana e teórica feminista. Nascida em Santiago, na República Dominicana, onde também concluiu bacharelado em Serviço Social pela Pontifícia Universidade Católica Madre y Maestra. A partir de 2000, lecionou na Universidade Autônoma do Estado de Hidalgo e foi uma das participantes da Primeira Marcha Lésbica, no México, em 2003. Desde 2006 vive na Colômbia, onde leciona na Universidade Nacional da Colômbia (UNC).

Oyèrónké Oyěwùmi Professora associada de Sociologia da Universidade Stony Brook, Estados Unidos. Nascida na Nigéria, estudou na Universidade de Ibadan e na Universidade da Califórnia em Berkeley. Nos últimos anos, recebeu inúmeros reconhecimentos, tais como a Rockefeller Fellowship, a Presidential Fellowship e a Ford Foundation Grant. Sua tese de doutorado, *A invenção das mulheres: construindo um sentido africano para os discursos ocidentais de gênero*, foi ganhadora do prêmio da Associação Americana de Sociologia.

Rosana Paulino Artista visual brasileira, educadora e curadora. Nascida em São Paulo, em 1967, é doutora em Artes Visuais pela Escola de Comunicações e Artes da Universidade de São Paulo, com especialização em gravura pelo London Print Studio. Foi bolsista do Programa Bolsa da Fundação Ford nos anos de 2006 a 2008, e Capes de 2008 a 2011. Em 2014, foi agraciada com a bolsa para residência no Bellagio Center, da Fundação Rockefeller, em Bellagio, Itália. Sua produção está ligada a questões sociais, étnicas e de gênero, tendo como foco principal a posição da mulher negra na sociedade brasileira e os diversos tipos de violência sofridos por essa população decorrente do racismo e das marcas deixadas pela escravidão. Possui obras em importantes museus, como o Museu de Arte Moderna de São Paulo (MAM-SP), University of New Mexico Art Museum (UNM), New Mexico (Estados Unidos) e Museu Afro-Brasil, em São Paulo.

Suely Aldir Messeder Graduada em Ciências Sociais pela Universidade Federal da Bahia (UFBA), com mestrado pelo Programa de Pós-Graduação em Ciências Sociais pela mesma universidade e doutorado em Antropologia pela Universidade Santiago de Compostela, Espanha). Foi coordenadora do Doutorado Multi-institucional e Multidisciplinar em Difusão do Conhecimento. Atualmente é professora titular da Universidade do Estado da Bahia (UNEB).

Susana de Castro Filósofa, com doutorado na Ludwig Maximilian Universität München, Alemanha, e pós-doutorado em Filosofia no Cuny Graduate Center, em Nova York. Professora associada do departamento de Filosofia e do programa em pós-graduação em Filosofia (PPGF) da UFRJ. Coordena o laboratório Antígona de Filosofia e Gênero e o projeto de pesquisa de extensão "Identidade nacional e decolonialidades". Autora dos livros *Filosofia e gênero* (2014), *As mulheres das tragédias gregas: poderosas?* (2011) e *Ontologia* (2008).

Thula Rafaela de Oliveira Pires Doutora em Direito pela PUC-Rio, com mestrado e graduação em Direito pela mesma instituição. Professora adjunta de Direito Constitucional da PUC-Rio, onde é também coordenadora de graduação do Departamento de Direito e coordenadora geral do Núcleo Interdisciplinar de Reflexão e Memória Afrodescendente (NIREMA). Tem experiência na área de Direito Constitucional, atuando principalmente nos temas do racismo, teoria crítica da raça, decolonialidade, mulheres negras, direitos humanos e teoria do reconhecimento.

Yuderkys Espinosa Miñoso É filosofa, escritora e pesquisadora feminista, antirracista e decolonial. Nascida em Santo Domingo, na República Dominicana, graduou-se em Psicologia pelo Instituto Tecnológico de Santo Domingo, sendo uma das grandes vozes nos estudos do Feminismo Decolonial. Realizou mestrado em Ciências Sociais na Faculdade Latinoamericana de Ciências Sociais (FLACSO), na Argentina, e doutorado em Filosofia pela Universidade de Buenos Aires. É ainda membra do Grupo Latinoamericano de Estudio, Formación y Acción Feminista (GLEFAS). Entre seus trabalhos mais conhecidos, destacam-se os artigos "Etnocentrismo e colonialismo nos feminismos latino-americanos: cumplicidades e consolidação das hegemonias feministas no espaço transnacional" (2009), "Os desafios do feminismo latino-americano no contexto atual" (2010) e o livro *Escritos de uma lésbica negra* (2007). Foi também coordenadora de várias publicações, como o livro *Abordagens críticas às práticas teórico-políticas do feminismo latino-americano* (2010). Atualmente vive na Colômbia.

Leia também

Albertina de Oliveira Costa / Angela Arruda
Beatriz Nascimento / Bila Sorj / Branca Moreira Alves
Carmen Barroso / Constância Lima Duarte / Cynthia Sarti
Heleieth Saffioti / Jacqueline Pitanguy
Leila Linhares Barsted / Lélia Gonzalez
Lourdes Maria Bandeira / Margareth Rago
Maria Betânia Ávila / Maria Luiza Heilborn
Maria Odila Leite da Silva Dias / Mary Garcia Castro
Rita Terezinha Schmidt / Sueli Carneiro

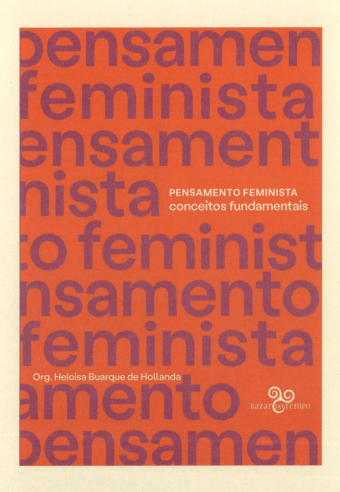

Audre Lorde / Donna Haraway / Gayatri Spivak
Gloria Anzaldúa / Joan Scott / Judith Butler
Lélia Gonzalez / María Lugones / Monique Wittig
Nancy Fraser / Patricia Hill Collins / Paul B. Preciado
Sandra Harding / Silvia Federici / Sueli Carneiro
Teresa de Lauretis

Este livro foi editado pela Bazar do Tempo
em janeiro de 2020, na cidade de São Sebastião
do Rio de Janeiro, e impresso em papel Pólen Soft
80 g/m² pela Gráfica BMF. Foram usados
os tipos Labil Grotesk, Stabil Grotesk e Skolar.

5ª reimpressão, outubro de 2024